HISTOIRE DES JUIFS DE FRANCE

Philippe Bourdrel

HISTOIRE DES JUIFS DE FRANCE

Tome I – Des origines à la Shoah

Édition revue et augmentée

Albin Michel

Première édition :
© Éditions Albin Michel, 1974
Nouvelle édition revue et augmentée :
© Éditions Albin Michel, S.A., 2004
22, rue Huyghens, 75014 Paris
www.albin-michel.fr
ISBN 2-226-14215-0

Pour Anne.

Sommaire

PREMIÈRE PARTIE

Aux temps des rois et des princes

1.

La tolérance des origines

De grands marchands, portés par la vague de migration qu'entraînent les légions romaines vers les côtes occidentales de la Méditerranée : tels sont les juifs de Gaule. Ils jouent un rôle actif dans la vie économique de cette partie de l'Europe où le christianisme étend son influence, où bientôt il deviendra la religion dominante, et le pouvoir temporel lui-même. Ils établissent des comptoirs mais ils ne vivent probablement pas en colonies organisées. Ce n'est que beaucoup plus tard qu'ils formeront à l'est de notre pays, en Alsace et en Lorraine, à Paris et sur les bords de la Seine, dans la vallée du Rhône, dans le Sud-Ouest, à Bordeaux et à Bayonne, des communautés dignes de ce nom.

La présence des juifs en France est attestée essentiellement à compter du IVe siècle après le Christ. La vallée du Rhône et celle de la Saône sont les voies naturelles de pénétration. De là, les nouveaux immigrants gagnent le Massif Central, puis la vallée de la Loire et Paris. La Provence, Bordeaux sont également parmi les lieux de peuplement les plus anciens.

On découvre leurs traces aux points stratégiques du commerce : dans les grands ports, aux nœuds routiers et fluviaux, partout où se tiennent les marchés de troc et d'échange. Ils sont à Marseille, qui commerce avec l'Égypte et l'Asie Mineure, mais aussi à Vienne, Narbonne et Lyon, sur les voies les plus fréquentées, mais encore à Auch, Clermont-Ferrand, Poitiers, Dijon, Troyes. Ils s'installent le long des vallées fluviales : à Toulouse, Bordeaux, Arles, Avignon, Uzès, Mâcon, Châlons, Bourges, Orléans, Tours, Paris, Metz. Ces points d'appui servent d'ailleurs de relais à un réseau commercial qui pousse ses ramifications jusqu'en Rhénanie avec Cologne, Mayence, Spire et Worms. Par Augsbourg et Ratisbonne les commerçants juifs atteignent Vienne l'autrichienne. Au sud de la Gaule, l'implantation de leurs comptoirs est très avancée. Ils sont à Tarragone, en Espagne, où ils ont succédé aux Phéniciens, mais également à Grenade, Cordoue, Saragosse.

Les commentaires des écrivains et des historiens de l'antiquité montrent bien l'extrême, l'exceptionnelle dispersion du peuple juif : « Il n'est pas aisé de trouver un endroit sur la terre qui n'ait reçu cette race », écrit le fameux géographe grec Strabon. Ils sont à Alexandrie, en Cyrénaïque, à Antioche, en Phénicie, en Syrie, Bithynie, Thessalie, Béotie, Macédoine, en Attique, dans le Péloponnèse, en Crète, à Chypre et à Rome. À Rome ils forment une colonie très florissante : César, Auguste et Tibère les couvrent d'avantages particuliers pour les services commerciaux éminents qu'ils rendent à l'Empire. À Alexandrie, sous le règne des Ptolémées, et à Antioche, ils bénéficient de privilèges exceptionnels.

Les juifs romains étaient devenus des citoyens à part entière depuis la promulgation en 212 de la Constitution de l'empereur Caracalla. Cette constitution accordait à tous les habitants de l'Empire – aux juifs comme aux autres – le droit de cité. Des juifs furent chevaliers, sénateurs, préfets romains, contrôleurs et fermiers des Impôts, etc. À Rome, comme dans la Gaule romaine où ils avaient émigré, ils avaient accès aux mêmes droits que les autres citoyens, notamment en matière commerciale. Ils pouvaient signer des contrats, former des sociétés, effectuer des ventes, pratiquer les prêts sur gages, etc.

L'image du juif éternellement persécuté mérite donc d'être corrigée. Les communautés juives ont connu, dès l'antiquité, des périodes de très large prospérité encouragée par le pouvoir politique. Cette aisance et ces richesses ont entraîné des réactions d'hostilité populaire qui se sont manifestées avant la propagation et l'installation du christianisme. Il existe une forme d'antisémitisme qui se développe dans l'antiquité sans l'Église, de même qu'une forme de l'antisémitisme moderne se développera totalement en dehors d'elle. Les soulèvements antijuifs de Rome auront leur équivalent à Antioche. Cicéron, Ovide, Pétrone, Suétone, Pline l'Ancien leur lancent des flèches acérées. Un historien aussi sérieux que Tacite écrit qu'ils sont les descendants des lépreux et qu'ils vénèrent... les têtes d'ânes. Sénèque les appelle « l'abominable nation ». « Ils ont un culte, des lois particulières, écrit Juvénal, ils méprisent les Romains... »

C'est un fait que le particularisme du peuple juif, joint à sa réussite dans le commerce, expliquent l'antisémitisme. Il n'est nullement besoin de faire appel à une malédiction imaginaire. Quant à l'antisémitisme moderne de type nazi, il est une exaspération aux dimensions pathologiques d'un sentiment qui, selon des courbes diverses, s'est manifesté depuis l'entrée du peuple juif dans l'histoire.

Le commerçant juif met donc ses pas dans ceux du conquérant romain. Il s'associe au développement de l'Empire qui offre à son intelligence des affaires et à sa curiosité naturelle de vastes perspectives. Dans ce mouvement de migration juif, il n'est pas impossible qu'il entre des considérations politiques. Conquérant des marchés, le juif ne l'est rarement que par l'ambition du profit, et la pesanteur des persécutions joue, depuis les origines, dans la dispersion. Si la migration la plus importante s'est produite vers l'Orient et Babylone, l'oppression romaine en Palestine, les révoltes infructueuses des juifs pour sauver leur indépendance nationale étouffée par l'Empire expliquent peut-être l'attrait des pays de l'extrême Occident, et de la Gaule en particulier, pour les nouveaux exilés. Commerçants d'envergure internationale, les juifs qui prirent souche en Gaule à l'aube du christianisme étaient peut-être aussi des « patriotes » qui préférèrent l'accueil de terres inconnues, mais riches d'avenir, à la domination romaine.

Ces juifs qui font souche en Gaule ne sont-ils pas porteurs d'une vérité dont ils vont partager avec les premiers chrétiens le monopole ? Celle de la révélation d'un Dieu unique, transcendant, qui renverse le culte matérialiste de la terre, du feu et d'autres idoles ? Cette révolution n'est-elle pas la même que celle qui bouleverse la religion romaine qui divinise l'homme, projette dans ses dieux l'image de l'homme doué d'un pouvoir supérieur, surhomme dans lequel l'homme retrouve son image transformée ? De ces constatations, des écrivains et des penseurs comme Renan ont tiré ces conclusions que les immigrants juifs se doublent de propagateurs de la foi, de prosélytes. Il n'y avait, partant de là, qu'un pas à franchir pour représenter « les juifs missionnaires » comme les concurrents directs des propagandistes chrétiens. L'Église des premiers temps aura à se défendre contre la foi messianique active d'un judaïsme à qui elle doit ses origines. Pour le judaïsme, d'un autre côté, le christianisme apparaît comme une hérésie, une dissidence qui ne méritent qu'hostilité et méfiance. S'il faut en croire d'autres auteurs, comme Robert Anchel, le judaïsme sera colporté en Gaule par des Romains, qui s'étaient convertis en assez grand nombre à la religion d'Abraham et de Moïse.

L'apparition du christianisme aggrave la situation des juifs dans la mesure où la nouvelle religion entre dans une forme de compétition avec la leur. Plus l'Église étend son ascendant sur le pouvoir temporel, à Rome comme dans les territoires conquis par l'Empire, et plus le peuple juif se sépare de la communauté nouvelle. Le juif est une forme de scandale dans le monde chrétien naissant, lui qui conserve non seulement sa religion propre, mais ses lois particulières, ses coutumes. Le peuple juif est un peuple réfractaire au message du Christ. Il résiste à l'appel du Sauveur, que d'ailleurs il considère comme un usurpateur ; il refuse de se convertir. Il reste sourd à la transformation, à la révolution qui embrasent le monde romain. Qui plus est, son attachement indéfectible à ses lois propres aggrave la séparation. Enfin, il y a connexion étroite entre les lois religieuses, morales, politiques dans la tradition juive.

Bernard Lazare, publiciste de talent qui rallia l'anarchie, écrivit, avant de devenir l'un des plus résolus défenseurs du capitaine Dreyfus, un ouvrage très remarquable, mais très partisan, sur l'*Antisémitisme, son histoire et ses causes*. Édouard Drumont, le pape français de l'antisémitisme, y trouva, affirma-t-il, d'excellentes idées : cet hommage suffit à situer l'esprit qui animait certaines des pages de Lazare. Cependant, au milieu de généralisations abusives, Bernard Lazare énonçait nombre de remarques très intéressantes sur la tradition mosaïque : il y a, remarquait-il notamment, une unité étroite entre les prescriptions religieuses et politiques de la loi juive... « ... Chacune des lois données [par Moïse], qu'elle fût agraire, civile, prophylactique, théologique ou morale, bénéficiait de la même autorité et avait la même sanction, de telle sorte que ces différents codes formaient un tout unique, un faisceau rigoureux dont on ne pouvait rien soustraire sous peine de sacrilège... » « ... Avec une telle idée de sa Torah, poursuivait Bernard Lazare, le juif ne pouvait guère admettre les lois des peuples étrangers ; du moins il ne pouvait songer à se les voir appliquer ; il ne pouvait abandonner les lois divines, éternelles, bonnes et justes, pour suivre les lois humaines, fatalement entachées de caducité et d'imperfection... »

Les problèmes des rapports entre les communautés juives et les peuples qui les accueillaient sont contenus dans ces quelques phrases. Car ce n'est guère pécher par antisémitisme que de reconnaître la vigueur exceptionnelle du particularisme juif, qui a pratiquement résisté à toutes les atteintes, à toutes les pressions. Cette unité totale du judaïsme en matière de foi et de morale, de mode de vie, voire de conception de l'État, explique sa pérennité. Mais cette unité qui le conserve intangible à travers les siècles livre également partie du secret des persécutions qui l'assaillent au long de l'histoire. Bernard Lazare pousse son raisonnement à l'extrême. Averti de la passion qui enlève de la crédibilité à son jugement, on peut prêter attention à ce qu'il écrit encore : « Ils [les juifs], poursuit-il, se séparaient par leurs rites et leurs coutumes ; ils considéraient comme impur le sol des peuples étrangers et cherchaient à se constituer une sorte de territoire sacré. Ils habitaient à part, dans des quartiers spéciaux, s'enfermant sur eux-mêmes, vivant isolés, s'administrant en vertu de privilèges dont ils étaient jaloux et qui excitaient l'envie de ceux qui les entouraient. Ils se mariaient entre eux et ne recevaient personne chez eux, craignant les souillures. Le mystère dont ils s'entouraient excitait la curiosité et en même temps l'aversion. Leurs rites paraissaient étranges et on les raillait ; comme on les ignorait, on les dénaturait et on les calomniait... »

Ce particularisme se double d'une accusation terrible qui, des siècles durant, marque les juifs d'un signe d'infamie : celui du peuple déicide. Le peuple qui, non satisfait de n'avoir pas reconnu le fils de Dieu, issu de lui-même, le porte en croix et lui préfère un brigand !

Sur la vieille terre de Gaule comme ailleurs en Europe où ils émigrent, les juifs semblent ébaucher avec les populations locales des relations normales tant que les prescriptions religieuses ne les enveniment pas. Les empereurs romains convertis au christianisme modifient cependant le statut favorable dont bénéficiaient les juifs. Constantin est le premier à décréter des sanctions : il supprime leurs privilèges, leur interdit l'accès de Jérusalem, promulgue des lois contre le prosélytisme juif. C'est sous son règne que se place le concile d'Elvire interdisant aux chrétiens d'avoir des relations avec les juifs.

Avec l'empereur Constance, les persécutions redoublent. Les savants juifs de Judée sont exilés, les synagogues prises d'assaut. Un soulèvement juif en Judée est réprimé, les persécutions reprennent avec une vigueur accrue. Par une loi de 339, Constance interdit aux juifs, sous peine de mort, d'épouser des femmes chrétiennes. De même n'auront-ils plus le droit d'employer des esclaves chrétiens. En 340, ils sont exclus des fonctions publiques.

Après un répit sous Honorius, qui leur ouvre l'accès à la plupart des professions et crée pour eux des tribunaux où la justice sera rendue selon les prescriptions de la loi mosaïque, les persécutions reprennent avec Théodose II et Valentinien III. Le « code théodosien » – qui rassemble les constitutions impériales promulguées depuis l'empereur Constantin – édicte ou renouvelle des interdictions et des exclusions. L'exclusion des juifs des fonctions publiques, et d'autres professions, est renouvelée, mais le « code théodosien » inove sur d'autres points en interdisant, par exemple, aux juifs de déshériter leurs enfants qui se convertiraient au christianisme. On voit là la préoccupation permanente de l'Église des premiers siècles de ramener à elle les « brebis égarées », les juifs réfractaires au message du Christ, de renverser les obstacles qui s'opposent à la conversion. Aussi pense-t-elle que la crainte pour certains néophytes d'être déshérités peut les décourager de rallier le « bon troupeau ». Grâce aux dispositions du « code théodosien », ils rejoindront la religion du Christ sans perdre l'argent de leur père terrestre ! L'empereur Justinien reprend les dispositions du code de Théodose en les aggravant : les juifs sont exclus des fonctions publiques. Des entraves sont mises à la pratique de leur culte ; ils ne peuvent, sans commettre un délit, invoquer dans leurs prières le Dieu unique, c'est-à-dire nier le dogme de la Sainte Trinité. Interdiction leur est faite de témoigner en justice.

Le Ve siècle est l'époque des invasions barbares et de l'effondrement de la puissance romaine. Le pouvoir de l'Église résiste à l'ébranlement général. Au milieu des désordres qui secouent les provinces de l'ancien Empire, il est même le seul pivot stable. En Gaule, que se partagent les Francs, les Burgondes et les Wisigoths, l'Église maintient, malgré la tempête, une unité spirituelle à laquelle les nouveaux vainqueurs vont se rallier. Mais avant la conversion des peuples barbares au christianisme, les juifs, délivrés pour un temps de l'hostilité de l'Église qui a perdu – provisoirement – ses moyens d'action sur le pouvoir temporel, les juifs traversent une période de tranquillité relative en Gaule ; ils sont traités sur un pied d'égalité avec les autres communautés.

Cette tolérance n'est que de courte durée. Les juifs font bientôt les frais de l'adhésion des peuplades barbares à la foi chrétienne. Les lois saliques et ripuaires chez les Francs, la loi gombette, chez les Burgondes, la loi d'Euric des Wisigoths se hérissent de prescriptions antijuives. Selon la loi gombette, tout juif ayant frappé un chrétien, même avec le pied, aura le poing coupé, à moins qu'il ne puisse se racheter en versant une forte amende. Lorsque l'objet de l'outrage est un prêtre, le juif qui s'en est rendu coupable est mis à mort et ses biens sont confisqués. Chez les Francs ripuaires, le meurtrier d'un juif bénéficie de l'impunité totale, il ne peut être poursuivi en justice.

Les rois wisigoths, dans l'ardeur qui les pousse à défendre leur foi nouvelle, s'attaquent à toutes les forces hostiles ou concurrentes de la religion chrétienne. Or les juifs sont de ces ennemis que les nouveaux défenseurs de la foi se sont juré d'empêcher de nuire. Les rites du judaïsme sont interdits, la pratique de la religion proscrite. Les juifs qui dépendent des souverains wisigoths ne peuvent ni célébrer les fêtes religieuses ni remplir leurs devoirs le jour du sabbat. La circoncision est bannie obligatoirement des usages. Les juifs sont mis en demeure d'abjurer leur foi ; on les contraint par le feu et la lapidation.

Lorsque, après ses victoires successives contre les Alamans, à Cologne, les Burgondes, près de Dijon, et les Wisigoths, à Vouillé, Clovis fonde la monarchie franque, l'Église affermit son autorité. Clotilde, fille de Chilpéric, roi des Burgondes, épouse Clovis et le convertit au christianisme. Dès lors les lois séculières se calquent sur la législation de l'Église, une fusion de plus en plus complète s'opère entre le temporel et le spirituel. Les conciles deviennent pour les rois francs le catéchisme au niveau de l'État. Les décisions de l'Église inspirent les décisions de la monarchie qui a réalisé une unité politique dans l'ancienne Gaule.

Influence déterminante de l'Église

Autant de conciles, autant de prescriptions visant les juifs de ce qui peut, désormais, s'appeler la France.

L'accusation majeure qui s'attache au peuple juif est celle de déicide. Justin, martyr du IIᵉ siècle, auteur de l'*Apologie de la religion chrétienne*, est l'un des tout premiers à lancer aux juifs, dans son *Dialogue avec Tryphon* : « Vous l'avez crucifié, le seul irréprochable juste, vous avez surpassé votre perversité en haïssant le juste que vous avez tué ! »

C'est le premier concile œcuménique de Nicée qui, en 325,

sous le règne de l'empereur Constantin, nouvellement converti, a consacré l'accusation de déicide contre le peuple juif. D'une manière d'ailleurs indirecte et assez curieuse. Une large discussion s'est ouverte sur les articles de la foi, au cours de laquelle les tenants des thèses d'Arius et de saint Athanase ont confronté leurs points de vue. Pour Arius, Dieu a créé le Christ qui, ainsi, ne peut être considéré comme son égal. Le Christ ne peut prétendre être que semblable à Dieu. Au contraire, pour Athanase, le Père et le Fils crucifié sont unis dans l'éternité, la divinité, l'égalité. Le concile tranche en cautionnant les thèses d'Athanase. De cette manière il reconnaît implicitement la culpabilité déicide du peuple juif. Puisque Dieu et le Christ ne sont qu'un, en crucifiant le Christ les juifs ont tué Dieu lui-même, ils méritent bien la malédiction de « peuple déicide ». Pendant tout ce IVe siècle après le Christ, les Pères de l'Église, notamment saint Augustin, saint Jean Chrysostome, saint Ambroise, tonnent contre le peuple juif. Saint Augustin s'écrie dans ses sermons que « Judas est la figure du peuple juif » ; il proclame dans *La Cité de Dieu* : « Les chrétiens sont devenus les ennemis déclarés des juifs... »

L'un des meilleurs observateurs du passé des juifs de France, Robert Anchel, n'hésite pas à affirmer que les cultes chrétien et juif ont présenté pendant longtemps de nombreuses similitudes ; l'Église a dû lutter avec obstination pour affirmer leur différenciation. Cela, ajouté à des griefs d'ordre spirituel aussi graves que l'accusation de déicide, expliquerait les positions tranchantes de l'Église.

Par exemple, l'imagerie est, aux origines du christianisme, interdite dans les églises comme dans les synagogues : le concile d'Elvire, en 306, rappelle cette obligation. De même que les rabbins, les clercs contractent mariage et les prescriptions alimentaires mosaïques sont couramment observées par les chrétiens des époques mérovingienne et carolingienne. Toute une série de conciles tendent à accentuer la séparation des deux communautés. Jamais autant d'édits ne se seraient révélés nécessaires si les autorités religieuses n'avaient constaté que des relations normales, voire amicales, existaient entre chrétiens et juifs aux premiers siècles du christianisme. Non seulement l'Église redoute la persistance des coutumes religieuses mosaïques chez les fidèles, mais elle semble craindre que le prosélytisme juif ne fasse des émules chez les nouveaux convertis. Ainsi, les conciles d'Orléans, en 538, de Mâcon, en 583, de Clichy, en 626-627, de Reims, 627-630, de

Châlon, 639-654, menacent des foudres des évêques les juifs qui essaieraient de convertir leurs esclaves chrétiens, puis purement et simplement leur interdisent de les employer.

Les conciles de Vannes (465), d'Agde, Épône et Orléans (538) prescrivent aux clercs l'interdiction de prendre leurs repas en compagnie des juifs. « Étant donné que les clercs mangent de tout chez les juifs, constate le concile de Vannes, tandis que ceux-ci n'acceptent pas, de la part des clercs, des mets soi-disant impurs, les juifs ont ainsi l'air de faire la loi aux clercs. » Ceux de Mâcon, Metz et Clichy étendent cette interdiction à tous les chrétiens. Par décision du concile de Mâcon, les juifs sont tenus à n'avoir aucune relation avec les religieuses et ne peuvent se présenter dans les monastères. Autre forme de ségrégation : les mariages entre chrétiens et juifs sont prohibés par le concile d'Orléans. Nouvelle mesure de protection contre le prosélytisme juif, et qui révèle bien les affinités religieuses qui réunissaient les chrétiens et les juifs des premiers siècles : le concile d'Orléans, qui empêchait les maîtres de convertir leurs serviteurs à la religion d'Israël, fait interdiction aux membres des deux communautés de célébrer ensemble la fête de Pâques.

À toutes ces mesures d'ordre religieux s'ajoutent des interdits d'ordre civique : le concile de Clermont, en 535, par exemple, décrète que les juifs ne seront plus aptes à juger les chrétiens, et celui de Mâcon leur ferme la profession de percepteurs. L'une des prescriptions les plus importantes concerne les esclaves : une ordonnance du roi Chilpéric – en 582 – fait interdiction aux juifs de France d'employer des esclaves chrétiens. En 614, le concile de Paris confirme cette mesure, que le roi Clotaire II reprend à son compte. Son fils, Dagobert, la renouvelle par un édit daté de 630. Il semble que les juifs de France, faisant la sourde oreille, aient contrevenu à l'ordonnance plusieurs fois répétée et que des plaintes assez nombreuses soient parvenues au roi Dagobert. Celui-ci perd patience : en 633, il ordonne aux juifs de « vider ses États dans un certain temps ».

Les commerçants juifs de France, frappés d'interdiction de séjour, doivent donc s'expatrier. Le problème des esclaves chrétiens est sans doute le motif qui est officiellement invoqué, mais l'hostilité de l'Église est pour beaucoup dans le bannissement des juifs si l'on se réfère à cette objurgation que leur adresse saint Avit, évêque de Clermont-Ferrand : « Restez avec nous pour vivre comme nous ou partez au plus vite. Rendez-nous cette terre où vous êtes étrangers ; délivrez-nous de votre contact ou, si vous demeurez ici, partagez notre foi... » Les griefs faits aux premiers juifs de France reviennent comme un leitmotiv sous la plume et dans la bouche des Pères de l'Église. On les retrouvera dans les décisions des hommes d'État et des monarques inspirés par la foi : reconnaissez le Christ, cessez de demeurer sourds à son appel. Et puis, c'est l'argument national qui joue : pourquoi vous obstinez-vous dans des pratiques qui vous retranchent de la communauté ? Vivez donc et agissez comme tout le monde !

Libéralisme des rois carolingiens

Un jour chassés, le lendemain de retour... Il faut plus d'une ordonnance royale pour décourager les juifs de demeurer sur la terre de France. L'anarchie s'installe après la mort de Dagobert. Les rois que l'histoire a consacrés « fainéants » laissent de leurs mains débiles tomber le pouvoir. Les juifs, mettant à profit l'affaiblissement extrême de l'autorité royale, reviennent. Cependant, issue des Francs ripuaires, sur les bords du Rhin une famille s'est imposée, rassemblant derrière elle des guerriers nombreux, étendant son contrôle à de vastes domaines, s'attirant le respect et l'adhésion populaire par le courage et la sainteté de ses chefs, dominant progressivement par sa valeur les autres « maisons » de l'Austrasie, royaume oriental de la zone franque. Cette famille, qui va fonder dynastie, lutte pour remettre sous le joug des Francs les peuples qui s'étaient émancipés. En 711, les Arabes, après avoir envahi l'Afrique, se sont rendus maîtres de l'Espagne. Ils franchissent les Pyrénées, occupent la Septimanie[1], s'emparent de Narbonne, Carcassonne et Nîmes. Bordeaux est quasiment détruite, et Toulouse assiégée. Ils atteignent la Bourgogne, mettent Autun au pillage. Le « maire » d'Austrasie, Charles Martel, les écrase à Poitiers. Son fils, Pépin le Bref, est couronné roi des Francs en 751 avec la bénédiction du pape Zacharie et l'onction de saint Boniface. La dynastie des Carolingiens, à laquelle le plus illustre de ses représentants, Charlemagne, allait donner son nom, était née.

Or les juifs reprennent, sous l'autorité des rois carolingiens, une place beaucoup plus avantageuse. Ils savent, les marchands juifs, se montrer discrets, se réinstaller dans la place sans ostentation,

---

1. Territoire de la « Septième Légion », la partie sud-ouest de la Gaule.

avec beaucoup d'obstination, avec cette persévérance qui est une de leurs premières vertus. Ils savent aussi, et cela est un des secrets également de leur force, se montrer utiles. Leurs relations commerciales font merveille : ils ont des « antennes » un peu partout, des « correspondants » jusqu'aux confins de l'Orient et sont ainsi à même d'apporter à l'Occident chrétien des produits précieux qui émerveillent et rendent service. Déjà, sur la terre de Gaule conquise par le christianisme, certains d'entre eux édifient des fortunes. Charlemagne et Louis le Débonnaire, qui ont évalué à son prix la présence des juifs en France, les prennent sous leur protection.

Sous les rois carolingiens, les juifs de France cueillent par conséquent les fruits de leur utilité, et de leur prospérité. Il en est ainsi pendant les IXe et Xe siècles. Ils forment alors une sorte de caste de commerçants de grande lignée, les « Radhanites », principalement installés à Metz, à Verdun où ils bénéficient de la protection des évêques, et à Narbonne. Certaines de leurs lettres d'affaires ont été retrouvées au Caire, en compagnie d'autres livres religieux.

Les Radhanites ont une grande connaissance des langues. Ils parlent le franc, l'espagnol, le grec, le slave, le persan et l'arabe. Pour la première fois dans l'histoire, ces grands voyageurs devant l'Éternel, hommes de courage et de savoir, relient l'Europe occidentale à la Chine et aux Indes. Leurs caravanes, protégées par des cavaliers armés, passent par les bords de la Méditerranée, de l'océan Indien, les déserts de l'Asie centrale.

Ce périple, à cette période, est un tour de force. Les Radhanites font preuve d'une témérité qui force l'admiration. Le but de ces vastes pérégrinations à travers les continents est, bien entendu, d'abord commercial. Ce sont des marchands de grand luxe. Ils rapportent dans leurs bagages les produits exotiques de l'Orient, les épices et les drogues. Leurs marchandises – particulièrement les épices – sont ensuite diffusées dans l'Europe entière par l'entremise de correspondants recrutés dans les communautés juives. Tel est en effet l'avantage commercial des Radhanites de pouvoir compter sur la collaboration d'agents locaux savamment répartis, choisis chez les frères juifs des quatre coins de l'Europe civilisée. Quelle force en définitive que cette dissémination et quelle leçon que cette solidarité !

Les Radhanites se livrent également au troc, et avec un succès tout aussi brillant : ils échangent des eunuques, des esclaves, des soies et des fourrures d'Orient contre des épées d'Occident.

Dans le domaine de la découverte et de la connaissance, les Radhanites se révèlent précieux. Ils rapportent en effet aux nations chrétiennes d'Occident des informations sur des civilisations lointaines, jusqu'alors inconnues. C'est par leur intermédiaire, en tout cas pour une bonne part sous leur influence, que la médecine prospère dans les communautés juives d'Europe occidentale, car ils ramènent d'Orient des recettes et des produits médicamenteux qui, bientôt, assureront la notoriété de leurs coreligionnaires. À Paris et à Montpellier en France, à l'université de Salamanque en Espagne, dans celle de Coimbra au Portugal, les juifs se tailleront une belle notoriété en médecine.

Des textes rabbiniques du nord et de l'est de la France ont révélé les problèmes que rencontraient les Radhanites pour respecter, au cours de leurs voyages, les exigences de leur religion. Ne pouvant se procurer de viande casher[1], ils devaient, pendant les mois que duraient leurs absences, s'abstenir totalement de la consommation de viande. Le point de chute des Radhanites était la grande ville chinoise de Canton. De nombreux troubles agitèrent la ville à cette époque. À plusieurs reprises les marchands étrangers furent massacrés pendant les émeutes, mais ces menaces fréquentes ne semblent pas avoir dissuadé les Radhanites de Lorraine et de Narbonne de recommencer le grand voyage.

Les pérégrinations des commerçants juifs les destinaient à tenir un rôle politique, de trait d'union entre l'Occident, le Moyen-Orient et l'Orient. Charlemagne se servit d'eux pour entrer en rapport avec le calife de Bagdad, Haroun al-Rachid.

Tout voyageurs qu'ils fussent, les Radhanites ne perdaient pas le contact avec les petites communautés juives qui s'étaient formées autour de leur commerce. Narbonne était la place dominante de leurs activités. Au IXe siècle, cependant, les juifs de France sont en plus grand nombre agriculteurs et plus encore vignerons dans les vallées du Rhône et de la Saône. Il faut croire que les marchands juifs avaient acquis une importance remarquable pour que l'archevêque de Lyon, Agobard, ait cru bon de s'en inquiéter. Agobard s'est signalé par un pamphlet réquisitoire : *De Insolentia Judaeorum*. Sous le règne de Louis Ier le Pieux, il adressa en 827 une missive à l'archevêque de Narbonne pour le mettre en garde.

---

1. Viande abattue selon les prescriptions de la loi juive.

« Les hommes soumis à la loi mosaïque, écrivait-il notamment, sont maudits et recouverts de la malédiction comme d'un vêtement, malédiction qui s'est infiltrée comme l'eau dans leurs entrailles et comme l'huile dans leurs os. Ils sont maudits à la ville et à la campagne, maudits à l'entrée et maudits à la sortie. Maudit soit le fruit de leurs entrailles, de leurs terres et de leurs troupeaux ; maudits soient leurs celliers, leurs greniers, leurs boutiques, leur nourriture et les miettes de leurs repas ! »

L'évêque Agobard accusait également les juifs de construire plus de synagogues que de droit, d'être assez malins pour obtenir que le jour du marché soit déplacé du samedi au dimanche (ce qui leur permettait de respecter le sabbat en obligeant les chrétiens à travailler un jour qu'ils auraient dû consacrer au Seigneur), et de voler les enfants chrétiens pour les vendre comme esclaves ! Agobard pestait contre le fait que les juifs puissent posséder des esclaves chrétiens et demandait qu'il leur soit interdit d'en vendre en Espagne. De même souhaitait-il que les chrétiens ne soient pas employés chez les enfants de Moïse comme domestiques.

Tout partisans qu'ils fussent, les traits vengeurs de l'évêque de Lyon ne viennent pas par hasard. Déjà bien établis, au IXᵉ siècle, souvent prospères, les juifs de France vivent dans des communautés organisées. Une synagogue existait à Paris avant 582, une autre à Orléans avant 585. Jusqu'au XIIᵉ siècle, ils ne se distinguent des chrétiens par aucune particularité vestimentaire. Quant aux quartiers juifs, ils apparaissent spontanément dans les villes où ils manifestent le désir d'avoir une vie communautaire ; l'apparition du ghetto est beaucoup plus tardive.

Jusqu'aux croisades, les juifs de France vivent dans une tranquillité presque totale. Les admonestations de l'évêque Agobard sont peu entendues du pouvoir temporel, mais si les rois carolingiens se montrent beaucoup plus souples que les Mérovingiens, en raison des services rendus par les commerçants voyageurs, ils ne se décident pas à considérer l'ensemble de leurs sujets israélites comme des sujets ordinaires. Ce comportement ne variera pas sous les Capétiens. Les juifs devront attendre 1791 et la Révolution pour devenir sur la terre de France des citoyens en pleine possession de leurs droits.

Les juifs de l'époque carolingienne n'ont toujours pas le droit d'avoir des esclaves chrétiens, on met des restrictions à leurs mariages, ils doivent comme les chrétiens recevoir la bénédiction du prêtre au moment des noces sous peine d'une amende et de cent coups de fouet distribués en public. Comme les chrétiens, ils ne peuvent divorcer. Pépin le Bref a en effet interdit le divorce en 744, sauf en cas d'adultère ; en 789, Charlemagne l'abolit purement et simplement, à la demande de l'Église.

Les « juifs carolingiens » ont la libre disposition de leurs biens mobiliers mais ils n'ont pas accès à la fortune immobilière. Cette atteinte à la propriété immobilière des juifs resurgira au long de l'histoire. Vichy et les Allemands remettront en vigueur, en 1940, ce capitulaire[1] carolingien sur la propriété juive. Le gouvernement de Vichy et les Allemands n'épargneront pas non plus les biens mobiliers des juifs de France.

Quelles furent les raisons de ces mesures sous les rois carolingiens, par ailleurs assez bien disposés à l'égard de leurs sujets israélites ? Indiscutablement le désir des souverains d'éviter l'accaparement par les marchands juifs, que les voyages au long cours avaient considérablement enrichis, de la propriété immobilière. Les fameux Radhanites et leurs obligés juifs, tout ce qui gravitait autour de leur commerce mondial, disposaient de moyens financiers qui, sur le marché, pulvérisaient la concurrence. Les armes n'étaient pas égales, la loi de « l'offre et de la demande » s'en trouverait faussée. Les juifs de France étaient donc obligés soit d'investir dans des secteurs autres que l'« immobilier », soit d'acquérir hors de France les « immeubles » de placement. On ne laissait à leur jouissance que leurs maisons d'habitation.

Il y avait, semble-t-il, une autre raison. Les biens juifs visibles excitaient l'envie, ils offraient une cible trop voyante à la jalousie des chrétiens moins bien lotis. La richesse juive (entendons-nous : la richesse des juifs les plus favorisés, car ce serait oublier trop facilement l'insondable pauvreté de l'immense majorité sous les différentes latitudes), la richesse juive a valu aux communautés la plupart de leurs pogromes. Quand on y réfléchit, on ne peut que trouver sages les décisions des rois carolingiens. En obligeant les grands commerçants juifs français à ne pas « investir dans l'immobilier », ils éloignaient de leurs têtes la foudre des débordements populaires, la tentation des razzias de ghettos et d'un accaparement par la violence de richesses ostentatoires. Les juifs de Septimanie, du Languedoc, échappaient cependant, par mesure spéciale, aux mesures restrictives sur le droit de propriété.

La condition des juifs de France sous Charlemagne et les Caro-

---

1. Ou ordonnance.

lingiens avait également des aspects positifs. En matière commerciale ils disposaient des droits de tous les autres citoyens : ils pouvaient vendre et acheter sans entraves. Ils pratiquaient en toute quiétude le prêt à intérêt, avec d'autant plus de succès que sous la pression de l'Église le gouvernement monarchique l'interdisait aux chrétiens. Louis le Débonnaire les dispensa des ordalies, ou « jugement de Dieu », prévu pour les chrétiens, et interdit qu'on leur imposât les épreuves de l'eau et du feu. Le particularisme de leur religion et de leurs coutumes incita les souverains carolingiens à créer pour eux une charge de magistrat suprême – ou « magister judaeorum » – qui surveillait les sentences des juges dans les affaires où des juifs étaient impliqués. Sous le règne de Louis le Débonnaire, les jugements dans les procès faits aux juifs étaient rendus par un tribunal composé de trois juifs et de trois chrétiens. D'autre part, les Carolingiens font bénéficier de privilèges, de chartes particulières, certains juifs qui ont rendu à la communauté des services éminents. On retrouvera cette pratique plus tard, sous les Capétiens, qui formuleront des exceptions, dans la législation concernant les juifs, à l'égard de personnalités, de commerçants dont les activités étaient reconnues comme exceptionnellement utiles. Pour le Languedoc, toute la communauté juive était intéressée par ce régime libéral.

Mais en 843 le traité de Verdun démantèle l'Empire de Charlemagne. À la mort de l'empereur, Louis le Débonnaire ne peut empêcher les divisions de fissurer le bloc de son immense domaine. En partageant entre ses fils (Pépin, Lothaire et Louis) les lambeaux de l'Empire, il consacre le morcellement. En l'année 841, Louis et Charles (fils de la seconde femme de Louis le Débonnaire, Judith) imposent au cours de la bataille de Fontanet une cuisante défaite à leur frère, Lothaire. À Verdun tout est consommé. Germains, Gallo-Francs, Italiens acquièrent leur indépendance. Louis règne sur les Germains, Charles (dit « le Chauve ») sur les Gallo-Francs. Lothaire le vaincu a l'Italie et un territoire compris entre la Meuse, la Saône et le Rhône à l'ouest, le Rhin et les Alpes à l'est, soit la Belgique, la Lorraine, la Bourgogne, le Dauphiné et la Provence.

Rachi le Troyen et les doctes rabbins

C'est dans le cadre du royaume de Lothaire, en Lorraine, que s'épanouit une école très importante dans l'histoire de la pensée juive. L'un des premiers « sages de Lorraine » est Judas ben Meïr ha-Kohen qui s'illustre surtout à travers son élève : Guerchom ben Juda appelé « Meor ha-Gola », « lumière de l'exil ». Guerchom est né à Metz, vraisemblablement en 960. Il s'établit à Mayence. Son enseignement lui vaut une réputation dans les « juiveries » du monde chrétien, pour lesquelles il devient la référence suprême, la parole de vérité. À Worms, il édicte vingt-cinq *takanoth*, ou ordonnances, qui forment une sorte de législation à l'usage de ses frères d'Occident. Un synode de trois cents rabbins ratifie ces décisions nouvelles, cette réglementation de la vie juive. Guerchom sera, pour les juifs qui subiront les persécutions à l'époque des croisades, le recours et l'espoir. Il se montre un réformateur éclairé et apporte en particulier des améliorations à la condition de la femme juive dans les communautés en interdisant la polygamie et le divorce sans le consentement de celle-ci.

Sur le versant français du royaume de Lotharingie, en Champagne, apparaît alors un centre non moins prestigieux de commentaires de la Bible et du Talmud, l'école champenoise, qui se consacre à l'étude des textes sacrés. Le grand artisan de ce renouveau est un juif de Troyes, Salomon Yizhaki, fils d'Isaac, dit Rachi. Rachi est né, pense-t-on, en 1040. La date de sa mort n'est pas plus assurée : peut-être l'année 1105. La présence d'une communauté juive à Troyes – cent à deux cents personnes environ – s'explique très probablement par la position géographique privilégiée de la cité champenoise. Plusieurs grandes routes y convergent, qui assurent le contact entre la France et la Rhénanie, et descendent vers le sud.

Rachi est le propriétaire d'un petit vignoble qui lui laisse le temps de se consacrer à ses savants travaux. La petite communauté juive troyenne, sur laquelle il exerce un fort ascendant, est repliée sur elle-même, ne gardant de contacts avec l'extérieur que ce qui est nécessaire à son commerce, serrée autour de sa synagogue, n'acceptant de mariages qu'entre ses membres. Les juifs de Troyes bénéficient de la tolérance des comtes de Champagne. La situation de la ville à ce carrefour de communications facilite les rapports de Rachi avec les communautés sœurs de Worms et de Mayence où, pendant plusieurs années, il étudie en compagnie du grand Guerchom. De même est-il certain que Rachi établit des relations intellectuelles avec les savants juifs de Rome. Dans la Ville éternelle il consultera des manuscrits de commentaires dus aux connaissances de ses prédécesseurs. Les gendres de Rachi, et plus spécialement l'un de ses petits-fils, Jacob ben Meïr, dit « Rabenon Tam », poursuivirent son œuvre. Avec les Tossaphistes – ceux qui écrivent des « additions » aux commentaires du maître ou au texte du Talmud – sera perpétué le renom de l'école champenoise.

La méthode de Rachi et de ses successeurs constitue une entreprise sans précédent dans l'histoire des études juives. C'est un commentaire concis, écrit dans un langage très clair, de la Bible et du Talmud. Chaque mot, chaque phrase sont étudiés et disséqués, chaque obscurité soudain éclairée d'une lumière nouvelle. Cette précision méticuleuse, cette méthode excessivement critique serviront de modèle aux commentateurs des pays rhénans, de Provence, d'Espagne et même d'Angleterre. Les études talmudiques ne pourront désormais se passer de ce travail gigantesque et remarquable d'exégèse. C'est dire à quel niveau élevé de réputation s'élèvent les premières communautés juives connues sur le sol de France. Vitry, dans la Marne, Coucy-le-Château, dans l'Aisne, Saulieu et Sens en Bourgogne ; Corbeil, Melun, Pontoise en Île-de-France ; Falaise, Évreux, Dreux, en Normandie ; Metz, Toul et Verdun, dans le nord-est ; Chinon, Bourgueil et Orléans sur les bords de Loire sont, avec leurs petites communautés, autant de relais qui diffusent les recherches du foyer champenois.

La langue écrite par le savant Rachi était un alliage d'hébreu et d'araméen. Il employait parfois des expressions de son entourage, le français-champenois parlé aux Xe et XIe siècles... mais les transcrivait en caractères hébraïques. Ces gloses françaises de Rachi posèrent, pendant des siècles, des problèmes insurmontables aux traducteurs de ses commentaires qui les mentionnèrent par l'expression *bela'az* (en hébreu : « Dans le langage étranger »). Il fallut attendre le grand talmudiste et philologue, spécialiste du français médiéval, Arsène Darmesteter, pour que les gloses de Rachi livrent leur secret. Darmesteter accumula des recherches entreprises dans le monde entier sur les textes de Rachi. À sa mort, en 1888, Julien Weill, qui allait devenir grand rabbin de Paris, et un ancien élève de l'École des chartes, Louis Brandin, publièrent les brouillons de son œuvre inachevée sur les commentaires du savant juif champenois.

À peu près à la même époque, puis aux XIIᵉ et XIIIᵉ siècles, les rabbins du sud de la France se consacrent à d'importants travaux. C'est à Narbonne, où prospère une communauté juive très ancienne, le Rabbi Moche ha-Darchane, dit « Moïse le prêcheur ». Il vit en l'an 1000 et fait des commentaires de la Torah. C'est à Limoges, un siècle plus tard, un rabbin connu sous le nom français de Joseph Bonfils qui écrit des poèmes liturgiques. L'École de Provence occupe une place particulière. Aux XIIᵉ et XIIIᵉ siècles, elle produit, à Narbonne toujours, mais aussi à Arles, Béziers et Lunel, toute une génération de doctes rabbins : mathématiciens, astronomes, médecins, traducteurs de l'arabe, grammairiens, polémistes redoutables. Cette École de Provence est tournée vers les communautés juives d'Espagne dont le grand Maïmonide est évidemment le penseur le plus célèbre. Des juifs de la péninsule Ibérique émigrés en terre provençale ont initié les rabbins de cette région aux recherches de leurs frères d'outre-Pyrénées.

Joseph Kimi et son fils David ibn Tibon ont traduit les œuvres de Maïmonide écrites en arabe. Mais le rabbin de Montpellier, Salomon ben Abraham, soutenu par les rabbins du sud de la France, ayant condamné l'œuvre de l'auteur du *Guide des égarés*, il s'en est suivi une vive polémique avec les communautés de Lunel, Béziers et Narbonne qui adhèrent au contraire aux thèses du fameux penseur juif espagnol. Moïse de Narbonne, Lévy de Bagnols sont les plus ardents à défendre les conceptions de Maïmonide. Orthodoxes et réformateurs s'affrontent durant une décennie. Condamnations, interpellations, menaces opposent les deux camps jusqu'au risque d'une empoignade physique. Les rabbins de France restèrent en grande majorité fidèles à la tradition juive orthodoxe : l'attachement à l'enseignement du Talmud à qui Rachi le Troyen et ses disciples tossafistes avaient consacré leurs commentaires, contre la tendance mystique de la Kabbale et le rationalisme de Maïmonide. Pour les communautés juives de France, le Talmud devenait le livre directeur de la pensée, de la vie et de l'action. Grâce à cette référence constante, elles se maintenaient dans la voie d'une fidélité minutieuse à la tradition.

Les nations modernes étaient en germe dans le traité de la division et du morcellement. Par le partage de Verdun, Louis est devenu roi d'Allemagne, Charles le premier souverain de France, mais une France mutilée, amputée d'environ un tiers des territoires de la Gaule qui vont à Lothaire. Cette France perd ses frontières naturelles du Rhin, des Alpes, que des générations de rois, que la Révolution s'acharneront à lui rendre au prix de guerres multiples.

Pour les juifs, les conséquences sont inévitables. Au statut quasiment unique qui les régissait sous le sceptre des Carolingiens maîtres d'un Empire se substituent des régimes particuliers, conséquences du morcellement. Charles le Chauve laisse le désordre s'installer dans son royaume. Les peuples d'Aquitaine se soulèvent, les Bretons et les « Septimaniens » revendiquent aussi leur indépendance. Dans le Midi, les Sarrasins pillent et rançonnent. La plus dure épreuve imposée au petit royaume de France est l'invasion des terribles Vikings qui, partis de la Norvège, de la Suède et du Danemark, s'abattent sur la Grande-Bretagne et les côtes françaises : Rouen est brûlée, Nantes, Saintes et Bordeaux mises à sac. Bientôt s'enhardissant, ils remontent les fleuves, l'Escaut, la Somme, la Seine, la Loire, la Gironde. Charles le Chauve les voit piller, impuissant, Paris et Orléans, se répandre partout, partout semer la terreur et la rançon.

Livrée au pillage, la terre de France est divisée à l'extrême. Il n'y a plus un roi, il y a des « rois » : le duc de Gascogne au sud de la Garonne ; les comtes de Toulouse, d'Auvergne, de Périgord, du Poitou, du Berry ; les comtes de Flandre et de Bretagne ; le duc de Bourgogne. Exposées aux envahisseurs, les populations de nos provinces ont organisé leur propre défense, construit les châteaux où les forts veillent sur la sécurité des autres. La féodalité naît d'une nécessité d'autodéfense. Que deviennent, dans cette nouvelle configuration politique, les juifs de la terre de France ?

Comme l'écrit Henri Prado-Gaillard[1], le juif n'a guère sa place dans la société très hiérarchisée de la féodalité et du Moyen Âge. Les invasions qui, au nord comme au sud, éprouvent le royaume de France après le démantèlement de l'Empire de Charlemagne, l'effacement du pouvoir central, la précarité des temps ont donné le jour à une « nouvelle société » basée sur une notion de solidarité. Cette solidarité s'établit dans le sens d'une pyramide, de la hiérarchie, à chaque droit correspondant un devoir. Pour faire face aux violences et aux menaces, les propriétaires d'« alleux », c'est-à-dire de terres libres, non soumises aux redevances, ont dû s'en remettre à des protecteurs, personnages ayant acquis force et influence par leur valeur, leur ascendant et leur courage dans les

---

1. Dans *La Condition des juifs dans l'ancienne France*.

occasions dangereuses, dans la lutte contre les envahisseurs vikings ou sarrasins. De cette mise en protection des terres des plus faibles au profit des mieux armés a résulté un transfert progressif du droit de propriété. De là sont venues les notions de fief, de vassal et de seigneur. Bien vite les titres sont devenus héréditaires, reconnus par le roi qui, déléguant ses pouvoirs sous l'effet des circonstances, a fini par les voir se dissoudre et se morceler à l'infini. Les ducs, les comtes, les vicomtes sont à la tête d'États dans l'État, battent monnaie, rendent justice, légifèrent, se mesurent entre eux et guerroient comme bon leur semble. Ils accaparent en matière politique, législative et judiciaire tous les pouvoirs. Quiconque met ses terres sous la coupe d'un seigneur, et le prie de défendre sa vie, lui fait serment de fidélité : le serment de fief. Il lui doit le service militaire, l'accompagne dans ses expéditions guerrières, participe à ses conseils.

Le vassal a des devoirs que compensent les devoirs de son suzerain à son égard. D'un côté, fidélité et services, de l'autre engagement d'équité et assurance de protection. Égaux entre eux, les vassaux forment la cour de justice de leur commun protecteur. Au troisième niveau, les « vilains » ou « manants ». Ils conservent leur liberté, cultivent les terres qui leur sont concédées par le suzerain et qui sont transmissibles avec leurs autres biens à leurs enfants, contre l'acquittement du cens, mais ils ne sont protégés que par des accords privés avec les propriétaires ; ils n'ont aucune garantie de droit public. Il en résulte d'innombrables abus. Puis viennent les « mainmortables ». Ils ne peuvent se marier sans l'autorisation du seigneur qui, à leur mort, dispose de tous leurs biens. Enfin les « serfs », les « hommes de la terre ». Le légiste Philippe de Beaumanoir, auteur des *Coutumes de Beauvoisis*, résume en peu de mots leur condition : « Le Sire, écrit-il, peut leur prendre tout ce qu'ils ont, et les tenir en prison toutes les fois qu'il lui plaît, soit à tort, soit à droit, et il n'est tenu à en répondre, fors à Dieu. »

Et Taine, dans les *Origines de la France contemporaine* : « La terre est au seigneur féodal ; s'il leur en accorde une parcelle, s'il leur donne du travail et des semences, c'est aux conditions qu'il dicte. Ils seront ses serfs, ses mainmortables ; quelque part qu'ils aillent, il aura le droit de les ressaisir et ils seront, de père en fils, des domestiques-nés, applicables au métier qu'il lui plaira, taillables et corvéables à merci, ne pouvant rien transmettre à leurs enfants. »

Ainsi sont les juifs qui vivent sur le sol de France, dans la plupart des cas, sous le régime de la féodalité : serfs, mais des serfs d'un genre encore particulier.

Dans un régime construit sur le droit de la propriété de la terre, le juif n'a pas accès à la propriété immobilière. L'interdiction a survécu aux Carolingiens. Ainsi il ne peut s'engager par le serment du fief qui lie le vassal au suzerain. Ne cultivant pas la terre, il ne peut non plus être « censitaire », comme les « vilains ». Il tombe donc au niveau des serfs. Comme les autres serfs, les juifs sont, selon l'expression de Taine, « taillables et corvéables à merci ». Quand ils meurent, les biens qu'ils ont acquis dans leur commerce, et surtout dans la pratique de l'usure où ils excellent, deviennent propriété de la communauté. Tandis que le serf du commun est attaché à la terre qu'il cultive, et ne peut être vendu par son suzerain en dehors de cette terre, le juif, propriété du seigneur, est un bien mobile qui se négocie comme un sac de froment ou un ballot de hardes. De nombreux actes féodaux font état de ventes de juifs. En 1296, par exemple, le comte Charles de Valois obtient de son frère, le roi Philippe le Bel, la cession, à titre gratuit, des juifs de la ville de Pontoise. Puis, trois années plus tard, Charles de Valois cède contre espèces sonnantes à Philippe les juifs de son comté, auxquels il ajoute un juif de Rouen, nommé Samuel Vial. C'est que, depuis 1296, les juifs ont eu le temps de s'enrichir et ont pris une « valeur marchande » dont Charles tire profit. Philippe le Bel – dont on verra le sort qu'il réservera aux juifs de ses États – achète au chevalier Pierre de Chambly un juif prospère du nom de Samuel.

Mais le sort des juifs varie en définitive selon les suzerains, selon les régions. On peut dire, pour simplifier, qu'il est beaucoup plus favorable dans le Midi, dans les pays de langue d'oc, que dans le Nord, pays de langue d'oïl. La situation juridique, les conditions de vie des juifs de France sont une chose dans le royaume de France, réduit à sa plus simple expression, une autre chez les grands vassaux du roi. Lorsqu'en 987 le duc de Bourgogne, le duc de Normandie réunis à Senlis avec de nombreux évêques et seigneurs proclament Hugues Capet roi de France, l'unité est encore loin d'être faite. Hugues prend les armes pour soumettre les grands féodaux. En face de lui se dresse Charles de Lorraine, que soutiennent les comtes de Flandre, de Vermandois, de Champagne, de Poitou et de Toulouse. Charles est vaincu, le comte de

Poitiers fait sa soumission, mais Aldebert, comte de Périgord, défie l'autorité du premier Capétien et préserve son indépendance.

Jusqu'à Philippe Auguste, les Capétiens règnent mais ne gouvernent pas. Malgré l'appui grandissant qu'ils reçoivent de l'Église, les rois français ne se différencient guère des grands vassaux qui les entourent. En 1016, sous Robert le Pieux, le duché de Bourgogne est cependant acquis à la couronne de France.

Les temps sont bien révolus des protections des Carolingiens. Sans trêve, les rois capétiens persécutent, expulsent et pressurent les juifs de leurs États, relégués à la condition de serfs. Ceux qui échappent à l'autorité des rois, qui dépendent des « grands vassaux » ont souvent un sort moins triste, mais les rigueurs des Capétiens font exemple. Dans de nombreux comtés ou duchés, les juifs passent de mauvais jours.

2.

Rançonnés, expulsés, bannis...

L'orage. Le voilà sur la tête des juifs d'Occident pour la première fois menaçant. On sait qu'il aura, au cours de l'histoire, des retours terribles. Le danger est pour l'heure la passion mystique qui enflamme l'Occident chrétien et qui, en vagues successives, porte les légions des croisés vers la Terre sainte.

Le 26 novembre 1095, à l'occasion du concile de Clermont-Ferrand, le pape Urbain II appelle les chrétiens à la croisade contre les Turcs. Dans le nord de la France, Pierre l'Ermite rassemble son armée de volontaires. La première croisade est en formation. La foule qui s'ébranle vers la lointaine Jérusalem pour la reconquête du tombeau du Christ est un mélange de mystiques sincères et d'aventuriers de tout poil, chrétiens transportés par leur foi, soulevés d'enthousiasme par les prédications ; vagabonds, aventuriers, hommes de sac et de corde et semi-brigands. L'adhésion sincère côtoie l'ambition de rapine et de vol. Cette première croisade est celle des « pauvres gens ».

L'armée ainsi formée aux appels de Pierre l'Ermite descend la vallée du Rhin. C'est alors que les volontaires réunis par Emigo de Leisingen, qui rejoignent la troupe des croisés français, se livrent sur les juifs, au cours de l'été 1096, à toutes sortes de violences. On viole, on vole, on massacre. Les évêques essaient de s'interposer mais leurs interventions en faveur des malheureux ne sont pas écoutées. Les plus fanatiques des « soldats du Christ » veulent obtenir des juifs qu'ils tiennent sous la menace de leurs épées l'abjuration de leur foi : or les juifs, les chroniqueurs le disent, préfèrent mourir que se renier. Un observateur de Wurzbourg, en Bavière, a laissé ce récit des calamités qui fondirent sur les juifs rhénans au passage des croisés : « Une foule innombrable venue de toutes les régions et de toutes les nations allait en armes vers Jérusalem et obligeait les juifs à se faire baptiser, massacrant en masse ceux qui s'y refusaient. Près de Mayence, mille quatorze juifs, hommes, femmes et enfants, furent massacrés et la plus grande partie de la ville incendiée... »

Victor Duruy, se référant au chroniqueur Guibert de Nogent, écrit à propos de la première croisade : « Il vint des hommes des plus lointains pays. On les voyait aborder dans les ports de France qui, ne pouvant se faire comprendre, mettaient leurs doigts l'un sur l'autre en signe de croix pour marquer qu'ils voulaient s'associer à la guerre sainte. Femmes, enfants, vieillards accompagnaient leurs époux, leurs pères, leurs fils. Ils prirent par l'Allemagne, égorgeant les juifs qu'ils rencontraient, pillant partout pour se procurer des vivres et s'habituant à la violence [1]. »

Guibert de Nogent écrit au nom des croisés de Rouen : « Nous désirons aller combattre les ennemis de Dieu en Orient, mais nous avons sous les yeux des juifs, race plus ennemie de Dieu que ne l'est aucune autre... »

Et Pierre de Cluny, moine dans cette abbaye, s'adresse au roi de France, Philippe Ier, en ces termes : « Pourquoi devons-nous chercher les ennemis du Christ dans les pays lointains, lorsque les juifs blasphémateurs, qui sont bien pires que les Sarrasins, vivent au milieu de nous et outragent impunément le Christ et les sanctuaires de l'Église ? Je ne demande pas que ces hommes sur lesquels pèse la malédiction soient livrés à la mort, car il est écrit : "Tu ne tueras pas." Dieu ne veut pas qu'ils soient exterminés ; ils doivent plutôt comme Caïn le fratricide continuer à exister dans de grandes souffrances et une grande ignominie pour que la vie leur soit plus amère que la mort. Qu'ils soient réduits à la servitude, misérables, opprimés, craintifs, et qu'ils le restent jusqu'à ce qu'ils se tournent vers la voie du salut... »

On le voit, des interjections du croisé rouennais qui s'étonne que l'on aille passer par le fer les infidèles en Palestine alors que les juifs – ces autres « ennemis de Dieu » – que l'on a sous la main vivent dans la tranquillité, aux remarques sadiques du moine-ligueur de Cluny qui souhaite pour les enfants de Moïse des souffrances plus redoutables que la mort, les appels à la vengeance ne manquent pas. Les vœux de Pierre de Cluny sont en

---

1. Dans l'*Histoire de l'Europe et de la France au Moyen Âge*.

partie exaucés ; en l'année 1096, Philippe Ier chasse les juifs de ses États.

Cependant, les soulèvements populaires contre les abus de la féodalité laissent un répit – provisoire – aux juifs de France. Dès 997, les vilains de Normandie se sont insurgés contre les seigneurs. Cette « révolte des communes », qui est réprimée dans le sang, a gagné tout l'Ouest et le Nord. Au Mans, à Cambrai, à Noyon, Beauvais, Saint-Quentin, Laon, Soissons et Amiens, les communards du XIe siècle secouent le joug de l'oppression, obtiennent de leurs seigneurs des chartes qui leur garantissent – souvent – le droit de s'administrer par eux-mêmes, d'élire les magistrats qui géreront leurs affaires.

Les juifs n'ont eu qu'à gagner à cette contestation populaire. Ce vent de liberté les favorise. Moins que serfs, les seigneurs les tenaient à leur totale merci. Après une période de tranquillité relative, ils vont sentir de nouveau le poids de la persécution. Profitant du soulèvement communal, Louis VI, dit le Gros, aidé de son ministre Suger, consolide les assises de la monarchie, abat une à une les forteresses de la féodalité en favorisant en sous-main les revendications populaires. La consolidation progressive du pouvoir des rois capétiens n'est pas favorable aux juifs de France. Louis VII, en 1144, les expulse du royaume. Pour la deuxième fois depuis Philippe Ier... Quiconque, prescrit l'édit royal, n'aura pas obtempéré, parmi les juifs, sera mis à mort, ou mutilé... Le climat des croisades était à l'exaltation des sentiments religieux ; les juifs étaient souvent désignés comme des « infidèles » qui méritaient un sort identique à celui des Turcs que l'on partait trucider. Mais de même que chez les croisés avides de butin, des motivations d'ordre très matériel inspirent les Capétiens. L'antisémitisme des XIe et XIIe siècles est, déjà, de nature économique. Un an après son couronnement, en 1181, Philippe Auguste ordonne l'arrestation des juifs de Paris pendant la célébration du sabbat. Ils sont contraints de lui faire don de leur argent, de leur or, de toutes leurs pièces précieuses. Saisi, leur mobilier ne leur sera restitué que contre versement d'une amende globale de quinze mille marcs. Ces méthodes ont un nom : c'est la politique du chantage et de la rançon.

Les juifs de Paris que rançonne Philippe Auguste étaient installés principalement dans la Cité et dans le quartier des Champeaux. Ils sont en majorité très riches. Par-dessus tout, ils excellent dans le commerce de l'argent et l'usure. C'est bien l'argent qui dicte à

Philippe Auguste ces décisions... et d'abord son propre intérêt. Quelque temps après le « coup du sabbat », le roi libère ses prisonniers, puis décrète que les chrétiens seront affranchis des dettes contractées envers eux. Philippe met à cette mesure apparemment avantageuse pour les débiteurs chrétiens une condition : ils rétrocéderont à son Trésor le cinquième des sommes dues aux juifs. En 1182, c'est la décision capitale : les juifs du ressort du roi de France ont trois mois, d'avril à juin, pour quitter le territoire. Philippe Auguste s'approprie leurs créances, leurs biens immobiliers (immeubles, champs, caves et greniers), dont il distribue une partie aux débiteurs. Ils conservent cependant leurs biens mobiliers. Le roi décide enfin que les synagogues seront transformées en églises. Les juifs de Paris vont alors chercher refuge en Aquitaine ou en Roussillon. Constamment, sous les Capétiens, les juifs, expropriés et chassés, se mettront à l'abri des persécutions du pouvoir royal en gagnant les provinces de langue d'oc où leurs communautés bénéficiaient de conditions de vie beaucoup plus avantageuses. Seize années après l'édit d'expulsion, en 1198, Philippe Auguste rouvre aux juifs les frontières du royaume. Le souverain met cependant au retour des commerçants et des usuriers de Paris une condition qui explique son geste : le versement d'une somme très importante au bénéfice du Trésor.

Voilà qui est clair. Vous pouvez revenir, dit en substance le roi aux juifs, mais payez le droit de votre retour. Vous avez été chassés, après que je vous ai dépouillés ; mais maintenant que seize années vous ont, à l'abri des persécutions, et grâce à votre ingéniosité, permis de reconstruire des fortunes, je suis prêt à vous reconsidérer comme mes fidèles sujets. Revenez dans mon giron, mais ouvrez vos escarcelles !

La méthode est habile, et d'un cynisme parfait. Philippe Auguste réussit son opération de chantage, une de plus à l'égard des juifs, puisqu'ils reviennent en assez grand nombre dans ce Paris qui est la plaque tournante du commerce dans le royaume de France. Les affaires y sont suffisamment prospères pour qu'ils ne laissent pas passer l'occasion d'y amasser de nouvelles richesses. Ils reviennent, donc, mais cette fois ils installent également leurs pénates dans le quartier de Saint-Bon, rue de Moussy, rue Neuve-Saint-Mery, rue de la Tacherie. Dans le courant du XIIᵉ siècle, on en dénombrera près de cinq mille à Paris.

Les méthodes de Philippe Auguste s'expliquent par ses difficultés financières. Philippe le Bel, qui passera par les mêmes difficultés, aura recours aux mêmes subterfuges à l'égard des juifs du royaume. Des historiens naïfs... ou d'une naïveté calculée, chantres de la monarchie capétienne, ont expliqué que Philippe Auguste, outré des taux d'intérêt des juifs, et harcelé par les plaintes de ses sujets chrétiens, avait voulu mettre un terme à ces abus en expulsant les responsables. Il est exact – et nous le verrons – que Philippe réglementera les relations commerciales entre chrétiens et juifs ; mais il est primordial de se souvenir que les rois capétiens s'exposent par leur politique d'expansion, par leurs efforts en faveur de l'unité française autour de leur couronne, par leurs guerres, à de graves embarras financiers. Philippe Auguste, comme Philippe le Bel, a de pressants besoins d'argent. Il le prend où il le trouve, et en particulier chez les juifs qu'il rançonne à qui mieux mieux. À considérer le règne de Philippe Auguste, on se convaincra sans peine qu'il ait eu des problèmes financiers à résoudre. Il acquiert par les armes, en 1185, les comtés d'Amiens, de Vermandois et de Valois. En 1190, il organise, avec Richard Cœur de Lion, d'Angleterre, la troisième croisade. Saint-Jean-d'Acre est reprise aux « infidèles », mais Philippe et Richard se querellent et s'opposent. Revenu en France, le roi s'en prend à Jean sans Terre, frère de Richard.

La guerre fait rage en Normandie. Richard Cœur de Lion est tué en combattant au château de Chalus, en Limousin. Une à une les villes normandes se rendent au roi de France ; l'Anjou, la Touraine et le Poitou sont réunis à sa couronne. Jean sans Terre forme une coalition qui rassemble l'empereur d'Allemagne, les comtes de Flandre et de Boulogne, et lui-même. Tandis que Louis, fils de Philippe, croise le fer avec Jean sans Terre, en Poitou, le roi se porte devant ses ennemis du Nord et les bat, en 1214, à Bouvines.

En 1202 a commencé la quatrième croisade, qui s'achèvera par la fondation d'un empire latin à Constantinople. Le fils de Philippe Auguste débarque en Angleterre pour y soutenir les barons soulevés contre le roi Jean, fortement humilié par son échec de Bouvines. En 1208 commence la croisade contre les Albigeois.

Vermandois, Amiénois, Artois, Normandie, Maine, Anjou, Touraine, Poitou, l'Auvergne en partie : en rattachant ces provinces au domaine de France, Philippe Auguste en a doublé la superficie. Paris a été transformée, la ville ceinte d'une muraille, le Louvre ébauché, l'université de Paris fondée... Ainsi, l'argent des juifs spoliés sert à payer les guerres qui agrandissent et les travaux qui embellissent le royaume de France.

Philippe Auguste, selon certains, faisait aux juifs le grief de prêter à des taux abusifs, et c'est la raison pour laquelle il les aurait expulsés du royaume. Nous avons vu que des motifs plus réels poussaient le roi à cette politique de rigueur. Mais il est intéressant de s'arrêter à ce prétexte, car le reproche de l'abus usuraire, invoqué par Philippe Auguste, revient constamment dans l'histoire du peuple d'Israël. Que répondent les « défenseurs » de l'usure juive ?

Que les juifs n'ont pas eu le monopole du commerce de l'argent ; les Lombards, par exemple, ont montré dans cette activité économique des dispositions identiques ; les chrétiens eux-mêmes en ont connu les secrets. On a eu tort de n'accuser que les juifs de prêter à des intérêts excessifs. C'est que l'on a mêlé le sentiment à l'affaire, que l'on a prononcé des jugements inspirés par des considérations idéologiques. Si les juifs ont été aussi volontiers taxés d'usure, n'est-ce pas parce qu'on voulait leur chercher querelle sur un autre terrain, parce qu'on se laissait entraîner par des réflexes raciaux, que la fidélité inébranlable à leur foi et à leurs coutumes était insupportable, que, dans le fond, on leur en voulait de n'être pas comme les autres ? L'usure juive eût-elle été la tare du « peuple élu » s'il avait reconnu dans le Christ le Messie, renié ses croyances ? Usurier, le juif ? Mais n'a-t-on pas trop souvent jalousé l'intelligence tout court, et l'intelligence aux affaires, d'un peuple particulièrement économe, sachant accumuler là où d'autres gaspillent, sachant se priver là où d'autres préfèrent jouir ? À cette argumentation on a ajouté que le commerce de l'argent, chez le juif, est une sorte de refuge, un choix imposé par les circonstances à un moment où les décisions du pouvoir central, au Moyen Âge, tendaient à l'exclure de la vie économique, à lui interdire toutes sortes de professions.

L'accusation du profit usuraire ne fait pas de suite son apparition sous la plume des commentateurs chrétiens. Saint Agobard, par exemple, et les chrétiens les plus mal disposés à l'égard du peuple d'Israël ne font guère mention de cette « tare » avant les croisades et le Moyen Âge. On peut être sûr que ce n'est pas par omission. Quelles sont alors les raisons de ce silence ? Est-ce parce que l'usure juive était alors plus discrète ?

À l'origine, le juif n'est pas le seul à prêter. En certains chrétiens il rencontre même des concurrents redoutables dans les trafics financiers. Cependant, trois années avant l'expulsion des juifs de France par Philippe Auguste, en 1179, le troisième concile de

Latran, reprenant les décisions du deuxième concile (1139), faisait interdiction aux chrétiens de se livrer au commerce de l'argent. Les manquements à ces règles étaient frappés d'excommunication, les « contrevenants » étaient privés de sépulture religieuse. Les juifs, qui échappaient aux décisions de l'Église, pouvaient donc à loisir occuper une place laissée vacante par les exigences de la morale chrétienne.

Dès lors, le rôle économique des juifs se teinte d'une coloration très particulière. Cet avantage aura un revers à sa médaille. Le juif se jette dans la brèche offerte à son ingéniosité, mais il paiera très cher ce « privilège », cadeau empoisonné de l'Église aux disciples de la religion de Moïse.

Progressivement, les hypothèques prises par les juifs sur les biens immeubles de leurs créanciers s'accroissent. Philippe Auguste estime donc nécessaire, au moment où il libère les juifs de Paris qu'il a fait séquestrer, d'exiger qu'ils renoncent aux sommes très importantes qui leur sont dues ; en les autorisant à revenir il ne se contente pas de les mettre à sérieuse amende, mais il réglemente les tractations commerciales entre les deux communautés. Le taux d'intérêt des prêteurs juifs de Paris est fixé à un plancher qui ne sera pas dépassé sans sanctions. De même les vases et les ornements sacrés sont-ils exclus des biens sujets à hypothèques. L'hypothèque sur les terres de l'Église n'est pas autorisée sans, selon le cas, l'aval du roi ou des seigneurs. En 1218, le roi impose une nouvelle limite : tout prêt ne sera pas productif d'intérêt pendant plus d'une année.

La politique de Philippe Auguste sur l'« intérêt juif » ne l'empêchait pas de favoriser leur expansion économique. Non seulement les juifs de Paris ne sont soumis à aucune persécution physique, mais ils sont directement « protégés » par le roi. Protection intéressée de l'intelligent Capétien... Installés au centre de la Cité (quartier de l'Hôtel-Dieu, au Marché aux Fleurs), ils se signalent par leurs prouesses commerciales, reconstruisent de solides fortunes. Exilés hier, grugés lors de leur retour, leurs greniers se remplissent de nouveau, leurs bourses s'étoffent. Au lieu de tarir à la base cette manne inespérée, Philippe crée un « produit des juifs », un impôt spécial, taille ou cens annuel, leur réserve le « privilège » de certaines amendes judiciaires, frappe de droits spéciaux leurs actes d'achats et de ventes.

La croisade contre les Albigeois, en 1208, demandée par le pape Innocent III pour étouffer les hérésies qui se propagent dans le

Midi de la France, nous conduit à évoquer les communautés juives du Languedoc.

La paix du Languedoc

Au Languedoc, dans les provinces relevant des comtes de Toulouse, les juifs s'étaient élevés à un haut niveau tant par l'étendue de leurs richesses que par le régime de liberté dont ils jouissaient, et qui contrastait avec leur condition d'asservissement dans les autres pays de l'Occident chrétien.

Ils formaient à Narbonne une communauté très prospère. Agde, Aigues-Mortes, Montpellier recueillaient également leur florissant commerce. Aux côtés des commerçants grecs et syriens qui s'étaient installés sur le littoral languedocien, les fameux Radhanites dont nous parlions précédemment servaient de trait d'union avec l'Orient, voyageaient vers la Chine, établissaient des comptoirs. Montpellier tiendra pendant de longues années une place privilégiée dans les échanges commerciaux avec les ports du littoral méditerranéen. Commerçants-voyageurs, les juifs du Languedoc s'adonnaient également à des activités industrielles qui nécessitaient une implantation permanente, telles que la confection des étoffes.

Quand les Wisigoths déferlent sur la Gaule, en 412, et qu'ils prennent pied en Espagne, le sort réservé aux juifs d'Aquitaine est beaucoup plus enviable qu'outre-Pyrénées. À Narbonne, plaque tournante du commerce avec la Méditerranée, ils sont protégés, épargnés parce qu'ils ont su faire apprécier leurs services, drainer les marchandises d'Orient vers le littoral de la France de demain. À l'époque des invasions arabes, les juifs d'Espagne sont suspectés de pactiser avec le conquérant, par toutes sortes de moyens. Par contre, en Aquitaine, la tradition veut qu'ils s'opposent franchement à l'envahisseur musulman, ce qui expliquerait qu'ils aient acquis des privilèges nombreux et durables.

Les juifs du Languedoc sont propriétaires d'immeubles, de terres ou de maisons qu'ils transmettent librement à leurs héritiers, ils emploient sans entraves des serviteurs chrétiens. Au Xe siècle, plusieurs « territoires » portent des noms qui montrent clairement les origines de leurs propriétaires. C'est à Béziers la « Guardia Judaïca », à Nîmes le « Podium Judaïcum », à Carcassonne

l'« Honor Judaïcus », à Narbonne le « Clausum Judaïcum », la
« Batisda Judaïca », la « Villa Judaïca », le « Mons Judaïcus ».
De nombreuses traces de l'implantation juive ont été également
conservées à Toulouse. Les très nombreux contrats d'achats et de
ventes concernant des biens-fonds[1] de juifs attestent l'importance
de la propriété juive en pays de langue d'oc.

À Narbonne – nous l'avons vu –, les juifs étaient particulièrement prospères. Ils s'étaient établis à l'est de la ville. La « Villa
Judaïca » – désignant le territoire qu'ils occupaient – était située
au pied de la montagne de la Clape et comprenait surtout des
vignes et des salines. Les propriétés juives s'étendaient au-delà de
cet espace géographique. Ils étaient libres d'acquérir ailleurs des
immeubles. En 955, par exemple, quatre juifs narbonnais, Samuel,
Moïse, Isaac et Levi fils d'Abraham acquéraient un moulin sur
l'Aude ainsi que plusieurs immeubles qui lui étaient contigus. Au
XIIe siècle, le rabbin Kalonyme est, sous la protection des seigneurs
de la région, à la tête de domaines considérables dans la banlieue
narbonnaise. Kalonyme lui-même, dont on a retrouvé la signature
en caractères hébraïques au bas de chartes d'actes de cession à
des chrétiens, appartenait à une famille établie depuis plusieurs
siècles dans la cité. On trouve également les noms de propriétaires
juifs tels que Salomon de Melgueil, en 1231, d'un Bonmancip,
d'un Abraham, fils de David de Montpellier, d'un Éléazar et d'un
Juda ben Nathan, d'un Bondia de Surgères, d'un Samuel Vital de
Scaleta, d'un Dieulosal de Florensac. On remarquera qu'aux XIIe
et XIIIe siècles les noms patronymiques de ces juifs du Languedoc
sont déjà pour la plupart « francisés ». Au prénom israélite est
ajouté le nom de famille qui tire ses origines du lieu où est sise
leur propriété.

Les juifs sont nombreux dans la région de Toulouse, nombreux
les actes de commerce où leurs noms apparaissent. Ils sont propriétaires de terres aussi bien que d'immeubles. Les familles juives toulousaines les mieux nanties ont noms Espagnol et Alacer
ou Alègre, Provençal, Bonmancip, Clarion, Belid. Ils ont maisons,
terres et vignes. Ils achètent et vendent à loisir. On les voit notamment commercer avec l'ordre du Temple, avec l'ordre de Saint-
Jean de Jérusalem.

Les juifs n'étaient généralement pas tenus d'habiter dans des
quartiers spéciaux. Leurs synagogues s'élevaient à Toulouse,

---

1. Biens immobiliers.

Béziers, Mende, Pamiers, Posquières, Lunel, Nîmes, Saint-Gilles. Pendant les XIe et XIIe siècles, ils sont souvent investis de fonctions officielles par les seigneurs. À Narbonne, ils sont courtiers assermentés. Ils sont bailes à Toulouse, Carcassonne, Béziers. À ce titre ils assurent, dans des limites définies, l'administration des biens qui dépendent du seigneur, bénéficient des produits des amendes. Ces fonctions leur rapportent de gros bénéfices et leur permettent d'amasser des fortunes. Dans la plupart des seigneuries, leurs talents aux affaires et à l'administration des biens leur valent d'assumer ces responsabilités officielles auprès des comtes et des potentats nobles de moindre dimension. Non seulement les juifs sont sur le pied d'égalité juridique avec les chrétiens, mais la rédaction des actes leur reconnaît à plusieurs reprises le titre de *dominus*, de seigneur foncier. Dans un acte datant de 1218, le juif Belid, de Toulouse, apparaît comme « dominus Belitus » et sa femme « domina Montaniera ». En 1267, ce sont les « dominus Mosse » et « dominus Samuel » qui figurent aux côtés du « dominus Almaricus », qui n'est autre que le vicomte de Narbonne.

Il n'est pas étonnant que, dans ces conditions favorables, les pays de langue d'oc aient favorisé l'éclosion d'une école de doctes rabbins.

Les seigneurs de Toulouse, de Montpellier, de Béziers, de Narbonne ne se départirent pas d'une attitude de grande tolérance à l'égard de « leurs juifs ». Malgré leurs dispositions favorables, que partageaient les populations, des coutumes hostiles aux juifs commencèrent à s'instaurer. On prit l'habitude de les soumettre à des vexations qui s'inscrivaient comme des rites au calendrier chrétien. Plus que de persécutions profondes, il s'agissait de rappeler au peuple de la « religion du Livre » sa situation exceptionnelle au milieu du peuple chrétien et la malédiction qui s'attachait à son destin. À Béziers il était de coutume de jeter des pierres aux juifs et de leur courir sus le jour des Rameaux, pour « venger le Seigneur ». À Toulouse, ils recevaient de la main d'un notable recouverte d'un gantelet de fer un soufflet en plein visage, le jour de Pâques, en souvenir de ceux qui outragèrent le Christ au calvaire.

Ces usages s'estompèrent progressivement, mais la suppression des humiliations fut... compensée par des taxes spéciales. À Toulouse, les juifs rachetèrent l'obligation peu agréable du soufflet public par le versement d'une « taxe ». Chaque année, au mois de novembre, ils s'acquittaient d'une somme fixe aux chanoines de

Saint-Sernin. Le jour du vendredi saint, ils donnaient à la cathédrale Saint-Étienne quarante livres pour le cierge pascal. En plus, l'évêque de Toulouse était en droit d'exiger d'eux un cens annuel.

Les juifs de Béziers furent amnistiés plus tard, par le vicomte Raymond Trencavel, de la peine de la lapidation. L'évêque y mit également son accord, mais contre versement d'une redevance annuelle : le cens de quatre livres.

L'exigence du cens s'était généralisée. Ce cens était lié au droit de résidence. À Béziers, il était dû à l'évêque et au seigneur. La ponction financière sur les juifs était sujette à transmission et à transactions. On léguait le cens des juifs comme un héritage. C'est ainsi qu'en 1082 l'épouse du vicomte de Narbonne, Aymeri, apportait en dot le cens des juifs du Narbonnais qu'elle tenait de son premier mari, Raymond Béranger, comte de Barcelone. Guillaume VII de Montpellier offrait à sa femme Mathilde de Bourgogne, en 1156, la jouissance de ses revenus sur les juifs. En 1202, Guillaume VIII faisait bénéficier du même avantage sa femme, Agnès.

Ces dispositions relatives aux juifs, remarquait Gustave Saige [1], ne leur étaient pas exclusives, elles n'étaient nullement attachées à une restriction dans leurs libertés essentielles. Les bourgeois des villes du Languedoc étaient alors soumis à des charges, différentes, mais non négligeables. D'actes concernant la ville de Béziers, il ressort qu'en 1118, Ermessinde, fille du vicomte Bernard Aton, recevait en dot « un juif et un bourgeois » de la ville. Ce qui voulait dire que le vicomte faisait présent de mariage à sa fille de toutes les redevances auxquelles ce juif et ce bourgeois étaient liés vis-à-vis de lui.

Victimes de la croisade des Albigeois

Dans les États des comtes de Toulouse, les juifs pouvaient donc s'épanouir, dans leur esprit et dans leurs biens, avec des garanties suffisantes de liberté. Il n'est pas plus éloigné de l'intolérance que la terre de Languedoc. Si le christianisme y est présent, il n'a rien de comparable avec ce qu'il est dans le Nord, dans ce royaume des Capétiens en quête d'expansion, où il est scellé au pouvoir temporel. Les classes sociales ont ici un visage différent. La bour-

---

1. Dans *Les juifs du Languedoc.*

geoisie du Midi, faite de marchands et d'artisans, est plus libre, plus ouverte, on pourrait dire plus « civilisée » que les classes dirigeantes du Nord assises sur leurs terres, obéissantes à l'Église, plus proches de la foi, plus promptes à répondre aux appels de la croisade.

La croisade dite « des Albigeois » étouffe dans l'œuf non seulement une aspiration à revenir aux sources du christianisme, contre les abus de l'Église, mais elle bat en brèche une forme de civilisation pénétrée de liberté, et une nation en voie de naître. Le catharisme exprime d'ailleurs dans sa doctrine une soif de tolérance, un parti pris de non-violence qui, au moment de l'affrontement, lui seront une faiblesse. Cet esprit de tolérance, qui irrigue l'atmosphère spirituelle du Languedoc, favorise la cohabitation d'aspirations religieuses diverses. Aussi ne doit-on pas s'étonner que les communautés juives s'y soient développées.

Que les juifs du Languedoc aient eu à pâtir de l'immixtion des Capétiens dans les terres des comtes de Toulouse et de l'Église dans la révolte spirituelle albigeoise va également de soi. Les juifs du Languedoc seront associés aux persécutions violentes qui frapperont les cathares. Est-ce parce qu'ils sont considérés comme les représentants d'une autre forme d'« hérésie », du refus de reconnaître la révélation, ou de la bafouer ? Pas seulement... Les historiens de l'hérésie albigeoise ont insisté sur des points de convergence entre le judaïsme et le catharisme, et n'ont pas exclu que les écoles de pensée juives espagnole et languedocienne aient contribué à semer le doute chez les clercs et encouragé une tendance à la négation de la foi. Il est admis, par exemple, que les cathares ont très bien pu se référer à l'enseignement de la Kabbale [1].

Au moment où la croisade s'apprête à frapper, la dissidence religieuse du Languedoc est quasiment totale, l'hérésie albigeoise est très solidement implantée dans le Midi et ailleurs en France. Elle a gagné l'Italie, où ses adeptes sont nombreux, la Bosnie, la Bulgarie, l'empire byzantin. Toulouse est le centre de cette nouvelle Église et le comte Raymond VI écrit qu'« elle a pénétré partout ». « Elle a jeté la discorde dans toutes les familles, affirme-t-il, divisant le mari et la femme, le fils et le père, la belle-fille et la belle-mère. Les prêtres eux-mêmes ont cédé à la contagion. »

---

1. En résumant beaucoup, très ancienne doctrine de la tradition juive, selon laquelle la Révélation a été transmise à un petit nombre d'initiés.

Le comte de Toulouse constate que « les églises sont désertes et tombent en ruines ». « Pour moi, dit-il, je fais tout le possible pour arrêter un pareil fléau, mais je sens mes forces au-dessous de ma tâche. »

L'échec des moines prêcheurs de saint Dominique auprès des populations acquises à l'hérésie, le refus de Raymond VI de prendre un parti sans ambiguïtés, comme le lui demande le légat du pape, Pierre de Castelnau, enfin l'assassinat de ce dernier précipitent la décision de recourir à la force. Le 14 janvier 1208, en effet, Castelnau est assassiné par un cavalier masqué qui le frappe d'un coup de lance dans le dos. Philippe Auguste et ses vassaux reçoivent du pape des appels à la croisade contre l'hérésie albigeoise. « À vous de chasser le comte de Toulouse de la terre qu'il occupe et de l'enlever aux sectaires pour la donner à de bons catholiques », mande Innocent III au roi de France. Mais le roi fait la sourde oreille ; il refuse de s'engager lui-même dans la croisade en invoquant ses démêlés en politique extérieure. « J'ai deux grands lions attachés à mes flancs, explique-t-il, le soi-disant empereur Otton et Jean, roi d'Angleterre. Tous deux travaillent de toutes leurs forces à troubler le royaume de France. Impossible d'en sortir moi-même et aussi de me priver de mon fils. C'est déjà bien assez que je permette à mes barons d'aller dans la Narbonnaise combattre les ennemis de ma Foi... »

Cette autorisation libère de leurs hésitations les barons de France. Pour les encourager, et tandis qu'avec l'accord de Philippe Auguste Arnaud-Amaury, abbé général de Cîteaux, prêche la croisade, Innocent III leur accorde diverses faveurs. Ils recevront, comme les croisés de la Terre sainte, une indulgence pour leurs péchés. Leurs biens, leurs terres et ceux qui y travaillent seront mis sous la protection du Saint-Siège. Par ailleurs, l'engagement pour la croisade libère les volontaires des intérêts de leurs dettes. En leur absence, leurs créanciers ne pourront demander la saisie des terres données en gages. Ces propositions sont suffisamment alléchantes pour attirer de nombreux seigneurs, de tous niveaux, qui ont contracté des emprunts importants pour satisfaire à leurs dépenses, équiper leurs châteaux, entretenir leurs hommes d'armes, soutenir un train de vie élevé. Les usuriers en seront de leurs frais. Les juifs étant nombreux parmi eux, Innocent III n'est pas mécontent de leur jouer ainsi un mauvais tour...

Au printemps 1209, la croisade se met en mouvement. Les plus grands féodaux y participent : le comte d'Auxerre et le comte de

Valentinois, le comte de Nevers, les évêques d'Autun, de Clermont, etc. Chevaliers bardés de fer, armés de l'épée, chevauchant leurs destriers, force redoutable, troupe de choc et d'assaut préfigurent, à l'échelle de leur époque, les chars des temps modernes. Beaucoup de civils aussi – vilains et paysans – ont répondu à l'appel du pape et afflué en des ruisselets innombrables pour former maintenant un fleuve immense. Milon, légat d'Innocent III, commande d'abord la croisade. Il passera ses pouvoirs par la suite à Arnaud-Amaury, abbé de Cîteaux. Au mois de juillet, le duc de Bourgogne, qui s'était fait attendre, rejoint la troupe. On fait route vers Lyon. À Toulouse, le comte Raymond VI a appris que les volontaires se sont mis en marche pour réduire les hérétiques de ses États. Il adresse à Arnaud-Amaury un message pour tenter d'arriver à un compromis, le rencontre à Aubenas. Il s'agenouille, sollicite son pardon en espérant conjurer la menace. C'est l'échec. L'abbé de Cîteaux est intraitable ; mais, relançant la négociation directement avec le pape, à qui il envoie des messagers, Raymond de Toulouse obtient de traiter.

Les légats du pape, vingt évêques coiffés de leurs mitres et revêtus de chapes couvertes d'or assistent en la cathédrale Saint-Gilles à la soumission du comte de Toulouse. Raymond VI fléchit le genou et prononce le serment de repentir. Il s'engage à rejoindre l'armée des croisés. Au nombre des conditions imposées au comte figure une clause spéciale sur les juifs : il doit s'engager à ne plus les employer à son service.

Tout au long de cette croisade, l'Église mêle les juifs du Languedoc à son hostilité contre les hérétiques. L'Église prescrit des mesures de rétorsion à leur égard, tandis que ses hommes d'armes les passent au fil de l'épée. Ils sont nombreux à mourir, au mois de juillet 1209, lorsque les croisés, pénétrant dans Béziers, massacrent quelque quinze mille personnes, saccagent et incendient la ville. Après Béziers et un siège atroce, Carcassonne tombe aux mains des « hommes de la Croix ». Puis Castres où Simon de Montfort, nouvellement désigné pour commander l'armée de la répression, fait allumer des bûchers. Et Minerve, Cabaret, Termes, Lavaur...

Le ralliement et l'humiliation du comte de Toulouse n'ont pas désarmé l'agressivité du chef de la croisade. Dès le mois de septembre 1209, les légats, qui se réunissent en concile à Avignon, cherchent de nouveau querelle à Raymond VI. Ce qu'on ne lui pardonne pas, au fond, c'est d'avoir su, par un habile retournement, conserver l'intégrité de ses États où l'hérésie continue de prospérer. On relance donc contre lui diverses accusations, les légats suggèrent au pape de le frapper d'excommunication. De nouveaux pourparlers s'engagent. Raymond VI se rend à Rome, y rencontre Innocent III. L'accueil du souverain pontife au comte de Toulouse est bienveillant, tout paraît s'arranger. À peine revenu dans ses domaines, Raymond, que les paroles d'Innocent III avaient tranquillisé, est de nouveau pris pour cible par les légats. Une première entrevue a lieu à Toulouse, une seconde à Arles au cours de laquelle le comte se voit soumis à des diktats insupportables. Les exigences les plus graves prévoient la démolition des châteaux et des forteresses du comte de Toulouse et de ses vassaux. Mais également : « ... le comte et ceux qui sont avec lui devront... restituer leurs droits aux clercs et les remettre en possession de tout ce qu'ils lui réclameront, *mettre hors de sa protection tous les juifs fourbes* et ceux des hérétiques que les clercs lui désigneront ; *il devra dans le délai d'un an les livrer tous à leur discrétion...* tous les usuriers renonceront à l'usure et, s'ils ont pris un intérêt, le restitueront aussitôt... »

À l'évidence, la protection accordée aux juifs revient constamment dans l'argumentation des représentants du pape contre Raymond VI. Les manœuvres du comte pour écarter l'orage font long feu ; le 17 juin 1212, Simon de Montfort met le siège devant la capitale du Languedoc. C'est l'échec, la bataille de Castelnaudary. Un instant la fortune des armes semble avoir abandonné les croisés. Les Méridionaux reprennent le terrain perdu. Dans le nord de la France, les moines, parcourant provinces et villages, appellent au renfort de nouveaux volontaires. Tout au long de l'année 1212, Simon de Montfort, à la tête d'une armée ragaillardie, remporte des succès, sème la mort, multiplie les massacres.

Cependant, au mois de septembre 1213, Raymond VI de Toulouse allié au comte de Foix et au roi d'Aragon, de qui il reçoit un puissant renfort, met le siège devant Muret. Tout porte à prévoir la victoire des coalisés qui disposent d'une supériorité surprenante. Simon de Montfort l'emporte, Pierre II d'Aragon est tué dans la bataille. Au mois d'avril 1215, Louis VIII, fils de Philippe Auguste, part à son tour en croisade contre les hérétiques. Débarrassé de ses ennemis de l'extérieur, le roi de France peut enfin envisager d'étendre son pouvoir dans le Midi.

Le 11 novembre 1215 s'ouvre à Rome le concile préparé par Innocent III : le quatrième concile de Latran. Les deux patriarches de Jérusalem et de Constantinople, plus de quatre cents évêques, huit cents abbés et deux mille clercs, les représentants des rois de France, d'Angleterre, d'Allemagne, de Hongrie, d'Aragon et de Portugal participent à ce grand rassemblement de l'Église, à cette assemblée qui doit débattre des problèmes de la chrétienté. L'affaire de l'hérésie albigeoise y est abordée. Arbitre des différends qui intéressent les États chrétiens, le pape doit se prononcer sur la querelle de l'attribution des terres du comte de Toulouse : resteront-elles à Raymond VI et à sa descendance, ou reviendront-elles à Simon de Montfort ? Innocent III hésite, mais il finit par pencher en faveur de Simon : « Que tous les domaines que les croisés ont conquis sur les hérétiques, décrète-t-il, avec la ville de Montauban et celle de Toulouse, qui est la plus gâtée par l'hérésie, soient donnés au comte de Montfort, homme courageux et catholique... »

Le quatrième concile de Latran décrète à l'égard des juifs des mesures discriminatoires, et ce n'est pas un hasard si les disciples de la synagogue sont frappés en même temps que l'hérésie albigeoise. Le port d'une marque extérieure – la plus significative de toutes – est rendu obligatoire.

Le signe distinctif variera dans l'Occident chrétien. La plupart du temps, ce sera un morceau d'étoffe en forme de roue, ou un disque, cousu sur la poitrine. Parfois un chapeau jaune et pointu. En Angleterre, les juifs devront arborer un insigne représentant les tables de la loi et un bonnet de couleur safran. Ce signe devient le symbole de la condition de relégation dans laquelle le peuple juif sera désormais confiné. La marque sera d'ailleurs appliquée aux autres minorités que l'Église et le pouvoir temporel considèrent comme étrangères à la communauté chrétienne. Les hérétiques, les « cagots[1] », les filles de joie, les magiciens en seront affublés.

Au moment où l'Église ressent les ravages spirituels de l'hérésie cathare, l'occasion lui paraît bien choisie de montrer au peuple chrétien, par des signes visibles, la persistance dans l'erreur du

---

1. Expression utilisée au Béarn pour désigner les lépreux. Les gouvernements des pays d'Europe atteints par l'épidémie, qui se développa surtout à l'époque des croisades, essayèrent de conjurer le mal. Les victimes étaient signalées aux passants par des cliquettes, sortes de castagnettes, et recueillies dans des hôpitaux, mais les lépreux furent parfois déchus de leurs droits civils et traités comme de véritables parias. L'imagination populaire aidant, les légendes les plus extravagantes furent édifiées à leur sujet. Le lépreux était, au Moyen Âge, accusé des pires méfaits, assimilé aux puissances démoniaques.

peuple d'Israël, le plus rebelle parmi les rebelles, et le plus ancien des réfractaires au message du Christ.

Le port du signe distinctif n'est pas une invention de l'Église catholique ; le monde musulman l'a pratiqué avant elle. Exclusive et conquérante s'il en fut, la « religion du Prophète », malgré la parenté étroite qui l'unit à celle de la Bible, s'est montrée très intolérante à l'égard du peuple juif. Le Coran est plein d'accusations brûlantes contre « la honte de ce monde » et « le parti de Satan ». Déçu de n'être pas parvenu à convertir à son enseignement les « gens du Livre », Mahomet les condamne et les malmène. Se référant à sa parole, les califes multiplient les persécutions contre les juifs. Le signe distinctif revient constamment dans la panoplie des persécuteurs. Tandis que les infidèles chrétiens portent une marque bleue, les juifs ont une étoffe jaune sur leurs vêtements. Plus tard, on leur imposera des clochettes.

En plus de la « marque », il y a, dans le monde musulman, toute une série d'interdits. De temps à autre, des massacres déciment les populations juives. Les juifs n'ont pas le droit de porter des armes, ni de monter à cheval. Leurs maisons sont obligatoirement réduites en hauteur, de même que les synagogues doivent être construites selon des normes restrictives. Sous les califes abbassides, les persécutions sont particulièrement violentes : Haroun al-Rachid ordonne la destruction des synagogues ; Muttawakkil fait peindre des singes et des porcs sur les maisons des juifs. Il leur interdit de témoigner en justice, les synagogues sont transformées en mosquées. Pendant la présence arabe en Occident, les juifs sont aussi maltraités. À Grenade, en 1066, quatre mille juifs sont massacrés, et les survivants envoyés en exil. La grande dynastie des Almohades impose aux juifs la loi de la contrainte et de l'épée : en 1146, la communauté israélite de Marrakech est anéantie. Deux années après, en 1148, celles de Meknès, de Fès, de Ceuta subissaient le même sort. Les juifs ont le choix entre la conversion à l'islam et la mort. Ils préfèrent mourir. Les persécutions continueront pendant longtemps au Maroc.

Le quatrième concile tenu en la basilique de Latran ajoute d'autres décisions antijuives à la marque distinctive. Il prévoit, à l'intention des souverains chrétiens d'Europe, l'exclusion des juifs des fonctions publiques, un contrôle du prêt d'argent des juifs aux chrétiens et la limitation de l'intérêt, des peines très graves pour les juifs convertis au christianisme qui reviendraient à leurs anciennes croyances.

L'autorité de Simon de Montfort sur le Languedoc a donc été consacrée par le concile de Latran et la force des armes. Tout un peuple est soumis à la domination étrangère, à la dure loi de ces Français du Nord qui imposent une occupation rude, voire brutale. Le 10 avril 1216, à Melun, Montfort, s'agenouillant devant Philippe Auguste, lui prête hommage en présence de toute la Cour. « Philippe, par la grâce de Dieu, roi des Français, à tous ses amis, vassaux et autres, auxquels les présentes parviendront, salut et discrétion... », débute le « mandement de Melun » publié le 12 avril. « Sachez, poursuit-il, que nous avons reçu pour notre homme lige notre cher Simon, comte de Montfort, pour le duché de Narbonne, le comté de Toulouse, les vicomtes de Béziers et de Carcassonne, savoir : pour les fiefs et terres que Raymond, autrefois comte de Toulouse, tenait de nous et qui ont été acquis sur les hérétiques et les ennemis de l'Église de Jésus-Christ... »

Le Languedoc est théoriquement rattaché au royaume de France. La résistance du Midi aux Français du Nord n'est cependant pas terminée. Exilés, Raymond VI et son fils entreprennent une campagne libératrice. Marseille, Avignon, Tarascon, L'Isle-sur-Sorgue leur ouvrent leurs portes. Pendant que Raymond VI l'ancien part en Aragon, son fidèle soutien, recruter des troupes, le futur Raymond VII met le siège devant Beaucaire. Le 24 août 1216, la garnison capitule. C'est un cruel revers pour Simon de Montfort.

Pendant ce temps, Toulouse occupée par les « Français » prépare la revanche. Le 13 septembre 1217, les troupes de Raymond VI entrent dans la ville après une empoignade sanglante. Les libérateurs sont fêtés par la population en liesse ; les croisés ont été vaincus, Simon de Montfort a été tué au combat. Le fils de Simon, Amaury, se réfugie à Carcassonne. Il appelle à l'aide le roi de France. Le prince Louis réunit une armée et, pour la seconde fois, descend vers le Midi au-devant des hérétiques. Marmande est prise, les soldats français se livrent au massacre. Le 19 juin 1219, ils arrivent sous les murailles de Toulouse ; mais le 1er août, le prince royal lève le siège. Le Languedoc retrouve son indépendance ; l'une après l'autre, les villes occupées par les Français redeviennent libres.

Philippe Auguste est mort en l'année 1223. Au mois de juin 1226, Louis, devenu roi de France, prend la croix. Cinquante mille cavaliers, toute la noblesse et l'armée du royaume rassemblées se mettent en mouvement, descendent la vallée du Rhône. À l'annonce de l'approche des cohortes royales, la terreur gagne le Languedoc où les représailles des croisés n'ont pas été oubliées. Béziers, Carcassonne, Narbonne, mais aussi Marseille, Nîmes, Tarascon, etc., envoient des messagers qui offrent la reddition sans conditions. Avignon soutient un siège de trois mois. Toulouse ne s'incline pas et se prépare à un nouvel affrontement.

Louis VIII a rebroussé chemin après avoir laissé le sénéchal Humbert de Beaujeu occuper le pays conquis. Le roi meurt le 3 novembre 1226, à Montpensier, sur la route du retour. Restant sur place, et fixé à Carcassonne, le sénéchal de Beaujeu, faute de pouvoir s'emparer de Toulouse, fait le vide autour de la ville. Les moissons sont brûlées, le bétail massacré, les vignes arrachées dans la campagne environnante.

La fière capitale du Languedoc est ainsi économiquement asphyxiée. Politiquement, elle est isolée, laissée seule devant la puissance renforcée du roi de France. Elle ne peut plus compter sur l'appui du comté de Foix, pas davantage sur l'Aragon.

Devant cette situation, et conscient du découragement de son peuple, Raymond VII décide de négocier. Il demande à son cousin, Thibaud de Champagne, de servir d'intermédiaire et d'arbitre entre lui et la régente, Blanche de Castille. Cette négociation se traduit pour lui par une soumission sans contrepartie aux volontés de la couronne de France. Au mois de mars 1229, entouré de plusieurs prélats, de nobles et de bourgeois de ses États qui apportent une caution aux engagements qu'il va souscrire, Raymond VII se rend à Meaux. Les conditions du traité imposent l'éclatement des États du comté de Toulouse. La sénéchaussée de Beaucaire prendra sous sa coupe la partie orientale du Languedoc. Le marquisat de Provence, qui était du ressort du comte de Toulouse, passe sous l'autorité de l'Église. Les papes deviennent maîtres du Comtat Venaissin. Le diocèse de Toulouse est laissé à Raymond VII, mais amputé de l'Agenais, du Rouergue, de l'Albigeois au nord du Tarn, du Quercy (sauf Cahors). Encore Raymond VII subit-il, dans la portion de territoire qui lui est laissée, de sévères restrictions : destruction de plus de trente places fortes, des murailles de la ville de Toulouse, attribution du « château narbonnais » au roi de France. Versement de dédommagements très importants à plusieurs abbayes, dont Cîteaux et Clairvaux. Engagement de prendre la croix et de servir pendant cinq ans en Terre sainte. Promesse formelle de prendre les armes contre ceux qui refuseraient, dans le ressort de son ancienne autorité, de s'intégrer à l'ordre nouveau.

Des dispositions importantes du traité de Meaux concernent les hérétiques et, ce qui nous intéresse le plus évidemment, les juifs dépendant du comte de Toulouse. Encore et toujours les juifs, poursuivis par la vindicte du pouvoir temporel et du pouvoir spirituel étroitement solidaires. Acte de soumission à l'égard de la monarchie française, le « traité » de Meaux l'est aussi à l'égard de l'Église. Les juifs paient comme les hérétiques la capitulation du maître du Languedoc. Les hérétiques seront pourchassés, mais Raymond VII s'engage également à « garder la paix, chasser les routiers, protéger les églises et les clercs, maintenir leurs droits, contraindre les excommuniés à faire satisfaction, ne donner d'emplois publics ni aux juifs ni aux hérétiques... »

Le traité de Meaux consacrait le rattachement du Languedoc au royaume de France mais ne mettait pas un terme à l'hérésie. La dissidence spirituelle du pays de langue d'oc survécut à l'échec politique. Pour les juifs, les conséquences ne tardaient pas à se faire sentir.

L'une des clauses du traité – nous l'avons vu – prévoyait que les villes du Comtat Venaissin seraient après leur séparation des domaines dispersés du comte de Toulouse, mises sous l'autorité de l'Église. Il en résultera que les communautés juives importantes installées dans cette partie de la vallée du Rhône seront régies, jusqu'au rattachement à la France pendant la période révolutionnaire, par la loi des souverains pontifes et de leurs représentants. Comparativement au sort des juifs du Languedoc « francisé », elles bénéficieront d'un sort plutôt favorable.

Au Languedoc soumis à l'autorité capétienne et française, les juifs entrent dans une période difficile qui contraste avec les libertés que leur consentaient les comtes de Toulouse ou les seigneurs de Béziers, Montpellier et Narbonne. L'alliance entre la monarchie française et l'Église (bien qu'elle ne fût pas toujours au beau fixe) explique cette modification : tutrice spirituelle du trône, l'Église lui souffle des mesures de coercition dont les juifs font les frais. Ne nous embarrassons pas de mots : l'Église est alors – et elle le restera longtemps encore – en partie responsable de la « politique antijuive » de la monarchie.

L'hostilité de Rome, accrue par l'hérésie albigeoise, n'a pas varié dans ses motifs. Depuis le milieu du Ier siècle, le catholicisme redoute, plus ou moins consciemment, une forme de « concurrence » du judaïsme. La Synagogue porte quelque peu ombrage à l'Église. Au moment où l'hérésie cathare se développe et prospère dans le Midi, l'influence des rabbins est souvent dénoncée. Même bien après la phase la plus aiguë de l'affrontement. En 1253, le pape Innocent IV rappelle à l'archevêque de Vienne qu'il a à se méfier du zèle des représentants de la Synagogue. Il n'est pas rare que l'on assiste à des conversions de chrétiens à la religion du Livre.

Saint Louis et les tentatives de conversion

Soldat du Christ, Louis IX, qui mourra pour sa foi au plateau de Carthage, emploie les bûchers de l'Inquisition pour écraser l'opposition cathare au sud de la France. Préoccupé de satisfaire à ses obligations de souverain chrétien, Saint Louis s'attache aussi à réaliser sa mission temporelle qui est de construire, par des moyens assez peu conciliables avec la morale naturelle, l'unité nationale. Toute forme de dissidence, tout « fractionnisme » dirait-on aujourd'hui dans le jargon politique, sont pour lui haïssables.

Or, pour le « champion » de la chrétienté et de l'unité nationale, le problème juif se présente sous un aspect particulier. Le roi est partagé entre la tentation de la sévérité la plus extrême qui inclut le recours à la violence, comme l'a rapporté Joinville, et cette évidence que, éloigné de la vraie foi, le peuple d'Israël est le dépositaire privilégié d'une partie de la Révélation. Le judaïsme a sur le christianisme l'avantage de l'ancienneté. Pour l'Église il est demeuré la religion des Prophètes, il n'est pas une hérésie ou une déviation. Aussi n'est-il nulle question de l'interdire, seulement d'essayer de ramener à la vérité ses « zélateurs ». Il faut encore l'empêcher de prospérer car il porte en lui une grande puissance de conviction, il n'a pas abandonné, au XIIIe siècle, ses ambitions prosélytes.

La concurrence judéo-chrétienne dans le domaine théologique a donné lieu, au XIIe siècle, à des « disputations » entre représentants des deux cultes. Les « réunions contradictoires » opposaient théologiens chrétiens et juifs qui confrontaient leurs arguments. Tolérées d'abord, elles devinrent suspectes aux autorités religieuses qui décidèrent de les interdire. Par une bulle en date du 6 mars 1233, le pape Grégoire IX condamna ces joutes idéologiques et – fait plus grave – ordonna la saisie des exemplaires du Talmud.

Joinville, dans sa *Vie de Saint Louis*, explique l'intervention du pape sur les controverses publiques. Le roi, très prompt à suivre les directives papales, l'approuve. « C'est la grande folie d'assembler telle disputation, commente Joinville au nom de son héros, car avant que la disputation fût menée à bonne fin, avait-il céans quand foison de bons chrétiens qu'ils s'en fussent partis tout mécréants, parce qu'ils n'eussent mie bien entendu les juifs. Aussi vous dis-je que nul, s'il n'est très bon clerc, ne doit disputer avec eux, mais l'homme laïc, quand il ouït médire de la foi chrétienne, ne doit pas la défendre, sinon de l'épée de quoi il s'agit de donner parmi le ventre dedans tout comme elle y peut entrer... » Les juifs sont de dangereux discoureurs, constate Saint Louis transcrit par Joinville. Aucun chrétien ne peut risquer de confronter sa foi avec la leur s'il n'est lui-même un théologien averti. Pour le chrétien moyen et laïc aux prises avec un disputeur israélite, l'argument le plus convaincant est le recours à l'épée... plantée dans le ventre de l'interlocuteur !

Les confrontations inter-religions cessent dans le royaume de France. Pour le Talmud, Louis IX organise un débat sur le thème « pour ou contre » dirigé par Blanche de Castille. Gautier Cornut, archevêque de Sens, qui s'était fait l'avocat des juifs et de leur « Livre », meurt au cours de la discussion, foudroyé, devant le roi. On y voit un signe du Ciel. De toute manière condamné avant que ses avocats soient entendus, le Talmud est saisi, partout où il se peut, en l'année 1240. En 1242, vingt-quatre charretées du « Livre » sont livrées au feu. Saint Louis a accordé à Grégoire IX plus qu'il ne lui en demandait. La bulle du pape sur le Talmud fut peu écoutée en Europe en dehors du royaume de France... Interdiction est faite aux juifs de blasphémer, selon décision royale, d'avoir recours aux sortilèges et à tout ce qui touche à la magie.

La question de l'usure des juifs du royaume sera pour Saint Louis une préoccupation constante. L'ordonnance de 1230 leur interdit purement et simplement le prêt à intérêt. Ils devront vivre du travail de leurs mains, se transformer progressivement en artisans.

C'est sous le règne du « roi très chrétien » que la consigne du port de la rouelle commence à être appliquée. La rouelle est un monopole rémunéré des baillis qui ont la faculté d'en dispenser les « bénéficiaires » : par exemple les commerçants importants qui sont appelés à voyager hors du royaume. On ne compte plus les mesures de persécution qui frappent les juifs sous la férule de

Saint Louis. Les juifs du Languedoc sont les plus visés. En 1246, le sénéchal de Carcassonne reçoit l'ordre de les emprisonner jusqu'au moment où ils auront versé au Trésor royal les sommes que l'on attend d'eux ; en même temps les débiteurs chrétiens sont affranchis des sommes qu'ils leur ont empruntées. À Béziers, il leur est interdit de mettre en vente sur le marché les viandes qu'ils ont abattues... Dans l'ensemble, les taxes prélevées par les comtes de Toulouse sur leurs sujets juifs, et qui sont remises au crédit du roi, sont très augmentées, soumises à des modifications constantes...

Saint Louis évita l'expulsion massive des juifs du royaume, mais il prit cette mesure à l'égard de plusieurs d'entre eux qui avaient contrevenu aux règlements sur l'usure. Ces expulsions eurent valeur d'exemple. Blanche de Castille, pense-t-on, aurait déconseillé au roi une expulsion générale.

Louis IX poursuivait en même temps une ambition qui lui était chère : la conversion des fils d'Israël à la foi catholique. Il fonda à Paris et dans plusieurs villes de province des hôpitaux où seraient recueillis les orphelins d'hommes et de femmes israélites. Présentés sur les fonts baptismaux, élevés dans la religion chrétienne et les principes de l'Église, ils seront dotés d'une rente par le roi. Les nouveaux convertis – ceux que l'on appelait les « conversi » – seront confiés à des maisons religieuses et récompensés, eux aussi, par une rente spéciale versée sous forme de blé.

De même que la rouelle était un monopole des baillis, de même les « seigneurs particuliers » prélevaient-ils des taxes sur les juifs de leur dépendance. Il existait ainsi deux catégories légales de juifs : ceux qui relevaient directement du roi, ceux dont la condition était attachée aux potentats locaux. Dans le nord et le centre de la France, il valait mieux, toutes proportions gardées, être juif du roi que de seigneurs. Ces derniers tenaient jalousement aux privilèges acquis sur « leurs juifs », les taxes offraient des revenus auxquels ils ne renonçaient pas volontiers. On le vit bien lorsque Louis IX offrait aux convertis les avantages destinés à les encourager dans leurs nouvelles convictions.

Chez les seigneurs « propriétaires » de juifs, ce fut l'affolement. En effet, et en parfaite logique, tout juif qui rejoignait le giron de l'Église perdait sa qualité d'imposable. Devenu chrétien, il échappait aux taxes attachées à son ancienne religion, mais aussi à la cupidité de son « protecteur ». Les seigneurs « lésés » protestèrent auprès de l'autorité religieuse, voire du roi : avait-on pensé à la spoliation qu'ils allaient subir ? L'imagination fournit la solution ; on confisqua au profit des « protecteurs » les biens que possédaient les « protégés ». La foi catholique s'enrichissait de nouveaux adeptes, tandis que les seigneurs du royaume retrouvaient en spoliations ce que leur avaient fait perdre les conversions.

Philippe le Bel : pour résoudre ses difficultés financières

Les années 1306, 1321 et 1394 sont des dates repère dans l'histoire des juifs de France. Il faut les retenir, comme 1791 ou 1942. Elles marquent le long chemin de leurs tribulations, de la conquête de leurs libertés et de leurs souffrances, suite ininterrompue de revers, d'espérances, de revanches sur le destin.

En 1306, Philippe le Bel frappera les juifs durement et collectivement. Quand on examine les raisons de cette rare sévérité, on aboutit à cette conclusion très simple qu'elle n'est point d'ordre sentimental, religieux, mais inspirée par des préoccupations financières. En cela, Philippe IV est beaucoup plus proche de Philippe Auguste, qui boutait les juifs hors du royaume pour confisquer leurs biens, et les rappelait ensuite pour mieux les pressurer, que de Saint Louis qui faisait jeter le Talmud dans les flammes et cherchait à les convertir par des moyens divers.

L'unité française a marché à pas de géant. La Champagne, la Normandie, le Languedoc sont rattachés à la couronne. La population juive s'est accrue en proportion ; elle est alors, si l'on se réfère au produit de la rouelle, aux taxes diverses auxquelles les juifs sont assujettis, de quelque cent mille âmes. La population juive française s'est accrue, par ailleurs, d'un apport non négligeable de l'extérieur. Les juifs des autres pays d'Europe ont un sort aussi peu enviable que leurs frères du royaume de France. Les monarques se réfèrent aux prescriptions de l'Église. Partout l'anathème du concile de Latran fait école. Alphonse X de Castille, les empereurs allemands et les rois de Pologne malmènent les juifs. Ils sont en général soumis au « péage personnel » ; ici il leur est interdit de paraître en public certains jours, là on les insulte le jour de leur sabbat, quand on ne profane pas leurs cimetières ou qu'on ne pille pas leurs maisons. En 1287, le roi Édouard Ier les expulse d'Angleterre. La plupart se réfugient en France : en 1290-1300, environ treize pour cent des juifs de Paris portent des noms d'origine anglaise. Certains patronymes garderont pendant longtemps la marque des origines d'outre-Manche : Bele-Assen lenglesche, Bon-Ami lenglois, etc.

L'affermissement, l'extension du pouvoir royal en France ont des conséquences pour les juifs. Ils dépendent de moins en moins des seigneurs, dont les droits reculent sans cesse, et de plus en plus de l'administration du pouvoir central. Cela se traduit par un changement de leur statut juridique. De serfs, plus ou moins bien traités par les seigneurs, mieux dans certains cas que d'autres mais enfin selon des variantes, ils sont en majorité transformés en « aubains », c'est-à-dire en étrangers.

Un statut unique pour les juifs qui sont soumis à l'autorité royale : ainsi en décide l'ordonnance signée par Philippe le Bel en 1288. On les appelle désormais les « juifs du roi ». Quelles en sont pour eux les conséquences ?

Ces juifs dépendent étroitement des sénéchaux représentant l'administration centrale. L'ordonnance de 1288 précise que les juifs royaux ne pourront être arrêtés à la seule initiative de religieux, et en tout cas sans que les baillis ou sénéchaux en aient été informés. Voilà qui dénote la volonté des souverains capétiens de se libérer de la tutelle de l'Église dans l'exercice de leur autorité temporelle. Cette preuve d'indépendance concernant le cas particulier des juifs se manifestera dans beaucoup d'autres domaines.

Dans chaque sénéchaussée, un « syndic » ou « procureur des juifs » est chargé de lever les tailles, au nom du roi, et pour son plus grand profit, sur ses coreligionnaires. En compensation, les juifs du roi sont libres de leurs transactions. Ils peuvent prêter, mais avec des intérêts modérés. Les débiteurs de mauvaise foi sont passibles de poursuites.

Les « juifs du roi » sont également protégés contre les exactions. Quiconque se livre contre eux à des voies de fait s'expose à des amendes.

Cette protection royale, fort intéressée, a de rigoureuses contreparties. Malheur aux juifs qui cherchent à frauder, les percepteurs royaux ont l'œil attentif ! Malheur aussi à ceux qui s'acquittent de leurs taxes avec retard, ils s'exposent à se faire emprisonner au Châtelet, à Paris. Le roi veut également avoir droit de regard sur les créances juives – ce qui est un moyen de contrôler leurs revenus – et sur les intérêts qu'ils demandent : en 1295, les juifs de la sénéchaussée de Beaucaire, dans le Gard, sont arrêtés pour avoir cherché à se soustraire aux investigations fiscales ; ils ne seront relâchés que lorsqu'ils auront révélé le montant exact de leurs créances et le taux de leurs usures. Depuis 1294, en raison de leur afflux grandissant dans les villes, les juifs de France sont regroupés dans des « quartiers obligatoires ».

En 1299, tous les juifs du royaume de France sont soumis à une taxe spéciale : le cinquantième. D'autres taxes s'y ajoutent : ce qui ne dispense pas les juifs de subir les mêmes impôts que le reste des contribuables.

Le roi cherchant à étendre le champ d'application de ses impôts, il en résulte d'innombrables conflits, discussions ou transactions avec les évêques et seigneurs locaux dont les juifs dépendent encore. La définition même de « juif du roi » – qui l'était, ou qui ne l'était pas – donnait lieu à d'interminables palabres. Il fut convenu que le juif qui résidait depuis de nombreuses années dans une ville du domaine royal, ou qui venait d'un lieu du domaine royal, serait considéré sans discussion comme « juif du roi ». Quand il venait d'une terre seigneuriale, il prenait le statut des juifs royaux s'il apparaissait que son nouveau domicile lui servait de résidence principale, et qu'il était établi là depuis une année.

L'administration de Philippe le Bel cherchait à faire entrer le maximum de juifs sous sa juridiction, afin de les soumettre à ses impôts. Les sénéchaux qui n'y prenaient pas assez garde étaient vertement rappelés à leurs obligations, et leurs décisions cassées. C'est ainsi qu'en juin 1306, l'année même de l'expulsion, le Parlement annula, à la demande du procureur du roi, des sentences de la sénéchaussée de Carcassonne qui avait reconnu les droits des abbayes d'Alet et de Grasse sur un certain nombre de juifs. Des conflits de compétences entre l'administration royale et les seigneurs locaux s'achevaient parfois sur des impasses dont les juifs faisaient les frais : en 1278, les juifs d'Agde, bien qu'ils fussent sur les terres de l'évêque, étaient contraints de régler les tailles royales.

L'accumulation des taxes, sous Philippe le Bel, incita de plus en plus les juifs à quitter les terres du domaine royal, et à chercher refuge dans les terres seigneuriales, ou à l'étranger. Ils décampèrent notamment vers Narbonne et Montpellier, qui étaient sous administration seigneuriale, ou s'établirent dans le royaume proche d'Aragon. Les agents fiscaux de Philippe le Bel commencèrent à leur donner la chasse. Les syndics des juifs, chargés de répartir la taille dans le cadre des sénéchaussées, furent rendus responsables du manque à gagner qui en résultait pour l'impôt.

Comme les agents royaux ne voulaient rien savoir de la diminution effective du nombre des contribuables juifs et s'en tenaient aux chiffres officiels des imposables, les syndics n'hésitaient pas à les aider à récupérer les fuyards. Les communautés juives s'en inquiétèrent, elles durent intervenir pour établir une répartition plus équitable des taxes en leur sein, menaçant d'excommunication et de malédiction les juifs présents qui chercheraient à se soustraire à la participation commune, et ceux qui s'étant enfuis persisteraient plus longtemps dans l'abstention.

Toutes les occasions sont bonnes pour faire rendre gorge aux juifs de France sous le règne de Philippe le Bel : le souverain obtient par exemple du comté de Champagne le versement d'un cadeau de vingt-cinq mille livres collectées chez les juifs de la région. Les mois de mars et d'avril 1288 sont de tristes moments pour les juifs de Champagne, mais cette fois ce n'est pas à leur argent que l'on en veut...

Il n'est pas facile de faire la part de la jalousie et de la passion religieuse dans les événements qui ont marqué la chronique de la ville de Troyes, ce 26 mars 1288, jour du vendredi saint... Toujours est-il qu'une foule de chrétiens envahit la demeure d'un riche juif de la ville, Isaac Chatelain, l'arrête avec sa famille et lui promet de le libérer s'il abjure sa foi. Isaac Chatelain et tous les siens rejettent le « marché ». Cette fidélité leur vaudra de mourir. Le 24 avril de cette même année 1288, ils montent au bûcher. Il y a là Isaac, sa femme, ses deux filles, la femme de son fils et plusieurs israélites de Troyes que l'on a joints à la famille Chatelain : Salomon, receveur, Siméon, scribe de Châtillon, Haïm de Brinon, chirurgien, et plusieurs autres moins connus dans la région, un dénommé Simson, appelé le Kadnon, Baruch Tob Elem, un Jonah ou Colon, Isaac Cohen, Haïm de Chaource. Les malheureux moururent avec un courage qui laissa les exécuteurs pantois d'admiration. Entonnant le *shema* [1], ils s'exaltaient entre eux à ne pas fléchir. Suivie par plusieurs autres, la femme d'Isaac Chatelain se précipita d'elle-même dans les flammes. L'événement de la mort de treize juifs de Troyes fut signalé par la chronique locale. Elle demeure un instant mémorable de la vie et des souffrances des juifs de France...

Le grand philologue Arsène Darmesteter a transcrit du vieux

---

1. Profession de foi dans la religion juive.

français un poème épique consacré à la mort des juifs troyens. Les faits sont relatés là dans tous leurs détails :

I. – Elle est mise à grand mal la malheureuse gent ;
Et ce n'est pas sa faute si la rage la prend,
Car d'entre eux sont brûlés maints preux, braves et gents,
Qui n'ont pu pour leur vie donner rachat d'argent.

II. – Notre joie est troublée ; troublé notre déduit.
Car ceux que la Torah occupait sans répit,
Étudiant sans fin et de jour et de nuit,
Ils ont reconnu Dieu ! Et tous ils sont détruits.

III. – De la félonne gent nous souffrons ces douleurs.
À bon droit nous pouvons bien changer de couleurs.
Dieu ! prends-nous en pitié : entends nos cris, nos pleurs !
Car nous avons perdu maint homme de valeur.

IV. – En place est amené Rab Isaac Chatelain
Qui pour Dieu laissa rentes et maisons tout à plein.
Il se rend au Seigneur. Riche était de tous biens.
Bon auteur de Tosphoth et bon auteur de plains.

V. – Lorsque la noble femme vit brûler son mari,
Le départ lui fit mal ; elle en jeta grand cri :
« Je mourrai de la mort dont mourut mon ami ! »
Elle était grosse ; aussi grand'peine elle souffrit.

VI. – Deux frères sont brûlés, un petit et un grand.
Le plus jeune s'effraie du feu qui lors s'éprend :
« Haro ! je brûle entier ! » et l'aîné lui apprend :
« Au Paradis tu vas aller ; j'en suis garant. »

VII. – La bru qui fut si belle, on vint pour la prêcher :
« Pour te tenir bien chère nous t'offrons écuyer. »
Elle aussitôt contre eux commença à cracher :
« Je ne laisserai Dieu ; vous pouvez m'écorcher. »

VIII. – D'une voix tous ensemble ils chantaient haut et clair.
Comme des gens de fête qui dussent caracoler,
Leurs mains étaient liées ; ils ne pouvaient baller.
Jamais on ne vit gens si vivement marcher.
[...]

XIV. – Les prêcheurs sont venus Isaac Cohen quérir :
« Qu'il abjure, ou sinon il lui faudra périr. »
« Que me demandez-vous ? Pour Dieu je veux mourir.
Prêtre, je veux l'offrande de mon corps lui offrir. »

XV. – « Tu ne peux échapper, puisque nous te tenons,
Deviens chrétien. » – Mais lui, aussitôt répond : « Non,
Pour les chiens, je ne veux laiser Dieu ni son nom ! »
On l'appelait Haïm, le maître de Brinon.

XVI. – Il y eut un kadosch qui fut conduit avant ;
On lui fit petit feu qu'on allait avivant.
De bon cœur il invoque Dieu menu et souvent
Souffrant doucement peine au nom du Dieu vivant.

XVII. – Dieu vengeur, Dieu jaloux ! venge-nous des félons !
D'attendre ta vengeance le jour nous semble long !
À te prier d'un cœur entier
Là où nous restons et allons
Nous sommes prêts et disposés.
Réponds, Dieu, quand nous t'appelons !

Il est difficile d'imaginer que cette exécution par le feu ait été décidée et réalisée sans l'accord des autorités publiques. La présence, en tout cas, de « prêcheurs » qui sollicitent l'abjuration des juifs troyens est la preuve que l'Église est directement mêlée à l'affaire. Rien d'étonnant à cette intervention à l'époque de l'Inquisition. Ces manières d'agir contre les juifs sont parfaitement conciliables avec les méthodes du roi lui-même.

1306 : les nouveaux chemins de l'exil

Le 22 juillet 1306, Philippe le Bel porte le coup terrible. Ce jour-là commence l'expulsion des juifs de France[1]. Sur tout le territoire, sauf à Montpellier[2], les baillis et sénéchaux ordonnent l'arrestation des juifs. On les interroge brièvement – précaution supplémentaire pour s'informer plus complètement de la nature,

---

1. Cette date a parfois été contestée ; certains auteurs ont parlé du mois d'août. En tout cas, l'expulsion a bien lieu dans le courant de l'été 1306.
2. Où les mesures coercitives interviendront un peu plus tard.

de l'étendue de leurs biens – et on les expulse. L'opération a été menée, selon la volonté du roi, dans le plus grand secret. En agissant en silence on a cherché à éviter de donner l'alarme, qui permettrait aux futurs proscrits de dissimuler tout ou partie de leurs avoirs. Car la confiscation des biens des juifs – but dernier de cette vaste manœuvre – suit de près l'arrestation et l'expulsion. Quand des mesures semblables seront appliquées aux Templiers, cette autre puissance financière à laquelle Philippe le Bel est résolu à s'attaquer, le même secret sera de règle, la même directive de silence appliquée ; dans les deux cas la méthode sera d'une efficacité redoutable.

Au mois de juin 1306, le chancelier Guillaume de Nogaret, promu aux œuvres de haute police politique par le roi, et Jean de Saint-Just, membre de la Chambre des comptes, sont informés oralement de leur mission : ils auront, le mois suivant, à faire arrêter les juifs et à saisir leurs biens.

Le 21 juin, un mandement du roi est adressé à tous les fonctionnaires en province ; les sénéchaux, baillis, barons, prélats et autres officiers devront aux deux commissaires, envoyés spéciaux de Philippe le Bel, obéissance et assistance pour les ordres qu'ils recevront. Ces ordres seront également transmis de vive voix, toujours pour limiter les risques d'indiscrétion.

Nogaret et Saint-Just s'acquittent fort bien de leur mission. Le premier, fidèle d'entre les fidèles de Philippe le Bel, est un légiste de grande valeur, ancien professeur de droit à l'université de Montpellier. Son rêve secret est de venger les cathares des décisions du pape Boniface VIII. Pour neutraliser le souverain pontife, en conflit ouvert avec Philippe le Bel, il est de ceux qui suggèrent d'aller l'enlever à Anagni, en Toscane, où il s'est retiré. De là, selon le plan des conjurés, le pape sera transféré à Lyon, et mis ainsi à la discrétion du roi de France. Philippe le Bel se laisse fléchir, donne son accord à ce projet rocambolesque. Sciarra Colonna – de l'illustre famille des Colonna, qui est également en conflit avec Boniface VIII – assiste Nogaret dans son équipée. À la tête d'une petite troupe, les deux hommes réussissent à pénétrer dans la ville forte d'Anagni, dont le gouverneur leur est acquis. Mais l'expédition tourne court : les paysans des environs, ameutés, délivrent le pape des soudards et de leurs chefs. Blessé dans la mêlée, Nogaret s'enfuit... et revient en France, bredouille de la personne du pape.

Guillaume de Nogaret et Jean de Saint-Just transmettent partout la décision du roi avec le même succès. Ils sont notamment à Toulouse à la fin du mois de juillet de cette année 1306. Sur leurs instructions, tous les juifs de la ville sont arrêtés et leurs biens saisis. À Verdun-sur-Garonne et à Pavie, près d'Auch, Nogaret et Saint-Just président à des opérations semblables. À Carcassonne, c'est le sénéchal, Guillaume de Marcillac, qui dirige les arrestations, les saisies et les ventes, assisté d'un agent du roi, Gérard de Courtonne, chanoine de Laon.

On pourrait multiplier les exemples. À Toulouse, la vente commence après le 17 août ; elle porte sur une dizaine de propriétés juives, mais comme le roi n'était nullement satisfait du résultat il délégua sur place Jean de Crépy, chanoine de Senlis, avec mission d'activer les liquidations. Le liquidateur était encore à la tâche en 1311 ! Au mois d'octobre 1310, ce chanoine peu scrupuleux de la liberté du culte donna sa bénédiction à la vente des synagogues de la ville. Non seulement on liquidait les biens immobiliers des juifs toulousains, mais on envoyait à la « Monnaie » les bijoux et joyaux saisis sur eux ou à leur domicile, ainsi que toutes sortes d'objets d'or, d'argent, de vases et de coupes. Une partie du butin – la plus intéressante – fut directement expédiée à Philippe le Bel.

À Narbonne, où les juifs formaient depuis des temps immémoriaux une communauté très florissante, la « moisson » des liquidateurs fut abondante. Quarante-cinq juifs fournirent à eux seuls cinquante-deux hôtels, vingt-six maisons, cinq champs et prés.

La confiscation des créances juives, qui était l'objectif essentiel de l'opération de 1306, donna lieu à d'innombrables contestations et résistances, de la part des débiteurs qui ne montraient, on le comprend, aucune hâte à se signaler. Les plus faibles mentions relevées sur les livres de comptes des juifs créanciers suffisaient à éveiller les soupçons des inquisiteurs fiscaux et à les lancer sur les traces des anciens débiteurs. Quant aux seigneurs, dont les juifs avaient été expulsés en même temps que ceux du domaine royal, ils voulurent leur part des biens confisqués ; leurs exigences valurent aux représentants de Philippe le Bel de nombreux ennuis, et entre les uns et les autres des règlements de comptes de bêtes de proie.

La confiscation de 1306 ne produit pas tout à fait les résultats escomptés. D'une part parce que des juifs, assez nombreux, furent avertis, par des moyens qui restent mystérieux, de l'imminence d'une action répressive. Ils eurent alors le temps de mettre à l'abri leurs biens mobiliers, et de faire disparaître les traces de leurs créances. Les débiteurs se montrèrent généralement peu loquaces sur les obligations qu'ils avaient prises à l'égard des juifs. Enfin il se fit autour des biens juifs tout un trafic qui entama le butin royal. Des agents détournèrent à leur profit, comme il fallait s'y attendre, les sommes en numéraire ou les objets de prix qu'ils avaient confisqués. D'autres s'entendirent avec les juifs pour liquider clandestinement, contre de fortes commissions, les biens qu'ils étaient contraints d'abandonner en partant. Bien entendu, on ne manqua pas d'acquéreurs bénévoles !

Arrêtés, spoliés, chassés, les juifs prennent massivement le chemin de l'exil. Ils essaiment vers les provinces qui, n'ayant pas encore été rattachées à la couronne, ne s'opposent pas à leur installation et leur offrent des garanties suffisantes de sécurité ; beaucoup partent également à l'étranger. Ce qui est certain, c'est que l'on assiste à un exode massif, qui touche des milliers d'hommes, de femmes et d'enfants. L'année 1306 est donc celle d'un éclatement général, d'une dissémination de la communauté juive de France.

Bernhard Blumenkranz, spécialiste très érudit de l'histoire des juifs en France, a pu établir, après de patientes recherches, les « points de chute » des exilés. Il semble d'abord incontestable que l'Alsace et la Lorraine en reçoivent en grand nombre. Alors que, remarque-t-il, la présence des juifs à Metz n'est guère prouvée aux XIIe et XIIIe siècles, il est significatif que, au XIVe siècle, on découvre les traces d'une communauté assez importante dans la ville : il s'agirait bien des réfugiés de 1306.

Le même phénomène est décelable en Alsace. Mulhouse a pour la première fois une synagogue en 1311. La population juive de Strasbourg augmente dans les mêmes proportions à cette époque ; la capitale de l'Alsace est alors dotée d'un *Juden-schultheisz*, ou « juge des juifs ». L'apport des juifs exilés de France n'est peut-être pas le seul, et il n'est pas exclu qu'une migration d'Allemagne ait parallèlement renforcé la communauté strasbourgeoise. De même B. Blumenkranz a-t-il observé que l'expulsion de 1306 correspond aux massacres qui ensanglantent, en 1336, les communautés juives alsaciennes de Rouffach, Soultz, Ribeauvillé, Bergheim, Munster, Turckheim, Mulhouse, Ensisheim, Cernay, Thann, Pfirt, Altkirch, Masevaux, Delle, Belfort, Reutenbourg, Blumenberg, Zellenberg, Soultzbach, Saverne.

Le mouvement de migration des juifs de France atteint les villes allemandes, à tel point que la communauté de Worms, par exemple, s'en inquiète et, en 1312, leur interdit de postuler aux responsabilités de son conseil. B. Blumenkranz relève dans la prière des morts de ces nouveaux venus un mélange curieux de français et d'hébreu qui signe leurs origines : « Rememra dé spiriteine deploni ben ploni coumc spiriteine de Abraham, Yitzhay We-Yaakow... » Parmi les victimes du massacre de la même ville de Worms, en 1349, on cite les noms du juif R. Fantin, « le Français », et de ses parents connus comme lui comme français : R. Abraham et sa femme Trine, R. Isaac et sa femme Joce.

Certains juifs français, émigrés de 1306, s'installent probablement en Savoie. Beaucoup plus nombreux sont ceux qui, d'une manière certaine, font souche en Dauphiné après avoir réglé les taxes d'usage. Amyal de Tours et Morel d'Amboise reçoivent l'autorisation d'ouvrir des banques à Grenoble et dans les autres villes. On connaît également un Bandig de Chartres, un Joseph de Montargis, un Lionet de Lattes, un Abraham de Vichy.

Peu de juifs s'installent alors, selon B. Blumenkranz, dans le Comtat Venaissin. C'est que les communautés du Comtat, de faible importance, auraient disposé de trop peu de moyens pour accueillir des exilés en nombre conséquent. Les juifs du Languedoc étaient d'ailleurs venus chercher refuge dans les villes du Comtat Venaissin dans les premiers temps de la croisade des Albigeois et lors du rattachement de la province à la couronne de France : les places étaient devenues rares et les facultés d'intégration quasiment impossibles.

Par contre, la Provence est la terre d'exil par excellence pour les bannis de 1306. Les nouveaux venus s'installent à Rodez, Castres, Privas, Montpellier, Nîmes, Montdragon. Le 20 août 1306, le comte de Provence édicte une constitution très favorable aux juifs : elle est un encouragement, et comme une « invite » aux juifs de France à venir vivre en paix au pays du soleil et de la tolérance.

L'Espagne accueille de nombreux proscrits. Les communautés juives locales interviennent auprès du roi d'Aragon en faveur des Français chassés par Philippe le Bel, et paient de leurs deniers les autorisations et les taxes d'entrée. Soixante familles juives françaises s'installent à Barcelone, quarante-cinq dans les vallées de Leu et d'Anglesola, trente à Alcaniz, dix à Algerre, etc. On note, en 1366, à Estella, des Franco et Frances, c'est-à-dire des juifs d'origine française ; on rencontre un Juze Mattascon (sans doute origi-

naire de Mâcon), un Judas Macharel Marchant. À Sanguesa, c'est
un Léon de Paris, un Abraham de Niort, un Zulema « el franco »,
« le Français ». Combien, plus tard dans ce XIVe siècle, et surtout
au XVe siècle, parmi ces juifs exilés par la volonté de Philippe
le Bel, reprendront-ils le chemin de la terre de France lorsque
l'intolérance des rois d'Espagne les jettera vers un nouvel exil ?
Combien de Léon de Paris ou d'Abraham de Niort aborderont-ils,
fuyant leurs persécuteurs espagnols, les rivages méditerranéens de
la proche Algérie ?

De France vers l'Espagne, d'Espagne vers la France... De
France vers l'Espagne et d'Espagne vers l'Algérie. Un jour d'une
année 1962, des juifs pieds-noirs, peut-être descendants des bannis
de 1306, remettront dans quelques villes de notre pays leurs pas
dans les pas de leurs lointains ancêtres.

La politique antijuive de Philippe le Bel n'a pas d'autres motifs
que financiers. Rien n'est plus éloigné des préoccupations du roi
capétien que l'animosité idéologique des gens d'Église ou la haine
viscérale des antisémites des XIXe et XXe siècles. Philippe partage
l'obsession de ceux de sa lignée d'agrandir le royaume, d'en recu-
ler les limites. Cette œuvre, vraiment commencée sous Philippe
Auguste qui y consacra une énergie titanesque, requiert des
moyens financiers considérables ; la guerre de Flandre exige principalement de très gros sacrifices qui vident les caisses du Trésor
royal, détériorent la monnaie. Ce monarque, poussé par le désir
d'expansion et obsédé par les soucis d'argent, capte les ressources
où il les trouve ; nous le voyons constamment en quête de nouvelles occasions de revenus. Or les juifs ne sont pas les seuls, avec
les bénéfices de leur commerce et de leurs usures, à lui offrir la
tentation de ponctions financières. Déjà, en 1294, Philippe IV a
obtenu d'une assemblée de prélats la levée d'un décime sur le
clergé. En 1296, le renouvellement de l'opération soulève les protestations de l'ordre de Cîteaux qui en réfère au pape. Boniface VIII intervient, spécifie que nul prince n'est en droit
d'imposer le clergé de ses États sans avoir obtenu l'autorisation
de Rome. Philippe le Bel réplique simplement en interdisant l'exportation des capitaux : le pape est touché à vif, la source des
revenus ecclésiastiques que lui procurait le clergé français, en
quantité importante, est tarie !

Plus que les autres dépenses, celles qu'occasionne la construction d'une marine puissante sont très lourdes à supporter pour le

Trésor du roi. Philippe IV a dû commander des galères à Gênes, ouvrir des chantiers dans les ports normands : à Rouen, Honfleur et Caen. Benedetto Zaccaria, le célèbre spécialiste génois de la marine de guerre, est sollicité d'apporter son concours à l'œuvre entreprise, de présenter des plans de financement. Les impôts sont accrus sur les bourgeois et le clergé, les ports devront payer « l'obole de la mer », pour dédommager l'administration royale d'un effort dont ils récolteront les fruits ; la ville de Bayonne, ennemie de la France, voit les biens qu'elle possède à La Rochelle mis sous séquestre ; une taxe spéciale frappe les Lombards, concurrents des juifs sur le marché de l'argent ; bientôt la puissance financière des Templiers sera confisquée au profit du Trésor, les gens du Temple arrêtés dans le plus grand secret, et avec une précision unique.

Les juifs de France paient donc leur tribut à la politique d'un roi accablé de guerres et de soucis d'argent. La justice de l'histoire exige que l'on rappelle qu'ils n'eurent pas le « mérite » exclusif des sacrifices, mais également que de tous les sacrifices aux ambitions de la monarchie, ils eurent le sort le plus douloureux. Ce qu'il advint aux Templiers est à peu près seulement comparable à leur infortune.

Philippe le Bel poursuit dans la manœuvre et l'astuce... Les juifs sont partis, mais comme la liquidation de leurs biens ouvre entre l'administration royale et les seigneurs locaux d'innombrables conflits, comme les débiteurs des usuriers expulsés se font tirer l'oreille pour fournir des renseignements sur le montant des créances, certains d'entre eux sont autorisés à revenir. Les malheureux tombent dans le piège. Dès qu'ils ont apporté les informations que l'on attendait d'eux, on expulse les juifs de nouveau, après avoir fait main basse sur leurs biens disponibles. « Il est revenu à nos oreilles, affirme Philippe IV dans l'ordonnance publiée en 1311 sur la seconde décision d'expulsion, que les juifs que nous avions chassés à cause de leurs crimes affreux et que nous n'avons momentanément rappelés qu'en cédant aux prières de leurs débiteurs, trompent audacieusement les chrétiens, oppriment et vexent les veuves et les orphelins, et se font, à l'aide de terreurs et de menaces, donner de fortes sommes d'argent... » Après Philippe le Bel, Louis X le Hutin essaie de faire revenir en France les bannis de 1306. Le geste – on s'en doute – n'est pas de pure générosité puisque leur temps de résidence à l'intérieur des frontières du royaume est fixé à douze années, il leur faut payer un droit d'entrée de deux cent vingt mille livres et s'engager à verser annuellement dix mille livres au Trésor.

Louis X le Hutin prend cependant des mesures qui montrent une volonté de tolérance inhabituelle : les synagogues et les cimetières, confisqués en 1306 et dans les années suivantes, seront restitués aux juifs, leurs livres religieux, le Talmud mis à part, leur sont rendus. Une commission des « affaires juives » examinera les cas de spoliation caractérisés. Nul ne peut s'opposer, sans quelque prétexte et de quelque manière que ce soit, à la réinstallation des juifs en France. Initiative très favorable aux juifs qui sont de retour... mais très embarrassante pour leurs anciens débiteurs : ils seront autorisés à conserver le tiers des créances qu'ils auront pu récupérer ; ils pourront, sur ces créances, demander des intérêts. Cependant, l'ordonnance de Louis X interdit aux juifs de s'adonner à l'usure, sauf en cas exceptionnel. Les intérêts demandés ne devront pas alors dépasser... quarante-trois pour cent. Les juifs, demande le roi, se feront un devoir de se livrer à des commerces honnêtes, et orienteront leurs activités professionnelles vers les travaux manuels.

Tout commence bien, mais tout finit mal sous le règne de Philippe V, dit « le Long », qui améliore encore le sort des juifs de retour en France. Le nouveau roi les met directement sous la juridiction des baillis. L'ordonnance de 1317 les libère de leur état de « mainmortables » ; ils ne seront plus des serfs, ils pourront être propriétaires de leurs maisons d'habitation. C'est là une conquête considérable, mais de courte durée. Une fois de plus la foudre les frappe : ils sont expulsés en 1321.

Il semble bien que l'expulsion de 1321 ne soit pas exclusivement motivée par les embarras financiers du Trésor royal et que le deuxième fils de Philippe le Bel – beaucoup mieux disposé à l'égard des juifs que son père – ait agi en fonction de ce que nous pourrions appeler la « pression de l'opinion ».

Des manifestations populaires antisémites sont, en effet, signalées en France en 1319-1320. Elles ne sont pas nouvelles – nous avons vu la tragédie des juifs de Troyes en 1288 – mais elles tendent à se multiplier à l'occasion du soulèvement dit des « Pastoureaux ».

À plusieurs reprises, sous le règne de Philippe Auguste et de Saint Louis, des émeutes paysannes ont éclaté. La première se déchaîne en 1214. Des milliers de paysans s'insurgent contre leurs seigneurs. Aux revendications « sociales » des émeutiers se mêlent des aspirations mystiques, le projet de gagner la Terre sainte, mais également le crime, le brigandage, le pillage. En 1251, une foule de serfs, de paysans marche vers le Midi dans le dessein de délivrer Louis IX prisonnier après la défaite de Mansourah. Les croisés se transforment en pilleurs, tuent pour voler, rançonnent, vivent sur le terrain. Ils sont pourchassés, massacrés à leur tour, décimés.

Mais en 1320 le soulèvement dit des « Pastoureaux », essentiellement d'origine revendicative, révolution sociale des paysans opprimés, frappe durement les communautés juives qui s'étaient reformées grâce à la politique libérale de Louis X et de Philippe V. Les « Pastoureaux » massacrent des juifs par milliers à Bordeaux, à Toulouse, Albi, Auch, etc. Rien qu'à Castel-Sarrazin, cent soixante périssent. Plus de cent communautés juives sont complètement anéanties. À Carcassonne, les juifs ont un protecteur : le sénéchal Aimeri de Cros, qui doit faire face au mécontentement de ses administrés chrétiens, furieux de ce qu'il soutienne les « infidèles ». Les Aimeri de Cros ne sont pas la majorité car, à peu près partout, les officiers royaux de Philippe V, les consuls [1] dans le sud de la France, laissent faire les insurgés surexcités, détrousseurs et massacreurs de juifs, quand ils ne leur prêtent pas la main. À Verdun-sur-Garonne, ils sont quelque cinq cents juifs qui, poursuivis par les « Pastoureaux », se réfugient dans une tour. Les assiégés verrouillent les portes, rassemblent des projectiles et réservent à leurs assaillants un accueil de guerriers. Les autres sont plus nombreux. L'une des portes est incendiée. Tandis que le feu gagne, le plus ancien (il est là, toujours pour les actions suprêmes) égorge les adultes. Le pauvre homme croit se sauver en sollicitant le baptême, s'il faut prêter foi aux récits des chroniqueurs, mais cet engagement tardif ne convainc pas les persécuteurs, qui le tuent à son tour. Épargnés par le fer de l'immolateur, les enfants juifs sont portés en grande pompe sur les fonts baptismaux.

Les massacres de 1320, pendant le règne de Philippe V – les plus graves de l'Ancien Régime –, valent que l'on marque un arrêt dans ce récit. Ils posent, mieux que tout autre événement, le problème de la coexistence entre les juifs et les chrétiens.

---

1. Ou magistrats municipaux.

Le grief majeur de l'usure

Jusqu'au XIe siècle, les juifs sont essentiellement soit commerçants, soit artisans. Il n'est pas rare également que sur la vieille terre de France ils soient agriculteurs ou vignerons. Ils ont des exploitations vinicoles dans les vallées du Rhône et de la Saône. Les juifs se dirigeront par la suite, et progressivement, vers le commerce de l'argent, jusqu'à paraître en posséder le monopole. Ce qui a été attribué à l'atavisme par les tenants de l'antisémitisme viscéral a des motifs plus sérieux, plus profonds, on pourrait dire « historiques ». Le goût du juif pour l'échange et le profit est certain, mais cette tendance ne lui est pas exclusive. Que tous les chrétiens qui ont renoncé à Mammon, à ses pompes et à ses délices lui jettent la première pierre ! Le prêt à intérêt a fait la fortune de générations d'« aryens » et de piliers d'Église qui sont allés chercher dans les confessionnaux l'absolution de leurs abus. Longtemps les couvents ont été les banques de l'Europe chrétienne. Les Phéniciens, Venise, etc., ont excellé dans le trafic. Et les juifs aussi, mais pas eux seulement.

L'un des reproches faits aux juifs – à ceux de France, à ceux d'ailleurs – est de n'être pas des hommes de la terre, de se reléguer volontairement dans les affaires d'argent, d'avoir abandonné aux chrétiens les métiers « vils », dont celui de l'agriculture, qui salit les mains et arrache la sueur. Ce grief-là court les ouvrages des antisémites de toutes les latitudes. Le peuple d'Israël a, dans son nouvel État, apporté un démenti définitif à cette légende. Quand il se fixe sur une terre, et qu'on lui en laisse la faculté, le juif sait la féconder comme les autres et métamorphoser les déserts en vergers. Mais comment au Moyen Âge, sous Philippe le Bel et Philippe V, le pourrait-il ? Comment pourrait-il ensemencer, et comment en courrait-il le risque, lorsqu'il sait qu'il a toutes les chances de ne pas voir se lever la moisson, que l'expulsion, la confiscation de ses biens le guettent ?

Secondement, les conciles, qui l'ont accablé de restrictions, et ont soufflé au pouvoir temporel (à Philippe Auguste, à Saint Louis, à Philippe le Bel, Philippe V, Charles VI) les mesures de rétorsion, ont fréquemment renouvelé au juif l'interdiction d'employer des esclaves chrétiens, ce qui équivaut à le priver de main-d'œuvre.

Le juif est souvent artisan ; or les corporations l'excluent de leur sein. Les corporations sont trop jalouses de leurs pouvoirs pour autoriser à côté d'elles des activités parallèles. Une nouvelle porte se ferme.

Reste le commerce, dont celui de l'argent. Le commerce a toujours eu les prédilections du juif. Il s'y adonne avec passion et succès. Mais en même temps sa réussite porte ombrage. Il devient le concurrent dangereux de toute une classe sociale en pleine ascension, d'une bourgeoisie en lente formation qui lui reproche volontiers son manque d'assimilation, les caractères particuliers de sa religion, son cosmopolitisme. La haine moderne contre le « commerce juif » (voir le poujadisme, et d'autres mouvements plus récents...) a de vieilles racines et une longue histoire. Si l'on voulait raisonner en termes marxistes, on parlerait déjà, pour le Moyen Âge, en termes de classes. Au surplus, la précarité de sa résidence est pour le juif une gêne au développement de ses affaires.

Le commerce de l'argent et l'usure. Nous avons déjà dit qu'à deux reprises (1139 et 1179) les conciles les avaient condamnés. Les chrétiens (particuliers, abbayes) l'abandonnent. Et le juif, pour reprendre l'expression de Bernard Lazare, « saute dans la brèche ». Ce choix, pour une large part, scelle son destin. Rejeté par les corporations de l'artisanat, gêné dans l'exploitation de ses terres puis privé du droit de propriété lui-même, jalousé dans le commerce pur où il présente le danger de la concurrence, éternel errant, éternel chassé, sans cesse devant guetter le risque de l'édit, de la bastonnade, voire du massacre, il se confine dans les activités de l'usure. Cette voie est une des seules qui s'ouvrent à lui. Elle n'exige aucun investissement tangible. S'il doit lever le pied et gagner des terres d'exil, son bien est plus aisément réalisable. Le chrétien en est éloigné par les exigences de l'Église. Donc il y court sa chance. De toutes les inimitiés qui l'entourent, il n'en est pas qui, se référant à l'usure du juif, soit plus tenace et plus durable.

Des générations de chrétiens ont gardé du juif non pas l'image du savant champenois Rachi, la tête surmontée du turban, la barbe de patriarche, le front plissé par l'étude et le regard scrutant des livres, mais celle d'un rapace de ghetto remuant des pièces d'argent dans une officine louche. L'exemple, l'image viennent de haut : « Au Moyen Âge, écrit Michelet dans son *Histoire de France*, celui qui sait où est l'or, le véritable alchimiste, le vrai sorcier, c'est le juif, ou le demi-juif, le Lombard. Le juif, l'homme immonde, l'homme qui ne peut toucher ni denrée ni femme qu'on ne le brûle, l'homme d'outrage, sur lequel tout le monde crache, c'est à lui qu'il faut s'adresser.

» Prolifique nation, qui, par-dessus toutes les autres, eut la force multipliante, la force qui engendre, qui féconde à volonté les brebis de Jacob ou les sequins de Shylock. Pendant tout le Moyen Âge, persécutés, chassés, rappelés, ils ont fait l'indispensable intermédiaire entre le fisc et la victime du fisc, entre l'argent et le patient, pompant l'or d'en bas, et le rendant au roi par en haut avec laide grimace... Mais il leur en restait toujours quelque chose... Patients, indestructibles, ils ont vaincu par la durée. Ils ont résolu le problème de volatiliser la richesse ; affranchis par la lettre de change, ils sont maintenant libres, ils sont maîtres ; de soufflets en soufflets, les voilà au trône du monde... »

Ces considérations, d'où l'hostilité se dégage comme la fumée d'une arme qui vient de servir, sont de littérateur plus que d'historien scrupuleux. Elles expriment malgré tout une admiration sourde pour l'habileté financière et l'opiniâtreté des juifs. Celles qui suivent établissent le juif dans sa réputation la plus détestable, le juif moyenâgeux, cupide et affameur :

« ... Pour que le pauvre homme s'adresse au juif, poursuit Michelet, pour qu'il s'approche de cette sombre petite maison, si mal famée, pour qu'il parle à cet homme, qui, dit-on, crucifie les petits enfants [1], il ne faut pas moins que l'horrible pression du fisc. Entre le fisc, qui veut sa moelle et son sang, et le Diable qui veut son âme, il prendra le juif pour milieu.

» Quand donc il avait épuisé sa dernière ressource, quand son lit était vendu, quand sa femme et ses enfants, couchés à terre, tremblaient de fièvre en criant : du pain !, tête basse et plus courbé que s'il eût porté sa charge de bois, il se dirigeait lentement vers l'odieuse maison du juif, et il restait longtemps à la porte avant de frapper. Le juif ayant ouvert avec précaution la petite grille, un dialogue s'engageait, étrange, difficile. Que disait le Chrétien ? "Au nom de Dieu ! – Le juif l'a tué, ton Dieu ! – Par pitié ! – Quel chrétien a jamais eu pitié du juif ? Ce ne sont pas les mots qu'il faut. Il faut un gage. – Que peut donner celui qui n'a rien ?" Le juif lui répondra doucement : "Mon ami, conformément aux ordonnances du Roi, notre Sire, je ne prête ni sur habit sanglant,

---

1. Nous parlerons plus loin du « crime rituel ».

ni sur fer de charrue... Non, pour gage, je ne veux que vous-même. Je ne suis pas des vôtres, mon droit n'est pas le droit chrétien. C'est un droit antique (In partes secundo) ; votre chair répondra. Sang pour or...". »

Tel est le dialogue reconstitué par l'imaginatif et tendancieux Michelet entre l'usurier juif et le paysan français du Moyen Âge mis en coupe réglée par l'impôt. Le malheur est que ces élucubrations, provenant d'un historien de grand renom, et parce qu'elles tombèrent sous une telle plume, abusèrent les naïfs ou les ignorants. L'antisémitisme a produit une littérature prodigieusement abondante qui n'a pas été, hélas, que l'apanage des talents médiocres.

Les plaintes contre l'usure juive du Moyen Âge et des temps qui suivirent, mais surtout les récriminations contre leur concurrence « déloyale » en matière commerciale, rempliraient des volumes entiers :

> *Plus bestial que bestes nues*
> *Sont tuit juif, ce n'est pas doute*
> *(...)*
> *Moult les haïr, et je les haiz*
> *Et Dieu les het, et je si faiz*
> *Et touz limons les doit haïr.*

proclamait Gautier de Coincy à propos des juifs usuriers ; mais à la même époque, et après l'expulsion due à Philippe le Bel, un commentateur inconnu mettait les choses au point :

> *Je dis, seingnors, comment qu'il aille,*
> *Que l'entencion en fut bonne ;*
> *Mès pire en est mainte personne*
> *Qui devenu est usurier...*
> *Dont toute povre gent se deut,*
> *Car juifs furent debonères,*
> *Trop plus en fesant tels affères,*
> *Que ne sont ore crestien,*
> *Pleige demandent et lien*
> *Gages demandent et tant estorchent*
> *Que les gens plument et escorchent.*

Si l'on comprend bien, la décision royale était approuvée, mais l'homme de plume, sur un ton mi-amusé mi-sarcastique, relevait que les juifs usuriers qui avaient fui le royaume étaient des agneaux de tolérance à côté des chrétiens qui avaient pris la relève.

Il n'empêche que derrière les bûchers de Troyes, de Verdun, de Chinon se profile le visage du juif usurier autant qu'infidèle.

De l'usure à la sorcellerie, le pas est vite franchi. Les juifs sont accusés au Moyen Âge de tous les maléfices. « ... Toute la sorcellerie médiévale, écrit François Lovsky[1], suppose un agent tentateur : à quel séducteur songer, sinon au juif, dont l'écriture est un mystère, la vie une exception, les talents auréolés, depuis le paganisme même, des noirs prestiges de la magie ? D'autant plus que les juifs s'adonnaient volontiers à la médecine ; et l'on sait quelles frontières imprécises séparaient la sorcellerie de l'alchimie et de la médecine... »

Voilà donc, remarquablement défini, un nouveau motif de tracas pour les juifs du Moyen Âge. Leur attirance pour les sciences occultes, la médecine qu'entourent encore les vapeurs de chaudrons de sorcières. Le particularisme juif, déformé par l'imagination populaire, alimente les légendes les plus extravagantes, mais aussi les plus graves et les plus infamantes.

Revenons au règne de Philippe V, qui fournit les meilleurs exemples des rumeurs qui circulent sur les juifs... En 1321, le roi, en visite au Poitou, est informé que les lépreux – manœuvrés par les juifs – ont empoisonné les puits d'Aquitaine. Associés aux lépreux, les juifs seront également mis en cause à propos de la propagation de la peste. Selon les renseignements recueillis par les agents de Philippe V, les lépreux sont payés par les juifs (déjà la finance juive...) pour confectionner des drogues... à base de sang humain, d'urine, d'herbes maléfiques, de têtes de serpents et de pattes de crapauds. Les lépreux, toujours conseillés par les juifs, auraient tenu en grand secret des assemblées subversives au cours desquelles ils auraient examiné les moyens d'aider les Arabes à se venger[2] des chrétiens.

Aux mânes de Philippe V de nous dire s'il porta quelque crédit aux rapports de ses informateurs... Les juifs étaient des empoisonneurs publics, à les en croire, en tout cas la « main noire » qui guidait en secret les lépreux. Des empoisonneurs et des traîtres – ce qui aggravait leur cas – prêts à livrer aux Arabes les clés des cités chrétiennes, dont on avait eu tant de mal à les chasser.

---

1. Dans *Antisémitisme et mystère d'Israël*, Albin Michel, 1955.
2. Souvenir des invasions arabes.

Un mois après avoir eu connaissance de ces racontars, en juillet de l'année 1321, le roi adressait des missives inquiètes aux sénéchaux de Carcassonne, Toulouse, Beaucaire, de Saintonge et du Poitou, de Limoges et du Périgord ; aux baillis de Rouen, du pays de Caux, de Caen, du Cotentin, de Gisors, de Senlis, du Vermandois, d'Amiens, d'Orléans, de Sens, Bourges, Tours, Mâcon, Lille, Meaux, d'Auvergne, au prévôt de Paris... Les juifs du royaume étaient accusés de complicités dans des « maléfices... laids et horribles... » Le roi les présentait à ses mandants comme « ... participants et en tout conservants des congrégations et conspirations que les méseaux [lépreux] ont fait longtemps a de mettre et administrer et procurer à mettre poisons mortels en puits et en fontaines... pour faire mourir le peuple... et ont baillé et administré les dits poisons et grandes sommes d'argent pour le faire... » En vertu de quoi, Philippe V demandait à ses sénéchaux, baillis et prévôts de prendre des sanctions « jusques à temps que nous en ayons autrement ordonné... » Les sanctions prévues allaient de l'arrestation à la saisie des biens des conspirateurs juifs.

Selon Robert Anchel, le but de Philippe V, qui avait plus d'un tour contre les juifs dans son sac, et avait oublié l'esprit de tolérance du début de son règne, était d'obtenir la confiscation générale de leurs biens. Il leur imposa une « amende solidaire » de cent cinquante mille livres, prescrite par un mandement en l'année 1321. Le roi reprochait aux juifs de pratiquer « trop grandes et outragentes usures... non pas seulement en préjudice de nous, affirmait-il, mais aussi en grand dommage et lésion de notre menu commun peuple... » Les baillis et sénéchaux s'exécutèrent en général, mais ne montrèrent qu'un empressement modéré pour reverser les sommes recueillies au Trésor royal. Philippe V fut contraint de les prier de se presser, comme en témoignent les rappels adressés aux baillis de Chaumont, Vitry, Tours, Bourges et Paris. Les agents du Trésor se défaisaient avec regret, et peut-être en se servant une commission au passage, des impôts extraordinaires perçus sur les juifs de France.

Des accusations fallacieuses à l'expulsion définitive

Complices des lépreux, propagateurs de la peste. En 1348, la terrible maladie naît dans le sud de la France et se propage dans l'Europe entière. Souvent, on accuse les juifs d'être les agents de transmission des fléaux, d'empoisonner les puits et les rivières. Une vague de massacres et de pillages commence, qui avait atteint la France mais se répand en Espagne, en Italie, en Pologne, en Autriche et en Angleterre. Les juifs sont occis par milliers, assommés, égorgés, éventrés. York, Londres, Mayence donnent une sinistre réplique à Troyes, Verdun, Chinon, Blois. Quand la rumeur publique a fini de les découvrir empoisonneurs de puits et de fontaines, conseilleurs et financiers des lépreux, quand elle cesse de les accuser de propager la peste, elle les trouve profanateurs d'hosties, égorgeurs d'enfants chrétiens et buveurs de leur sang.

Les accusations fallacieuses contre les juifs – en particulier la plus grave d'entre elles : le meurtre rituel – apparaissent au début du XIIᵉ siècle. C'est d'Angleterre, à ce qu'il semble, que tout commence, en 1144. Les juifs de la ville de Norwich, dans le comté de Norfolk, sont pris à partie par les chrétiens laïques et les moines qui leur reprochent (c'est le moins que l'on puisse dire) d'avoir martyrisé un enfant la veille de la Pâque. Malgré l'intervention des autorités qui protègent les juifs des excès de la population et essaient de mettre un terme à l'affaire, l'enfant mort est béatifié et l'on raconte que son cadavre accomplit des prodiges.

Des cas identiques se multiplient dans l'Europe entière. L'un des plus célèbres a la ville de Blois pour théâtre, au mois de mai 1171. Le drame débute par un faux témoignage. Un chrétien, venu sur les bords de la Loire pour y faire boire son cheval, déclare avoir aperçu un juif qui jetait à l'eau le cadavre d'un enfant assassiné. Le comte de Blois, Thibaud, que des dénonciateurs ont alerté, décrète que les juifs de la ville seront incarcérés et refuse la caution qu'on lui propose pour les libérer. Thibaud offre alors le baptême aux juifs, contre la promesse d'avoir la vie sauve ; ils rejettent à leur tour la proposition qui leur est faite. Le comte de Blois réplique par une décision atroce : on allume un immense bûcher dans lequel on précipite les prisonniers, vingt hommes et dix-sept femmes.

Si l'on reprend la chronologie, on s'aperçoit que la tragédie de Blois est la première qui, sous forme de meurtre collectif, affecte les communautés juives de France : elle précède celle de Troyes (1288) qui, apparemment, n'avait pas pour origine l'assassinat supposé d'un chrétien, et les excès sanguinaires de Castel-Sarrazin,

Verdun-sur-Garonne, etc., en 1320, pendant la croisade dite des Pastoureaux.

L'holocauste de Blois encouragea dans les communautés juives voisines un mouvement de solidarité. Celle d'Orléans informa les juifs de Paris qui entreprirent une démarche auprès du roi Charles VII ; celui-ci prit un décret destiné à éviter que de tels faits se reproduisent. Rabbi Nathan bar Meshullam, également de Paris, se chargea de rassembler l'argent qui aurait dû permettre la libération des captifs de Blois, si le comte Thibaud n'avait rejeté cette demande. À Troyes, les personnalités religieuses décrétèrent que le jour de la mort par le feu des juifs de Blois, serait désormais marqué par un jeûne qu'observeraient non seulement les communautés françaises, mais celles de Rhénanie et d'Angleterre.

En 1255, la découverte du cadavre d'un jeune garçon dans le puits d'une cour d'une maison juive de Lincoln, en Angleterre, ralluma l'accusation de meurtre rituel. Les juifs furent accusés d'avoir martyrisé la victime et de l'avoir sacrifiée. Son corps fut enseveli en grande pompe dans la cathédrale où il fut, des siècles durant, vénéré par les chrétiens. Dix-huit juifs de Lincoln furent pendus en représailles de la mort du petit « saint Hugues » ; les autres eurent la vie sauve en payant une forte rançon.

Après la proclamation de la transsubstantiation[1], en 1215, par le concile de Latran qui s'était montré si dur à l'égard des juifs, une nouvelle accusation prit forme : celle de la profanation des hosties dans l'intention, prétendait-on, de renouveler et de perpétuer les souffrances du Christ pendant la Passion. En 1247, à Beelitz, près de Berlin, des juifs furent massacrés à la suite de cette accusation. Des scènes semblables se renouvelèrent en Autriche, en Bavière, en Espagne. À Paris, en 1290, un juif et une juive furent brûlés pour avoir soi-disant poignardé, dans l'église de la rue des Billettes, une hostie consacrée. L'église des Billettes devint alors un lieu de pèlerinage.

Le « crime rituel » est une des légendes les plus tenaces dont les juifs aient été les victimes. Si elle est apparue très tôt dans l'imagination populaire – entendons-nous, au Moyen Âge –, elle a continué à répandre ses miasmes, entretenue par les antisémites passionnels jusqu'à l'aube du XXᵉ siècle. Édouard Drumont, qui n'en était pas à un racontar près, et qui a accumulé dans ses livres

---

1. Changement du pain et du vin consacrés dans le corps et le sang du Christ.

une somme jamais égalée de contre-vérités ou d'extravagances sur les juifs, a écrit : « Ce qu'on adore dans le ghetto, ce n'est pas le Dieu de Moïse, c'est l'affreux Moloch phénicien auquel il faut, comme victimes, des enfants et des vierges[1]. »

Une littérature-fleuve a publié sur le sujet des monceaux de pseudo-témoignages et d'enquêtes. Drumont, ses prédécesseurs et ses imitateurs, ont en effet tenté de faire croire que le crime d'enfants chrétiens était partie intégrante de la tradition juive.

« Les juifs se portaient à des excès plus graves, écrit encore Drumont qui n'en finit pas d'énumérer leurs turpitudes, dans sa *France juive*, ils ne se gênaient pas pour martyriser les chrétiens et surtout les enfants. Les enfants, ces candides et charmantes créatures dans l'âme desquelles se reflète la pureté du ciel, ont toujours été l'objet de la haine juive... »

Quand on sait que *La France juive* fut tirée, en 1912, vingt-six ans après sa première publication, à sa deux centième édition, on ne s'étonnera pas que les hommes du Moyen Âge aient pu facilement prêter foi à cette légende, que des rumeurs de meurtre rituel aient excité de candides esprits, échauffé les imaginations, allumé les bûchers.

Philippe V a expulsé les juifs du royaume de France. Philippe VI, fondateur de la Maison de Valois, commence son règne dans la paix et la puissance, mais la guerre – la guerre qui durera cent années – ruine les perspectives ouvertes par les premières années de son règne. Édouard III roi d'Angleterre a porté la guerre sur le sol de France. En 1346, à la bataille de Crécy, onze princes, douze cents chevaliers, trente mille soldats français restent sur le champ de bataille.

La guerre désole le royaume de France ; en 1348, la peste noire, terrible fléau, gagne notre pays après avoir ravagé plusieurs pays d'Europe. À Paris, on enterre cinq cents personnes par jour au cimetière des Innocents. Les juifs qui sont demeurés malgré l'expulsion de 1306 sont accusés de véhiculer l'épidémie, souvent massacrés par la populace en délire.

Jean le Bon hérite de la couronne des Valois en 1350. Les finances de la France sont dans une situation inextricable ; les États généraux, réunis en 1351 et en 1355, expriment le mécontentement profond de la population. Édouard III organise une nouvelle

---

1. Exactement dans la tribu des Ammonites. Le dieu Moloch tenait à la fois de l'homme et du taureau.

expédition. Jean le Bon est fait prisonnier à la bataille de Poitiers et amené en Angleterre. Charles le dauphin, duc de Normandie, assume le pouvoir dans un état d'anarchie total : soulèvement des corps des métiers, guidés par Étienne Marcel, assassinat des maréchaux de Champagne et de Normandie, réplique de la noblesse, violente jacquerie paysanne. À Londres, le roi captif a négocié sa libération par des concessions catastrophiques que le dauphin rejette à Paris. En 1359, Édouard III débarque une fois de plus. La guerre reprend mais la résistance populaire s'organise. En 1360, des pourparlers s'ouvrent à Brétigny, près de Chartres, entre les négociateurs anglais et les représentants du dauphin. Édouard III exige la cession de l'Aquitaine avec la Gascogne, le Poitou, la Saintonge, l'Aunis, l'Agenois, le Périgord, le Limousin, le Quercy, le Rouergue, de Calais, des comtés de Ponthieu et de Guines, de la vicomté de Montreuil. La rançon du roi Jean était fixée à trois millions d'écus d'or et, en garantie de cette somme, à la livraison d'otages qui seraient choisis parmi les seigneurs les plus notables et les bourgeois les plus riches du royaume.

Charles et Jean le Bon avaient à résoudre un problème financier qui pouvait paraître insoluble ; l'amputation du royaume de France au profit des Anglais s'accompagnait d'une ponction considérable sur le Trésor du royaume que la guerre avait poussé dans ses dernières ressources. Le dauphin et le roi captif étudièrent donc les mesures nécessaires au renflouement des finances françaises. Ils pensèrent immédiatement aux juifs qui, estimèrent-ils, pourraient fournir une certaine partie de l'argent dont on avait besoin pour l'acquittement des sommes exigées par Édouard III. Les juifs expulsés en 1321 furent donc autorisés à revenir, comme sous Philippe Auguste et Philippe le Bel. Deux ordonnances organisèrent leur nouveau statut. Ceux qui s'établissaient définitivement en France étaient soumis à des impôts réguliers, mais on épargnait au maximum les marchands de passage et les voyageurs dont les tractations commerciales et financières ne pouvaient que profiter aux finances de l'État.

Revenu en France au début de 1361, Jean le Bon s'empressa de confirmer les mesures de tolérance prises en son absence. Il surenchérit en enlevant les juifs à la juridiction des officiers royaux. Le comte d'Étampes était nommé leur « gardien général ». La faculté de porter plainte et d'ester en justice contre eux était très réglementée, ils étaient exemptés de toutes sortes d'impôts, acquéraient le droit de prêter à des taux d'intérêt qui pouvaient aller jusqu'à quatre-vingt-sept pour cent par an ! Les exigences financières du Trésor royal épuisé par la guerre étrangère et les troubles intérieurs faisaient donc – provisoirement – des juifs de France une classe très privilégiée et, par conséquent, enviée. Le roi Jean avait sacrifié à la nécessité, mais l'empirisme de sa politique financière, inaugurée par le dauphin, recréait les conditions d'une nouvelle explosion d'antisémitisme populaire. L'opinion grondait contre les privilèges accordés aux juifs ; les libertés accordées aux banquiers juifs mettaient en courroux les bénéficiaires et les victimes des prêts. Au lieu de ne pas céder aux offres des hommes d'argent, on avait recours à leurs services... pour se plaindre ensuite des abus de leurs usures.

Jusqu'à l'édit d'expulsion de Charles VI, en 1394, les juifs voient confirmés et renforcés les privilèges que leur avait consentis Jean le Bon. Après la mort de Charles V, de violentes émeutes populaires éclatent, au printemps de l'année 1382, à Paris, contre la perception de l'impôt. Le 1er mars 1382, les insurgés s'emparent de l'arsenal, s'arment des maillets neufs stockés pour repousser les attaques anglaises – ce qui leur vaudra le surnom de « maillotins » – et marchent sur l'hôtel de ville. La révolte se répand en province, s'allume à Rouen, Reims, Châlons, Troyes, Orléans, Sens... Les juifs sont alors pris à partie, à Paris des émeutiers envahissent leurs demeures et les pillent, arrachent les enfants à leurs parents, avant de les porter de force sur les fonts baptismaux. Charles VI, devenu roi, bien que tout enfant, rend, sous la régence du duc d'Anjou, une ordonnance qui leur est très favorable. Douze ans plus tard, il décrétera l'expulsion définitive. Les juifs ne pourront revenir dans le royaume de France sans encourir la peine de mort. Le bannissement est décidé à perpétuité.

Cependant, la grande expulsion de 1394 s'effectue dans l'ordre : les juifs sont placés sous la protection du roi, pour éviter des représailles populaires à la faveur de l'exode, et leurs biens préservés. C'est également sous la garde des agents royaux qu'ils sont conduits aux frontières. Ils obtiennent un délai d'un mois pour le recouvrement de leurs créances. Après ce délai, ils peuvent faire vendre leurs gages par voie de justice. Devant les difficultés rencontrées pour apurer les comptes des débiteurs, une ordonnance de mars 1395 accorde de nouveaux délais. En 1397, il est mis un terme aux procédures que les juifs auraient engagées pour le recouvrement de leurs créances : les dettes sont éteintes de droit, annulées, et les documents les attestant brûlés sans appel par les officiers royaux.

La communauté juive française, qui s'était tant bien que mal reformée après l'ordonnance de Philippe le Bel en 1306, cessait donc pratiquement d'exister, du moins dans les provinces qui dépendaient de la couronne de France. Un nouvel exode commençait. Les juifs, reconduits aux frontières du royaume, cherchaient refuge en Alsace ou en Lorraine, dans le Comtat Venaissin, en Provence, à Bordeaux, toutes villes et provinces qui échappaient encore à l'autorité de la monarchie.

Charles VI avait apparemment cédé aux « pressions populaires ». Son règne, commencé dans la tolérance à l'égard des juifs, ne s'était, semble-t-il, orienté vers la solution draconienne que sous l'effet des plaintes et des incidents. L'usure des prêteurs juifs, ajoutée à l'envie, avait entretenu une hostilité sourde dans la population. Des voies de fait contre les juifs étaient régulièrement signalées et troublaient la paix publique.

Est-ce à dire que la présence des juifs est totalement effacée du royaume après 1394 ? Ce serait une erreur de le croire. Par certains privilèges, ici et là, des familles juives sont autorisées à demeurer ; mais ces exemptions se paient en restrictions de libertés et en sacrifices financiers.

Louis XIII renouvelle l'édit d'expulsion

Jusqu'en 1791, année mémorable de leur émancipation civique, les juifs qui sont demeurés dans le royaume de France – à part les exceptions du Sud-Ouest, les « privilèges » accordés à la communauté messine – sont considérés comme des parias, des êtres sans foi ni loi ; ni sujets, ni même étrangers. Relégués dans le mépris ou l'ignorance du monde qui les environne, ils ne méritent que l'attention de la police qui s'attache à leurs pas, les surveille et les sanctionne. De temps à autre, se rappelant leur existence, les successeurs de Philippe le Bel et de Charles VI lancent des officiers royaux à leurs trousses.

Ainsi, le 23 avril 1615, pendant la minorité de Louis XIII et la régence de Marie de Médicis, un édit royal décréta l'expulsion des juifs. Le 12 mai suivant, le Parlement de Paris, entérinant cette décision, renouvelle, par lettres patentes, l'ordonnance de 1394.

Depuis plusieurs années, les juifs sont revenus de plus en plus nombreux dans le royaume ; les autorités s'en sont inquiétées, ce qui explique la remise en vigueur des mesures prises par Charles VI. Le grand poète Malherbe se fait l'écho de cette « inquiétude » et témoigne du retour progressif des juifs en France, et principalement à Paris. « Le judaïsme, écrit-il, s'est étendu jusqu'à la Seine. Il serait à souhaiter qu'il fût demeuré sur le Jordain [sic] et que cette canaille ne fût pas mêlée, comme elle l'est, parmi les gens de Bien... » Cette remarque fort désobligeante de Malherbe atteste que les juifs sont revenus en assez grand nombre dans la capitale. Plusieurs d'entre eux vivent à la Cour : les nommés Alvarez, Garcia, Vérone, Élie Montalto, dit de Montalte, sont médecins de Marie de Médicis ; ils le doivent à la protection de la femme de Concini, le fameux favori de la reine, laquelle « vivait constamment entourée de médecins juifs, de magiciens, et comme agitée de furies... »

Louis XIII se réfère, dans sa proclamation de 1615, aux décisions des rois qui l'ont précédé sur le trône de France, qui « s'étaient toujours connu ce beau titre de très chrétien que nous possédons aujourd'hui, dit-il, qui ont eu par conséquent en horreur toutes les nations ennemies de ce nom et surtout celle des juifs qu'ils n'ont jamais voulu souffrir résider en leurs royaumes, pays, terres et seigneuries de leur obéissance... »

Après en avoir appelé aux œuvres de ses prédécesseurs, Louis XIII, constatant que les juifs reviennent en France, énumère les griefs qu'on leur adresse. On ne s'étonnera pas, comme on l'a déjà perçu plus haut, que le religieux tienne la première place dans l'argumentation du roi qui consacra la France à la Vierge. « Afin de ne rien admettre qui puisse desservir la réputation de cet État et la conservation des bénédictions qu'il a plu à Dieu faire distiller sur iceluy, d'autant que nous avons esté advertis que contre les édits et ordonnances de nos dits prédécesseurs les dits juifs se sont depuis quelques années espandus, déguisés en plusieurs lieux de costuy notre royaume, ne pouvant souffrir telle impiété sans commettre une très grande faute envers sa divine bonté offensée de plusieurs blasphèmes ordinaires, nous avons advisé d'y pourvoir de remédier le plus promptement qu'il nous sera possible... »

Les juifs sont accusés d'être des blasphémateurs : ce sont donc bien, sous Louis XIII, les raisons religieuses qui l'emportent. Jamais l'hostilité n'a encore, sous la monarchie française, été aussi catégoriquement d'ordre spirituel.

Quand on y regarde de plus près, on s'aperçoit très vite que l'expulsion des juifs qui avaient réussi à revenir dans le royaume s'inscrit dans un contexte plus général. Marie de Médicis et Louis XIII, qui ont eu à affronter les révoltes seigneuriales, les complots des Condé et des Rohan, se heurtent à la même époque au « problème protestant ». Le duc de Rohan s'est appuyé sur les huguenots des Cévennes pour mener sa fronde. La régente et le roi mineur avaient adopté d'abord, fidèles à la politique d'Henri IV, une politique de tolérance à l'égard des « Réformés ». Cependant, le rapprochement avec l'Espagne avait alarmé les protestants de France qui, lors de l'assemblée de Saumur en 1611, s'étaient dotés d'institutions particulières qui battaient en brèche le principe de l'unité nationale, insultaient à la prédominance de la religion catholique, semaient des ferments républicains dissolvants et dangereux. Un État dans l'État menaçait de naître de l'assemblée de Saumur. Dans le cadre d'une monarchie absolue, la « république protestante » devenait une menace et un défi ; à tous les stades de l'organisation des « séparatistes » apparaissait le souci de la représentativité démocratique ; les « assemblées générales » des seize « provinces » protestantes – notamment – attiraient sur elles l'attention, suscitaient les craintes. C'est un consistoire qui gouvernait l'Église, un synode qui s'occupait des affaires de la province, etc.

C'est en 1617 que le conflit éclata avec les protestants. Un édit du roi rétablit alors en Béarn la religion catholique ; devant le refus qui lui est opposé, le souverain doit intervenir militairement, Montauban sera assiégé, ce sera la guerre. Mais, bien avant le conflit violent, les milieux catholiques s'étaient alarmés de ce réveil du protestantisme en France. Sans aller jusqu'à prédire carrément la renaissance des Ligues, les folies des guerres de religion, on apercevait un danger dans la renaissance protestante. Des émeutes contre les huguenots se déclaraient, des temples étaient détruits, des pasteurs chassés et pourchassés.

Il était donc dans une certaine logique que les juifs soient associés à l'hostilité dont les protestants faisaient les frais. Comme les disciples de Calvin, les adeptes de la « religion du Livre » étaient mal tolérés par la majorité catholique, suspectés eux aussi de former un « État dans l'État », s'excluant, selon leurs détracteurs, de la communauté en s'attachant à des pratiques « bizarres » d'une religion inintelligible. Férus de médecines et autres « sorcelleries », de surcroît, suppôts du Diable, blasphémateurs, ennemis de la religion. Ces accusations étaient à peine atténuées dans les considérations de Louis XIII que nous citions plus haut.

Juifs et protestants seront plus d'une fois confondus dans la même réprobation au cours de notre histoire.

Les juifs n'étaient donc que fort peu nombreux en France lorsque Louis XIV monta sur le trône. Le Roi-Soleil leur témoigna plus de mansuétude que son prédécesseur. Ils revinrent par petits groupes, mais furent plus tolérés qu'admis : le décret d'expulsion de 1615 était toujours en vigueur, mais la police du roi, à Paris, faisait semblant de ne pas s'apercevoir de leur présence.

Les « juifs du Roi-Soleil » étaient partie des personnages huppés, fortunés, partie des prolétaires. Les uns sont des « Portugais », d'un niveau social et culturel élevé, les autres ont quitté l'Alsace et la Lorraine pour venir exercer à Paris leurs métiers ancestraux : colportage, brocante, friperie, mais aussi banque et change, travaux d'artisanat, gravure, lithographie, bijouterie et orfèvrerie. Ils vivent tranquillement, sans grands heurts. L'administration royale les laisse pratiquer leur culte en parfaite liberté.

On doit donc à Louis XIV de voir renaître sur les bords de la Seine une communauté juive. Les ashkénazes de l'Est s'établissent dans les quartiers Saint-Martin et Saint-Denis, les « Portugais » et les « Espagnols » choisissent de préférence la rue Saint-André-des-Arts. C'est dire que les deux principaux groupes de juifs de France – et en tout cas les plus anciens puisque les expulsions de 1306-1394 ont pratiquement effacé les traces des communautés qui avaient pris souche en des temps beaucoup plus reculés – marquent très tôt leurs différences.

Deux juifs influents sont signalés à la cour de Louis XIV : le banquier Samuel Bernard, originaire du Sud-Ouest, homme fort riche, que le Roi-Soleil n'a pas hésité à appeler auprès de lui pour l'aider, vers la fin de son règne, à résoudre ses problèmes financiers. Samuel Bernard a avancé au roi des sommes importantes, aussi a-t-il été invité à Marly. Bien qu'il soit converti au catholicisme, sa présence à la Cour a été accueillie par des murmures. Un autre juif notable, Antoine Dacquin, est médecin du roi, ce qui n'est pas une moindre marque de sa confiance. On découvre aussi un imprimeur très connu, Joseph Atias, et un savant nommé Cohen, qui, en 1662, est pensionné du roi.

Les démêlés d'un juif de Marseille, Joseph Vais Villaréal, et des commerçants de la ville, méritent qu'on s'y arrête. Ils mettent en relief la mentalité et les réactions de certains milieux d'affaires chrétiens, face à ce que l'on a appelé la « concurrence juive ». Curieuse, cette constatation que le phénomène apparaît au XVIIe siècle, pendant le règne de Louis XIV...

Par un édit du mois de mars 1669, le Roi-Soleil a, sur le conseil de Colbert, établi la franchise du port de Marseille. Il n'est guère nécessaire d'insister sur l'intention qui préside à cette décision : elle vise évidemment à attirer vers le port phocéen un trafic de marchandises qu'encouragera l'exemption de droits.

Cette intelligente mesure entraîne des effets rapides. De grands commerçants internationaux, qu'une politique autarcique avait éloignés, reviennent, établissant des comptoirs. Parmi eux, deux juifs, notre Villaréal, et Abraham Atias. Les deux hommes ne sont pas sans se douter des problèmes que leur installation risque de poser. Expulsés de Provence, encore sous le coup des mesures de Louis XIII, les juifs sont tolérés en France, sans plus. À Marseille même, où leurs coreligionnaires avaient autrefois formé une communauté florissante, toutes leurs tentatives de retour se sont soldées par des échecs, non seulement du fait de l'administration royale, mais parce que les règlements de la ville interdisent aux juifs de séjourner plus de trois jours sur son territoire.

Villaréal est un homme d'affaires international ; il a ses correspondants à Livourne, au Levant, à Smyrne, Chypre, Alexandrie, Tripoli, Tunis. Il exporte des marchandises précieuses, se livre à tout un trafic d'épices, de cuirs, d'étoffes, de laines, de cotonnades et de « drogueries ». Un intermédiaire idéal pour un pays qui chercherait tant soit peu à ouvrir vers l'extérieur les portes de son économie. C'est ainsi que Colbert l'a compris, qui obtient de Louis XIV, le 16 juin 1670, une lettre de cachet donnée à Saint-Germain, interdisant que Joseph Vais Villaréal et Abraham Atias « ... soient inquiétés sous prétexte des ordonnances faites contre les juifs de la rigueur desquelles nous les avons relevés et relevons... »

Villaréal et Atias tirent un profit rapide de cette faveur exceptionnelle du roi. Leurs affaires se développent en fonction de leur esprit d'initiative, ils font jouer à fond leurs relations, utilisant avec art leurs correspondants aux quatre coins d'Afrique ou du Moyen-Orient, juifs comme eux, passés maîtres dans l'entremise et le grand commerce. Il n'est pas exclu que certains d'entre eux soient les descendants des Radhanites de Champagne et de Narbonne, que leur trafic avait enrichis à l'époque de Charlemagne.

Tant vont bien les affaires de Villaréal qu'elles finissent par inquiéter le « commerce local ». Six mois après leur installation, nos deux « trafiquants » et la petite communauté juive qui gravite autour d'eux sont l'objet de plaintes de la part des jaloux et des détracteurs : on les accuse d'employer des moyens commerciaux malhonnêtes, et de concurrence déloyale. Ce sont les sempiternels arguments des « antisémites économiques » qui se consolent mal de l'ingéniosité de leurs concurrents. Le débat s'envenime puisque la chambre de commerce de Marseille, saisie de récriminations, en délibère et décide de « se pourvoir à la Cour pour en porter plainte ». Il est convenu que « Messieurs les Échevins [1] écriraient à Monsieur de Colbert... » Trois pétitions arrivent successivement au ministre, les 22 décembre 1670, 6 février 1671 et 22 avril 1672. Les juifs en général y sont dénoncés comme étant « les pestes des villes »...

Colbert ne répondant pas, la chambre de commerce de Marseille en réfère au Parlement d'Aix qui, en septembre 1676, leur donne tort. Villaréal et Atias reprennent donc de plus belle leurs affaires ; les succès qu'ils obtiennent échauffent la bile des concurrents chrétiens ; en 1679, les « députés du commerce » rédigent un nouveau mémoire. Les deux compères sont alors accusés de machinations très graves : Villaréal et Atias, prétendent les pétitionnaires, sont de connivence avec les « barbaresques » qu'ils avertissent des mouvements des navires. Après que les pirates ont saisi les marchandises, les juifs se chargent de les écouler sur le marché à des prix défiant la concurrence... Et puis lesdits Villaréal et Atias sont blâmables dans leur vie personnelle. Non satisfait de les impliquer dans des tractations affairistes qui défient la morale commerciale la plus élémentaire, on signale qu'il se passe « des assemblées scandaleuses dans leurs maisons... »

Le Conseil du roi commence à s'émouvoir et charge M. de Rouillé, intendant de Provence, de se livrer à une enquête et de rédiger un rapport. C'est Colbert lui-même qui écrit à l'intendant. L'enquête, lui demande-t-il, devra se dérouler dans le plus grand secret. Sous la plume du grand ministre, quel relief prend ce conseil, et quelle lucidité... « Vous devez bien prendre garde que

---

1. Magistrats municipaux.

la jalousie du commerce portera toujours les marchands à être d'avis de les chasser. »

M. de Rouillé se met consciencieusement au travail, entend les deux parties. « Pourquoi serions-nous de mèche avec les corsaires, répondent en substance Villaréal et Atias, puisque les marchandises que nous sommes accusés de brader nous sont, pour la plupart, destinées ? Et comment pourrions-nous avertir les corsaires en pleine mer ?... »

Villaréal et Atias deviennent, d'accusés, accusateurs. Ils énumèrent à l'intendant Rouillé les vexations et persécutions auxquelles ils sont soumis : on intercepte leurs lettres pour les espionner et les gêner dans leur négoce, on impose des quarantaines [1] prolongées aux juifs qui de Livourne viennent les visiter. On refuse de leur vendre de la viande de boucherie sous prétexte qu'ils l'abattent selon le rite casher.

Villaréal et Atias prononcent un plaidoyer habile en faveur de l'utilité de leur commerce : « Messieurs de Marseille, écrivent-ils avec condescendance, n'y peuvent pas réussir... n'ayant pas de correspondances si générales partout, ni des marchands qui n'ont un fonds si considérable à cet effet... Et sur tous les autres étrangers, poursuivent Villaréal et Atias pour leur défense, il n'y a pas nation qui puisse mieux bénéficier des négoces que les juifs, parce qu'ils n'ont pas de biens fonciers [on le leur interdit], négocient tout par la force de leur argent et de leur industrie. Et comme son commerce [du juif] est tout généralement par mer, en toutes places du monde, cela attire d'autant plus de commerce, ce qui ne peut pas être exécuté par les autres étrangers qui seulement s'attachent en leur pays... »

Brillante démonstration de nos deux compères... Maintenant ils citent des exemples qui devraient définitivement enlever la décision : « ... Cela a été cause de la grandeur et richesse d'Amsterdam, Hambourg, Venise et Livourne dont, comme il est notoire, ce sont les juifs qui soutiennent ces places et qui les ont rendues par leur négoce fameuses pour tout le monde... » Ils énumèrent ce qu'ils ont apporté à Marseille dont ils estiment avoir assuré la prospérité depuis qu'ils s'y sont installés, « au lieu que si Mes-

---

1. La quarantaine était une mesure de protection contre la propagation des épidémies : les marchandises et les individus qui, débarquant dans les ports, étaient censés venir de régions « dangereuses », devaient se soumettre à un isolement de rigueur de quarante jours.

sieurs de Marseille faisaient seuls le commerce, le public n'en pourrait pas recevoir tant de satisfaction... »

Les années passent, la chicane fait florès, Villaréal et Atias, à force de parlementer, restent sur place et s'enrichissent. Bel exemple d'une opiniâtreté dont on fait à juste titre l'une des vertus de leur communauté. Leurs concurrents n'ont pas désarmé, et tellement manigancé que le 2 mai 1682 un ordre du roi donné à Saint-Cloud prescrit l'expulsion des deux commerçants juifs et de leurs associés. C'est le gouverneur de Marseille, M. de Pilles, qui est chargé de faire exécuter la mesure. Villaréal, Atias et leurs commensaux obéissent. On ne sait pas très bien où ils se réfugient, mais bientôt ils essaient de revenir, exposent des motifs variés. Ils ont laissé, affirment-ils, des intérêts en souffrance, des créances à recouvrer. Le Parlement d'Aix-en-Provence, saisi de leur requête, autorise Atias à revenir à Marseille pour une période de trois mois. Tout de suite, les plaintes affluent et le successeur de l'intendant Rouillé, Morant, ordonne à Atias de s'en aller.

Villaréal intervient à son tour ; il adresse une requête au roi dans laquelle il affirme avoir laissé à Marseille pour plus de cinquante mille livres de créances. À l'appui de cette requête, il fournit un acte de Mᵉ Maillet, notaire, qui porte la liste de ses débiteurs avec les obligations de chacun d'entre eux. En passant, Villaréal rappelle à Louis XIV ce que son commerce rapportait à la fiscalité royale. L'argument est intelligent, mais les commerçants de Marseille veillent ; informés de la requête de Villaréal, ils interviennent auprès de leurs députés et des échevins pour que ceux-ci obtiennent le rejet des prétentions du demandeur : allons, ce juif expulsé a le front de demander justice à ses débiteurs ! Échevins et députés du commerce l'entendent bien ainsi, ils donnent de la voix et de la plume dans une adresse au roi : « ... Rien n'a été plus préjudiciable aux juifs de Sa Majesté, écrivent-ils, que la plus grande importance du commerce de Villaréal et des autres juifs. Car comme ceux-ci ne négocient ordinairement qu'en marchandises dégradées... ils ont moyen, à la faveur des marchandises illicites dont ils se prévalent, de vendre à meilleur marché que les autres dont les effets procèdent d'un négoce légitime ; et cette différence de prix attirant aux juifs la préférence dans les occasions de vente, il s'ensuit que les juifs ruinent les sujets de Votre Majesté, qui ne peuvent vendre qu'à vil prix leurs marchandises, lesquelles leur coûtent beaucoup plus qu'aux juifs, ne les ayant pas par des voies illicites comme eux... »

Il y aurait beaucoup à dire sur cette accusation de « commerce illicite » qui pourrait bien cacher autre chose qu'une indignation vertueuse. Elle sera en tout cas assez forte pour emporter l'accord du roi qui rejette les prétentions de Villaréal, non seulement à obtenir le remboursement de ses créances, mais à revenir à Marseille, comme il le demandait. Par deux arrêts (l'un en date du 28 septembre 1688, le second du 12 mai 1703), interdiction était faite à tous les juifs de pénétrer et de séjourner en Provence. Les commerçants marseillais avaient gagné et il fallut bien longtemps avant que les juifs ne reviennent vivre et mourir sur une terre qui, pendant tout le Moyen Âge, les avait accueillis.

La communauté juive de Paris ne fait que se renforcer sous Louis XV, mais parallèlement, à ce qu'il semble, le contrôle de la police devient plus rigoureux. En 1721, le lieutenant de police Gabriel Tacherau de Baudry se plaint d'eux dans ses rapports ; et de même ses successeurs d'Argenson et Feydeau de Marville qui les traitent de « fripons » et parlent d'un « danger juif » dans la capitale, alors qu'ils ne sont que quelques centaines. Ils demandent l'établissement d'un passeport pour les juifs de Paris. Les inspecteurs de police sont mis à leurs trousses et déploient à les surveiller un zèle intempestif : l'un d'entre eux, nommé Le Grand, les pressure sans vergogne, obtenant sous la menace le versement de subsides.

En 1750, Louis XV cède aux instances du lieutenant général de police, Berryer, qui lui demandait des mesures de coercition ; il remet une ordonnance dans laquelle il précise à son préfet : « Mon intention est que vous obligiez tous les juifs qui sont actuellement à Paris, de même que tous ceux qui s'y rendront dans la suite, sous quelque prétexte qu'ils y soient, ou qu'ils y viennent, à prendre leurs passeports dans les formes ordinaires. Que vous les fassiez représenter pour être par vous visés. Que vous en fassiez tenir registre, et qu'en cas de refus de leur part, ou qu'il vous viendrait des plaintes contre quelques-uns d'entre eux, que vous les fassiez arrêter et conduire soit en prison, soit à Bicêtre, d'où vous pourrez ensuite les faire sortir quand bon vous semblera. »

C'était livrer les « petits juifs » de Paris, fraîchement émigrés d'Alsace, brocanteurs et marchands à la sauvette, fripiers ou receleurs, à la discrétion des argousins. Ceux-ci, forts des pleins pouvoirs que leur avait donnés l'ordonnance royale, s'emparaient de cette misérable piétaille et l'envoyaient pour un oui ou pour un non moisir dans les cachots de Bicêtre, de Vincennes ou à la Bastille.

À côté de ces miséreux, quelques juifs réussissaient, par la force de leurs poignets et la valeur de leurs talents, à s'imposer dans la capitale de la France sous le règne de Louis XV. L'un des plus notables fut Jacob Rodrigues Pereyre, « Portugais » de Bordeaux, qui fut interprète du roi et se signala en enseignant aux sourds-muets qui étaient confiés aux œuvres de charité. Un israélite, Bernard de Valabrigua, est également interprète attitré de Louis XV ; deux autres juifs, Silva et Astruc, sont de ses médecins consultants. Raynac fait partie de son secrétariat. Salomon Perpignan fonda l'École royale de dessin. Revel est un huissier-commissaire priseur connu, Isaac Pinto se taille une réputation dans les Lettres. Jacob Goldschmidt dirige une maison de banque. Certains juifs sont négociants en liqueurs, d'autres bijoutiers, merciers, marchands de soieries.

Assure Mayer, venant d'Allemagne en 1745, défraie la chronique de la capitale. Bien qu'il ne soit pas autorisé à séjourner à Paris, il s'installe, est poursuivi par la police, enfermé. Cependant, réussissant à se faire libérer, il entre dans les bonnes grâces du prince de Conti et du baron de Breteuil, s'infiltre à la Cour... et obtient la destitution de l'inspecteur de police Le Grand qui, comme nous le disions, s'était fait une spécialité dans le « racket » des juifs de Paris.

Très notable était Liefman Calmer, juif d'Amiens, baron de Picquigny et vidame[1] de la ville. Calmer, originaire des Pays-Bas, avait fait souche en France. Là, il devint fournisseur des armées royales et commença à édifier une belle fortune. Les services qu'il rendit dans ses fonctions de fournisseur lui valurent de recevoir, en 1769, des lettres de nationalité.

Syndic des israélites ashkénazes de Paris, Calmer avait acquis le titre de baron de Picquigny de l'écuyer Briet, sieur de Bernapré, pour la rondelette somme de un million cinq cent mille livres. À ce titre était attaché celui de vidame d'Amiens. L'évêque de la ville, Machault, contesta la validité de la cession du titre de Briet à Calmer et intenta un procès à ce dernier. Il considérait comme scandaleux que l'attribution de ces nouvelles qualités à Calmer lui donne le droit de nommer les curés dans les paroisses de ses

---

1. Le vidame était, au Moyen Âge, le représentant de l'évêque pour ses affaires temporelles ; il était notamment responsable de sa force armée.

domaines, dénonçant l'immixtion... « du vidame circoncis » dans les affaires de l'évêché. L'évêque perdit son procès contre Calmer à qui le Parlement donna raison.

Un autre procès célèbre opposa les marchands de Paris aux juifs qui exerçaient le commerce de draperie et de mercerie. Par un arrêt en date du 7 février 1777, le Conseil dira qu'il interdit aux juifs l'accès à la corporation des marchands drapiers et merciers, ce qui leur enlève en droit la pratique de ces professions. Comme à Marseille sous le règne de Louis XIV, les commerçants juifs parisiens qui avaient réussi à s'installer éprouvent l'intransigeance de leurs concurrents chrétiens.

Hors de Paris, des familles juives ont, par l'importance des services rendus, leur valeur, voire leur fortune, réussi à forcer la muraille d'hostilité ou d'indifférence, en bénéficiant des « lettres patentes ». Ces « lettres » attribuent à ceux qui les reçoivent des droits égaux à ceux des « régnicoles », ou sujets du roi ; elles les libèrent de leur condition d'étrangers dans la société française. On serait tenté de les comparer à ces dérogations qui, pendant l'Occupation, exceptaient certains juifs, fort peu nombreux, des mesures des Allemands et du gouvernement de Vichy.

Cerf-Berr, personnalité dominante des juifs d'Alsace, acquit en 1775 des lettres patentes de Louis XVI en raison des services qu'il avait rendus comme fournisseur de plusieurs régiments, pendant le règne de Louis XV, puis comme munitionnaire au régiment de cavalerie de Strasbourg. Les faveurs de ce genre étaient rarissimes. En 1787, deux juifs de Sarrelouis, Hayem et Cerf Worms, en bénéficient aussi (voir annexe 3). Assimilation aux sujets du roi pour tous droits, exemptions, privilèges, avantages, libertés... Droits d'acheter, d'acquérir, par donations et héritages, des biens et immeubles, droits de les vendre, de les léguer. Droits reconnus aux héritiers de les avoir, en pleine jouissance. Protection attestée contre les abus du pouvoir... à deux années de la « grande révolution », ces lettres patentes de Louis XVI à deux juifs du royaume ont une résonance anachronique. Mais à considérer la condition des juifs d'Alsace, on comprend vite que les « sieurs Hayem et Cerf Worms » viennent de bénéficier d'immenses privilèges.

Pratiquement effacées de la carte du royaume de France par les expulsions massives de 1306 et 1394, tolérées ici ou là, les communautés juives se maintiennent, non sans mal, sous la tutelle des princes dans les régions et provinces qui n'ont pas encore été rattachées à la couronne. La communauté du Sud-Ouest est de celles qui font exception à la règle. Aucune des autres communautés françaises n'accéda aussi tôt et aussi massivement à de tels avantages ; aucune, sans doute, ne fut aussi prompte et aussi apte à saisir l'opportunité qui s'offrait.

3.

Les îlots de la survivance

Bordeaux-Bayonne : une minorité ardente

La formation de la communauté du sud-ouest de la France date de la fin du XVe siècle et essentiellement de la décision de Ferdinand d'Aragon et d'Isabelle de Castille d'expulser les juifs, le 31 mars 1492.

Repliés sur les royaumes des Asturies, de León, de Navarre, de Castille et d'Aragon, les souverains chrétiens ont lutté sans relâche contre les Arabes installés dans la péninsule Ibérique depuis les invasions de 711. Ligués, Ferdinand d'Aragon et Isabelle de Castille réunissent les États chrétiens et boutent hors d'Espagne les Maures encore accrochés à leurs possessions de Grenade. Pour les juifs – dont la prospérité avait été grande sous l'occupation arabe, pendant laquelle les astronomes et les mathématiciens avaient donné un brillant exceptionnel à l'école de Cordoue, et où Maïmonide, traducteur et commentateur d'Aristote, était né en 1135 – la formation de l'Espagne catholique dans son unité était le commencement des malheurs et des tribulations.

Par milliers, ils s'en vont, ayant quatre mois pour quitter les États des Rois catholiques, et se réfugient en Afrique, en Italie ou en France. Ceux qui restent doivent abjurer leur foi et embrasser la religion catholique. C'est alors qu'apparaît cette fameuse catégorie des marranes qui servira à désigner les juifs (espagnols ou portugais) qui rejoindront la religion catholique tout en continuant à pratiquer, à travers les persécutions, le judaïsme. Lorsque le fils de Jean II, Emmanuel, épousera la fille de Ferdinand et d'Isabelle, les juifs du Portugal feront à leur tour l'apprentissage des persécutions.

L'Inquisition espagnole poursuit de sa vindicte les juifs suspects d'attachement à leur foi ; l'émigration est continue de longues années après l'expulsion de 1492. En France, les émigrés s'installent à Bordeaux, Toulouse, Montpellier, mais remontent aussi vers Nantes, Rouen et jusqu'aux Pays-Bas. Toutefois, c'est à Bordeaux, dans la région de Bayonne (Saint-Esprit, Bidache, Labastide-Clairence), Peyrehorade (près de Dax) qu'ils s'organiseront en communautés stables.

De toutes les communautés françaises, les « Espagnols » et les « Portugais » rencontrent les conditions les plus favorables à l'assimilation ; ils échappent aux discriminations des Alsaciens et des Comtadins, ils se hissent rapidement à une position sociale élevée. On les voit médecins ou marchands, voire professeurs. Les Lopès ou de Loupes, qui deviendront Loupes de Villeneuve, s'allient aux Eyquem, seigneurs de Montaigne. Ainsi Michel de Montaigne naît-il d'une mère juive, émigrée d'Espagne. Antoine de Govea, d'une famille de juifs émigrés également, est l'un des plus illustres professeurs du collège de Guyenne. Son frère André de Govea, avec Jean da Costa et Antonio Mendes, repart au Portugal, en 1543, pour fonder l'université de Coimbra, mais ils devront une nouvelle fois quitter leur pays d'origine sur l'intervention des jésuites.

Les positions acquises et les services rendus par les juifs espagnols et portugais attirent sur eux les faveurs royales et la protection – rarement relâchée – des autorités provinciales. Ils auront dans le Parlement de Bordeaux un protecteur vigilant contre tous les assauts. En 1550, le roi Henri II donne aux immigrés des « lettres patentes » pour la Guyenne et le Béarn. Faveur insigne qui, avec les « lettres de naturalité », leur offre la liberté de résidence, de commerce, de propriété, le droit d'héritage. Ces décisions tout à fait exceptionnelles (en Alsace les juifs attendront la veille de la Révolution, et encore à titre tout à fait exceptionnel et individuel, pour bénéficier de cet avantage), ces marques de distinction et ces mesures de protection éveilleront de nombreuses jalousies, provoqueront des remous chez les chrétiens. En novembre 1574, le roi Henri III renouvelle, pour qui aurait tendance à les oublier, les lettres patentes de 1550 ; la même année, le Parlement de Bordeaux émet un arrêt interdisant de molester « les Espagnols et les Portugais bon catholiques ».

Ce qui est une manière de parler... Apparemment convertis, et se pliant aux exigences du culte catholique, les juifs portugais et espagnols conservent dans leur cœur la plus grande fidélité au judaïsme. Rares sont les convertis sincères, et dès que des occasions favorables se présenteront on les verra rouvrir leurs synagogues et pratiquer officiellement leur culte. À Bordeaux il y aura sept synagogues en 1734, treize à Bayonne en 1755, une à Peyrehorade et à Bidache à la même époque. Bien qu'elles ne fussent la plupart du temps que de simples oratoires, elles témoignaient de la survivance de la foi judaïque chez ces « nouveaux chrétiens ».

Les juifs espagnols et portugais pratiquaient entre eux la plus grande solidarité ; ils reconstituèrent de ce côté des Pyrénées les confréries de leur terre d'origine. Celle des « Terras santas » collectait les fonds que venaient recueillir régulièrement les envoyés des communautés implantées en Palestine. À mesure que l'esprit d'intolérance recula, c'est-à-dire pendant la seconde moitié du règne de Louis XIV, les structures de la communauté, de même que les signes d'attachement au judaïsme, devinrent chaque année plus apparents. Répartis en quatre classes (pauvres secourus, pauvres non secourus et non assujettis aux taxes communautaires, contribuables à part entière, « anciens », soit les membres de la communauté ayant précédemment exercé des fonctions administratives), les membres des « nations » portugaises et espagnoles ont à leur tête un « premier syndic » qui les représente auprès des autorités officielles. Il est lui-même désigné par les administrateurs qui ont été choisis par le conseil des anciens.

Le budget des communautés, alimenté par les contributions internes, permet l'entretien des cimetières (à Bordeaux celui des Cordeliers, les cimetières du cours Saint-Jean et du cours d'Espagne), la rémunération des rabbins et des autres ministres du culte, la construction et le maintien en bon état des synagogues, des bains rituels. Des écoles – ou « Talmud Torah » – ont dispensé à Bordeaux et à Saint-Esprit un enseignement religieux, gratuit pour les pauvres ; il était donné en espagnol mais les enfants y recevaient également des cours de français et d'hébreu.

Très bien acceptés à Bordeaux, où ils bénéficièrent des protections officielles, couverts par les « lettres patentes », les juifs espagnols et portugais sont l'objet à Bayonne de tracas continuels ; c'est qu'en dépit des décisions royales et des bonnes dispositions du Parlement de la province, les municipalités disposent d'un large champ d'action et d'appréciation. Ouverte et tolérante à Bordeaux, la jurade de Bayonne s'ingénie à chercher noise aux

« nouveaux chrétiens ». Tant soit peu en sommeil tant que les immigrants paraissent pratiquer le culte catholique, l'agressivité des Bayonnais se réveille lorsqu'ils reviennent, sans se cacher, à leurs pratiques anciennes. Les échevins leur intentent de nombreux procès, affirment que les droits d'établissement et la protection royale dont on les avait gratifiés alors qu'ils semblaient de bonne foi convertis ne sont plus valables depuis qu'ils sont revenus au judaïsme, et qu'ils le montrent sans la moindre pudeur. Ils leur interdisent de passer la nuit dans le centre de la ville, prétendent les obliger à travailler le jour du sabbat. En 1705, les chanoines de Saint-Esprit obtiennent la fermeture, pour plusieurs années, de la synagogue sous le prétexte que les chants religieux israélites, audibles dans l'église, gênent la célébration des offices catholiques.

D'autre part, les marranes français ont affaire à la présence occulte d'émissaires de l'Inquisition venus spécialement sur place pour les surveiller. Ces espions patentés se manifestent en prenant des renseignements sur eux, en les fichant pour les faire arrêter au cas où ils reviendraient en Espagne, en faisant pression sur eux pour les faire revenir au catholicisme, ou même en intervenant auprès des autorités dont ils sollicitent l'appui et la condamnation des infidèles. C'est ainsi qu'Élie de Montalte, qui deviendra médecin personnel de la régente Marie de Médicis, est signalé comme un agent de cette « cinquième colonne » inquisitoriale. Le nommé Villadiego « travaille » à Bayonne, mais en 1632 les israélites le dénoncent comme un espion à la solde de l'Espagne, et il est enfermé et arrêté. L'année suivante, on le retrouve à Nantes. Là son action semble devoir aboutir puisque, allié à plusieurs marranes, il réussit à faire incarcérer des juifs traditionalistes. L'intervention d'un conseiller de Richelieu, Alphonse de Lopez, libère les prisonniers, et Villadiego est expulsé.

Une autre source de complications pour les juifs espagnols et portugais du Sud-Ouest réside dans l'état de conflit perpétuel entre la France et sa voisine d'outre-Pyrénées ; les incursions fréquentes des troupes espagnoles sur le territoire français concourent à placer les immigrants dans une position délicate. La rumeur publique prétend qu'ils renseignent l'ennemi. Au XIXᵉ siècle, on verra cette accusation de trahison et de collusion reprise par les antisémites qui prétendront que les juifs « allemands » étaient au service du Kaiser. Aussi, en 1597, les marranes qui habitent rue Bouhaut, près des remparts de la ville à Bordeaux, sont-ils invités à déménager vers le centre (on craint qu'ils ne renseignent l'assaillant) et un an plus tard la jurade, qui leur était pourtant favorable, décide d'expulser ceux qui n'ont pas dix ans de résidence.

Rien n'a permis de reconnaître dans le comportement des juifs espagnols et portugais des activités en faveur de l'Espagne. Ce qui est certain, c'est que ce sont, à Bordeaux tout au moins, de grands voyageurs. Ils sont nombreux à aller en Angleterre, effectuent des échanges réguliers avec leurs coreligionnaires des Pays-Bas. En 1636, il y a quelque deux cent soixante familles juives d'origine espagnole et portugaise pour l'ensemble de la France. C'est le groupe de Bayonne qui l'emporte largement : quatre-vingts familles pour Labastide-Clairence, une soixantaine pour Saint-Esprit ; quarante environ à Peyrehorade ; dix à Dax. Elles ne sont pas plus de cinquante à Bordeaux, six ou sept à Nantes, un peu plus à Rouen et une dizaine à Paris. Mais en 1734 elles sont déjà trois cent cinquante. Il y a alors quatre à cinq mille marranes en France. Bordeaux en compte environ mille cinq cents. À la veille de la Révolution, la population juive à Bordeaux comptera deux mille habitants.

Un état de répartition d'une taxe annuelle fournit, en avril 1730, la liste des chefs de famille de la « Famille » portugaise de la ville et permet d'avoir un aperçu des ressources des membres de la communauté. Les Pereyre viennent nettement en tête, suivis des Peixotto, des Gradis (David et Samuel), de Mendès, père et fils, de Lopès, d'une veuve Toledo, d'Alexandre, de Silva, Dacosta, Campo, Pereyra Suarès, Silva, Fernandez, Pinto, de Léon. Un Mendès France en est pour une contribution de quinze livres, et un Castro pour dix livres. Les Pereyre, à titre comparatif, sont soumis à une imposition de cent trente livres. On rencontre également des Gommès, des Perès, des Thorrès, ce qui montrerait que la famille de Maurice Thorez, secrétaire général du Parti communiste français, était d'origine juive espagnole. Il semble bien, par conséquent, que le leader du PC entre les deux guerres et après la Seconde Guerre mondiale ait eu comme ancêtres des marranes qui avaient échappé à l'Inquisition en se réfugiant en France.

Les plus grandes réussites professionnelles des juifs du Sud-Ouest étaient dans la médecine et les affaires. Les médecins juifs sont nombreux et notoirement connus à la faculté de Montpellier. Plusieurs d'entre eux se sont réfugiés en Languedoc au moment des persécutions de l'autre côté des Pyrénées. À Bordeaux, le juif Silva fait parler de lui comme médecin de l'hôtel de ville, avant d'être appelé à la Cour comme médecin consultant du roi. Son fils, qui a fait ses études à la faculté de Montpellier, lui succédera dans cette charge très importante. Il se convertira au catholicisme, puis sera anobli. Il avait, disait-on, accumulé une fortune considérable et sa réputation était telle que l'impératrice de Russie, la Grande Catherine, lui demanda de venir auprès d'elle, mais il refusa cette offre et préféra rester en France. Très connu à Bordeaux est également le médecin juif Cardoze, qui se convertira comme Silva au catholicisme.

L'acquisition par des juifs espagnols et portugais de titres de noblesse n'est pas exceptionnelle. Le banquier Joseph Nunès Pereire obtient, de la manière la plus régulière, la vicomté de la Ménaude et la baronnie d'Ambès. On le retrouve en 1720 vicomte, sous le nom flatteur de Jacques Nunès de Pereyra. Les Peixotto se transforment en Peixotto de Beaulieu. En fait, la communauté de Bordeaux forme une aristocratie, très jalouse de ses droits, fière de sa suprématie, des droits exceptionnels qui lui ont été reconnus par les « lettres patentes » du roi Henri II. Nous avons vu les Lopès s'allier aux Eyquem de Montaigne.

Les marchands juifs de Bordeaux sont surtout connus comme revendeurs de textiles, ils sont associés à la très grande prospérité du port où se développe un trafic considérable.

Les frères Gradis – David et Samuel – fondent une très importante maison de commerce et d'armement ; ils vendent des vins, des eaux-de-vie et des toiles, voyagent beaucoup à l'étranger, ont des correspondants à La Haye, Amsterdam et Londres, lancent leur premier navire, le *Tigre*.

Les Gradis seront bientôt à la tête d'une flotte de commerce. Le *Moïse*, le *Patriarche Abraham*, le *Polly* apportent à la Martinique du bœuf salé, du lard, des farines, des vins de Bordeaux et des eaux-de-vie des Charentes, des toiles et des barres de fer, et en ramènent des sucres, du cacao, des tabacs, des cuirs et des bois. Jean Mendès, neveu de David, le représente à Saint-Domingue.

Le 29 janvier 1731, David Gradis obtient le monopole de la « vente des vins bourgeois » de la région et est fait « bourgeois de Bordeaux ». Sa flotte se renforce de *L'Alliance* et du *Parfait* ; par l'intermédiaire de Denis Raudot, intendant de la Marine et chargé des Colonies, la maison est introduite auprès de Maurepas.

La famille Gradis est dès lors associée le plus directement à notre histoire politique ; pendant la guerre de Succession d'Autriche, elle perd plusieurs bâtiments mais elle reconstruit rapidement sa puissance. En 1758, ses navires – elle en a quatorze qui font le trafic entre Bordeaux et le Canada – débarquent deux mille tonneaux de vivres au Québec.

David Gradis devient ainsi un important... créancier du royaume ; le Trésor lui doit des sommes importantes. S'il est vrai que l'opiniâtreté et la patience sont vertus dominantes des juifs, David et les siens le prouvent à l'envi. Habiles et souples, sachant se ménager la bienveillance des ministères, ne forçant point les « factures », accordant des délais de règlement, évitant toute outrecuidance dans les réclamations, ils plaisent par leur commerce humain aussi bien que par la qualité de leurs services. Ils ont consenti d'importantes avances aux finances de Louis XV. Assurément, ils ne sont pas les seuls à disposer de créances sur le Trésor royal. D'autres armateurs attendent également des règlements qui tardent à venir, mais se montrent très empressés de récupérer les sommes qu'on leur doit ; ils indisposent et ne peuvent grand-chose contre la mauvaise volonté des argentiers de Louis XV à passer des bonnes intentions et des belles promesses à l'exécution. Les Gradis n'auront qu'à se réjouir de leur politique commerciale tolérante : tandis que d'autres attendent toujours aux guichets, ils récupèrent, en 1760, deux années après leur massive expédition vers le Québec, les sommes qui leur étaient dues.

Les voici récompensés. Choiseul, ministre de la Marine, et d'ailleurs excellent ministre, les a en grande estime et leur demande de ravitailler la Martinique. De passage à Bordeaux, la duchesse de Choiseul leur fait l'honneur d'une visite amicale. « Je suis fort aise, écrit le ministre à David Gradis après la rencontre, que vous ayez été content, Monsieur, de l'accueil que vous a fait Madame de Choiseul... J'étais bien sûr qu'elle vous y verrait [à Bordeaux] avec plaisir, parce que je sais qu'elle en a beaucoup à voir d'honnêtes gens et qu'elle n'ignore pas que je les aime et que je fais grand cas de ceux qui se font une réputation comme celle dont vous jouissez. Je suis véritablement, Monsieur, votre très humble et très obéissant serviteur. »

Consécration suprême que cette amitié des puissants. Les Rothschild en apprécieront bientôt tout le prix. En avril 1764, la maison Gradis est chargée de l'approvisionnement général des colonies d'Amérique. Choiseul quitte le ministère de la Marine pour les Affaires étrangères ; c'est un succès personnel pour le duc, mais une mauvaise affaire pour les Gradis car le duc de Praslin, bien que cousin de Choiseul, n'aura pas pour eux les mêmes faveurs. Dans son nouveau portefeuille de ministre, il apporte une liste de protégés, à qui il doit une part du « gâteau » : le ravitaillement des Îles de France et de Bourbon (aujourd'hui îles Maurice et de la Réunion) échappe ainsi aux célèbres armateurs juifs de Bordeaux.

Il en faudrait davantage pour nuire profondément à la fortune de David Gradis ; au reste, la décision du duc de Praslin ne peut-elle être interprétée comme le désir d'associer des concurrents moins bien lotis à une prospérité qui tendait à se transformer en monopole ? Gradis, qui dirige maintenant l'une des maisons de commerce les plus connues d'Europe, conquiert un nouveau et très lucratif marché : le ravitaillement en or des colonies d'Amérique avec les colonies espagnoles et portugaises voisines (Mexique, Brésil, etc.). Les ministres changent, les Gradis demeurent ; ainsi en sera-t-il des Rothschild qui tiendront ferme leur puissance financière pendant la Restauration, la IIe et la IIIe République. Le temps d'éliminer un concurrent talentueux mais un peu fol, Beaumarchais, qui laissera beaucoup plus un nom à la postérité comme écrivain spirituel que comme armateur, et David Gradis obtient, le 21 août 1779, une faveur exceptionnelle du roi Louis XVI. Le roi récompense par lettres patentes les « mérites » de juifs qui ont rendu des services à la couronne. Au mois de juillet 1787, deux israélites de Sarrelouis, Hayem et Cerf Worms, obtiennent, comme nous l'avons vu, des droits égaux à ceux de ses sujets. Les juifs de Bordeaux avaient conquis la reconnaissance de privilèges de « naturalité » par les lettres patentes de 1550 mais ils étaient toujours exclus du droit de propriété dans les colonies, comme les autres juifs du royaume. Louis XVI en a décidé ainsi : David Gradis est relevé de cette interdiction.

Il mourut fort riche et très estimé. Ses créanciers étaient nombreux et parfois célèbres. Comme il prêtait volontiers, mais sans pratiquer des taux usuraires, on frappait à sa porte et ses livres contenaient une longue liste d'impécunieux (nobles, officiers de marine) qui lui avaient emprunté. Choiseul, quand il se retira de la vie publique, eut de sérieux besoins d'argent ; il se tourna alors vers son ancien protégé et le convainquit de lui avancer cent mille écus.

On raconta qu'avant de quitter ce monde, David détruisit les billets de ses débiteurs afin que ses héritiers ne puissent en obtenir le recouvrement en justice, ou qu'il exigea qu'ils fussent placés dans son propre cercueil. Riche et généreux David Gradis ; les pauvres bénéficièrent de ses largesses. Homme de lettres, ministre des Affaires étrangères de Louis XV, le cardinal de Bernis porta sur lui un jugement qui, débarrassé des préjugés du temps, mérite d'être cité : « Monsieur David Gradis, déclare le ministre-écrivain-prélat, était un honnête juif. »

Les juifs portugais étaient aussi fiers de leurs origines que soucieux de conserver, à leur unique profit, les avantages des lettres patentes de 1550. Ils se disaient les descendants directs de la grande tribu de Juda, regardaient d'un très mauvais œil le petit groupe d'Avignonnais, généralement pauvres, mendiants et marchands de vieux habits, qui réussissait tant bien que mal à subsister à Bordeaux. Un relevé d'avril 1722 fait état de la présence d'un nommé Joseph Vidal, né à Beaucaire, d'un Joseph Dalpuget, né à Avignon, d'un Joseph Cassin, d'un Léon Carcassonne, d'un Salomon Astruc, tous trois d'Avignon également. Toujours en 1722, un arrêt du Conseil du roi prescrit l'expulsion des Avignonnais. Les ordres royaux n'ayant guère été suivis d'effets, un nouvel arrêté, en 1734, « ordonne que tous les juifs avignonnais, tudesques [1] ou allemands qui se sont établis à Bordeaux ou autres lieux de la province de Guienne, seront tenus d'en sortir, eux et leurs familles, sans aucun délay... »

Ils ont trois jours pour partir, mais l'intendant de Boucher se laisse attendrir, repousse le délai à un mois et accorde deux mois supplémentaires pour neuf familles. Cela est suffisant pour essayer de se faire oublier ; les mois passent et l'intendant de Boucher semble fermer les yeux lorsque, au mois de novembre de cette même année 1734, les marchands drapiers et merciers de Bordeaux réveillent son attention, se plaignent que les « dits juifs avignonnais et allemands » sont toujours là, déclarent qu'ils vendent leurs marchandises en cachette et leur font une concurrence déloyale. Jouant d'esquives, tenaces, les Dalpuget, Lange, Cassin, Astruc, Petit, Carcassonne, Rogé-Vineygre, Perpignan et Rouget sont toujours là... en 1739. En 1757, Dalpuget, Astruc, Lange, Petit, Vidal et Cassin obtiennent des lettres patentes les autorisant à rester à Bordeaux, à condition qu'ils ne se livrent pas au commerce de draperie ou de soierie, et se bornent au commerce de la banque et avec les « îles d'Amérique » [2].

---

1. Germains.

2. Nouvel exemple de la spécialisation forcée des juifs dans le commerce de l'argent.

Ce n'est qu'une demi-victoire, mais pour les juifs en butte à l'hostilité de leurs concurrents chrétiens, les luttes se conduisent pas à pas. L'histoire des juifs de France abonde de ces ostracismes. Il n'a pas été donné à tous les juifs français d'être nés sous le signe privilégié des marranes de Bordeaux.

C'est une bien curieuse épître que celle qu'adressaient, au mois de mai 1788, les syndics juifs de Bordeaux à leurs représentants auprès de Malesherbes, chargé par Louis XVI d'enquêter sur la « question juive » dans le royaume : « ... Vous connaissez trop toute l'incompatibilité des usages, coutumes et manière de vivre des autres juifs d'avec les nôtres, pour ne pas, à cette occasion, la faire valoir comme vous le devez... et, sans avouer ouvertement, dans les conversations que vous aurez avec lui, poursuivaient les syndics à l'intention des futurs interlocuteurs de Malesherbes, la différence qui existe entre leurs mœurs et les nôtres, pour ne pas trop les déprécier, ni convenir qu'il y en ait aucune dans le dogme religieux, vous pourrez représenter qu'ils le surchargent de beaucoup de cérémonies ridicules, d'idées rabbiniques [!], et qu'ils sont en quelque manière tellement asservis à toutes sortes de bigoteries, que cela les a encore rabaissés à nos yeux au point de nous être jamais permis avec eux d'alliances sous les liens du mariage... »

La vallée du Rhône et la tutelle des papes

Jusqu'au mois de septembre 1791, où Avignon et le Comtat Venaissin sont rattachés à la France, les juifs de ces régions dépendent de l'autorité des papes dont les pouvoirs sont délégués aux recteurs. Ceux de la principauté d'Orange ont encore un statut particulier puisque ce fief de la Maison d'Orange sera réuni à la couronne de France, pendant le règne de Louis XV, en 1732.

Les juifs du Comtat et d'Avignon ne sont guère plus nombreux que les marranes du Sud-Ouest. Au début du XVIe siècle, ils sont quelque deux mille, essentiellement regroupés à Avignon et d'autre part, pour le Comtat, à Carpentras (la capitale ; c'est là que réside le recteur), Cavaillon, L'Isle-sur-Sorgue. Leur sort dépend de l'humeur des souverains pontifes et de leurs représentants sur place, mais également des conseils des villes et, en ce qui concerne le Comtat, des états généraux, organisme délibératif commun.

Dans l'ensemble, les juifs d'Avignon et du Comtat ne sont pas des plus malheureux. Regroupés dans des « carrières » (sortes de ghettos), privés de quelques libertés, soumis à certains interdits, ils sont officiellement expulsés par deux fois, en juillet 1569 sous le règne de Pie V et en 1593 par une bulle de Grégoire XIV, mais ces décisions restent à peu près lettre morte : on les voit revenir, plus nombreux encore, quelques années plus tard. En 1569, par exemple, il n'y a plus, après que Grégoire XIV les eut fait sortir des villes du Comtat, qu'une cinquantaine de juifs à Carpentras ; une année passe... et ils reviennent par centaines sans qu'on les inquiète. Jean XXII (1316-1334) accueille les juifs français lors de la révolte des Pastoureaux, puis les chasse en laissant les émeutiers détruire la synagogue d'Avignon. Benoît XIII (1394-1417) abolit leurs juridictions particulières, décrète une limitation du nombre des synagogues, exige qu'elles ne soient ni trop vastes ni trop somptueuses, interdit à « ses juifs » la pratique de la médecine, de la chirurgie, du courtage, du change, d'être intendants de biens appartenant à des chrétiens, à leurs femmes d'accoucher les femmes catholiques ou de nourrir leurs enfants, de prêter, de signer des contrats de vente et d'achat, abolit leurs associations, proscrit la lecture du Talmud, encourage les baptêmes, leur impose d'entendre trois sermons par an dans une église catholique... Rien de plus impressionnant que cette « charte » d'interdictions... mais elle ne sera pas appliquée.

Martin V, successeur de Benoît, est homme de tolérance ; il prend les juifs sous sa protection en interdisant aux chrétiens de les troubler dans leurs synagogues et aux évêques de les contraindre au baptême. Il leur assure la libre possession des édifices de leur culte, les laisse libres de toutes formes de trafics, à condition qu'ils ne travaillent pas le dimanche, et va jusqu'à proclamer, en 1422, qu'ils sont nécessaires au christianisme, ordonne aux moines prêcheurs de mettre un terme aux sermons dans lesquels ils interdisent aux chrétiens de se mêler à eux.

Les juifs comtadins et avignonnais sont contraints de porter la « marque » par une bulle de l'année 1529 ; en plus, le chapeau jaune est rendu obligatoire en 1774 et il est prescrit qu'il doit épouser les mêmes formes à Avignon et dans tout le Comtat.

Mais dans l'ensemble, le statut des « juifs du pape » est teinté de libéralisme : reconnaissance de la liberté du culte, encore que l'achat et la possession de livres en hébreu soient soumis à l'autorisation des évêques et que les obsèques des membres des communautés se déroulent selon un rite d'où sont exclus les démonstrations trop visibles, les chants, les psalmodies, les cierges et les flambeaux. Les agents des douanes, courriers, postillons et autres voituriers qui importeraient des ouvrages hébreux sont passibles de peines qui peuvent aller des amendes à l'emprisonnement et à l'excommunication. Les juifs Mordacqay de Cavaillon, Manuel de Valabrègue, Samuel Alphandéry, Isaac Crémieux, Samuel Naquet, Isaac Vidal, Abraham Monteux, qui avaient oublié l'interdiction, devront rendre leurs livres et s'engager à ne pas récidiver.

La protection des personnes est assurée, les juifs d'Avignon et du Comtat ont faculté d'agir en justice, mais en prêtant un serment et selon une procédure particulière. Les mariages se déroulent avec le cérémonial israélite, mais ils sont soumis à l'autorisation des évêques, pour cette bonne raison qu'ils s'accompagnent d'une taxe obligatoire au profit du clergé. Parfois, les juifs tournent la difficulté en s'habillant en haillons le jour des noces, afin de détourner l'attention.

Les conversions sont la grande préoccupation de l'Église, qui ne remporte sur ce terrain que des succès très modestes. Pour plusieurs siècles de pouvoir papal, elles se compteraient sur les branches d'un chandelier hébraïque. Abraham de Lunel est baptisé au XVIe siècle, il prend le nom de César Brancas, se fait prêtre... mais revient avant de mourir à la foi de ses pères. On cite plus tard Moïse de Monteux et sa fille. Quand Jacob Naquet reçoit le baptême en 1780, la municipalité de Carpentras organise une fête à la mesure de l'événement : carillons, décharges de mousqueterie, cadeaux au néophyte, distributions de friandises, discours.

Il arrive que l'on force la main au destin par l'enlèvement d'enfants juifs. C'est le cas du fils du rabbin Crémieux, en 1776, ou de Marc-Joseph Mossé, enlevé en 1787, puis enfermé dans un monastère. Cinq ans plus tard, il est rendu à sa famille, non sans avoir été baptisé. Il prend soutane, tombe dans la galanterie et se spécialise dans la littérature libertine en publiant notamment un *Essai sur les sensations de l'amour*.

N'allons pas en conclure que toutes les conversions de juifs tournent de cette manière, mais il est patent que l'Église entoure les catéchumènes de protections qui en disent long sur sa confiance dans la solidité des nouvelles adhésions. Les viguiers, agents des municipalités, éloignent les néophytes des carrières, interdisent à leurs anciens coreligionnaires de s'approcher de trop près de leurs demeures, de pratiquer le commerce entre eux, de manger, boire, dormir, travailler, voire de parler ensemble, même quand il s'agit de très proches parents. Les israélites qui tenteraient de ramener les brebis égarées au bercail, de freiner des conversions savent ce qu'ils risquent : la confiscation de leurs biens ou l'envoi aux galères.

Bien que nullement écrasantes, les taxes des juifs comtadins et avignonnais s'étendent sur un vaste registre : versement de neuf deniers par famille au curé de la paroisse Saint-Pierre à Avignon et livraison... de langues de bœuf pour l'évêque ; droits de places pour les sièges de la synagogue, « droits de barbe » et menues oboles, taxes pour le recrutement des troupes pontificales ; livraison aux consuls de douze livres de sucre pour chaque accouchement d'une femme juive (épouse ou belle-fille des chefs de famille), de la même quantité... pour les fausses couches et du double pour les jumeaux.

Dans le domaine professionnel, le libéralisme qui prévaut jusqu'à la moitié du XVIᵉ siècle laisse la place à des restrictions importantes dans les années 1550 : les juifs, qui pouvaient jusqu'alors posséder des immeubles en dehors de leurs « carrières », cultiver des terres, pratiquer la médecine, commercer sans entraves, sont privés de ces droits. Ces interdictions ont des conséquences fatales : comme ils ne peuvent négocier des marchandises neuves, et qu'ils étaient pour la plupart tailleurs, à Avignon, ils se résolvent au trafic des « vieux habits ». La profession médicale leur est fermée : voilà une interdiction qui les frappe beaucoup car ils sont nombreux à se spécialiser dans cette discipline. À Avignon, en 1358, il y a trois juifs médecins pour deux chrétiens ; en 1435 ils sont dix juifs médecins pour la ville, riches, appréciés, et souvent consultés par les bons catholiques. De même à Carpentras. Les Abraham du Cheylard, les Astruc, de La Roche, Bonnavit, Macip sont très écoutés ; Emmanuel de Lattes professe à la faculté de médecine d'Avignon.

Le commerce des chevaux et des mulets, le maquignonnage ont les faveurs des juifs comtadins, ils l'étendent au Languedoc, au Rouergue, au Poitou et au Limousin ; colporteurs, ils paraissent sur les foires de La Rochelle, Saintes, Rochefort, Bordeaux, mais un peu partout les corporations essaient de leur barrer le chemin, pétitionnent auprès des intendants car ils arrivent sur les marchés avec des laines et des draps à meilleurs prix, acceptent le crédit, pratiquent les « soldes », consentent des rabais, vendent à forfait, s'imposent par la qualité. Malgré de nombreuses interventions, les juifs d'Avignon et du Comtat ne seront jamais admis dans les corps de métiers. En vain tentent-ils d'entrer dans la corporation des fabricants de chaussettes en 1775, dans la corporation des bonnetiers en 1784, chez les bonnetiers en 1787.

Le commerce de l'argent est laissé libre mais les taux d'intérêt limités ; les témoignages sur ces activités des juifs du Comtat se plaisent à reconnaître leur parfaite honnêteté. Au reste, comment s'étonner que les israélites s'orientent vers la banque, et qu'ils réussissent spécialement dans cette branche, puisqu'elle est une des seules où ils puissent se développer sans entraves ? Comment ne pas constater les conséquences de ces orientations économiques forcées pour l'avenir ?

Dans l'ensemble, les populations juives d'Avignon et du Comtat formaient une classe assez pauvre et les communautés étaient, à la veille de la Révolution, très endettées. On fera la même constatation à propos de la communauté de Metz. Voilà qui contribuera à détruire la légende du juif riche et traditionnellement ploutocrate. Il y a fort peu de fortunes. Ceux qui atteignent un niveau de vie modeste y parviennent par une thésaurisation acharnée et constante. À Carpentras ils étaient regroupés dans la grande et la petite « carrières » de la rue Galaffe et de la rue de la Muse ; ils débordèrent ensuite vers la rue Saint-Jean et la place du Tricadon mais un décret les obligea, en 1460, à revenir dans les limites des « carrières ». Par la suite, ils furent contenus exclusivement dans la rue de la Muse : elle avait quatre-vingts mètres de long, deux portes la fermaient aux extrémités. En 1743, un millier de personnes occupaient cent soixante-huit maisons. Pour résoudre le problème de leur « espace vital », les juifs de la rue de la Muse ajoutaient régulièrement de nouveaux étages à leurs demeures ; certaines s'élevaient jusqu'à sept ou huit niveaux, s'imbriquaient les unes dans les autres et étaient généralement fort mal en point. Les fenêtres des maisons chrétiennes ayant vue sur la « Juiverie » étaient grillagées et les règlements exigeaient que les demeures des juifs n'eussent pas de fenêtres donnant sur la ville.

La synagogue de Carpentras fut construite en 1741 et restaurée en 1784. Elle n'a pas bougé depuis cette époque. Comme elle avait été construite dépassant en hauteur certaines églises environnantes, l'évêque Malachie d'Inguimbert reçut des protestations de paroissiens « bien intentionnés ». Il ordonna une expertise d'où on conclut qu'elle était plus élevée, à très peu de chose près d'ailleurs, que la cathédrale. L'émotion fut vive à Carpentras chez les dévots. L'évêque décida d'en référer à la Sainte-Congrégation de Rome qui répondit que la synagogue devait être ramenée à des proportions plus modestes. L'évêque demanda à la visiter et, constatant que l'ornementation intérieure était par trop luxueuse, exigea qu'on y mît un frein, puis que les fenêtres fussent bouchées.

Bien qu'ils en fussent les premières victimes, les juifs d'Avignon furent accusés, comme dans d'autres régions, d'être responsables des épidémies de peste. En 1338, le mal répandit la désolation dans le Vaucluse, faisant en trois jours mille quatre cents victimes ; l'épidémie se manifesta de nouveau en 1506 et revint périodiquement pendant plus de deux siècles. Comme le concile de Saint-Ruf avait prescrit le port de la rouelle jaune en avril 1337, soit une année avant que n'apparaisse le fléau, la rumeur populaire prétendit que les juifs l'avaient propagé pour se venger de cette mesure infamante, qu'ils le transportaient dans leurs habits, le semaient dans les maisons des chrétiens la nuit venue et parachevaient leurs crimes en empoisonnant leurs puits. Le pape Clément VI intervint pour mettre un terme aux exactions de la populace qui roua de coups plusieurs juifs avignonnais ; deux d'entre eux, selon la chronique du temps, n'échappèrent pas aux représailles et furent sauvagement « rôtis ».

Le bruit se répandit que la peste était véhiculée par les hardes que transportaient les juifs colporteurs ; à Marseille, où l'on pensait, non sans raison, que la peste avait été amenée par les marchandises en importation ou par les voyageurs, des gardes furent placés autour de la Juiverie de la ville. Les juifs furent alors contraints de rester enfermés dans leur quartier tandis qu'à Avignon on leur interdisait de transporter les « vieux habits » et de circuler dans les rues ; les répercussions économiques ne tardèrent pas à se faire sentir pour les israélites : privés de leur gagne-pain, ils tombèrent dans la misère. Quand ils étaient atteints par le mal, ils se cachaient chez eux, dissimulant au mieux les traces qu'ils en avaient reçues, de crainte qu'on ne brûlât leurs pauvres marchandises.

Lorsque la peste s'abattit sur Avignon, les malades juifs furent, comme les chrétiens, transportés à l'hôpital Saint-Roch. Zélateurs intempestifs, les pères dominicains entreprirent alors de convertir les israélites dont certains avaient déjà abjuré leur foi pour être admis à l'hôpital, mais dans plusieurs familles juives on préféra ne pas confier les pestiférés à la médecine publique, malgré les ordres formels des autorités, afin de les soustraire à l'endoctrinement des prêcheurs. L'archevêque s'interposa, calma l'ardeur des dominicains et ordonna « de ne confier le baptême qu'après des preuves convaincantes de la conversion de ceux qui le demanderaient ». Victimes des épidémies de peste, les juifs d'Avignon furent aussi parmi les médecins les plus compétents dans la lutte contre le fléau. Les « maîtres-médecins » Josué de Cavaillon, Videz, Samuel de Lunel, Mossé Alphandéry rendirent de très grands services au « bureau de santé » qui avait été créé pour secourir les malades et essayer d'arrêter la propagation.

Les communautés juives du Comtat Venaissin vivaient selon les statuts d'une charte qui devait avoir reçu l'approbation du viguier ou du recteur. Les trois classes, dont les députés étaient désignés selon un suffrage censitaire – en fonction de l'importance de leurs contributions fiscales –, choisissaient un « conseil de la juiverie » où se recrutaient les « baylons ». Ils exécutaient les décisions du conseil, se chargeaient de la perception des impôts, du « placement » des emprunts auprès de membres de la communauté chrétienne, puisque la situation financière des collectivités juives les obligea à faire appel, à plusieurs reprises, au crédit extérieur ; ils avaient droit de police, intentaient les actions judiciaires, contrôlaient l'assiduité aux offices. Des « baylons » adjoints ou « spéciaux » étaient investis de missions telles que celles de l'aumône, des études et de l'enseignement du Talmud ; ils étaient rabbins ou chantres, s'occupaient des services funèbres, présidaient aux mariages, pratiquaient la circoncision. Tantôt on les trouvait trésoriers, auditeurs des comptes, messagers et « députés du dehors » (les « relations extérieures »), « visitadours » des boucheries casher, « parladours » dans les écoles (c'est-à-dire diseurs des oraisons).

Les archives du Comtat Venaissin nous ont laissé les traces de sérieux démêlés des juifs de la région avec leurs coreligionnaires d'autres lieux. À Bordeaux, nous l'avons vu, les juifs comtadins qui avaient réussi à s'établir, en s'exposant à de multiples tracasseries, étaient mal considérés par les « Portugais » et les « Espagnols » jaloux de leurs prérogatives ; ils ne se privèrent pas d'intervenir pour empêcher qu'on leur attribuât les mêmes droits. Il est assez curieux de constater que les Comtadins appliquèrent les mêmes méthodes et se comportèrent de la même manière à l'égard des juifs « étrangers » qui tentaient de s'implanter dans leurs « carrières ». Cela prouve l'inexistence d'une communauté fondée sur la religion ; pendant de longues années après la Révolution et l'acquisition, pour tous les juifs de France, des droits de citoyen, la séparation entre les communautés juives, d'origines différentes, se maintint avec persistance à tel point que les mariages réunissant des familles des divers groupes furent l'exception.

Les juifs « étrangers », par conséquent, n'étaient pas en grâce auprès des Comtadins ; ceux-ci se plaignaient volontiers auprès des consuls chrétiens de leur présence. Il fut alors décidé qu'ils seraient expulsés après un délai de huit jours. Le 23 novembre 1774, les « baylons » de Carpentras écrivirent aux consuls de la ville pour leur exposer leurs problèmes :

« ... La carrière des juifs de notre ville, expliquaient-ils, nous a représenté que des vagabonds et gens sans aveu se disant juifs viennent assez souvent et en nombre considérable vexer ceux de Carpentras, les mettre à contribution et les incommoder par des incursions trop réitérées. Désirant y mettre ordre nous vous faisons cette lettre pour que vous veuilliez bien donner aux portiers de votre ville celui d'en refuser l'entrée à ces juifs étrangers. Et dans le cas où ils feraient mine de vouloir entrer fortement, comme ils firent à l'Isle l'année dernière, vous ordonnerez aux cavaliers de maréchaussée de les arrêter et de les mettre en prison ou de les faire retenir jusqu'à ce qu'ils promettent de continuer leur route et de ne point troubler les juifs établis à Carpentras... »

À L'Isle-sur-Sorgue, de nouveaux incidents se produisent au mois de septembre 1775. Une nuit, à vingt-deux heures, la veuve Boët vient se plaindre que soixante-dix juifs, « cette canaille qui parlait à la fois toutes les langues d'Europe », font du tapage dans un grenier, « se battent entre eux et criant... » Les consuls remettent de l'ordre. Ils décident ensuite que les juifs de la « carrière » de L'Isle devront donner « vingt-cinq sols par tête aux tapageurs », ce qui est une manière d'instaurer la charité forcée, que les familles de juifs étrangers ayant des malades seront autorisées à rester dans les lieux, que la communauté israélite en hébergera et entretiendra vingt-deux, et que les autres auront à déguerpir au plus vite.

Quelque temps plus tard, les juifs « étrangers » reviennent en force, essaient de franchir les portes de Carpentras et d'Avignon, se « répandent dans les rues » et se font remarquer par leur « insolence ». Le premier consul d'Avignon, M. de Salvador, expédie un détachement de grenadiers pour bouter les intrus hors de la ville de L'Isle, mais ils reviennent encore. La « garde bourgeoise » intervient, arrête plusieurs d'entre eux et les défère à la justice. Saisi de l'incident, le juge Joseph-Denis de Ticard répond qu'il ne peut les faire mettre en prison sans avoir « informé et justifié les faits ». On décide donc de les expulser, lorsqu'on apprend à Avignon qu'une centaine de juifs « étrangers » (hommes, femmes et enfants) se dirigent vers la ville. C'est l'alerte. On renforce la garde. Les habitants s'arment de fusils et de bâtons. Les pierres volent, les paysans s'en prennent aux juifs de L'Isle, les consuls organisent une garde de dix volontaires, renforcés par trente grenadiers venus d'Avignon, autour de la synagogue. Le juge de Ticard se prononce une nouvelle fois et fait défense « aux grenadiers et à tout autre de forcer les juifs à quitter la ville jusqu'à ce que autrement fût dit et ordonné », mais ces instructions étaient improuvées par le marquis de Rochechouart, gouverneur de la province, qui décidait que les juifs « étrangers » et « allemands » seraient emprisonnés pendant cinquante jours avant d'être chassés.

Ces juifs errants venus de la lointaine Alsace ou des pays rhénans, que cherchaient-ils, sinon un peu de sécurité à l'ombre d'une « carrière » organisée, régie par ses « baylons », représentée par son conseil, où, faute d'une pleine liberté, malgré des discriminations, on pouvait envisager au moins de subsister sans l'angoisse des lendemains, les menaces des expulsions, le bon vouloir permanent des puissants et l'agressivité impulsive du peuple ?

Les tribulations des juifs d'Alsace

Les juifs d'Alsace ont vécu dès l'origine dans des petites communautés dispersées et morcelées, selon les aléas politiques de la province qui a subi des influences multiples. Dans aucune région de France ils ne furent aussi nombreux mais également autant soumis aux caprices des princes et des puissants, et entourés de méfiance, exposés aux persécutions de la population. Là ils s'identifièrent pleinement à la légende des éternels errants dont la présence était perpétuellement contestée, la sécurité menacée, l'existence précaire. Ils furent, jusqu'au rattachement à la couronne de France de la province d'Alsace, soumis à l'autorité de la Maison des Habsbourg, répartis dans de multiples seigneuries laïques et ecclésiastiques qui lui faisaient allégeance : l'évêché de

Strasbourg à lui seul étendait sa souveraineté à cent dix-huit villes et villages dont l'un des bailliages les plus importants était celui de Saverne. Les Habsbourg régnaient sur une mosaïque de seigneuries en Haute- et Basse-Alsace : comté de Ferrette (Thann et Altkirch), de Montbéliard, de Hanau-Lichtenberg, petites principautés d'Oberbronn, de Schœneck, etc. Dix villes impériales – dites de la Décapole – se sont réunies en une ligue où figurent Landau, Wissembourg, Haguenau, Rosheim, Obernai, Sélestat, Munster. D'autre part, une constellation de villages et de hameaux entoure la république de Strasbourg qui monte la garde au pont du Rhin.

De 1349 à 1651, les juifs n'ont pas été expulsés moins de vingt fois de la république de Strasbourg, des territoires de l'évêché, de Colmar, Mulhouse, Munster, Obernai, Sélestat, Turckheim, Wissembourg, Riquewihr, Molsheim, Saverne, Rouffach, Landau, Guebwiller. En 1349, les juifs de Strasbourg sont massacrés par la population chrétienne. Trente-neuf ans plus tard, ceux qui sont revenus s'installer dans la ville sont chassés, ou ils ne peuvent résider sans autorisation spéciale. À sept heures du soir, la *Graüselhorn*, ou trompe, sonne du haut de la cathédrale le signal du départ des juifs en transit dans la ville. Il leur est interdit de prêter de l'argent aux chrétiens, de passer des contrats ; en octobre 1661 de commercer, sauf s'il s'agit de paiements au comptant. Ils sont contraints de se signaler en portant la rouelle, de s'acquitter, quand ils franchissent les limites de la ville, d'un péage corporel. Ils prêtent serment en justice les pieds posés sur une peau de porc.

Dans les localités dépendant de l'évêché de Strasbourg, le bon vouloir et les fantaisies des princes font loi. Là, les interdits sont innombrables et toujours identiques, qui s'étendent de l'impossibilité de posséder des immeubles (à moins que ce ne soit pour les habiter), jusqu'à la limitation du prêt sur gages.

Jusqu'à la guerre de Trente Ans – qui commence en 1618 –, les juifs sont peu nombreux en Alsace sous la domination autrichienne, trois à quatre cents familles représentant environ deux mille âmes, mais les mouvements de troupes dans la province, l'éclatement des structures des villes impériales favorisent l'éclipse des réglementations antijuives et l'implantation des petites communautés de juifs « allemands » qui mettent à profit l'anarchie politique pour reconquérir quelques libertés.

Le traité de Westphalie, en 1648, a des conséquences politiques et territoriales considérables : l'Empire des Habsbourg, mis à genoux par la coalition de la France et de la Suède, abandonne l'Alsace, sauf la ville libre de Strasbourg, renonce à ses droits sur les trois évêchés de Metz, Toul et Verdun, tandis que la Lorraine est occupée par les troupes françaises. Cependant les stipulations du traité de Westphalie et de 1681 (la ville de Strasbourg est alors rattachée à la couronne de France) ont entériné des particularismes qui ont un effet sur la condition des juifs alsaciens. Si les juifs de l'Alsace royale sont dotés d'un statut unique (protection et privilèges royaux contre un versement d'un droit annuel), les territoires de statut germanique continuent à les traiter selon leurs règlements propres. La ville de Strasbourg, malgré l'annexion, leur refuse toujours le droit de séjour, à moins de permissions exceptionnelles. Les marchands qui se présentent quotidiennement aux portes pour négocier leur bétail ou leurs vieux vêtements doivent régler un péage de trois livres et quatre sous pour le « valet de la ville » qui est chargé de les accompagner au cours de leurs déplacements dans la cité. Chaque cheval entrant dans la ville est taxé de deux deniers. Les juifs autorisés à passer la nuit dans des auberges spécialement désignées (L'Ours noir, l'Hôtel du Corbeau, La Carpe bridée) s'acquittent d'un droit de huit sous, le péage reprenant effet le lendemain.

En Alsace royale, les droits de protection acquittés par les juifs les exemptaient du péage corporel pour les terres dites d'ancienne domination, mais l'édit du mois de janvier 1784 le supprimera pour toute la province, y compris Strasbourg. Aux seigneurs les juifs doivent des droits de réception lorsqu'ils désirent s'installer sur leurs terres ainsi que des droits de protection s'ils ont obtenu satisfaction ; le rattachement de la province à la France n'a en effet rien enlevé à ce privilège seigneurial de perception de taxes sur les juifs qui sollicitent la possibilité de demeurer dans leurs domaines. Le consentement du seigneur est nécessaire pour les mariages : en 1784 il sera transféré au roi (voir en annexe n° 1 le modèle d'une autorisation délivrée par Louis XVI à un israélite désireux de se marier). Les juifs sont exclus des corporations ; des interdits, reprenant la tradition impériale, les tiennent en dehors de presque toutes les professions : ils ne peuvent, après l'occupation française, être ni agriculteurs, ni ouvriers, ni avocats, ni médecins. On les autorise par contre à être chirurgiens, à vendre des habits usagés et des hardes, à prêter sous certaines conditions, à pratiquer le colportage, le maquignonnage, mais en dehors des centres de foires et de marchés.

Limités dans leurs activités économiques, les juifs d'Alsace sont en majorité pauvres. Quelques-uns ont réussi à amasser une petite fortune : les banquiers et les changeurs, les marchands de chevaux, les bijoutiers (où les juifs ont toujours été nombreux), les commerçants en mercerie. Les autres sont de petits usuriers, des marchands de nippes, de meubles endommagés, de petit bétail, des fileurs de laine, colporteurs allant de porte en porte, négociant avec une rare endurance, par tous les temps, peu et mal nourris, habitués aux privations, endurcis aux quolibets et aux rebuffades, lançant à tout venant leur « *nix zu handle ?* » (« rien à vendre ? ») dans les villages qu'ils traversent. Ils parlent un yiddish revu par l'influence alsacienne, mélange de mots germaniques, d'éléments hébraïques et araméens, de roman moyenâgeux, avec des pointes de français.

Le nombre des expulsions montre la méfiance dont ils étaient entourés. Cette hostilité survivra aux décrets libérateurs de la Révolution, persistera sous l'Empire où elle sera encouragée par les pouvoirs publics et ne s'éteindra guère que sous la Restauration, mais avec de nouveaux sursauts. L'exode massif des juifs d'Alsace vers d'autres régions de France plus accueillantes, moins imprégnées de vieux préjugés, sera d'ailleurs la meilleure réponse à cette forme d'antisémitisme. Le particularisme des juifs est bien entendu une des causes majeures des ressentiments qu'on leur témoigne, mais rien plus que l'usure n'alimente les rancœurs. Le juif d'Alsace dispose dans les campagnes d'une sorte de monopole du crédit qui lui attire les jalousies et la colère, mère de la vengeance, des paysans endettés, mauvais payeurs ou débiteurs en difficulté, éprouvés par les intempéries et de mauvaises récoltes. D'où proviennent les réglementations innombrables qui, aussi bien sous la tutelle autrichienne que depuis le rattachement à la France, essaient de mettre un peu d'ordre dans le maquis des taux d'intérêt, pour en limiter les excès, et dans les conditions des prêts.

Les difficultés d'existence de la majorité des juifs d'Alsace et les interdits dont ils étaient frappés ne les découragèrent pas d'immigrer, de plus en plus nombreux, depuis la fin du XVIIe siècle. En moins de vingt ans, de 1707 à 1720, ils passent de trois mille trois cents à plus de douze mille. En 1784, l'année des « lettres patentes », dont nous aurons à reparler, ils sont près de vingt mille. La guerre de 1870, l'occupation prussienne déclencheront un mouvement d'immigration vers les provinces françaises de l'intérieur, mais qui sera compensé par un afflux constant de juifs

« allemands ». En 1886 il y a plus de trente-cinq mille juifs en Alsace, après quoi leur nombre ne cesse de diminuer. En 1931 ils n'étaient plus que vingt mille deux cents.

L'origine « allemande » et alsacienne de nombreuses familles juives françaises est aisément décelable dans les patronymes. Les Abel ou Abelin, par exemple, qui viennent du Hainaut, se retrouvent dans le Bas-Rhin à la fin du XVIIIe siècle. Les Bamberger, de Francfort, dans le Haut-Rhin. Les Bauer, de Francfort également, dans le Bas-Rhin. On trouve des Benoit en 1784 en Alsace, ainsi que des Bernard ; les Birnbaum, Bloch, Blum, Blumel sont originaires de Francfort. Des Bloch s'installent en Alsace. Brunswick et les patronymes qui s'y apparentent sont francfortois ainsi que les Cahen et les Kahn. On trouve des Calman en Rhénanie, puis dans le Bas-Rhin. Coblence ou Coblentz vient de Koblenz (Rhénanie-Palatinat). Debré, Debray, Depré, de Lauterbourg et Westhoffen (Bas-Rhin). Deutsch de Rhénanie et du Palatinat. Dreyfus, très répandu en Alsace, semble provenir du nom de la ville de Trèves. Ehrmann est un patronyme du Bas-Rhin, Erlanger de Bavière, Falk et ses dérivés de Francfort et de Cologne, Fould de Francfort, de même Franck. Les Franck sont nombreux en Allemagne, plusieurs dizaines de ces familles s'installent en Alsace. Fränkel est également très répandu de l'autre côté du Rhin.

Frey ou Fray est incontestablement un patronyme d'origine juive allemande ; Geismar se trouve à Francfort puis en Alsace. Les noms juifs commençant par Gold sont de provenance allemande. Gougenheim ou Gugenheim sont de Francfort ou de Worms avant de devenir alsaciens, Gros ou Gross de Bohême et de Hesse. Les Haas alsaciens ont été nombreux à Francfort. Hadamar a été porté à Mannheim. Les Heiman et Heymann sont signalés depuis fort longtemps en Alsace. Hanau, Hanauer tirent leur origine de la ville de Hanau, dans la Hesse, Hausmann (Huisman) est fréquemment porté en Allemagne. Les Heilbronn, Heilbronner, Halpern, Alpern sont de souche allemande également.

Hertzog ou Herzog (patronyme d'André Maurois) : origine allemande. Himmler est bien un nom juif : des Himmler sont mentionnés au début du XIXe siècle à Gundershoffen, dans le Bas-Rhin. Les Hirsch sont très répandus en Alsace dès la fin du XVIIIe siècle (Hirsch-Ollendorff, transformé en Granval en 1946). Katz : Francfort et Alsace. Lang : Alsace. Lazarus : Cologne, Heidelberg, Alsace. Lazare : Alsace. Levin, Levine, Lévy (Lévitan). Maas, Mas, Mass, Masse : Francfort, Alsace. Mandel et Mendel. Mayer et Meyer. Michel (puis Michelin) sont portés notamment dans la Hesse. Des Michelin juifs sont mentionnés à Colmar au XVᵉ siècle. Les Moch sont de Haguenau, Strasbourg, Mertzwiller. Les Netter, Oppenheim et Oppenheimer : Cologne, Francfort, Stuttgart. Les Reims et les Rheims s'installent au XVIIIᵉ siècle à Haguenau.

On remarque des Reinach à Francfort. Rosengart et toutes les variantes de Rosen sont d'origine allemande. Rueff, Schmul, Schmoul, Schmoll : Alsace. Scheid : dans le Bas-Rhin. Schneider : de Francfort, puis dans le Bas-Rhin. Les Schreiber : de Francfort puis dans le Haut-Rhin. Les Schwarz et les Schwartz sont signalés dès le XIVᵉ siècle à Strasbourg, à Bischheim et Westhoffen au XVIIIᵉ. (Chwarzchtein se transforme en Rochenoir en 1956.) Les Schweizer, d'origine suisse, sont à Bischwiller fin du XIXᵉ siècle. Si des Seligmann étaient connus à Cologne au XIIIᵉ siècle, on en rencontre à Haguenau aux XVIᵉ et XVIIIᵉ siècles. Il y a une vingtaine de familles Simon en Alsace avant la Révolution. Les Singer sont à Colmar au XIXᵉ siècle. Les Sintzheim viennent du pays de Bade lorsqu'ils s'installent à Strasbourg à la même époque. Les Türckheim et les Durkheim tirent leur nom de la même origine : des Türkheim vivent à Colmar au XIVᵉ siècle.

Ulmann (auquel s'apparente Ulver) vient de Bavière : les Ulmann, les Ulmer se rencontrent fréquemment en Alsace au XVIIIᵉ. Uri, Oury, Olry (de Hesse) : des Uri font souche à Mülhausen (Bas-Rhin). Walther et Walter sont des patronymes d'origine juive allemande. Les Weil (Weil-Halé) sont nombreux à Francfort, avant d'immigrer dans l'est de la France. À la fin du XVIIIᵉ siècle, on dénombre cent quatre-vingts familles juives alsaciennes portant le nom de Weil ou Weyl. Les Wolf (de Francfort, d'Heidelberg) représentent une quarantaine de familles alsaciennes à la même époque, les Worms, Wormser, Wurmser une cinquantaine de familles.

Dépendant, depuis le rattachement de l'Alsace à la France, de l'intendant, du commandant militaire et du Conseil souverain, les communautés juives sont soumises, dans leur vie interne, à l'autorité des rabbins. En 1681, Louis XIV crée le rabbinat d'Alsace dont la juridiction s'étend en principe à la Haute-Alsace et à la « préfecture » de Haguenau. Cinq rabbinats officiels sont ensuite reconnus : à Haguenau, Mutzig, Niedernai, Bouxwiller, Ribeauvillé. Les rabbins sont en quelque sorte des fonctionnaires officiellement désignés, régulièrement rémunérés, auxquels sont dévolus des pouvoirs assez étendus dans les communautés juives : ils arbitrent les différends (sauf en matière criminelle), président aux contrats de mariage ; mais à côté des rabbins, les « préposés » ou « prévôts » (*Judenschultheiss*), élus par les contribuables, représentent les communautés auprès de l'administration royale. Ils répartissent les charges, veillent à la perception des impôts et des taxes, président les assemblées, ils sont responsables du maintien de l'ordre auxquels participent le « chantre » et le « bedeau », ont le pouvoir d'appliquer des amendes mais sont révocables dans certains cas définis par les intendants royaux.

La pratique du culte était malaisée, tolérée dans les endroits où les juifs résidaient sans entraves, mais à condition que les manifestations religieuses ne fussent pas perceptibles de l'extérieur. Nous avons rencontré des réserves identiques à Avignon et dans le Comtat Venaissin, mais alors que dans les « carrières » des territoires des papes les synagogues étaient édifiées librement, selon certaines normes, on mettait constamment des entraves en Alsace aux initiatives des communautés juives. Dans le ressort de l'évêché de Strasbourg elles étaient carrément interdites. Quand on les autorisait, comme à Ribeauvillé, elles étaient l'objet d'attentats divers, criblées de pierres par la population. Celle de Bergheim survécut jusqu'au Second Empire ; celle d'Haguenau avait été construite au XIVe siècle, détruite, reconstruite au XVIIe, détruite une nouvelle fois (par un incendie), rebâtie avant de disparaître en 1819. Il en était de la synagogue d'Haguenau comme des communautés juives d'Alsace, un jour renaissantes, le lendemain menacées.

Les cimetières juifs d'Alsace étaient eux aussi soumis aux aléas ; le sort des morts suivait le sort des vivants. S'il est sûr qu'un certain nombre avaient existé au Moyen Âge, leurs traces s'effacèrent lorsque les communautés juives disparurent de la terre d'Alsace. On les retrouve cependant plus nombreux au XVe, puis au XVIe siècle. La plus ancienne pierre tombale du cimetière d'Haguenau date de 1654, bien qu'il existât beaucoup plus tôt (il avait été ravagé pendant la guerre de Trente Ans). Au XVIIe siècle, les cimetières juifs réapparaissent : à Sélestat, Landau, Wissembourg, Saverne, Neuwiller-lès-Saverne, Jungholtz, Hégenheim.

En Lorraine, un sort plus heureux

La présence des juifs en terre lorraine est signalée dans les temps les plus anciens. Ils s'y installent à la suite des armées romaines, pratiquent le commerce et l'agriculture, semblent même assez nombreux, mais l'emprise progressive de l'Église s'accompagne de persécutions. En 888, le concile de Trèves (où ils forment une communauté très vivante) interdit aux chrétiens de boire et de manger en leur compagnie ; l'inquiétude de l'Église de les voir prospérer est manifeste, les expulsions commencent, suivies d'autorisations de retour. À la fin du XIIᵉ siècle, les juifs se regroupent en plusieurs communautés dans les villes du duché de Lorraine mais en 1176 ils sont expulsés, après avoir été dépouillés par le duc Simon II.

Cinquante ans plus tard, les juifs reviennent à Nancy et dans ses environs. Nancy n'échappe pas à la règle des expulsions et des admissions successives. En 1286 ils obtiennent la concession d'un cimetière au village de Laxou. Le duc Ferri III les protège. Jusqu'aux XVᵉ et XVIᵉ siècles ils vivent ainsi dans une tranquillité relative en Lorraine, tolérés par les seigneurs qui limitent le nombre de leurs familles, et les préservent de leur mieux de la malveillance de la population et de l'animosité des prêtres contre le versement de droits de séjour. Les juifs sont constamment exposés aux dénonciations calomnieuses, aux mauvaises légendes. Au XIIIᵉ siècle, à Saint-Dié, ils sont autorisés à séjourner dans un quartier spécial mais un moine nommé Richer, bénédictin de Senones, lance contre l'un d'entre eux une accusation délirante : l'homme, le juif, prétend-il, a volontairement endormi sa servante (nous avons vu cependant qu'à l'occasion de plusieurs conciles des juifs se voient interdire d'employer des domestiques chrétiens), pour lui arracher... la matrice. La méfiance à l'égard des juifs est telle, quand ce n'est pas l'hostilité pure et simple, que l'accusation du bénédictin est prise à la lettre. Le juif « criminel » est arrêté sur ordre du prévôt et mis en jugement.

On inflige la « question » au malheureux ; il finit par avouer pour écourter son supplice. « Le juge luy demanda à quelle chose il voulait employer cela, rapportera la chronique du temps, mais il ne voulut le confesser et en cette sorte il fut condamné à mort. L'on apporta un cheval à la queue duquel on le lya... » La suite est prévisible, ce genre de peine exigeant que le supplicié soit traîné, le visage meurtri et les membres brisés par la bête lancée au galop.

Les frères du pauvre juif – dont le nom n'est pas venu jusqu'à nous – se cotisèrent pour « acheter » son cadavre, mais on prétendit qu'ils soudoyèrent les bourreaux afin que les « révélations » qu'il avait faites en mourant ne fussent pas divulguées. Les juifs de Saint-Dié durent s'expatrier après cette affaire. Le propriétaire suivant de la maison du « crime » fut contraint d'expier le forfait et chaque année, jusqu'en 1789, les successeurs se présentèrent, en manteau noir, au pied du maître-autel de l'église pour offrir une redevance de mille hosties.

À Saint-Hippolyte, dans le bailliage de Saint-Dié, quelques familles juives sont autorisées à séjourner dans les années 1500. Antoine, duc de Lorraine, les a prises sous sa protection et a enjoint au prévôt d'empêcher qu'on les emprisonnât et qu'on « les molestât de fait ou de paroles ». Les Nathan, Isaac, Lazarus, Moyses, Aaron et Abraham vivent ainsi dans une quiétude relative ; ils s'enrichissent, prospèrent, procréent généreusement. Ils sont – faveur rare pour l'époque – autorisés à posséder des maisons. À la mort du duc Antoine, que les libéralités ont fait surnommer « le Bon », les adversaires des juifs s'enhardissent, pétitionnent auprès de son fils et successeur, Charles III, se répandent en plaintes et en récriminations. Ces juifs sont trop nombreux, affirment-ils, ils jouissent de droits exorbitants en comparaison de ceux d'Allemagne qui portent la rouelle, qui obéissent à toutes sortes d'interdits, qui ne pénètrent pas dans les localités sans autorisations spéciales... « Mais ce ne fait audit Saint-Hippolyte, déclarent les plaignants, ainsi y entrent les juifs étrangers sans enseignes ni permission, et à voir comme gentilshommes et grands personnages ; de façon que gens de justice et étrangers, marchands et gens communs ôtent leurs bonnets devant eux, leur faisant révérence, qui est chose à détester... » Ils prêtent à des taux abusifs, entrent dans les maisons pour vendre leurs marchandises en l'absence des maris, « subornant les pauvres simples femmes » qui se laissent prendre à leurs astuces commerciales.

Les pratiques des juifs de Saint-Hippolyte surprennent les habitants chrétiens. Qu'ils soient des stratèges consommés en matière commerciale, qu'ils soient habiles à franchir les portes des chaumières, à écouler leurs produits, passe... On leur pardonnerait volontiers, si l'on était moins jaloux. Ce serait déjà beaucoup demander à des Lorrains généralement âpres au gain. Mais enfin ces juifs ne se comportent pas comme les autres, ils n'ont pas la même religion que les autres, ils consomment de la viande pendant le temps de carême et ont le front d'en vendre aux chrétiens, ils travaillent le dimanche et les jours de fête, traversent les cimetières alors que cela leur est interdit.

Les juifs – ce sont toujours les chrétiens qui parlent – abusent dans tous les domaines. Par exemple dans leur manière de choisir leur viande. Voyez-vous cela : ils « visitent » l'intérieur de la bête et comme il y a trop de veines dans les quartiers de derrière, ils prennent le devant, se servent les premiers. C'est une insulte car les acheteurs qui viennent après eux en sont réduits à se rabattre sur leurs restes : « ... Et quand le boucher pense tuer et découper de la chair pour les dits habitants, viennent iceux juifs et visitent le bétail que ledit boucher veut tuer ; s'il leur plaît, le prennent, lui scient la tête et boutent leurs mains jusqu'au cou de ladite bête ; mais, la trouvant parcrue, et que par dérision l'ont toute ensanglantée et souillée, ne leur étant agréable, la laissent audit boucher, lequel en après la vend auxdits habitants, et par ainsi fait que les pauvres gens prennent la chair que les juifs ont eu maniée et souillée à leur plaisir. Et avenant que ladite bête leur plaise, ils prennent le devant, et faut que lesdits bourgeois prennent le derrière... »

Ne nous y trompons pas : ces plaintes naïves des chrétiens de Saint-Hippolyte contiennent tout le problème de la coexistence de deux communautés séparées par des différences de religions, de coutumes. Rivalités économiques, oppositions dans les mœurs. Ces paysans lorrains, ces bourgeois ne comprennent pas. Les juifs de Saint-Hippolyte sont une énigme, qui travaillent le « Jour du Seigneur » et fourragent dans les entrailles des bêtes abattues pour se soumettre aux prescriptions de leur religion.

Mais rappelons à grands traits l'histoire de la Lorraine... Constituée en royaume par le traité de Verdun, en 843, partagée entre Charles le Chauve et Louis le Germanique lors du traité de Meersen en 870, la Lotharingie avait été abandonnée au roi de Germanie en 880. Cependant une nouvelle division (entre Haute- et Basse-Lorraine) allait orienter différemment les deux parties de l'ancien royaume de Lothaire : tandis que la Basse-Lorraine revenait aux ducs de Brabant, la Haute-Lorraine était rattachée à la maison d'Alsace. Les ducs de Lorraine, dont le siège était à Nancy, luttaient pour leur indépendance ; au XVe siècle la Haute-

Lorraine passait aux Capétiens d'Anjou, mais par le traité des Pyrénées en 1659 et de Vincennes en 1661, Charles IV récupérait partiellement ses droits sur le duché. En 1697, par le traité de Ryswick, le duc Léopold qui épousait une nièce de Louis XIV était établi dans sa pleine souveraineté.

Les juifs avaient réussi à s'installer en Lorraine française avant que le duc Léopold régnât en pleine indépendance ; nous les avons vus à Saint-Dié et à Saint-Hippolyte protégés par ses prédécesseurs mais en butte à des campagnes hostiles. Léopold les encouragea à demeurer et noua des relations avec plusieurs banquiers juifs de Metz : Samuel Lévy et ses beaux-frères – Isaïe Lambert et Jacob Schwab – qui furent autorisés à demeurer à Lunéville, nouvelle capitale du duché, et à Nancy. Cependant à Nancy la population protesta et les banquiers israélites durent quitter la ville. Leur départ n'empêcha pas le duc Léopold d'utiliser leurs services, en particulier pour négocier des achats de blé avec l'Allemagne et pour faire face à des difficultés grandissantes de trésorerie ; Léopold lançait sur la place de Francfort des emprunts que garantissaient les banquiers juifs locaux.

Samuel Lévy grandissait en influence auprès du duc de Lorraine, mais sa fidélité semble avoir eu des limites : « manœuvré » par le duc d'Audiffret, ministre de Louis XIV, il aurait servi d'agent de renseignement à la Cour de France et aurait mis à profit ses déplacements à Vienne, où il se rendait de temps à autre, pour rapporter des informations qu'il transmettait à Versailles. Banquier du duc de Lorraine, « espion » pour le roi de France, Samuel Lévy était au diapason de son temps. Le 8 octobre 1715, il était nommé, par la grâce de son souverain, receveur général des Finances du duché de Lorraine.

Cris et protestations ! Les notables ne veulent pas voir les finances dirigées par un juif. Priée de recevoir le serment de Samuel, la Chambre des comptes se dresse contre la décision de Léopold : « Votre Chambre, lui mande-t-elle, est saisie d'effroi quand elle se représente Samuel Lévy, revêtu de l'office de trésorier général de vos finances car elle considère qu'un juif, par nature, par éducation, par les préjugés de sa religion, porte une haine implacable au nom de chrétien et au genre humain... Votre Chambre, plutôt que d'être contrainte à recevoir le juif, trouverait plus supportable la suppression de sa compagnie ; elle aurait, du moins, la satisfaction intérieure d'avoir, dans cette circonstance, donné des marques de sa fidélité, de son attachement pour la gloire de son souverain, pour l'intérêt de son peuple, d'avoir rempli les devoirs de son honneur et de sa conscience... »

C'est la fronde, Léopold se rend compte de l'ampleur de l'opposition mais il a trop besoin des services de Samuel Lévy pour les finances publiques et ses revenus personnels (c'est un joueur, un amateur de femmes, l'un plus l'autre vous ruinent un homme...), il est trop dépendant de ce magicien de l'argent pour envisager de le congédier : il dispense la Chambre des comptes de recevoir le serment de Samuel Lévy tout en le maintenant dans ses fonctions. Notre grand argentier se met à l'œuvre. Son but : réorganiser les finances de la Lorraine, qui en ont grand besoin, le Trésor est à sec, le déficit budgétaire s'accentue. Il manie les deux armes classiques dans la panoplie des ministres des Finances : les impôts et l'emprunt. La noblesse paiera. Quant à l'emprunt, estime Samuel Lévy, la Lorraine est assez riche pour y répondre. L'agitation est à son comble : l'emprunt est boycotté (en grande partie par le clergé, qui n'admet pas les faveurs dont Léopold entoure les juifs) et la noblesse brandit un épouvantail qui fait sourire aujourd'hui. Si vous ne chassez pas le juif de son poste, dit-elle au duc Léopold, nous abandonnerons nos titres. Enfin, la Chambre des comptes, d'où était partie la révolte, emploie les moyens d'opposition techniques : elle refuse d'enregistrer les ordonnances du ministre des Finances.

De surcroît, Samuel Lévy est un « impudent ». Il nargue la foi des bons chrétiens en déployant à leur barbe le faste de sa fortune et les manifestations de sa foi. En septembre 1717, sur l'esplanade du magnifique hôtel qu'il possède dans les quartiers opulents de Nancy, rue Stanislas, il célèbre la fête juive des Trompettes[1], avec une ostentation qui ferait rougir d'envie le pape dans ses États. « ... Samuel Lévy, déclare un rapport de police, a paru revestu de la robe et des ornements du Rabbin de la loy judaïque et les autres juifs aussi couverts sur la tête ou sur les épaules de certains ornements pratiquez entre eux en pareil cas et en cet état ont célébré cette fête avec de grandes illuminations qui éclatoient au loin, au dehors, et avec leurs cris et leurs chants accoutumez... »

La cour de justice du duché de Lorraine est saisie de l'incident. Son jugement est sévère : l'assemblée des juifs est estimée

---

1. Dite aussi « jour de la sonnerie » par référence au fait que l'on fait sonner une corne de bélier, le *chofar*. Il s'agit de *Roch Hachana*, premier jour de l'année dans le calendrier de la religion juive.

« illicite, scandaleuse, téméraire... », passible des sanctions que mérite un acte criminel contre l'État ; aussi la Cour « fait très expresses défenses tant audit Samuel Lévy qu'à tous autres juifs d'y récidiver et de faire aucun exercice public de leur religion, à peine de dix mille livres d'amende... »

Samuel Lévy aurait été bien en peine de faire face à cette amende. Son faste est un trompe-l'œil. Il est ruiné déjà, sa banque est en déconfiture, avouant un « trou » de trois millions de livres. Il a fait appel à la solidarité des juifs de Metz qui lui avancent un million deux cent mille livres bientôt engloutis par le déficit. Le plus remarquable dans cette affaire est que Samuel Lévy semble avoir compromis sa fortune et aggravé l'état des finances de sa banque pour venir en aide au duc Léopold poursuivi par les besoins d'argent. Celui-ci ne peut résister à la pression de l'opinion et doit lui enlever le brevet de receveur général. Il le fait arrêter avec sa femme, les jette en prison, les libère... De partout les protestations fusent : le juif banqueroutier en liberté, c'est un défi insupportable à la moralité publique, il faut le remettre à l'ombre. Alors Léopold cède une fois de plus aux récriminations et reconduit Samuel Lévy dans sa geôle. Le prisonnier proteste, supplie qu'on lui redonne la liberté pour lui permettre de dédommager ses créanciers, mais le duc de Lorraine ne répond pas. Après quatre années de captivité, il l'autorise à quitter la Lorraine, non sans confisquer ce qui reste de sa fortune.

Nous sommes en 1721. Samuel Lévy quitte Nancy, disant adieu à son hôtel de la rue Stanislas. Il s'installe à Paris, récidive dans la banque... et tombe dans une nouvelle banqueroute. De Lunéville, la princesse Élisabeth-Charlotte d'Orléans, épouse de Léopold, écrit – en 1724 – à la marquise d'Aulède : « Je ne suis point surprise que Samuel Lévy est [sic] fait banqueroute à Paris ; il y a fort longtemps que nous le connoissons pour un grand fripon... »

Il n'y avait pas l'ombre d'un souvenir de reconnaissance dans ce « panégyrique ». Pourvoyeur en argent frais du duc de Lorraine mais banquier malheureux, Samuel Lévy était bon à jeter aux orties. Il mourut dans la misère la plus complète.

Sa chute desservit les juifs de Lorraine. Dans un arrêt publié le 13 août 1721 à Lunéville, le duc Léopold décrétait : « Aucun juif ne pourra entrer dans aucune maison des villes, bourgs et villages de nos États sans avoir préalablement averti le prévôt, maire ou autres officiers municipaux... », cela à l'intention des marchands et des colporteurs. Dans le même arrêt, Léopold interdisait aux juifs de séjourner dans les villes autres que celles de leur résidence sans en avoir préalablement informé l'officier de justice ; ils seront désormais assistés d'un notable pour leurs opérations commerciales. Le notable délégué cautionnera leur signature mais les entraves à leur liberté de commercer seront punies d'amendes.

Ces mesures, qui devaient apaiser l'opinion publique de plus en plus montée contre les juifs, étaient appliquées avec libéralisme. Les antisémites militants s'en émurent et recommencèrent à se plaindre auprès des instances ducales. Ils faisaient remarquer que les juifs venaient de plus en plus nombreux en Lorraine, s'étonnaient qu'ils possédassent des immeubles sans entraves, jalousaient leurs réussites commerciales. Aussi, le 12 avril 1721, le duc Léopold décidait-il une expulsion partielle des juifs résidant dans ses États... « Le nombre des familles juives qui se sont établies et s'établissent journellement est si grand, constatait-il, qu'elles deviennent à charge à nos sujets, tant par rapport au commerce que ceux qui la composent font, que par rapport à la quantité des maisons qu'elles occupent et tiennent, soit par achats, soit par location qu'elles y ont faite de différents particuliers... » En conséquence, les familles juives établies en Lorraine depuis le 1er janvier 1680 avaient à quitter la Lorraine dans un délai de quatre mois, faute de quoi leurs biens seraient confisqués. Elles seraient libres d'emporter leurs biens mais les juifs autorisés à demeurer ne disposeraient désormais que d'une maison par famille. Dans une même famille, seul l'aîné des enfants pourrait rester en Lorraine.

L'arrêt du duc Léopold entrait en application à compter du mois d'août 1721 ; une nouvelle ordonnance, publiée en octobre, prolongeait le délai d'expulsion de quatre mois supplémentaires, et le 20 du même mois c'est une véritable charte qui précisait les conditions d'existence des israélites qui avaient obtenu le droit de résidence : il était interdit de les inquiéter, ils pouvaient librement pratiquer leur religion, construire des synagogues « pourvu qu'ils ne fassent ni bruit ni scandale ». La synagogue principale serait sise à Boulay et Moyse Alcan, de Nancy, serait nommé syndic de la « nation » juive. Cette charte du 20 octobre 1721 précisait le nombre, par localité, des juifs autorisés à résidence. Pour la Lorraine française, quatre familles à Nancy, deux à Malzéville, le même nombre à Marsal et à Dieuze. Pour la Lorraine allemande, la proportion retenue était plus généreuse : Boulay, Puttelange, Morhange, Sarreguemines, Lixheim, Forbach recevaient légalement des familles juives. Au total, soixante-dix familles juives demeureraient dans le duché de Lorraine.

En fait, l'ordonnance du 20 octobre 1721 était plutôt libérale pour l'époque si l'on constate que les israélites voyaient leur culte autorisé, officiellement reconnu, que les communautés avaient un statut légal, un syndic dans la personne de Moyse Alcan, de Nancy. Les adversaires des juifs ne s'y trompèrent pas, qui recommencèrent leur agitation. Le 11 juin 1726, Léopold déférait à leurs plaintes en décrétant que les juifs de ses États seraient rassemblés dans des quartiers séparés et que ceux qui étaient propriétaires de maisons voisines de celles des chrétiens seraient contraints de les vendre (voir annexe n° 2). Le 30 décembre 1728, les prêts des banquiers juifs étaient réglementés : seuls les contrats signés devant notaires étaient reconnus valables.

Léopold de Lorraine mourut en laissant les finances du duché dans un état aussi mauvais que de son vivant. Élisabeth-Charlotte assurant la régence eut à faire face à des difficultés accrues. Comme il était urgent de trouver de nouvelles sources de revenus pour le Trésor public, elle s'avisa, sur des informations qui lui étaient parvenues, que des juifs avaient obtenu de certains seigneurs et baillis d'échapper à l'expulsion en leur réglant des taxes sous le manteau. Ce trafic clandestin, qui donnait lieu fatalement à des chantages des seigneurs locaux sur leurs obligés israélites (« acquittez vos droits ou vous serez expulsés... »), fut réprimé par un arrêt du 28 juillet 1733 qui interdisait aux prévôts et autres détenteurs de l'autorité de soumettre les juifs à la rançon. La décision n'était pas désintéressée. Tels les rois de France aux XIIIe et XIVe siècles, la régente, puis son fils, François III, tenaient à profiter des juifs économes et usuriers. Il ne fut pas question de les expulser – les laisser prospérer pour mieux les imposer n'était-il pas préférable ? – mais de les obliger à prendre leur part aux dépenses du duché. On les imposa pour une somme de dix mille livres répartie sur l'ensemble et payable en trois fois sur l'année. Les syndics, Moyse Alcan, que nous avons déjà rencontré, et Lion Goudchaux, tous deux de Nancy, furent désignés comme responsables de la perception et du versement auprès du trésorier général de Lorraine. Cent quatre-vingt-cinq familles juives furent autorisées à séjourner dans les terres du duché. C'était une amélioration considérable par rapport au règne de Léopold qui les avait limitées à soixante-dix.

François III avait épousé Marie-Thérèse, fille de l'empereur d'Autriche. En 1738, par le traité de Vienne, il cédait à Stanislas Leszczynski, qui avait perdu son trône de Pologne, les duchés de Lorraine et de Bar contre la Toscane. Au mois d'avril 1738, Stanislas s'installait à Lunéville. Falk, rabbin de Metz, figurait parmi les notabilités qui accueillirent le nouveau souverain. Il s'adressa à lui en lui demandant de montrer à ses sujets israélites de Lorraine la même bienveillance qu'à ceux de son royaume de Pologne. La supplique du rabbin Falk fut entendue ; Stanislas autorisa les juifs lorrains à avoir un rabbin. Néhémie Reicher devint ainsi le premier rabbin officiel des juifs lorrains. Au mois d'août 1738 il les rassemblait à Morhange pour leur première assemblée générale.

Le 26 janvier 1753, Stanislas publie un décret donnant aux juifs lorrains la pleine liberté du commerce. Berr Isaac-Berr, Salomon Alcan, Michel Goudchaux sont désignés comme syndics. Le chiffre des familles juives qui pourront résider dans les États est limité à cent quatre-vingts mais l'arrêt précise que « sous le nom de famille seront compris le chef et tous les descendants des mâles, demeurant dans une seule et même maison... », ce qui équivaut à multiplier le nombre des juifs autorisés à résidence. Comme en 1721, c'est en Lorraine allemande que les autorisations sont les plus nombreuses : cent cinquante-cinq. Pour Nancy, il n'y en a que douze, pour Malzéville quatre, vingt-cinq au total seulement pour la Lorraine française. Au mois d'avril 1762, un nouvel arrêt rappelle le chiffre à ne pas dépasser et ordonne que tous les juifs qui se sont établis indûment dans les localités soient expulsés et leurs biens saisis « au profit du Domaine de Sa Majesté ».

Le « rôle », ou état des chefs de famille déposé au greffe du conseil du roi Stanislas – selon l'arrêt du 26 janvier 1753 –, apportait des éclaircissements utiles sur les noms des juifs de Lorraine qui avaient obtenu le droit de résidence. À Nancy on rencontrait un Alcan, Isaac et Mayer Beer (sans doute de même origine que le compositeur Meyerbeer), un Godchaux (ou Goudechaux, qui s'apparenteront aux Worms, ancêtres des fondateurs de la grande banque d'affaires ; Michel Goudchaux sera en 1848 ministre des Finances). Toujours à Nancy, un Assur, un Wolf, un Landau, un Goldchmidt. Deux familles juives étaient autorisées à demeurer à Lunéville : les Nathan et les Mayer Coulpe. À Essey-devant-Nancy : les Lajeunesse et les Mayer. Pour le bailliage de Sarreguemines, les autorisations étaient assez nombreuses. À Hellimer, les Aaron (ascendants des Nora), les Lazare (les banquiers Lazard sont originaires du petit village de Freuenberg, également proche de Sarreguemines). À Rémering, Abraham, fils de Joseph Alexandre et les Coblentz. À Bliesbruck, les Cahen, Bill, Falck, Coblentz de nouveau. À Lauperhausen, les Ancel. À Forbach, d'autres Nathan et des Lambert. Bailliage de Bouzonville, plusieurs familles Block, de Boulay, les Franck, Reims, Lajeunesse. À Dieuze, les Zay (ancêtres du ministre de la IIIᵉ République, assassiné par la Milice pendant l'Occupation) et des Mayer. À Freistroff, les Hanau (d'où venait très certainement la célèbre Mme Hanau, « héroïne » du scandale de *La Gazette du franc*). À Halstroff, les Daniel. À Lixheim, les Lazare, Bernard, Pinel, Alexandre et Marx. À Étain, les Dennery.

Lorsque la Lorraine fut rattachée à la France, en 1766, les règlements institués sous le règne du roi Stanislas restèrent en vigueur, mais des signes de plus en plus nombreux annonçaient la prochaine disparition des discriminations. Les « interdictions de séjour » étaient transgressées. Louis XVI, sous l'influence du ministre Malesherbes, montrait des dispositions libérales. En 1779, par exemple, l'administration royale annulait la décision du procureur du bailliage de Frauenberg qui entendait expulser des familles juives qui ne figuraient pas sur l'état des autorisations délivrées en 1753. La population de Nancy d'origine israélite passait rapidement de douze à vingt-deux familles. À la veille de la Révolution, elles étaient quatre-vingt-dix, dont plus de la moitié s'étaient établies sans aucune autorisation. À Lunéville, la progression n'était pas moins spectaculaire : de deux sous le règne de Stanislas Leszczynski, elles sautaient à seize. De véritables communautés se constituaient, la liberté de conscience et de culte était acquise, la synagogue de Lunéville était inaugurée en 1785, celle de Nancy en 1788. Une à une, les incapacités civiles dont les juifs de Lorraine étaient frappés disparaissaient. Ils pouvaient fonder des industries, pratiquer le commerce sans réserves, posséder des maisons dans les villes et des biens-fonds à la campagne ; leurs mariages étaient reconnus par la loi, leurs testaments entérinés. Par rapport aux juifs d'Alsace, l'avance prise dans l'acquisition des droits était très sensible, mais cette victoire sur les discriminations paraissait bien tardive en comparaison de la situation des Bordelais qui avaient bénéficié des « lettres patentes »... en 1550, et même des Comtadins et des Avignonnais qui relevaient des souverains pontifes ; en 1782, Berr Isaac-Berr, de Nancy, obtenait de Louis XVI ses « lettres de naturalité » lui assurant des droits de citoyen. Cet avantage n'était encore que l'exception.

Sur le plan administratif, les juifs lorrains dépendaient des syndics (nous avons vu que Moyse Alcan fut le premier nommé à Nancy, en 1721) dont les pouvoirs étaient étendus. Exclus des corporations, comme en Alsace, ils étaient colporteurs, marchands en grains ou de bestiaux. Lion Goudchaux, de Nancy, devint fournisseur en chevaux des armées royales ; Berr Isaac-Berr, nancéien comme lui, fonda une manufacture prospère ; il se signalera au mois d'octobre 1789 par une intervention courageuse en faveur de ses coreligionnaires devant l'Assemblée constituante. Enfin le trafic sur les monnaies, que facilitait la multiplicité des seigneuries laïques et religieuses, était en faveur chez les juifs de Lorraine.

Peu nombreux avant l'occupation des troupes françaises en 1552 (les « Trois Évêchés » sont alors repris par Henri II sur Charles Quint), les juifs de Metz vont progressivement former une communauté importante par le nombre et la réputation. Comme dans le reste de la Lorraine, le rattachement à la couronne de France favorise l'installation des familles israélites, mais cette pénétration est longue et difficile, semée d'embûches et de réserves. L'évidence est que l'opposition ne vient pas tant des représentants du roi – gouverneurs et lieutenants – que de l'autorité locale, corps constitués, municipalités, corps de métier. En Lorraine (en dehors de Metz), nous avons vu le duc Léopold et le roi Stanislas fréquemment exposés aux doléances de leurs sujets chrétiens qui se plaignent de leur prolifération, de leurs coutumes et de leurs pratiques commerciales. Au mois d'août 1567, le gouverneur, maréchal de Vieilleville, intervient auprès de la municipalité messine pour éviter que les quelques juifs qui résident dans la ville soient expulsés et les autorise à demeurer en permanence, et sous certaines conditions. Leur nombre sera limité à quatre familles, qui habiteront obligatoirement dans le quartier Saint-Ferroy ; les juifs seront autorisés à venir dans les quartiers chrétiens certains jours fixés sur le calendrier, mais uniquement ces jours-là. Ils porteront le chapeau jaune. Ils pourront prêter sous réserve qu'ils se conformeront à un règlement qui encadrera leurs opérations et s'engageront, en particulier, à ne pas demander plus de vingt pour cent d'intérêts. Le maréchal de Vieilleville reprend à son compte une disposition très courante de l'ancienne France dans les règlements des communautés juives : les israélites, rebelles à la foi chrétienne, témoins gênants d'une religion enracinée dans ses

« superstitions » et inébranlable dans sa pérennité, les israélites messins seront tenus d'entendre chaque mois un sermon dans une église. Ainsi seront hâtés les temps de leur conversion...

Lentement, patiemment, les juifs traversent la frontière des limitations et des interdictions. C'est une constante de leur longue histoire. Nul peuple ne fut davantage persécuté, aucun ne sera plus acharné à survivre. Treize années après l'entrée des troupes françaises à Metz, en 1565, ils sont déjà regroupés en quelque vingt familles. En 1603, le nouveau gouverneur, le duc d'Épernon, en autorise exactement vingt-trois à résider. En 1614, on en dénombre cinquante-huit. En septembre 1699, il y a mille deux cents juifs à Metz sur une population totale de vingt-huit mille. En 1769 ils sont trois mille, venant essentiellement d'Alsace et de Rhénanie.

On s'en doute, cette progression ne s'est pas faite sans mal. En 1602 les « trois ordres » (clergé, noblesse et tiers état) s'inquiètent par une démarche commune de les voir aussi nombreux dans la ville. Le clergé est le plus engagé dans la campagne de récriminations. Ils dépassent les limites de leur quartier, affirment les plaignants, ils gênent par leur voisinage le déroulement du culte catholique, ils n'ont de cesse d'acheter des maisons. En 1697, le curé de la paroisse Sainte-Gélonène, le prieur des Carmes, les religieuses de l'Ave Maria s'ouvrent de ce « problème » auprès de l'intendant. En 1709 et 1713, la paroisse Sainte-Gélonène revient à la charge et intente un procès aux juifs du voisinage qui, selon ses avocats, se déploient hors des bornes qui leur ont été assignées.

D'ordonnance en ordonnance, les autorités royales confirment leur attitude : limitation du nombre des familles (qui cependant ne cessent d'augmenter), mais tolérance. Plus : lorsque le roi Henri IV vient à Metz en 1605, Louis XIII en 1632 (Louis XIII qui a pourtant ordonné l'expulsion des juifs de son royaume), lorsque Louis XIV fait à son tour l'honneur de sa visite à sa bonne ville en 1657, chaque fois les souverains confirment les juifs dans leurs « privilèges ». En 1632, les « lettres patentes » délivrées par Louis XIII aux juifs messins désarment l'hostilité du Parlement local, qui avait pris le relais des opposants. Très instructifs sont les considérants de la décision royale ; les juifs, déclarent-ils, ont « presté beaucoup de leurs moyens et facultés aux soldats... durant les guerres civiles, pendant lesquelles ils ne pouvaient toucher leurs montres, en sorte que la plupart desdits juifs en sont ruinés, fournissant, outre cela, les ameublements des officiers de la compagnie qui est logée en leur quartier... »

Il est vrai que des juifs assez nombreux habitent au milieu du quartier de la garnison, vrai aussi qu'ils prêtent de temps à autre de l'argent aux officiers. Louis XIV, quand il vient à Metz, confirme les privilèges que les juifs messins avaient eus de Louis XIII et fait à la communauté l'honneur insigne de rendre visite à la synagogue le jour de la fête des Tabernacles[1], leur accorde quelques droits nouveaux en matière commerciale... que le Parlement s'efforce immédiatement de minimiser.

Allons, la mansuétude des rois ne doit pas être oubliée, mais elle n'est pas totalement désintéressée. Il est de la charge des souverains de s'élever au-dessus des factions et de dominer les réactions passionnelles des sectaires pour ne retenir que l'intérêt de l'État. Le juif n'est point tout à fait semblable aux autres ; encore qu'il ne soit pas cõnsidéré comme hérétique comme le protestant, il mérite la méfiance et les limitations, mais il est à Metz utile aux affaires du royaume. Il faut donc en tenir compte, le protéger des excès, le laisser libre dans les activités économiques où il excelle.

Comme partout ailleurs, les juifs sont exclus des corporations ; ils ne sont donc ni apprentis ni ouvriers. Beaucoup n'avaient pas de métier très précis, se partageant entre le courtage et le colportage. Le commerce leur était laissé libre mais à condition qu'ils n'eussent pas pignon sur rue. On compta parmi eux plusieurs orfèvres. Ils étaient marchands de chevaux et de grains, vendaient des étoffes, trafiquaient sur les monnaies en misant sur les différences des cours d'une région à l'autre, prêtaient à intérêt et sur gages.

Grâce à leurs relations constantes avec les communautés étrangères, plusieurs juifs messins rendirent de grands services dans le commerce des chevaux et l'approvisionnement en grains. Turgot, l'intendant de Metz, s'est souvent félicité de leur négoce dans ces deux domaines ; ils sont les fournisseurs réguliers de l'administration militaire et consentent des délais de paiement... très appréciés. En 1702 l'intendant de Metz n'hésite pas à s'adresser aux « chefs de la synagogue » pour leur demander d'intervenir auprès des marchands de chevaux juifs « pour le service du roi ». On compte en effet sur leurs relations en Allemagne afin de pourvoir en chevaux l'armée royale. L'entreprise est difficile car les États

---

1. Dite aussi fête des Cabanes. Elle correspond aux récoltes et marque le début de l'automne. En hébreu *Soucoth*.

allemands ont mis l'embargo sur l'exportation des bêtes et les marchands risquent très gros en enfreignant les règlements. Jusqu'en 1705, plusieurs milliers de chevaux passent la frontière par l'intermédiaire des marchands juifs, qui les revendent à des prix élevés, mais, précise Turgot, « sans eux nous ne les eussions pas eus... » Sans cesse l'administration royale sollicite les bons offices des maquignons ; en 1704 a lieu une nouvelle réunion des dirigeants de la communauté, provoquée par l'intendant, qui sont priés de réchauffer l'ardeur de leurs coreligionnaires. L'appel est entendu, le marché des chevaux reprend de plus belle, mais voici que les importateurs commencent à se faire tirer l'oreille, les livraisons traînent en longueur ; ils font savoir qu'on n'a pas tenu la promesse de les payer comptant, qu'ils ne peuvent éternellement accorder des facilités de paiement à l'administration. Les fonds sont « débloqués » (en raison des besoins urgents de l'armée), les maquignons juifs sont payés. Or en 1709 les difficultés recommencent, l'administration manquant une fois de plus à ses promesses, et il faut aux marchands reprendre la discussion pour obtenir des garanties de règlement immédiat.

Sur le marché des grains, les intermédiaires juifs de Metz se révèlent également très efficaces. En 1698 ils avaient déjà sauvé, par leurs bons offices, la ville de la disette.

L'hiver avait été rude, les récoltes avaient été catastrophiques. L'intendant Turgot, qui suivait la situation de près, eut alors l'idée de s'adresser aux marchands juifs pour leur demander de l'aider à résoudre cet angoissant problème de ravitaillement. Le 10 octobre l'intendant de Metz, agissant au nom du ministre, signait une commande pour la livraison de « dix mille quartes de blé vieux méteil, un cinquième froment, quatre cinquièmes seigle... »

Les juifs partent alors à la conquête du marché. Ils obtiennent dans les États allemands les quantités demandées mais l'électeur palatin, dont les domaines ont été mis à sac par les armées de Louis XIV dix années auparavant, s'oppose au passage de la marchandise. Cerf Lévy et Abraham Schvaub, signataires de la commande avec l'intendant de Metz, interviennent près de la cour palatine qui refuse de lever l'interdit. À Metz l'inquiétude grandit. Turgot intervient à son tour et, après des pourparlers difficiles, obtient le déblocage des céréales. Six mille sacs de blé arrivent à Metz, sauvant de la famine la population et dix-sept mille hommes de troupe. Toute la communauté juive de la ville (financiers, courtiers, démarcheurs) a participé à l'opération. Turgot se répand en éloges sur les juifs de Metz : « L'arrivée de ces grains, écrit-il, a ouvert les greniers de la ville, ce qui m'a fait connaître leurs liaisons, leur industrie, leur utilité, leurs usages et l'empressement qu'ils ont de se rendre utiles même à perte et dans les nécessités pour se rendre les peuples et les officiers favorables, pour se faire tolérer et augmenter leurs établissements... »

La lutte était quotidienne et les services rendus devaient être éminents pour mériter la considération, voire même la tolérance. En 1695, la corporation des marchands tente d'obtenir des restrictions à leurs activités commerciales, mais elle en est pour ses frais. Six années plus tard, la communauté des arts et métiers suggère à l'intendant de reporter sur les juifs... les taxes auxquelles ses membres sont assujettis ; elle dénonce la « déloyauté » des marchands juifs : « ... Il n'y a point de profession, quelle qu'elle soit, sur laquelle ces gens avides et sordides n'entreprennent, en sorte qu'ils font constamment plus de commerce que tous les arts et métiers de la ville. Ils sont orfèvres et vendent plus d'argenterie et de joaillerie sous le manteau, en se glissant dans les maisons, que tous les orfèvres de ladite ville n'en vendent à boutique ouverte... Ils sont marchands merciers et commerçants de toutes sortes de marchandises, ce qui fait périr ce négoce parmi les suppliants, en ce que lesdits juifs étant aux avenues, allant au-devant des marchands, se fournissent de mauvaises marchandises et ne supportent point de charges publiques, faisant même des crédits usuraires, ils trouvent un débit universel de toutes choses pendant que les suppliants qui sont les vrais sujets de Sa Majesté sont en retard de toutes parts... » Et le « mémoire » de la corporation des arts et métiers d'énumérer les trafics hétéroclites auxquels se livrent les juifs de Metz : les armes à feu, les épées, les baïonnettes, les sabres, les cuirs, toutes marchandises qu'ils importent de l'étranger.

Lcs juifs messins s'étaient spécialisés dans la vente à crédit ; le prêt à intérêt, qui donna lieu à d'innombrables procès, formait une part très importante de leurs activités. Cerf Lévy et Abraham Schvaub, les pourvoyeurs en blé de la ville en 1698, étaient des plus connus parmi les banquiers juifs locaux. Les prêts étaient consentis à l'administration civile et militaire locale, qui manquait fréquemment de trésorerie, mais souvent aussi aux particuliers, aux officiers de la garnison qui avaient l'équipement à leur charge et qui, nobles dans la plupart des cas « désargentés », sollicitaient des avances sur leurs soldes auprès des usuriers. Les simples soldats recouraient également aux offices des prêteurs et cette pratique fut certainement assez courante pour qu'un décret interdît aux juifs qui se livraient à cette activité de consentir des avances aux soldats en prenant leurs armes en gage, sans une autorisation écrite de leur capitaine. Les prêts aux mineurs furent réprimés de fortes amendes. Des arrêts rendus par le Parlement (en 1670 et 1733) obligèrent les banquiers à délivrer des quittances de paiement, des certificats de dépôts sur gages rédigés en français et rendirent obligatoire le recours aux notaires pour les contrats passés entre juifs et chrétiens.

Les juifs banquiers occupaient légalement, et sous réserve de ces interdictions, une activité économique qui demeurait en principe fermée aux chrétiens. Il n'était pas rare, d'ailleurs, que des hommes d'affaires catholiques usent de l'intermédiaire d'un juif pour placer sur le marché leurs capitaux. Les juifs servaient de prête-nom, écrans tout désignés contre les risques de condamnations, et cette pratique eut cours ailleurs qu'à Metz. Les taux d'intérêt étaient réglementés et diminuèrent progressivement. De vingt pour cent ils tombèrent, après une décision du Parlement, à douze pour cent en 1634 et à cinq et demi pour cent en 1669.

Comme en Lorraine ducale, les juifs de Metz étaient placés sous l'autorité des syndics élus pour trois ans par les membres de la communauté. Responsables de l'ordre, assistés des archers, les syndics étaient principalement chargés de la répartition et de la perception des impôts. Là encore leurs fonctions ne se différenciaient guère de celles de leurs confrères du duché de Lorraine. Les corporations chrétiennes qui se plaignaient des « avantages » accordés aux juifs connaissaient-elles les taxes et redevances de toutes sortes auxquelles ils étaient soumis ? Qu'on en juge : ils devaient acquitter la capitation, le « vingtième des maisons », les corvées, verser des redevances au bailliage, au gouverneur, au lieutenant et au procureur du roi, aux récollets, aux capucins et aux frères prêcheurs, au vicaire de Sainte-Gélonène (qui se plaignait constamment, nous l'avons vu, de la proximité des maisons juives), à l'hôpital et aux malades, au logement des gens de guerre, au corps de garde, pour l'enlèvement des boues, le loyer du cimetière, le transport des morts, l'éclairage et l'entretien des lieux de culte, les abattoirs et les bains rituels. Il fallait ajouter à cette liste déjà longue, et pourtant abrégée, la « taxe Brancas ». Les juifs de Metz en avaient en quelque sorte le « privilège ». Désireux d'être agréable à deux de ses protégés, le Régent, duc d'Orléans, avait eu l'idée de faire supporter ses libéralités... par la communauté juive messine. En 1715, l'année même de son accession à la Régence, Philippe d'Orléans instituait une taxe de quarante sous par famille juive au profit du duc de Brancas, gendre du président du Parlement de Metz, et de la comtesse de Fontaine, fille de M. de Givry, lieutenant du roi.

Dès qu'ils apprirent l'instauration de la nouvelle taxe, les juifs de Metz chargèrent leurs syndics de protester en leur nom. Le duc de Noailles, chef du Conseil des finances du Régent, fut saisi de leur requête, mais on ne s'étonnera pas qu'il n'ait pas cherché à mettre en cause une décision de son maître. Comment la communauté messine allait-elle faire face à cette nouvelle charge ? On multipliait les occasions de la pressurer. En 1702, par exemple, et en plus des taxes habituelles, les juifs de la ville avaient dû participer pour deux mille livres aux frais d'entretien d'une « levée d'hommes » décrétée par le roi, ce qui leur avait valu des mots élogieux de l'intendant. Cette contribution, affirmait-il, est « une marque de la continuation de leur zèle pour le service du roi dont ils donnent des preuves en toutes occasions... » Après les remarques flatteuses de l'intendant Turgot, quel témoignage rendu au civisme des juifs de Metz...

Au vrai, ils ne laissaient pas échapper une opportunité de montrer leur bonne volonté, payant de leurs deniers le droit de vivre en paix aux côtés d'une population dont ils avaient mesuré la méfiance, dont ils connaissaient par expérience l'hostilité. En 1708 encore, la communauté juive avait versé quinze mille livres au bénéfice de l'hôpital Saint-Nicolas pour obtenir la suppression du port du chapeau jaune.

De 1715 à 1718, la « taxe Brancas » imposa les juifs de Metz pour une contribution de soixante-quinze mille livres. Vers 1750, ils assument le cinquième de la capitation alors qu'ils ne représentent même pas le dixième de la population. À la veille de la Révolution, la communauté juive de Metz était couverte de dettes (accusant un déficit de cinquante mille livres par an) et elle n'obtint qu'en 1790 la suppression de la taxe dont elle était redevable aux héritiers de la famille Brancas.

Les juifs de Metz avaient payé très cher la liberté de résidence et la faculté de se consacrer à des activités économiques dont les limites avaient été définies avec précision. Ces privilèges, chaque fois renouvelés par les rois de France depuis que la ville était revenue à la couronne, leur assuraient, comme à leurs frères du duché de Lorraine, des conditions d'existence enviables à côté de leurs voisins d'Alsace. Sans nul doute, la plus appréciable des conquêtes était, pour ces gens de foi, la liberté de culte. Aussi la vie religieuse des juifs messins fut-elle l'une des plus intenses des diverses communautés qui avaient fait souche sur le sol de France.

Une vaste synagogue, à laquelle s'ajoutaient un bain rituel et un oratoire, avait été construite dans les premières années du XVIIe siècle. L'assistance était nombreuse aux divers offices, renforcée par les fidèles venus du « plat pays ». Les chantres y étaient très réputés. Les morts de la communauté étaient ensevelis près de la porte Chambière.

Tandis que les syndics s'occupaient de diverses tâches administratives, comme nous l'avons vu, les rabbins veillaient à la vie religieuse sous tous ses aspects et disposaient de pouvoirs de juridiction reconnus par le roi. Il y avait trois rabbins à Metz depuis que la charte de la communauté avait été entérinée par le gouverneur. C'est sur le grand rabbin que reposait d'abord la vie religieuse. Élu par un collège composé des syndics, des juges du tribunal rabbinique et de trente représentants désignés par le collège électoral de la communauté, il assumait, en plus de la responsabilité du culte, un double rôle d'enseignant et de juge (en matière civile).

Enseignant, il l'était par la prédication rituelle qu'il pouvait partager avec l'un de ses adjoints, mais sans doute plus encore par la formation des jeunes et le contrôle des connaissances qui leur étaient prodiguées. Les enfants juifs de Metz suivaient en effet des cours réguliers et obligatoires d'hébreu, s'initiaient à la Bible et au Talmud, selon un programme très strict et avec des examens fréquents. L'école talmudique ou *yechiva* délivrait des diplômes, jusqu'à celui de *rabbi*. La renommée intellectuelle de la communauté de Metz ne tarda pas à s'imposer, attirant des étudiants des autres centres de la Lorraine, d'Alsace ou d'Allemagne. Gerson Oulif, Jonas Teoumin Fraenkel, notamment, l'un et l'autre grands rabbins de Metz, étaient des talmudistes très doctes dont les connaissances étaient connues et les avis sollicités des diverses communautés d'Europe.

Il en résultait une foi très vive, une pratique très stricte de la religion et des échanges souvent passionnés sur l'interprétation du Talmud au sein de la communauté qui était ouverte aux grands débats doctrinaux du monde juif. À l'image des autres communautés européennes, mais également comme celle du Comtat Venaissin, elle se passionna pour l'hérésie du faux messie Sabbataï Zévi. Ce qu'on a appelé l'« hérésie sabbatienne » est, dans l'histoire du judaïsme, un réveil de mysticisme préparé par la résurgence des doctrines de la Kabbale. Après les grandes expulsions d'Espagne, en 1492, l'espoir et la soif du retour vers la terre d'Israël enflammèrent les communautés juives de toute la diaspora. Les rigueurs des persécutions, les abus de l'Inquisition rallumaient au cœur des exilés la grande espérance tandis que l'enseignement des rabbins du Moyen Âge était de plus en plus contesté par les adeptes d'un mysticisme en pleine résurgence.

C'est dans ce climat que Sabbataï Zévi apparut à Smyrne, en l'année 1665. Alors âgé de quarante ans, il se proclama le Messie, conquit les foules juives, entreprit un voyage en Terre sainte. Il fut accueilli en triomphateur à Jérusalem, visita les communautés méditerranéennes, déchaînant sur son passage un immense courant de ferveur mystique. Sa réputation gagna de proche en proche toutes les communautés, du nord de l'Europe au Maroc. Partout on saluait le sauveur d'Israël et partout on se préparait au grand retour. Les chaînes de l'exil et les murs de ghettos semblaient à jamais abolis. Nos communautés françaises étaient comme les autres touchées par la grâce de l'espérance. Dans le Comtat Venaissin, en 1666, les juifs des « carrières » se préparèrent pour entreprendre le périple vers la Terre sainte. Les Messins répondirent à l'appel lointain de l'envoyé de Dieu, organisant des collectes pour le prochain voyage.

Sabbataï Zévi gagna Constantinople où il espérait être reconnu par le sultan comme roi d'Israël. Arrêté alors qu'il atteignait les Dardanelles, jeté en prison, il continua néanmoins à proclamer son élection messianique, puis abjura sa foi et se convertit à l'islam en annonçant à ses disciples incrédules qu'il agissait selon la volonté de Dieu.

L'appel du faux messie avait profondément bouleversé les communautés ; après sa mort, en 1676, les fidèles continuèrent à reconnaître en lui l'envoyé de Dieu et prédirent son prochain retour. Ici et là des apôtres de la secte se levèrent et continuèrent à répandre la bonne nouvelle de la fin de l'exil du peuple élu. En Turquie, notamment, Jacob Frank proclama que Sabbataï Zévi s'était réincarné dans sa propre personne. Mais les orthodoxes réagissaient, un collège rabbinique de Pologne, d'où Frank était originaire, le condamnait, frankistes et talmudistes s'empoignaient. Jacob Frank finit par se convertir au catholicisme tout en restant fidèle à son judaïsme hérétique. Plusieurs années après sa mort, en 1791, il continuait à être vénéré par ses fidèles. À Metz les zélateurs de Sabbataï Zévi restèrent pendant longtemps attachés à sa mémoire et, au XVIIIe siècle, le grand rabbin Eibeschutz fut accusé de lui rendre un culte secret.

Dans le domaine littéraire, la communauté de Metz montra de réelles velléités ; les ouvrages d'enseignement lui venaient d'Allemagne dans le texte hébraïque. En 1764 le grand rabbin Samuel Hellmann et Moïse May avaient entrepris de créer une imprimerie qui composa des textes en hébreu avec des caractères importés de Francfort. L'hébreu, véhicule de l'enseignement, de la prière et de la prédication, laissait la place pour le langage courant au yiddish ; le français ne s'imposa que très lentement et difficilement.

Hors de Metz les juifs s'étaient établis dans de nombreux villages de l'évêché. Les Alcan, Aschkenazi, Bloch d'Alsace, Blin, Polack, Brisak, de nombreux Cahen, Coblentz, Créange, David, Emerique, Falk, Fould, Frankel, Goudchaux, Grumbach, Götschel, Goughenheim, Halphen, Hanau, Hourwitz, Kayser, Lambert, Landau étaient signalés dans la ville et sa région avant la Révolution, certaines de ces familles dès le XVIIe siècle. De même les Lyon, May, Michel, Morhange, Nordon, Perl, Schwabe, Schwaub, Spire, Terquem, Trénel, Trève, Ulmann, Oury, Ury, Walache, Weyl, Worms, Wormser, Zay.

DEUXIÈME PARTIE

La conquête des droits et des libertés

1.

1791 : citoyens français...

Les choses commencent vraiment à bouger sous le règne de Louis XVI.

Il y avait, en 1700, cinq cent quatre-vingt-sept familles juives en Alsace. En 1780, elles sont trois mille six cents, qui forment une population totale de dix-huit mille trois cents âmes environ. Cette « prolifération » inquiète les autorités. Problème du nombre, problème de l'usure... Ce dernier grief revient en permanence de la province d'Alsace, jusqu'aux oreilles royales.

Les juifs alsaciens, de leur côté, s'estiment très mal traités. En 1780, Cerf-Berr, que nous retrouverons à chacun des moments importants de ces années, adresse un mémoire au roi. Les juifs d'Alsace, affirme-t-il, n'ont jamais été aussi mal lotis que depuis le traité de Westphalie et le rattachement de la province à la France. Ils sont toujours soumis à des « droits de réception ». Ils ne peuvent s'installer quelque part sans payer, sans qu'on leur oppose toutes sortes d'obstacles. Et puis on modifie les conditions requises, quelque temps après que l'accord fut donné, afin d'exiger de nouveaux versements.

Le droit d'« admission à domicile » s'accompagne encore, en 1784, du péage corporel, survivance du Moyen Âge. Il est de trois livres par jour et par tête à Strasbourg. Il faut, se plaignent les juifs d'Alsace, y ajouter les frais cultuels, les droits de... « protection », la capitation, le vingtième d'industrie (pour les artisans), le vingtième sur les maisons... Tout cela forme un « tableau effrayant », selon Cerf-Berr, une situation qui leur arrache des « larmes de douleur ». Sait-on que certaines « bonnes âmes », qui se recrutent parmi les « ministres des autels » – entendons : les prêtres –, n'hésitent pas à établir de fausses preuves d'usure pour jeter les juifs dans les griffes des procureurs fiscaux ?

Les juifs des autres provinces du royaume jouissent de la liberté du commerce ; Cerf-Berr interroge : pourquoi pas les Alsaciens ? Il faudrait d'ailleurs se résoudre à reconnaître l'autorité des « préposés généraux de la nation juive », c'est-à-dire leurs représentants. Plus grave : les atteintes à la liberté de l'esprit. Trop d'enfants juifs sont baptisés avant l'âge de raison ; « les juifs voient avec douleur que des curés et autres ecclésiastiques zélés enlèvent leurs enfants de leurs bras, dès l'âge de six, sept, huit ans. Ils emploient sans réserve caresses, présents pour séduire une jeunesse facile... » Le prosélytisme chrétien, du côté des disciples de la synagogue, n'est pas nouveau, et l'on en parlera encore après 1784.

En l'occurrence, c'est le curé de Zellwiller qui est visé pour montrer trop d'empressement à convertir les petits juifs de sa localité. Pour conclure, les juifs d'Alsace font, par la voix de Cerf-Berr, un tableau précis de leurs revendications : droit de s'établir sans restriction dans toutes les localités, d'acquérir des immeubles, de jouir comme tout un chacun des pâturages communaux, de pratiquer leur culte sans entraves. En un mot d'aligner leur condition sur les juifs de Bordeaux qui, eux, sont des « citoyens » à part entière.

Pour trancher entre les récriminations de leurs adversaires et les plaintes des juifs alsaciens, deux personnalités locales sont chargées d'enquêter : le baron de Span, premier président au Conseil souverain d'Alsace, l'intendant Chaumont La Galaizière. Une commission spéciale est chargée ensuite d'étudier leurs conclusions et d'établir un rapport au roi. C'est ainsi que quatre membres des Conseils du roi (Taboureau des Réaux, d'Aguesseau, Moreau de Beaumont et Bertier de Sauvigny) se mettent au travail. Louis XVI est informé le 27 août 1783 des résultats de leurs études. Première décision : en janvier 1784, un édit royal exempte les juifs d'Alsace du péage corporel. Suivent en juillet de la même année les lettres patentes en vingt-cinq articles.

Tout juif ne disposant pas de domicile fixe, ou n'ayant pas acquitté les droits dus au roi, aux seigneurs ou aux municipalités, est considéré comme « vagabond » et passible de l'expulsion s'il n'a pas quitté le pays dans les trois années.

Pour éviter la « prolifération excessive » des juifs alsaciens, les lettres patentes du 10 juillet 1784 précisent, en leurs articles 6 et 7, « qu'il est défendu à tous les juifs ou juives actuellement résidant en Alsace de contracter mariage sans la permission formelle du roi même hors des États de sa domination, sous peine d'être incontinent et expulsé de la province. En conséquence, les rabbins ne pourront procéder à la célébration d'un mariage qu'autant qu'il leur sera apparu de cette permission, sous peine de trois mille livres d'amende et d'expulsion en cas de récidive... »

Les juifs désireux de se marier sont donc soumis à autorisation royale, et les rabbins invités, sous peine de sanctions, à ne pas célébrer d'unions qui n'auraient reçu l'assentiment officiel. (En annexe n° 1, le texte d'une autorisation délivrée par Louis XVI.) Dans un pamphlet publié en 1806, un avocat de la cour d'appel de Paris, nommé Poujol, commente en ces termes les articles 6 et 7 des lettres patentes de juillet 1784 ; il semble qu'il ait parfaitement traduit les intentions royales : « S'il était ainsi reconnu que la présence des juifs de France était un fléau, écrit-il, il l'était également que l'accroissement de leur population ne faisait que l'aggraver. Les juifs, dispensés de milice, de corvées, ne se vouant jamais à l'état militaire, se mariant très jeunes, croissaient journellement en population comme en richesses ; ce fut pour arrêter cette progression que par lettres patentes de 1784, il leur fut fait défense de se marier sans une permission expresse de l'autorité civile... »

Inspirée du même esprit, une mesure interdit aux juifs étrangers de séjourner en France plus de quatre mois et demi et porte interdiction de les loger. Il s'agit visiblement de freiner l'immigration des juifs d'Allemagne.

Décisions racistes de ségrégation pure : les juifs n'ont pas le droit de se loger sous le même toit que les chrétiens. L'interdiction d'épouser des chrétiens est étendue aux convertis.

Leur droit de propriété est, une fois de plus, battu en brèche : sauf pour leur usage personnel, ils ne peuvent posséder des biens immobiliers. Ils ont la faculté de louer des fermes, des terres, des vignes, d'exploiter des mines, mais à la condition de le faire par eux-mêmes, donc de ne pas employer des chrétiens. On leur reconnaît par contre des droits sans restrictions dans d'autres secteurs économiques, et ces droits vont orienter leurs activités futures, les spécialiser dans des activités qu'on leur reprochera de monopoliser. Ils peuvent être à loisir commerçants ou banquiers, établir des fabriques.

Les syndics des juifs d'Alsace, élus de la communauté, seront chargés de répartir les taxes royales et locales, ils présideront les assemblées au cours desquelles seront choisis le « sergent » et le « chantre ».

Mais les juifs alsaciens ne sont pas satisfaits de ces décisions. Ils le font savoir au Conseil du roi par l'intermédiaire de leur avocat M. de Mirbeck. Ils protestent ; ils en ont l'habitude. Minorité opprimée, diminuée dans ses droits, ils se battent avec les seules armes dont ils disposent : la discussion, les requêtes, les contestations. Cette volonté est remarquable, leur lutte pour leurs droits et leur survie, constante. Quel autre peuple que celui de la dispersion a montré avec plus d'éclat sa détermination de résister aux forces qui tendraient soit à le diminuer, soit à l'exterminer ? Pendant les années qui précèdent la Révolution, et plus encore au moment où ils sentent que les idéaux de liberté triomphent en France, ils en appellent de leurs droits, revendiquent l'égalité. En 1784, après la publication des « lettres patentes », ils disent que leur situation va de pis en pis, que nulle part ailleurs en Europe ils ne sont aussi mal traités. Que ces restrictions à leurs mariages n'ont pas d'autre exemple dans tous les pays du monde ; que la liberté d'entreprendre et de commercer est une illusion puisque le droit de résidence continue à leur être contesté.

L'intendant La Galaizière, le « tuteur légal » des juifs d'Alsace, n'a cure de ce mécontentement. Pour lui, aucun doute : les « lettres patentes » sont destinées à restreindre le nombre des juifs qui vivent dans la province, et cela afin de permettre à ceux qui y resteront de vivre dans des conditions décentes. On n'y parviendra pas autrement qu'en limitant les mariages, et en fermant la porte aux étrangers... Trop souvent, dit-il, ils « sont forcés par la misère à un commerce frauduleux, à des usures énormes et à devenir des recéleurs de tous les effets dérobés... » Il faut les orienter vers des activités utiles, productrices, « ... les travaux de l'agriculture et l'exercice des arts... » Pas question de les laisser s'établir librement. Plus ils sont dispersés, mieux les chrétiens s'en portent. Les vœux de la communauté juive sont paroles inutiles que l'administration royale aura à cœur de ne pas écouter.

M. La Galaizière, maître en antisémitisme en 1784, a son plan pour limiter la reproduction des juifs alsaciens. On restreindrait le nombre des mariages à soixante-douze par an pour une population de dix-huit mille individus. Tout juif surpris à se marier sans l'autorisation royale réglementaire serait expulsé de France, et le rabbin qui aurait béni cette union frappé d'une lourde amende. Enfin, l'intendant d'Alsace imagine un numerus clausus proche de l'esprit du gouvernement de Vichy en 1940 : les juifs ne représenteraient pas, en tous les cas, dans chaque localité, plus de dix pour cent de la population. Là où ce quota ne serait pas respecté, on interdirait les mariages entre juifs.

Les décisions royales de 1784 contenaient pour les juifs d'Alsace un aspect positif : l'abolition du péage corporel. Pour le reste, elles les maintenaient largement dans un état d'exception.

Le « problème juif » ne concernait d'ailleurs, en cette fin du régime monarchique, qu'une faible partie de l'opinion. C'est à peine s'il figurait au programme des novateurs, s'il préoccupait les propagandistes des « idées nouvelles ». Louis XVI avait donc quelque excuse à s'être montré timoré dans ses réformes. L'antique hostilité de l'Église à maintenir autour du « peuple élu » une zone de méfiance sera longue à s'estomper ; en dépit de la parution du premier tome de l'*Encyclopédie*, en 1751, combien de « philosophes », semeurs de contestation à tous vents, continuent d'être les victimes inconscientes de ce vieil atavisme antisémite hérité du Moyen Âge. Voltaire lui-même broda sur les juifs des couplets que ne désavoueront pas les Drumont et les Goebbels.

Il y avait à cette attitude des motifs autres que religieux ou raciaux. L'économie tenait sa place dans l'antisémitisme de la fin du XVIIIᵉ siècle, comme ce sera le cas plus tard et jusqu'à nos jours. Le prêt, l'usure pratiqués par les juifs alsaciens alimentaient dans la population chrétienne une rancune souvent exagérée, mais tenace.

Or le « problème juif » était ressenti en Alsace en raison de l'importance de la communauté, de son rôle dans l'économie, mais également, pour les juifs alsaciens, par l'état de déchéance civique dans lequel ils étaient relégués. On était en définitive en présence d'un phénomène typiquement local, régional, que l'élite politique, intellectuelle française percevait assez mal. Dans le Sud-Ouest, les juifs – émancipés – et moins spécialisés dans le prêt d'argent, proportionnellement moins nombreux par rapport à la population chrétienne, ne soulevaient pas de cas particuliers. Ceux du Comtat Venaissin n'étaient pas encore rattachés à la France. Ailleurs, ils ne formaient que des îlots clairsemés.

Avant la Révolution – entre 1784 et 1789 –, les juifs sont en France un peu moins de quarante mille sur une population de vingt-six millions d'habitants. Une infime minorité, une goutte d'eau dans un fleuve, 0,09 pour cent de la population. Cette faiblesse numérique explique l'indifférence que l'on montre à leur sort, mais en même temps leur concentration en des points très localisés du territoire, leur rôle économique, la tradition d'antisémitisme, d'hostilité dans certaines des provinces où ils sont établis donnent la clé des difficultés qui seront à surmonter pour les libérer de leurs entraves.

Quarante mille : dans ce chiffre, les « Alsaciens » se taillent la part dominante. Ils sont entre vingt et vingt-cinq mille. À Metz, trois mille cinq cents, quatre mille dans le reste de la Lorraine. Cela forme pour le groupe de l'Est – les ashkénazes – une masse d'environ trente mille âmes. Dans le Sud-Ouest, ils sont deux mille trois cents à Bordeaux, mille deux cents à Saint-Esprit-Bayonne. On en compte deux mille cinq cents à Avignon et le Comtat Venaissin, mais cette région ne sera définitivement rattachée à la France qu'en 1791. Ils sont à Nice (qui sera annexée en 1793) un peu plus de deux cents. À Paris, en 1789, on en dénombre environ cinq cents. Sur le reste du territoire national, ils sont pratiquement inexistants.

Ces communautés vivent sous un régime différent et s'ignorent entre elles. Entre ashkénazes de l'Est et séfarades du Sud-Ouest, l'absence de contacts est totale. Confrontés dans le creuset commun que deviendra Paris à la suite de l'immigration massive qui se produira en direction de la capitale, ashkénazes et séfarades continueront de s'ignorer. Pendant longtemps encore la barrière de méfiance sera telle que les mariages entre les membres des deux communautés seront chose inconcevable. Au XIXe siècle, lors des grandes vagues d'immigration d'Europe centrale, méfiance et ignorance seront au bord de l'hostilité.

À part des efforts de libéralisation sous Louis XVI, les juifs d'Alsace sont légalement des parias. Dans leurs cahiers de doléances, dont nous aurons à reparler, ils signaleront qu'ils sont soumis à des empêchements pour exercer librement les arts et métiers et cultiver les terres, que le droit de s'établir dans l'endroit de leur choix leur est toujours refusé, que l'interdiction d'employer des domestiques chrétiens les gêne dans l'agriculture, qu'ils ne sont pas libres de se marier comme ils veulent, qu'ils sont constamment exposés à subir injures, quolibets et « épithètes flétrissantes », en particulier « dans les plaidoyers, actes, significations » publics. En Alsace, affirmera leur avocat à l'Assemblée nationale, l'abbé Grégoire, les juifs sont « soumis aux mêmes péages que les animaux », à des impôts exorbitants : « droits de réception », d'habitation, capitations, etc. Ils sont dans leur grande majorité très pauvres : brocanteurs et colporteurs, fripiers, maquignons et marchands de grains pour quelques-uns, trafiquants et intermédiaires en immobilier (le droit de propriété leur est interdit), prêteurs sur gages et « banquiers ». Mais les mendiants sont nombreux, qui vivent aux frais de la communauté.

Économiquement, les juifs de Metz ne sont guère plus favorisés. Là aussi, ils se sont spécialisés dans le prêt à intérêt et sur gages. Ce droit leur est reconnu, ils sont autorisés à prendre des hypothèques sur immeubles. Les intérêts attachés à leurs prêts sont allés jusqu'à vingt pour cent mais le Parlement de Metz les a progressivement réduits. Fréquemment, ils sont l'objet de recours en justice de leurs débiteurs mais ils n'ont pas à se plaindre des sentences du Parlement de la ville qui tranche les différends avec le maximum d'équité pour l'époque.

La spécialisation des juifs messins dans le prêt à intérêt a les mêmes motifs qu'ailleurs : les chrétiens n'ont pas le droit de le pratiquer. D'autre part, la présence à Metz d'une importante garnison offre aux juifs une clientèle de choix pour le prêt à intérêt. Les officiers, qui doivent subvenir à leurs frais d'équipement, et qui vivent volontiers « au-dessus de leurs moyens », font appel aux « usuriers ». Les « usuriers » juifs sont cependant en minorité. À la veille de la Révolution, la communauté juive de Metz est pauvre, elle a dû contracter des emprunts très lourds pour faire face aux impôts de la ville. Une pauvreté aux confins de la misère : si l'on souhaite une définition des conditions économiques des juifs de France jusqu'à la Révolution française, il n'en est sans doute pas de plus exacte.

Les juifs de Lorraine, dont le sort avait été fort amélioré par Stanislas Leszczynski, roi de Pologne, n'ont qu'à se féliciter du rattachement de la province à la France, en 1766. L'abolition du péage corporel, décidée par Louis XVI en 1784 et enregistrée par le Parlement de Nancy, incite les familles juives à venir s'installer de plus en plus nombreuses dans les villes lorraines. Les communautés juives de Nancy et de Lunéville se développent. Celle de Lunéville, où deux familles seulement étaient autorisées à résider selon l'« état général » de 1753, devient particulièrement prospère. La synagogue est construite en 1785. À Nancy, le culte israélite a son temple en 1788. Dans les deux villes, les juifs achetaient des maisons, et des biens-fonds à la campagne. Ils commerçaient librement, leurs volontés testamentaires étaient légalement reconnues.

Une famille juive, celle des Berr à Nancy, possède une manufacture d'étoffes de laine, drap et serge.

Les tentatives généreuses de Malesherbes

Les hommes politiques de la monarchie finissante ne sont pas restés insensibles au « problème juif », et plus précisément à la condition des juifs d'Alsace. Les lettres patentes de 1784 traduisent la préoccupation du pouvoir central devant un malaise auquel il ne reste pas étranger... mais qu'il résout avec un sens très approximatif de la justice telle que nous l'entendons aujourd'hui. Depuis 1784, l'idée de libéralisation a fait son chemin. Malesherbes va tenter de présenter à Louis XVI une solution équitable, et d'ensemble, mais les événements de 1789 vont couper court à la tentative d'émancipation sous la monarchie.

En portant son choix sur Malesherbes et Turgot, Louis XVI avait montré un désir de réforme qui, s'il avait été persévérant, aurait peut-être préservé son trône. L'erreur du petit-fils de Louis XV – erreur qu'il paiera très cher – aura été de sacrifier les deux ministres réformateurs à la cabale des privilégiés.

D'abord président de la Cour des aides – qui avait à juger des affaires relatives aux impôts indirects –, Malesherbes fut ensuite directeur de la « librairie ». La première de ces hautes responsabilités le mit en face du problème de la perception de l'impôt et lui fit prendre conscience de la mauvaise utilisation des fonds publics qu'il dénonça sans ambages. Directeur de la « librairie » – en quelque sorte responsable suprême des Lettres françaises –, il donna la mesure de son libéralisme malgré le carcan qui enserrait les modes d'expression de la pensée à la fin du règne de Louis XV et à l'avènement de Louis XVI. La France vivait à l'heure de la lettre de cachet qui livrait les personnes à la discrétion du pouvoir, la presse et l'édition étaient jugulées, la liberté de conscience non reconnue. Chargé de surveiller les journaux et les écrits, Malesherbes déploya des efforts méritoires pour sauver des libertés ce qui pouvait l'être. En prévenant Diderot qu'il allait être arrêté, il lui permit de mettre ses documents à l'abri et sauva l'*Encyclopédie* ; non seulement, mais c'est à la « librairie » du roi, sous la protection du ministre éclairé, que toute la documentation, les écrits de *Jacques le Fataliste* trouvèrent l'asile le plus sûr.

Malesherbes s'attaqua également au problème, non moins fondamental, de la liberté de conscience. La révocation de l'édit de Nantes par Louis XIV – le 22 octobre 1685 – avait mis fin à la liberté de culte des « réformés » et aux garanties qu'ils avaient obtenues sur le plan civique. Pour les juifs, nous avons vu que les tolérances du Roi-Soleil ne portaient que sur une infime minorité d'individus et que l'attitude de Louis XV s'inscrivit même en retrait. Le décret d'expulsion de Louis XIII restait toujours valable, en ce qui concerne les provinces définitivement dépendantes de la couronne de France.

La révocation de l'édit de Nantes eut sur les protestants de France des effets comparables aux décrets d'expulsion contre les juifs sous Philippe le Bel et Charles VI. Quelque cinq cent mille huguenots quittèrent le royaume pour des terres étrangères où ils ont laissé des traces vivantes. Pendant le règne de Louis XV, en 1746, deux cents protestants étaient condamnés, rien que par le Parlement de Grenoble, soit aux galères, soit à la prison, pour avoir osé continuer à célébrer leur culte. En 1762, le parlement de Toulouse ordonnait la pendaison d'un pasteur qui exerçait son ministère en dépit de l'interdiction ; trois jeunes gens furent décapités pour avoir prétendu répliquer à une agression de catholique en furie. À Toulouse encore, en cette même année 1762, le commerçant Jean Calas fut supplicié parce qu'il était accusé d'avoir assassiné son fils pour l'empêcher d'abjurer le protestantisme. Il fut réhabilité en 1765, grâce à la célèbre défense de Voltaire, après qu'il eut été reconnu que son fils s'était suicidé. Pierre-Paul Sirven, de Castres, qui était accusé d'avoir fait mourir sa fille pour les mêmes motifs, dut son salut à la fuite, et sa réhabilitation, cinq années plus tard, à la campagne courageuse du « patriarche de Ferney ».

Dès 1771, Malesherbes avait conseillé à Louis XV de convoquer les États généraux. En 1787 il obtient que les protestants retrouvent l'état civil ; c'est une première étape, la seconde sera la liberté du culte, décrétée par l'Assemblée nationale révolutionnaire. Lorsque Malesherbes s'intéresse aux juifs de France, une même préoccupation l'anime : ouvrir une fenêtre sur la liberté dans une société encerclée par les interdits. L'histoire se fait légende pour relater les circonstances dans lesquelles Louis XVI aurait été amené à intéresser son ancien « ministre » à la condition des juifs du royaume. Or la légende, qui donne le beau rôle au monarque, oublie que celui qui avait dirigé sa « librairie » avait fourni, bien avant cet épisode, des preuves de son attachement aux libertés fondamentales.

La scène de passe en 1787. Cette année n'est certainement pas le fait du hasard puisqu'elle est celle de l'acquisition, par les protestants, d'un état civil dont on les avait dépossédés. Voilà par conséquent qui accréditerait la véracité de ce trait de la petite histoire sur les juifs de France. Louis XVI, ce jour-là, part à la chasse, entouré d'une cour nombreuse. Le roi et son entourage sont de très bonne humeur ; ils chevauchent, non loin de Versailles, sur l'allée de Rocquencourt lorsqu'ils aperçoivent un groupe d'hommes étranges : quatre d'entre eux, aux traits orientaux très accusés, portent sur leurs épaules un cercueil recouvert d'un drap grossier. Une petite troupe suit, qui psalmodie des cantiques dans une langue étrangère. Le roi demande que l'on s'arrête et au capitaine des gardes de s'informer de l'origine des promeneurs funèbres. Ce qu'il fait, pour fournir à Louis XVI ces explications : « Ce sont des juifs, tels que nous en voyons venir trafiquer d'or et d'argent à Versailles, Sire... J'ai compris qu'ils allaient à Montrouge porter en terre le corps de l'un des leurs dans le cimetière du lieu... »

Très impressionné par ce spectacle de grande tristesse, Louis XVI aurait demandé à Malesherbes, qui s'occupait alors des protestants, de se pencher sur le sort des juifs les plus défavorisés du royaume.

Il paraît bien, en effet, que l'initiative vienne de Louis XVI lui-même. L'époux de Marie-Antoinette a peut-être été marqué par la décision de l'empereur Joseph II d'Autriche d'émanciper les juifs. La « Toleranzpatent » de Joseph II, qui libérait les juifs des possessions autrichiennes des interdits qui les frappaient, a certainement été commentée à la Cour de France. À Berlin, le philosophe Mendelssohn – juif dont la pensée rayonne – sert d'exemple, devient le point de référence. Les « esprits éclairés » reprennent, à travers lui, intérêt à un peuple dispersé, persécuté, maintenu dans l'Europe entière dans l'asservissement. Naphtali Herz Wessely, disciple du philosophe, fort engagé dans la lutte pour la « Toleranzpatent », a dans un livre aux idées novatrices, *Divre Shalom Ve-Emet* – « Mots de paix et de vérité » –, énoncé les principes qui pourraient ouvrir la voie à une entrée des juifs d'Europe dans la vie moderne, et les arracheraient à leur traditionalisme figé. Mirabeau est, en France, l'un des premiers touchés par les idées que propagent les proches de Mendelssohn sur l'émancipation des juifs.

Malesherbes, toujours prêt à se dévouer pour la justice en un temps où elle réclamait ses droits, se mit au travail en rassemblant une documentation importante. Il voulut, par l'étude des faits et des documents, connaître toutes les données du problème qu'on lui demandait de résoudre. Un aréopage de juristes fut réuni à son initiative, parmi lesquels Lacretelle, l'avocat qui s'était fait le porte-parole des juifs de Thionville. Il décida ensuite de consulter les représentants les plus autorisés des communautés juives de France : pour Paris, Jacob Lazard et Jacob Trénel ; pour Bordeaux, Furtado et Gradis ; pour Bayonne, Fonseca ; Cerf-Berr pour l'Alsace ; Berr Isaac-Berr pour Nancy et la Lorraine.

Réunis autour de l'ancien ministre de Louis XVI, les « députés » exprimèrent leurs points de vue. Des divergences apparurent alors : les « Bordelais », excipant des avantages qu'ils avaient acquis, affirmèrent qu'ils n'étaient pas partisans de les abandonner pour se voir compris dans une loi générale qui les abolirait. Cerf-Berr prit la parole pour les Alsaciens, saisissant l'occasion de renouveler leurs revendications et prêchant au contraire pour l'adoption d'un texte libéral, applicable à toutes les communautés, dans le respect de l'originalité de chacune. Au mois de juin 1788, Malesherbes transmit à Louis XVI les résultats des débats. On ne connaîtra jamais la réponse du roi.

Cependant, des émeutes antijuives ont éclaté en Lorraine au début de cette année 1788 ; dans l'est de la France, les municipalités dont les juifs dépendent continuent à les maintenir dans un état d'exception. Le 23 février 1788, à la suite de l'augmentation du prix du pain, qui est passé à un sou de plus par miche de seize livres, la population de Lunéville, puis celle de Pont-à-Mousson, descendent dans la rue. À Nancy, les greniers à blé de la famille Berr sont pillés. On accuse les juifs d'être responsables de la hausse. Les vitres des demeures de plusieurs familles israélites sont brisées. Des renforts de soldats sont envoyés dans les villes lorraines pour rétablir l'ordre. Toujours en Lorraine, les familles de Lixheim et de Sarreguemines sont molestées et chassées de leurs maisons. Des coups de feu sont tirés dans les synagogues.

L'hostilité de la population et des municipalités est plus tenace encore en Alsace ; elle persistera pendant plusieurs années. À Langensoultzbach, Mutzig, les municipalités empêchent les juifs de s'établir ou les expulsent. À Gottershausen, on leur impose un péage pour les convois funèbres. À Osthoffen, Fegersheim, Odratzheim, les municipalités s'opposent à des mariages juifs. À

Obernai, un nouveau-né est arraché à ses parents et baptisé de force. À Itterswiller, un autre est également baptisé, soustrait à ses parents et envoyé à l'hospice des « enfants trouvés » de Strasbourg.

Louis XVI a convoqué les États généraux en décembre 1788. Les représentants, qui formeront bientôt l'Assemblée constituante, transmettent alors au roi les cahiers de doléances de leurs électeurs. De nombreuses plaintes contre les juifs apparaissent dans les cahiers d'Alsace et de Lorraine. Parmi les trente articles des cahiers de la noblesse de Nancy, en 1789, figure ce vœu que « les juifs ne puissent prêter que par acte public, conclu devant notaire, et qu'ils soient ramenés au nombre fixé par les ordonnances... » L'évêque de Nancy La Fare, député de Lorraine aux États généraux – reprenant les griefs exposés dans les cahiers –, sera à l'Assemblée l'un des opposants les plus déclarés à la jouissance par les juifs de la « plénitude des droits de citoyens actifs ».

Les électeurs du tiers état de Mirecourt et de Bouzonville expriment le même souhait sur les formalités légales des prêts consentis par les juifs. Le clergé de Dreuze, la noblesse de Mirecourt, les trois ordres de Fénétrange demandent des mesures sévères contre les « usuriers ». De même, le tiers état d'Haguenau, le clergé de Boulay, les trois ordres de Fénétrange se plaignent de la « multiplication excessive » des juifs dans leur région et suggèrent qu'on y mette un frein. Le tiers d'Haguenau propose que les mariages entre juifs soient soumis à l'autorisation des États provinciaux, le clergé de Boulay que le nombre des familles juives soit limité pour chaque localité. Par contre, la noblesse de Paris se prononce, dans ses cahiers, en faveur d'une amélioration de la condition des juifs.

Seuls les « habitants... nés Français ou naturalisés » du tiers état avaient droit de participer aux cahiers de doléances. N'entrant pas dans l'une de ces deux catégories, les juifs d'Alsace et de Lorraine en étaient donc écartés. Ils intervinrent par l'intermédiaire de leurs représentants. Cerf-Berr se manifesta en premier au nom des Alsaciens. Il écrivit le 9 août 1788 au ministre Necker pour suggérer que ses compatriotes fussent autorisés à participer aux cahiers. Necker ne répondant pas, Cerf-Berr revint à la charge en septembre : « Il est temps, écrivait-il alors au ministre, de sauver une nation qui a toujours donné les plus grandes preuves de fidélité et de zèle pour la patrie et qui a fait le bien toutes les fois qu'on ne l'a pas empêchée. Pourrait-on, oserait-on les condamner sans les entendre ? »

Necker se manifesta enfin ; il suggéra à Cerf-Berr – pour tourner la difficulté – de rédiger non pas un cahier, mais une sorte de mémoire qui serait adressé directement au roi. Le conseil du ministre était sage dans la mesure où il savait que les États généraux n'étaient guère disposés à servir d'intermédiaire pour une requête venant des juifs d'Alsace. Cerf-Berr se mit donc au travail et demanda essentiellement pour les juifs alsaciens : la fin du régime dit des « droits de protection », l'égalité fiscale avec les autres Français ; le libre accès à tous les arts et métiers, la possibilité de cultiver la terre sans entraves, d'employer des domestiques chrétiens aux travaux des champs, de posséder des immeubles ; de s'installer partout, sans restrictions, et sans être contraints de se regrouper en quartiers séparés ; de pratiquer leur culte en totale liberté et de pouvoir sortir de leurs demeures les dimanches et les jours de fêtes chrétiennes ; de se marier comme ils l'entendaient ; de n'être plus exposés à subir les « épithètes flétrissantes » lors des plaidoyers, actes et significations.

L'abbé Grégoire, « avocat » des juifs

Les juifs d'Alsace – qui seront imités par leurs coreligionnaires de Lorraine – n'avaient pas fini de se faire entendre. En attendant, à l'Assemblée constituante, les avocats de l'émancipation totale des juifs de France commençaient à leur tour à donner de la voix.

Premier orateur inscrit sur la « question juive », selon l'expression en usage au Parlement, l'abbé Grégoire, représentant de Lunéville.

C'est un bien curieux destin que celui du défenseur acharné des juifs de France devant la Constituante. Il est né, en 1750, dans une famille de modestes artisans lorrains, à Vého. Sa mère, janséniste, le fait élever par les jésuites. Il se destine à la prêtrise mais lit avec passion les écrivains du XVIIIᵉ siècle : l'attachement à sa foi et cette influence le marqueront toute sa vie du signe de la contradiction.

Le curé de son village et le seigneur local ont rapidement porté à Henri-Baptiste Grégoire l'intérêt que mérite ce jeune garçon curieux d'esprit. Ils l'aident dans ses études, l'encouragent, le guident dans ses lectures, le conseillent dans ses projets de voyages. Il est ordonné prêtre en 1775 et devient curé d'Emberménil.

Grégoire curé d'Emberménil, enfant de Lorraine, a vécu dans la réalité quotidienne le « problème juif ». À côté de la communauté chrétienne, la communauté juive mène une existence séparée, sacrifiant à des rites particuliers qui la rattachent à l'une des plus vieilles traditions religieuses de l'humanité... Spectacle unique, fascinant, pour une imagination juvénile. La réalité juive en Lorraine a un aspect économique qui est à l'origine de presque tous les malentendus : l'usure, les plaintes constantes des paysans qui l'acceptent pour mieux s'en plaindre, l'hostilité permanente de la plus grande partie de la population, l'antisémitisme en un mot.

Pour l'abbé qui a été marqué par l'empreinte janséniste, le peuple juif, élu de Dieu, avait reçu une mission à laquelle il a failli. Il doit rejoindre l'Église qui est elle-même appelée à se réformer. L'Église régénérée se sera débarrassée, en écoutant l'enseignement des philosophes, de l'intolérance qui la paralyse, elle deviendra alors la force dynamique qui offrira une alternative de changement économique et social. Or, observe l'abbé Grégoire, les juifs ne reconnaîtront vraiment le Christ que si l'Église leur donne la faculté d'accéder à la lumière. Les juifs ne seront réellement touchés par les gloires du christianisme que le jour où ils seront libérés de leur servitude. C'est pourquoi l'État se doit de leur accorder l'émancipation civile. Le rôle de l'État ira plus loin : de même que le peuple chrétien sera soustrait à la tyrannie de l'Église, de même le peuple juif échappera au carcan que lui imposent les rabbins. La lutte pour l'assimilation des juifs ne reculera pas devant des moyens de contrainte : les enfants juifs, par exemple, devront apprendre obligatoirement le français dans les écoles.

Quant au peuple chrétien, estime l'abbé Grégoire, il aura à cœur de modifier son attitude à l'égard des juifs. Il demande à ses paroissiens d'Emberménil de se comporter avec tolérance, de témoigner prévenance et amitié à leurs voisins israélites.

L'abbé Grégoire trouve une magnifique occasion d'exprimer ses vues sur la « question juive » : en 1787 et 1788, sur proposition de Roederer, conseiller au Parlement de Metz, l'académie royale des Sciences et des Arts de la ville ouvre un concours sur le thème : « Est-il des moyens de rendre les juifs plus utiles et plus heureux en France ? » La manière de poser le problème est déjà un programme en soi : mettre en doute l'utilité des juifs, n'est-ce pas déjà une accusation ?

Grégoire rédige un *Essai sur la régénération physique, morale et politique des juifs*. Utilité, régénération, on voit que le ton ne change pas. Huit autres concurrents sont en lice. Trois mémoires sont couronnés en 1788 : celui de l'abbé Grégoire, de Zalkind Hourwitz, juif d'origine polonaise employé à la Bibliothèque royale à Paris, et d'un avocat de Nancy, nommé Thierry. Deux des neuf candidats se sont signalés par un déballage d'incongruités antisémites : le magistrat d'Haillecourt, qui propose de déporter les juifs de France en Guyane, et Dom Chais, bénédictin de Saint-Avold. Celui-ci ne suggère rien d'autre que de laisser les juifs dans l'état d'« avilissement » où ils sont. C'est en effet, écrit-il, « la plus constante assurance de la vérité de la religion chrétienne ». Les juifs sont, selon le bénédictin, irrécupérables, des « oiseaux de proie auxquels il faut, sans vouloir les tuer, couper les becs et les serres ».

Les juifs acquerront la vertu quand on leur offrira la faculté de devenir honnêtes. C'est, en gros, la thèse de Thierry et d'Hourwitz ; le point de vue de l'abbé Grégoire n'en est pas éloigné. Les esprits les plus éclairés de la France de la fin du XVIIIe siècle ne se départissent pas de ce raisonnement : les juifs ont des pratiques peu recommandables, c'est un fait que nul ne conteste, mais changeons leurs conditions d'existence, et ils modifieront leur manière d'être. « ... Leur crainte est un fruit de l'esclavage, la misère a flétri leur cœur, le désespoir a provoqué leur aversion et les a conduits à la vengeance. Telle est, écrit "l'avocat" des juifs de France en 1787, la généalogie incontestable de bien des crimes, et la marche presque infaillible de la nature humaine en pareil cas. Mais les torts des juifs, leurs malheurs accusent notre conduite à leur égard... » Si les juifs sont ainsi, affirme le curé d'Emberménil, c'est-à-dire, selon un postulat indiscutable, « mauvais », la faute en revient aux chrétiens : « Nations, s'écrie-t-il, avouez en gémissant que c'est là votre ouvrage ! Les juifs ont produit les effets, vous avez posé les causes : quels sont les coupables ?... »

Et l'abbé Grégoire d'énumérer les « dangers » que recèle la « nation juive ». Les chapitres de son *Essai* sont éloquents. Chapitre x : « Danger de tolérer les juifs tels qu'ils sont, à cause de leur aversion pour les autres peuples, et de leur moralité relâchée... » Chapitre xi : « Danger de tolérer les juifs tels qu'ils sont, à cause de leur commerce et de leurs usures... » Ce trait, en passant : « ... Ce sont des plantes parasites qui rongent la substance de l'arbre auquel elles s'attachent... » « ... On prétend que les juifs

exhalent constamment une mauvaise odeur, affirme très sérieusement le curé d'Embermémil. Cette opinion n'est pas nouvelle : on
la trouve fréquemment dans les auteurs anciens ; et les mêmes
accusations répétées dans tous les âges ont perpétué le même préjugé... » Et d'énumérer les « causes » : « ... La mal-propreté. Leur
genre de nourriture. L'usage d'aliments mal choisis... Le défaut
de croisement dans l'espèce. L'usage de se marier trop jeune... »
L'âge du mariage chez les juifs préoccupe beaucoup l'abbé Grégoire, comme nombre de ses contemporains qui se sont penchés
sur le « problème » : « Cet usage [de se marier trop jeune], écrit-
il, nuisible aux deux sexes qu'il énerve, procure des grossesses
prématurées... qui affaiblissent la mère et son fruit... » Cela frappe
celui-ci du « sceau de la dégradation... » Pour lui, l'excès de multiplication est un fait non niable, et il énumère les mesures prises
par le législateur pour y remédier : en France, sur les juifs d'Alsace, les « lettres patentes » de 1784 créant obligation de l'autorisation royale avant mariage. En Prusse, l'édit de 1722 qui est
identique. Dans la Hesse, l'âge requis pour les filles a été fixé à
vingt ans et pour les garçons à vingt-six. Là, signale-t-il, un seul
enfant est autorisé à rester au foyer, les autres sont contraints d'aller vivre ailleurs...

Dans le chapitre XXV intitulé : « Considérations sur la nature et
les causes des préjugés des juifs... Remèdes à y apporter », l'abbé
Grégoire écrit : « ... Il faut convenir que chez eux on trouve peu
de caractères originaux, rarement ils donnent l'effort à leur esprit...
asservis sous l'emprise des préjugés, égarés dans le sentier téné-
breux des erreurs, ils n'ont guère que des idées empruntées ; et
quelles idées... On sait que, suivant leurs docteurs, les âmes des
adultères doivent transmigrer dans les pourceaux... » L'avenir
répondra à l'abbé Grégoire... sur l'infertilité de l'esprit juif. Le
Talmud est, pour lui, cause de l'arriération morale du peuple juif.
Le Talmud, « ... ce vaste réservoir, j'ai presque dit ce cloaque,
où sont accumulés les débris de l'esprit humain... » « Est-il vrai,
interroge-t-il, que selon le Talmud un juif doit saluer un Chrétien
en le maudissant et lui souhaiter un bon voyage en ajoutant "in
petto" : Comme celui de Pharaon dans la mer, d'Aman à la poten-
ce ? Est-il vrai que selon Maïmonide il faille convertir l'idolâtre
ou le tuer ? Que s'il se noie il ne faille pas le secourir et que ce
soit lui faire grâce que de ne pas le pousser dans le précipice ? »

La répression de l'usure juive est nécessaire, affirme le curé
d'Embermémil, mais attention, le bannissement n'est pas une solu-

tion, on ne guérit pas de la lèpre en chassant les lépreux, on ne fait que propager l'épidémie : « Eh bien, leurs usures sans contredit doivent être supprimées, mais le droit de punir les coupables n'est pas celui de les bannir. Et par quel droit en effet mettrais-je un voleur dans le cas de prendre la bourse des autres, de peur qu'il ne m'arrachât la mienne ? »

L'*Essai* de l'abbé Grégoire s'achève par un appel à la réconciliation : « Enfants du même père, dérobez tout prétexte à l'aversion de vos frères, qui seront un jour réunis dans le même bercail ; ouvrez-leur des asiles où ils puissent tranquillement reposer leurs têtes et sécher leurs larmes et qu'enfin le juif, accordant au Chrétien un retour de tendresse, embrasse en moi son concitoyen et son ami... »

Bien, mais pour « régénérer » les juifs, que propose le réformateur ? Par exemple... de supprimer les rabbins « dont l'entretien est très dispendieux ». On en garderait quelques-uns, éventuellement, mais « on s'assurera de leur science et de leurs principes, on dirigera vers le bien politique et moral leur enseignement dans la synagogue ». Les traditions ne méritent pas d'être conservées, car elles « excitent tout au plus le rire de la pitié... » On créera dans les grandes villes des monts-de-piété dont les prêts sur gages remplaceront les prêts usuraires des juifs, on contraindra les juifs à ne vendre qu'à prix coûtant, on annulera les créances juives sur les chrétiens. La pratique des arts et des métiers sera encouragée. « Il est abusif d'assigner aux juifs des quartiers séparés, il faut les disperser parmi les Chrétiens » pour mieux effacer leur particularisme.

Le « régénérateur » des juifs de France n'envisage en somme que des moyens de contrainte et ses projets constituent un magnifique répertoire à l'usage de l'antisémitisme. « Rallier » les juifs au christianisme et réaliser l'assimilation en détruisant la « nation juive » sont ses objectifs radicaux. Dans ces conditions, il peut paraître plaisant de constater que l'abbé Grégoire ait été considéré pendant longtemps comme le « libérateur » des juifs de France. Ses panégyristes avaient négligé ses intentions et le but qu'il s'était assigné pour ne regarder que le résultat. Eurent-ils tout à fait tort ? Assurément, si l'on ne veut retenir du curieux abbé qu'une sainte image de combattant en faveur des opprimés. Les arrière-pensées du curé d'Emberménil étaient évidentes, mais ses « accusateurs » seraient bien inspirés de rappeler qu'il sut montrer en faveur des « hommes de couleur » des colonies françaises un beau courage, à une époque où il n'était guère courant de dénoncer l'iniquité raciste.

Le résultat ne fut qu'incomplètement celui que l'abbé Grégoire recherchait. Les juifs de France ne furent pas « détruits » en tant que nation particulière, privée de son originalité, mais en tant que juifs, et reconnus comme tels, ils cessèrent d'être légalement des étrangers dans la nation française. L'abbé Grégoire fut en définitive l'un des promoteurs les plus efficaces de leur émancipation.

Pratiquement inconnu, Grégoire arrive en mai 1789 à Versailles, pour représenter aux États généraux le clergé du diocèse de Nancy. Ses préoccupations vont alors vers le bas clergé, où fermentent des revendications contre l'autorité des évêques, et bien entendu vers les juifs. Il aimerait en être l'interprète. L'abbé Grégoire est réellement, dans cette France touchée par les idées neuves, en pleine mutation politique, le porte-parole des minorités.

Grégoire deviendra l'un des secrétaires de l'Assemblée nationale, mais en attendant il mesure les préjugés dont les juifs sont victimes chez les « représentants du peuple ». Beaucoup de parlementaires alsaciens redoutent, quand ils ne sont pas carrément antisémites, que des mesures favorables aux juifs n'indisposent leurs électeurs, dont ils connaissent les opinions. Ils savent qu'en pays d'Alsace la vieille hostilité contre les juifs n'a pas désarmé, qu'elle peut à tout moment se rallumer. Dans le courant de l'été 1789, des émeutes paysannes se produiront en Alsace, il suffit d'une petite étincelle pour mettre le feu aux poudres ; la « question juive » est certainement l'une des plus explosives.

De nombreux cahiers de doléances provenant de l'est de la France – nous l'avons vu – ont traduit une méfiance, une hostilité profondes à l'égard des juifs. À Paris, les cahiers leur sont plutôt favorables, mais ils n'ont qu'un poids modeste compte tenu de la faiblesse numérique des juifs dans la capitale, environ cinq cents au moment de la Révolution. Cette position n'est donc pas significative. Pour le reste, c'est dans l'ensemble de l'Assemblée l'indifférence pour un problème qui ne concerne qu'une partie du territoire français. De toute manière, l'hostilité déclarée des traditionalistes catholiques, qui n'ont pas pardonné au « peuple déicide », rejoint la méfiance des anticléricaux qui dénoncent l'obscurantisme du peuple de la « religion du Livre ». Terrain bien peu favorable pour l'abbé Grégoire...

Cela ne le décourage pas de déclencher l'offensive. Quelques jours avant que Cerf-Berr ne s'adresse à Necker au nom des juifs alsaciens, l'abbé Grégoire, le 3 août 1789, pose le problème devant l'Assemblée constituante. « ... J'ai toujours pensé, déclare-t-il, qu'on pourrait recréer ce peuple, l'amener à la vertu, et partant au bonheur... » Il reprend le terme de « régénération » et s'écrie : « Ministre d'une religion qui regarde tous les hommes comme frères, je réclame dans cette circonstance l'intervention du pouvoir de l'Assemblée en faveur de ce peuple proscrit et malheureux... »

L'évocation des malheurs des juifs de France (Grégoire pense essentiellement aux Alsaciens-Lorrains) n'émeut guère l'Assemblée. Cependant, dix-neuf jours plus tard, le 22 août, la question soulevée par le représentant du clergé de Nancy rebondit à l'occasion de la discussion de l'article 10 de la Déclaration des droits de l'homme. Cet article prévoit : « Nul ne doit être inquiété pour ses opinions, même religieuses, pourvu que leur manifestation ne trouble pas l'ordre établi par la loi. » Une discussion serrée s'engagea. Pour les représentants du clergé, la prééminence de la religion catholique devait être reconnue, et les autres cultes admis seulement à titre dc « tolérance ». Mirabeau répliqua que la « tolérance » devenait alors synonyme de tyrannie ; il rejeta l'interprétation du clergé, demanda l'adoption pure et simple de l'article 10. Un député protestant – Rabaud Saint-Étienne – intervint dans le même sens. Pour les protestants de France, qui avaient eu à souffrir de l'intolérance et qui avaient enduré, comme les juifs, les jours sombres de la persécution, la Déclaration des droits de l'homme excluait à jamais le retour de l'obscurantisme. Ils ne pouvaient que se sentir solidaires des juifs de France. C'est bien ce qu'exprima Rabaud Saint-Étienne dans son intervention. En 1940, les voix les plus autorisées du protestantisme français s'élèveront contre les persécutions qui frapperont les juifs de France. Cent cinquante ans plus tard, le pasteur Boegner, s'indignant auprès du maréchal Pétain, ne se fera-t-il pas l'avocat de la même cause que le député Rabaud Saint-Étienne à la tribune de l'Assemblée nationale ? « Il est temps, déclarait avec force Rabaud Saint-Étienne, de briser les barrières injustes qui séparaient les juifs de nous, et de leur faire aimer une patrie qui les proscrivait et les chassait de son sein... »

À leur tour, les juifs de Metz s'adressent à l'Assemblée. Au début du mois de septembre 1789, s'appuyant sur la Déclaration des droits de l'homme qui a été définitivement adoptée, ils demandent la liberté de leur culte, de pouvoir s'installer partout, sans restrictions, la fin des taxes particulières auxquelles ils sont assujettis, en un mot la complète jouissance des droits de citoyens.

Les juifs protégés par la loi

28 septembre 1789 : cette date est à marquer d'une pierre blanche dans l'histoire des juifs de France. C'est la première grande victoire légale des juifs alsaciens. Le débat à propos des juifs a en effet repris à l'Assemblée. Le comte de Clermont-Tonnerre, député de la noblesse, parle en leur faveur : « Je demande que Monsieur le Président [de l'Assemblée constituante] soit autorisé à mander aux municipalités et aux officiers publics de la province d'Alsace que l'Assemblée mette la personne et les biens des juifs sous la protection de la Loi, et je désire qu'il soit enfin reconnu qu'un homme, quand bien même il ne serait pas citoyen, ne soit pas impunément égorgé... »

Les députés décident au cours de la même séance que la Déclaration des droits de l'homme s'appliquera sans réserves à tous les habitants de France. Les juifs, précise-t-elle, seront bien sous la protection de la Loi. Ils échappent ainsi à la justice locale, les officiers royaux seront responsables de leur sécurité. Une lettre adressée aux communes d'Alsace et de Lorraine les informe de cette décision[1].

Première victoire, mais tout n'est pas joué. Deux années seront nécessaires avant que les juifs ne soient considérés comme des citoyens à part entière. Ils continuent donc le combat. Ils unissent leurs efforts. Les représentants d'Alsace, de Lorraine et des trois évêchés demandent à être entendus par l'Assemblée après avoir remis une pétition que signent deux Messins, Louis Wolf et Mayer Cahen ; deux Alsaciens : Sintzheim et Seligman Wittersheim ; deux Nancéiens : Mayer Marx et Berr Isaac-Berr lui-même. Berr est d'ailleurs admis à la barre de l'Assemblée. Pour la première fois, un juif de France parle à l'Assemblée nationale le 14 octobre de cette année 1789. Un événement sans précédent. Il aura d'illustres successeurs. Berr Isaac-Berr émeut les représentants du peuple : « Puissions-nous vous devoir une existence moins malheureuse que celle à laquelle nous sommes condamnés, leur

---

1. Elle sera concrétisée par un décret de l'Assemblée nationale en date du 16 avril 1790 : voir annexe 4.

dit-il ; puisse le voile d'opprobre qui nous couvre depuis si long-temps se déchirer enfin sur nos têtes ! Que les hommes nous regardent comme leurs frères, que cette charité divine, qui vous est si particulièrement recommandée, s'étende aussi sur nous, qu'une réforme absolue s'opère dans les institutions ignominieuses auxquelles nous sommes asservis, et que cette réforme, jusqu'ici trop inutilement souhaitée, que nous sollicitons les larmes aux yeux, soit votre bienfait et votre ouvrage... »

Pas à pas, dans le cadre des travaux de l'Assemblée constituante, les droits des juifs progressent. Le 21 décembre 1789, les députés sont appelés à débattre des fonctions d'État, civiles et militaires, et de l'éligibilité. La question posée est de savoir si les non-catholiques seront admis dans la fonction publique, dans l'armée, s'ils seront éligibles.

Une fois de plus, Clermont-Tonnerre intervient et propose à l'Assemblée de voter le texte qui suit : « Aucun citoyen actif, réunissant les conditions d'éligibilité, ne pourra être écarté du tableau des éligibles, ni exclu d'aucun emploi public à raison de la profession qu'il exerce ou du culte qu'il professe... »

La proposition du représentant de Paris est accueillie par de vives rumeurs à droite de l'Assemblée. Sur un sujet aussi brûlant pour l'époque, on sent les députés très partagés... malgré la prise de la Bastille, et la nuit du 4 août qui n'est pas si loin ! Les métiers discutables sont ceux de comédiens, qui ne sont toujours pas considérés comme des citoyens à part entière, et les « Exécuteurs des arrêts criminels », c'est-à-dire des bourreaux. L'exclusive sur le culte, la religion concerne les juifs mais aussi les protestants.

Les députés antisémites d'Alsace-Lorraine sentent passer près d'eux le boulet que vient d'envoyer le comte de Clermont-Tonnerre. Mgr de La Fare, évêque de Nancy, l'abbé Maury, s'agitent sur leur banc. Rewbell, député de Colmar, manifeste des signes d'impatience. Il se lève et interpelle Clermont-Tonnerre : « Ce texte, demande-t-il, concerne-t-il les juifs ? » Le comte de Clermont-Tonnerre n'hésite pas un instant, rétorquant : « Oui, Monsieur, et je m'en fais gloire ! » Rewbell sollicite la faculté de monter à la tribune ; il explique son opposition au projet du député de Paris : les juifs, dit-il en substance, ne sont pas citoyens. Ils rejettent la citoyenneté française, ils se mettent d'eux-mêmes hors de cet honneur parce qu'ils se retranchent, par leur Loi et leurs coutumes, de l'ensemble de la communauté. Ils ne sont pas des citoyens en pleine possession de leurs moyens, donc ils ne peuvent être admis aux fonctions publiques.

Le débat se prolonge jusqu'au 23 décembre. Ce jour-là, plus que jamais, les juifs sont sur la sellette. Des orateurs prestigieux interviennent, comme Robespierre, Mirabeau, comme Barnave, Regnault de Saint-Jean-d'Angély favorables aux juifs ; mais également les représentants d'Alsace et de Lorraine, l'abbé Maury, La Fare.

Et Clermont-Tonnerre, toujours sur la brèche. Obstiné, éclairé, courageux. Il tient la vedette à la Constituante dès qu'il faut croiser le fer pour la défense des minorités. Alors, les arguments s'entrecroisent, les points de vue s'affrontent. Jamais les juifs n'ont tellement retenu l'attention devant une assemblée française.

Le comte de Clermont-Tonnerre s'explique sur l'« usure juive » : « ... Des hommes qui ne possèdent que de l'argent ne peuvent vivre qu'en faisant valoir cet argent, affirme-t-il, or vous les avez toujours empêchés de faire autre chose... Voilà le mal... Qu'ils aient des terres et une Patrie, et ils ne prêteront plus... Voilà le remède !... » Il s'attaque, durement, au concept de « nation juive ». Les juifs doivent se fondre dans l'entité nationale française : « ... Il faut tout refuser aux juifs comme Nation, et accorder tout aux juifs comme individus ; il faut méconnaître leurs juges, ils ne doivent avoir que les nôtres... Il faut qu'ils ne fassent dans l'État ni un corps politique, ni un ordre ; il faut qu'ils soient individuellement citoyens... » Le député de la noblesse prône donc la solution d'une assimilation totale, l'abandon de tout particularisme juif. Il ne s'embarrasse pas de circonlocutions : « ... On prétend qu'ils ne veulent pas l'être [citoyens] ; eh bien, s'ils ne le veulent pas, qu'ils le disent, et alors qu'on les bannisse ! »

Mais le comte de Clermont-Tonnerre, lui, ne veut pas douter de la sincérité de ces juifs alsaciens-lorrains qui sont venus témoigner à la barre de l'Assemblée : « ... La loi doit reconnaître un titre que le préjugé seul refuse... Il faut s'exprimer clairement sur leur sort... » « ... Vous taire serait le pire des maux, lance-t-il aux députés de la Constituante, ce serait avoir vu le bien et n'avoir pas voulu le faire, ce serait avoir connu la vérité et n'avoir pas osé la dire ; ce serait enfin asseoir sur le même trône les préjugés et la loi, l'erreur et la raison... »

L'avocat des juifs redoute que l'Assemblée répugne à se prononcer : craintes fondées... On sent ici et là un flottement, une hésitation planant sur les bancs, que beaucoup de réticences sont encore à vaincre. Robespierre se mêle au débat : « ... Les vices des juifs naissent de l'avilissement dans lequel vous les avez plongés ; ils seront bons, quand ils pourront trouver quelque avantage à l'être... »

À l'Assemblée, les adversaires contre-attaquent

Maintenant, les adversaires. L'abbé Maury. Selon la logique de l'antisémitisme, il fait remonter aux calendes l'hostilité des peuples. « ... Depuis le règne de Charles le Chauve, empoisonné par son médecin Sédécias, et qui donna l'état civil aux juifs, ils ont été chassés et rappelés sept fois... » Argument également classique de l'antisémitisme : peuple inassimilable : « ... Les juifs ont traversé dix-sept siècles sans se mêler aux autres nations... » Usuriers, commerçants, exploiteurs, improductifs : « ... Ils n'ont fait jamais que le commerce de l'argent ; ils ont été les fléaux des provinces agricoles, aucun d'eux n'a su ennoblir encore ses mains en dirigeant le soc et la charrue... »

L'abbé Maury en vient à l'Alsace : « Ils possèdent douze millions d'hypothèques sur les terres. Dans un mois ils seraient propriétaires de la moitié de cette province ; dans dix ans, ils l'auraient entièrement conquise, et elle ne serait plus qu'une colonie juive... »

Enfin, le distinguo bien connu : des persécutions ? point. Mais des hommes comme les autres avec les mêmes droits : non ! « ... Ils ne doivent pas être persécutés, consent l'abbé Maury, ils sont des hommes, ils sont nos frères ; et anathème à ceux qui parleraient d'intolérance. Nul ne peut être inquiété pour ses opinions religieuses : vous l'avez reconnu, et dès lors vous avez assuré aux juifs la protection la plus étendue. Qu'ils soient donc protégés comme individus, et non comme français, puisqu'ils ne peuvent être citoyens... »

La Fare, évêque de Nancy, développe des arguments voisins : « ... Ce peuple arraché de la terre de ses ancêtres, dispersé sur tout le globe, en butte à la persécution, à des outrages et des injustices de toute espèce, traverse depuis dix-sept cents ans les générations des autres peuples sans jamais s'allier ni se fondre avec elles. Tandis que la science du monde se renouvelle sans cesse autour de lui, vainqueur des efforts des siècles qui le poussent et le pressent, il résiste à leur entraînement et transporte avec lui, sans altération, sa religion, ses lois, ses mœurs et ses préjugés. Au sein des États, qui ont recueilli les membres errants de ce peuple dispersé, on le voit constamment un peuple particulier et distinct. Il a sa constitution, ses lois, ses rabbins et ses chefs pour l'ordre civil et religieux... »

« C'est un étranger, poursuit l'évêque de Nancy, à qui pendant le temps de son passage la France doit hospitalité, protection et sûreté. Mais elle ne peut ni ne doit admettre aux emplois publics, à l'administration, aux prérogatives de la famille, une tribu qui, se regardant par-dessus tout comme étrangère, n'adopte exclusivement aucun climat ; une tribu dont la religion, les mœurs, le régime moral et physique diffèrent essentiellement de tout autre peuple ; une tribu enfin dont les yeux se tournent, sans cesse, vers la patrie commune qui doit réunir un jour ses membres dispersés, et qui ne peut vouer en conséquence aucun attachement solide à la terre qui la porte... La sagesse fait au Corps législatif la loi impérieuse de ne point accorder aux juifs, qu'il doit toujours considérer comme étrangers parmi nous, la qualité et les droits de citoyens français et de citoyens actifs... »

« ... Mon cahier, conclut le député de Lorraine, m'ordonne de réclamer contre la motion qui vous a été faite[1]. L'intérêt même des juifs exige cette réclamation. Le peuple les a en horreur ; ils sont souvent en Alsace les victimes de mouvements populaires. Il y a quatre mois, on voulait, à Nancy, piller leurs maisons... » Mgr de La Fare, informé de cette situation tendue, décide, raconte-t-il à l'Assemblée constituante, de se rendre sur le « lieu de la sédition ». Ses électeurs le pressent, l'interrogent ; on lui dit : « ... Oui, Monsieur, si nous venions à vous perdre, nous verrions un juif devenir notre évêque, tant ils sont habiles à s'emparer de tout... » Et le député de Lorraine d'avertir solennellement l'Assemblée : adopter la motion dangereuse du comte de Clermont-Tonnerre serait exposer les provinces de l'est de la France à des incidents graves, et à « de grands désastres ».

« Les non-catholiques qui auront rempli toutes les conditions prescrites dans les précédents décrets, pour être électeurs et éligibles, décidait l'Assemblée, pourront être élus dans tous les degrés d'administration sans exception... Les non-catholiques sont capa-

---

1. Le « cahier », c'est-à-dire les électeurs de Mgr de La Fare et leurs doléances. La « motion » : celle du comte de Clermont-Tonnerre.

bles de tous les emplois civils et militaires comme les autres citoyens... » La partie paraissait donc gagnée pour les juifs de France, les arguments de l'abbé Maury et de l'évêque effacés. C'était se tromper. Les députés de 1789 ajoutaient cette clause restrictive : « Sans entendre rien innover relativement aux juifs, sur l'état desquels l'Assemblée nationale se réserve de se prononcer. » Les protestants étaient donc seuls à bénéficier du décret, les juifs en étaient, jusqu'à nouvel ordre, exclus. Tout était pour eux à recommencer...

L'abstention de l'Assemblée, qui équivalait à une opposition temporaire, barrait la route aux ashkénazes d'Alsace et de Lorraine. Pour les séfarades de Bordeaux et de Bayonne, cette décision... de ne rien décider était plus grave encore car elle remettait tout en question si elle était appliquée à la lettre. Depuis les lettres patentes de 1550, les juifs du Sud-Ouest jouissaient d'un statut particulier. L'application stricto sensu de la résolution de l'Assemblée, qui n'avait pas distingué entre les diverses communautés, équivalait donc à faire reculer les séfarades dans des droits acquis de longue date, et confirmés sous chaque règne depuis Henri II. Ils s'en émurent, bien naturellement, et envoyèrent une délégation à l'Assemblée. Celle-ci, sans probablement s'en rendre compte, avait pris une position d'autant plus paradoxale que les juifs « portugais » avaient participé, comme citoyens disposant de tous les droits civiques, à la désignation des représentants locaux aux États généraux. À Bordeaux, David Gradis, Furtado, Azevedo et Lopès du Bec avaient fait partie du corps électoral.

Talleyrand, représentant du clergé, évêque d'Autun, fut nommé rapporteur de la question devant l'Assemblée. Il fit connaître son point de vue au cours de la séance du 28 janvier 1790. Il montrait que les juifs de Bordeaux « n'ont ni lois ni tribunaux, ni officiers particuliers ». « Ils jouissent, sans limitation, du droit d'acquérir des immeubles, déclarait-il, ils sont soumis aux mêmes impositions que les autres Français ; ils participent aux droits de la bourgeoisie... » Autant de particularités légales qui – remarquons-le – les différenciaient des Alsaciens et des Lorrains. L'évêque d'Autun poursuivait en rappelant que, électeurs pour le choix des députés aux États généraux, ils servaient également dans les milices nationales.

Talleyrand était appuyé par plusieurs autres parlementaires. De Sèze, député de Bordeaux, lui apportait le poids de sa caution. Quel témoignage plus éloquent pour les juifs bordelais que celui

du représentant de leur circonscription ? L'abbé Grégoire interve-
nait aussi, et dans le même sens. Rewbell, le député de Colmar,
dont l'antisémitisme débordait du cadre de sa terre d'Alsace, répli-
quait que la décision de l'Assemblée devait s'appliquer à tous les
juifs de France, que l'on ne pouvait sans risques de contradiction
admettre des exceptions, accorder à certains ce que l'on refusait à
d'autres. Peine perdue et combat d'arrière-garde. Le 28 janvier
1790, l'Assemblée reconnaissait son erreur, décrétait que « ... tous
les juifs connus en France sous le nom de juifs portugais, espagnols et avignonnais continueront de jouir des droits dont ils ont
joui jusqu'à présent... »

Réparation était faite ; cependant, pour les Alsaciens-Lorrains,
les juifs de Paris, les choses restaient dans l'état. En Alsace, la
mentalité n'évoluait guère en faveur de l'émancipation des juifs.
Le 11 avril 1790, par exemple, la commune de Strasbourg vote
une motion hostile à l'admission des juifs comme citoyens actifs,
demande la révision des lettres patentes qui avaient autorisé les
juifs à s'installer dans la ville. Le 10 octobre, la municipalité rappelle qu'elle « défend très expressément aux juifs fréquentant la
ville... de colporter hors du temps des foires, aucuns effets ou
marchandises, pour les vendre, ainsi que de brocanter dans les
rues, carrefours ou maisons particulières ou publiques, à peine
d'amende suivant l'exigence des cas, et de confiscation des dits
effets ou marchandises. Fait également défense aux dits juifs de
se tenir ensemble sur les places, devant les cafés et autres lieux
publics, surtout les jours de fêtes et dimanches ».

La municipalité de Strasbourg invitait enfin « Messieurs les
Administrateurs du département de Police à veiller à l'exécution
de la présente proclamation » et enjoignait « aux inspecteurs et
aux gardes de police de dénoncer les contrevenants et de disperser
les juifs qui se rassembleraient dans les carrefours et sur les places ». Cette proclamation serait « publiée, imprimée et affichée
dans les deux langues, pour que personne n'en ignore ».

Le 8 novembre suivant, le conseil général du Haut-Rhin publiait
un décret interdisant aux juifs de poursuivre le recouvrement de
leurs créances.

Les juifs de Paris sont englobés dans la même réprobation que
leurs coreligionnaires alsaciens. Précisons bien : réprobation
légale, car ils vivent en bonne intelligence avec le reste de la population. Ils sont peu nombreux mais ils se sont élevés à un niveau

social très honorable. L'un des plus remarquables d'entre eux est Zalkind Hourwitz, attaché à la Bibliothèque royale, spécialiste en langues orientales, qui concourut en même temps que l'abbé Grégoire pour le prix de l'académie de Metz. Les plus anciennement installés dans la capitale sont les « Portugais », une cinquantaine. Ils ont noms Mendes, Pereire, Spinosa, Dacosta, Léon, Lopez, etc. Ils sont joailliers, chocolatiers, marchands de soieries. On les trouve dans les quartiers de l'Odéon et de la Sorbonne : rues Saint-André-des-Arts, Mazarine, Saint-Séverin, quai des Grands-Augustins. Ils sont soumis à autorisations de séjour renouvelables et les obtiennent facilement car les certificats de police leur sont toujours très favorables. Les « Avignonnais » – plus nombreux – sont spécialisés dans les soieries et dans les affaires. La première souche véritable des juifs du Comtat Venaissin et d'Avignon est formée des Valabrègue, Vidal, Astruc, Petit. Enfin, les « Allemands » vont rapidement constituer le groupe le plus important. Ils sont alsaciens et lorrains, messins ; ils viennent de Trèves, Francfort, Berlin, de Bavière, des Pays-Bas et déjà de Pologne. Ils se nomment Gitel, Gentel, Vogel, Mindel (ou Mandel) ; ils habitent volontiers dans le quartier Saint-Merri et aux Arts et Métiers.

Les juifs de Paris s'engagent massivement dans le camp révolutionnaire. Le choix politique des juifs de France les plus affranchis les porte, dès l'origine, vers la « gauche ». Réflexe logique d'une minorité malmenée par les siècles. Ils seront nombreux dans les sociétés secrètes imprégnées de l'esprit des droits de l'homme, comme la franc-maçonnerie. La tradition de la Kabbale s'épanouira dans les groupements occultes modernes, eux-mêmes nourris de l'enseignement de la Révolution.

Une centaine de juifs parisiens, la presque totalité des hommes en âge de servir, se sont engagés dans la garde nationale. Ils jouent fréquemment des rôles importants dans les sections révolutionnaires, non seulement comme électeurs, mais comme officiers, assesseurs, etc. Le chirurgien Joseph Ravel est membre du conseil général de la Commune. Les Calmer sont particulièrement engagés et haut placés : Benjamin-Louis est lieutenant du bataillon des Filles de Saint-Thomas. Très dévoué et actif, il est, en septembre 1789, honoré d'un certificat spécial, avant d'être inculpé, puis enfermé à la Conciergerie. Son frère, Isaac, petit cultivateur à Clichy-la-Garenne, est un jacobin ardent. Il devient président du comité de surveillance révolutionnaire de sa localité. Dénoncé sous la Terreur, il est jeté à la prison du Luxembourg et monte sur l'échafaud. Son fils se bat, à dix-huit ans, dans l'armée républicaine engagée contre les chouans.

Jacob Péreyra, manufacturier en tabac au 413 rue Saint-Denis, est sans doute le juif de Paris le plus notable de la période révolutionnaire, le plus engagé politiquement. Ce Bordelais est le type même de ces juifs républicains dont la droite française fera des épouvantails. Très lié à l'un de ses coreligionnaires, Anacharsis Cloots, aussi révolutionnaire que lui, il fréquente assidûment les clubs, milite aux côtés d'Hébert, le rédacteur du *Père Duchesne*, l'une des personnalités dominantes de la Commune. Péreyra devient délégué au comité central d'insurrection, l'organisme qui précède le Comité de salut public. C'est un anticlérical forcené. Le 17 brumaire an II, vers onze heures du soir, il pénètre, avec Cloots et plusieurs hommes en armes, à l'archevêché. Accédant à la chambre de Mgr Gobel, il l'extrait de son lit et l'entraîne à l'Assemblée. Là on exige de l'archevêque de Paris qu'il renie son sacerdoce. Ce qu'il accepte de faire, « cédant, déclare-t-il, à l'opinion publique ». Sous les applaudissements des membres de la Convention, Mgr Gobel dépose sa croix et son anneau !

L'horloge de l'histoire tournant à rebours pour les hébertistes, Péreyra est arrêté, jeté en prison à Sainte-Pélagie puis à Saint-Lazare. Le Tribunal révolutionnaire inspiré par Robespierre le condamne à mort. Il monte à l'échafaud avec Hébert et Cloots.

Un autre juif, originaire de Vienne, en Autriche, fera également parler de lui : Junius Frey est l'un des inspirateurs de la secte Sabbataï Zévi qui prêche la rédemption de l'homme... par le vice et la débauche. Il arrive à Strasbourg, venant d'Autriche, en 1792. Il rassemble de nombreux adeptes en Alsace, entre dans les clubs révolutionnaires. La Révolution, enseigne-t-il à ses adeptes, sera la « rédemption de l'humanité ». Puis il gagne Paris où il se lie d'amitié avec le moine défroqué François Chabot, très connu à la Convention. Junius Frey fait partie de la charrette qui conduit à la guillotine le moine Chabot, Camille Desmoulins et Danton. Le frère de Junius, Emmanuel, qui l'avait suivi dans son aventure, l'accompagne dans la mort.

L'engagement massif des juifs de Paris dans les rangs révolutionnaires et les titres qu'ils y avaient conquis leur acquirent la sympathie de la Commune. L'avocat Godart parla en leur faveur devant l'assemblée générale de la Commune de Paris, le 18 janvier 1790. Il vanta leurs mérites, leur dévouement à la cause de la Révolution. Une députation du district des carmélites rendait un

« hommage public à leur patriotisme, à leur courage et à leur générosité ». Les députés à la Commune Gerville, Le Nain, Chiboust-
Dailly, Le Verdier, Chole, qui se faisaient leurs interprètes, ajoutaient qu'ils « se sont conduits toujours avec le plus grand zèle, le
patriotisme le plus pur et le plus généreux... »

Le 25 février 1790, l'Assemblée nationale était saisie d'une
démarche de la Commune de Paris tendant à étendre aux juifs de
la capitale les droits de citoyens actifs dont bénéficiaient les Portugais, mais la question fut reportée à plus tard.

Succès pour les juifs de Metz : le 7 août 1790, le roi, sur un
décret de l'Assemblée nationale pris dans sa séance du 20 juillet,
« supprime et abolit la redevance annuelle de vingt mille livres
sur les juifs de Metz et du pays messin, sous la dénomination de
droit d'habitation, protection et tolérance ; et partout ailleurs [1]... »

Encouragé par ce résultat, le comte Regnault de Saint-Jean-
d'Angély obtient de l'Assemblée la suppression de « toutes redevances de même nature qui seraient perçues sur les juifs sous quelque dénomination que ce fût, dans les autres parties du
royaume... »

Voilà donc tous les juifs de France bénéficiant de l'égalité fiscale. Le 18 janvier 1791, le député Martineau part à la charge ; il
demande que soit reconnue la qualité de citoyens actifs à tous les
juifs de France. Mais le prince de Broglie, représentant la noblesse
de Colmar, proteste ; il accuse : « ... Cette intrigue est ourdie
depuis longtemps par quatre ou cinq juifs puissants, établis dans
le département du Bas-Rhin... l'un d'eux, entre autres, qui a acquis
une fortune immense aux dépens de l'État [2], répand depuis longtemps des sommes considérables à Paris pour s'y faire des protecteurs et des appuis... »

L'argent juif « corrupteur », les grosses fortunes juives à l'assaut des consciences : l'argument apparaît pour la première fois ;
pendant l'affaire Dreyfus et toute la IIIe République, il sera le
leitmotiv de la propagande antisémite.

« ... La ville de Strasbourg, poursuit Broglie, est en fermentation
au sujet des prétentions annoncées par plusieurs de ces juifs... »
La « paix publique » exige le rejet de la proposition Martineau.
Selon lui, il faudrait prévoir l'assimilation des juifs en deux

---

1. Les juifs de Metz étaient assujettis à cette taxe à l'égard de la famille de
Brancas.
2. Le prince de Broglie vise Cerf-Berr.

étapes : on leur permettrait d'abord d'accéder aux « professions utiles » ; en une seconde étape, on les soumettrait à une période de « noviciat et d'épreuve » ; la citoyenneté totale serait dangereuse. Enfin, dix années de répit seraient laissées aux débiteurs chrétiens pour l'acquittement de leurs dettes.

Citoyens

Une fois de plus, l'Assemblée élude la question. La crainte de troubles en Alsace a dicté l'attitude de la majorité. Mais au début de septembre 1791 la Constitution est votée ; elle est précédée de la Déclaration des droits de l'homme. Le député de la noblesse Adrien Du Port voit le moment bien choisi pour relancer la « question juive ». Le climat politique, psychologique est favorable ; l'Assemblée va clore sa session, elle sera donc mieux disposée pour lâcher du lest et en finir avec ce sempiternel débat sur les juifs : « Je crois, déclare Du Port, que la liberté des cultes ne permet plus qu'aucune distinction soit mise entre les droits politiques des citoyens à raison de leurs croyances et je crois également que les juifs ne peuvent pas être exceptés de la jouissance de ces droits, alors que les païens, les Turcs, les Musulmans même, les hommes de toutes les sectes en un mot y sont admis... » Du Port demande à l'Assemblée de revenir sur l'« ajournement [de décembre 1789], et qu'il soit décrété que les juifs jouiront en France des droits de citoyens actifs... »

Rewbell et Broglie tentent une parade. Leur résistance est inutile. Le 27 septembre 1791, l'Assemblée nationale vote un décret qui fait de tous les juifs de France des citoyens actifs [1].

Cette victoire ne laisse pas l'Alsacien Rewbell sans réplique : maintenant, il porte le combat sur le terrain des « créances juives », présente le petit peuple de sa province comme accablé sous le poids des emprunts usuraires, pressuré par les gens de la Synagogue. « Les juifs, déclare-t-il, sont en ce moment, en Alsace, créanciers de douze à quinze millions tant en capital qu'en intérêts de cette classe du peuple. Si l'on considère que la réunion des débiteurs ne possède pas trois millions, et que les juifs ne sont pas gens à prêter quinze millions sur trois millions de vaillant, on sera convaincu qu'il y a au moins sur ces créances douze millions

---

1. Voir annexe 5.

d'usure. Les juifs disent eux-mêmes que si on leur donnait quatre millions pour la totalité de ces créances ils seraient fort contents... »

Sur proposition de Rewbell, l'Assemblée décrétait que les juifs d'Alsace seraient appelés à faire valoir dans un mois, auprès des directoires de districts, « l'état détaillé de leurs créances ». Après informations sur la solvabilité des débiteurs, les directoires de districts transmettraient les dossiers aux directoires du Haut et du Bas-Rhin qui « donneront leur avis sur le mode de liquidation des créances juives ». C'était un moyen de contrôle sur les créances détenues par les juifs d'Alsace ; plus encore, une procédure astucieuse pour décourager les créanciers, impressionnés par les formalités administratives, et peu empressés de se « découvrir »... La manœuvre atteignit son but. Plutôt que de s'exposer à des embarras et à des contestations publiques, nombre de créanciers préférèrent abandonner. Sur ce point au moins, Rewbell avait gagné, et l'on cita avec émotion ce mot d'un juif de Nancy, nommé Bing : « J'ai perdu les deux tiers de ma fortune, et il ne me reste plus beaucoup de choses, mais aussi je ne regrette pas cette perte, puisque je suis à présent citoyen français et vrai républicain. Quand il ne me resterait que cela, je serais assez riche... »

Les juifs d'Alsace payaient cher l'honneur et l'avantage d'être français, mais enfin, ils l'étaient...

Ce n'était pas une sinécure. Les juifs d'Alsace – c'est-à-dire la moitié des juifs de France – étaient loin d'en avoir fini avec les tracas. Le vote historique du 27 septembre 1791 fermait un chapitre officiel, mais la vie continuait, semée d'embûches.

Si la mesure adoptée par l'Assemblée touche les juifs d'Alsace principalement, en raison de leur nombre et de l'hostilité dont ils sont entourés, ceux de Lorraine sont aussi concernés. Leur réflexe, en tout cas, est très patriotique. Une sorte de sentiment de supériorité, par rapport à leurs coreligionnaires d'Alsace, a été pendant longtemps discernable ; ils se sont enorgueillis d'être intellectuellement plus avancés, de moins sacrifier aux coutumes usuraires. Le 2 janvier 1792, une députation de juifs de Nancy, conduite par le rabbin, se présente devant le conseil général de la ville pour prêter le serment civique.

Berr Isaac-Berr prononce alors une allocution : « ... Si un juif venait malheureusement à se rendre répréhensible, déclare-t-il, qu'on n'accuse pas plus les juifs en général qu'on n'accuserait une commune si un de ses membres s'écartait de son devoir... »

Le maire le rassure et lui répond en termes très élogieux : « Votre empressement à être inscrit sur les rôles des citoyens actifs et le patriotisme dont vous venez offrir le gage, nous persuadent que le nombre des bons citoyens va être augmenté... » Berr Isaac-Berr avait montré l'exemple du civisme en faisant don à la ville de Nancy de trois mille sacs de toile, prélevés sur les magasins de sa manufacture, pour permettre l'approvisionnement de la population en blé et en orge.

Les choses n'évoluent pas aussi bien en Alsace. L'antisémitisme des amis du député Rewbell ne désarme pas. Pendant la fin de l'année 1791 et en 1792, la municipalité de Strasbourg refuse d'admettre les juifs aux formalités du serment civique, au mépris du vote de l'Assemblée nationale. Ici et là des taxes injustifiées sont maintenues, on conteste leur droit de résidence. Des synagogues sont fermées arbitrairement, la circoncision est interdite. La commission provisoire du département du Bas-Rhin ordonne, à l'exemple de Saint Louis, la destruction du Talmud et d'autres livres du culte israélite. Des rumeurs malveillantes courent les campagnes : « Les colporteurs juifs, raconte-t-on, se livrent au recel des vieux meubles confisqués dans les châteaux, ils vendent les bijoux pris sur les nobles, et jusqu'aux reliques des églises... »

Avec l'explosion des excès de la Terreur, les persécutions contre les juifs d'Alsace reprennent de plus belle. Le vote du 27 septembre 1791 à l'Assemblée nationale est alors un souvenir lointain ! Les rancunes contre les juifs alsaciens s'aggravent maintenant d'une agression contre le culte et les traditions. La religion israélite est touchée par la vague de persécutions qui frappent l'Église catholique. L'une et l'autre sont associées dans la commune exécration des néophytes du culte de la Raison. Églises et synagogues sont les temples à abattre, en tant que refuges de croyances pernicieuses pour l'esprit de l'homme.

À Saint-Esprit, les deux synagogues étaient fermées le 3 décembre 1793. Le directoire du district de Strasbourg, qui interdisait la célébration de toute cérémonie religieuse en dehors du culte de la Raison, faisait fermer les synagogues le 1er janvier 1794. Le 14 mars 1794, le procureur de la commune de Lunéville exigeait que l'on mît un terme aux « singeries et rassemblements illégaux des juifs ». Le 14 avril de la même année, le directoire provisoire du Bas-Rhin accusait les juifs d'Alsace – dans une démarche commune – de spéculer sur les assignats, d'accaparer les vivres et s'interrogeait sur l'éventualité d'« une régénération guillotinière à leur égard ». Une circulaire du même directoire du Bas-Rhin insiste sur la nécessité de lutter « contre les imbéciles lois du rabbinisme », dénonce « la secte absurde et barbare... », ses « dogmes anti-sociaux ». Plusieurs membres vont plus loin en suggérant l'incarcération des juifs les plus riches, leur bannissement... et (déjà !) leur déportation, le rassemblement des enfants dans les hospices.

Les mesures hostiles en Alsace et en Lorraine sont difficiles à dénombrer autant que variées : à Metz, la synagogue, interdite au culte, est transformée en dépôt de marchandises et en parc à bestiaux. Celle de Habsheim en magasin à fourrage. À Mutzig, elle est mise à la disposition de la société populaire. Les synagogues d'Haguenau, de Quatzenheim en Alsace, d'Avignon, de Carpentras sont fermées sur l'ordre des autorités locales. Cimetières et pierres tombales sont profanés.

La Terreur s'attaque aux objets du culte, aux rites de la religion. Les objets du culte de la synagogue de Metz sont soumis à inventaire. À Nancy, le lustre, les candélabres, les objets d'or et d'argent sont remis par les dirigeants de la communauté à la municipalité. La célébration du sabbat est souvent interdite, comme l'abattage rituel. La circoncision irrite le « bon sens » des persécuteurs. « Il existe parmi ces hommes, écrit au mois de novembre 1793 le procureur du district de Strasbourg, la loi inhumaine d'opérer sanguinairement sur l'enfant mâle, comme si la nature n'était pas parfaite. Ils portent la barbe longue par ostentation et pour singer les patriarches desquels ils n'ont pas hérité les vertus. Ils pratiquent une langue qu'ils ne connaissent pas et qui n'est plus usitée depuis longtemps... En conséquence, poursuit le procureur de Strasbourg, je requiers de leur interdire ces usages et d'ordonner qu'un autodafé sera fait à la Vérité de tous les livres hébreux et principalement du Talmud dont l'auteur a été assez fripon pour leur permettre de prêter à usure aux hommes qui ne sont pas de leur croyance... » Tantôt, en effet, le Talmud est livré aux flammes, et tantôt les Tables de la Loi détruites.

Les rabbins, comme les prêtres catholiques, sont parfois contraints d'abjurer : c'est le cas du rabbin Gouguenheim, d'Haguenau, de Schweig de Nancy. On les menace d'arrestation : David Sintzheim, de Strasbourg, s'enfuit. Alexandre Seligmann n'a pas la même chance ; il est jeté en prison, le 30 mai 1794.

Le racket est couramment pratiqué, le chantage l'habitude ; on exige des juifs fortunés qu'ils versent pour la République des sommes importantes.

Souvent, comme nous le signalions à propos de l'intervention du directoire du Bas-Rhin, les juifs sont accusés de spéculation, condamnés pour ce grief, suspectés d'incivisme et de tiédeur pour la cause révolutionnaire. Moïse Lange, de Bordeaux, que l'on surnomme « l'Américain », est accusé d'avoir spéculé sur les changes, d'« avoir montré des sentiments pusillanimes et indignes d'un républicain... » ; en conséquence de quoi il est condamné à subir « une correction fraternelle qui servira à lui donner cette énergie qui caractérise le bon républicain... » Coût de la « correction fraternelle » : quatre-vingt mille livres d'amende.

Idem pour Aron Lopès, toujours de Bordeaux, dont la commission militaire est convaincue « d'après ses propres aveux, que sa fortune est augmentée depuis la Révolution, qu'il a tenu une neutralité indigne d'un républicain... que cette indifférence pourrait le faire ranger dans la classe des égoïstes et des modérés... » Prix de cette modération suspecte : cinquante mille livres d'amende, dont dix mille, précise la commission, iront aux braves sans-culottes.

Jean Perpignan est également « accusé d'insouciance pour la République, de n'être pas exact au service de la Garde nationale, ni assidu aux assemblées de sa section, et d'avoir voulu aider des prêtres perfides à ramener la royauté ». Cinquante mille livres d'amende.

Isaac Pereyre, de la grande famille des Pereire dont nous reparlerons, qui est agent de change, passe aussi de mauvais moments. On l'arrête parce qu'il est « suspect d'agiotage, attendu qu'il appartient à une classe d'hommes cupides [les juifs] qui, par leurs opérations frauduleuses, ont amené la baisse excessive des changes, la ruine du commerce de Bordeaux et la stagnation des affaires, qui a aggravé la misère du peuple ». Mais Pereyre excipe de ses sentiments patriotiques, affirme qu'il sera à jamais reconnaissant à la Révolution d'avoir émancipé les juifs et peut prouver des versements en faveur des bonnes œuvres des sans-culottes ; il est donc relâché.

Les frères Raba furent beaucoup moins heureux, qui furent condamnés à payer cinq cent mille livres, soit quatre cents pour l'armée révolutionnaire et cent pour les sans-culottes. Charles Peixotto de Beaulieu, banquier, riche propriétaire, se vit infliger une amende de un million deux cent mille livres pour « avoir platement fait sa cour aux rois et leur avoir élevé des statues ; d'avoir montré de la haine pour les ouvriers... »

Jean Mendès – toujours de Bordeaux – fut condamné à mort au mois de juillet 1794. Il avait eu le courage d'affirmer, devant le Tribunal révolutionnaire, que la Constitution était en contradiction avec ses convictions religieuses. À Lyon, Azaria Vidal monte également sur l'échafaud. À Paris, neuf exécutions sont prononcées, notamment contre deux frères, les Calmer. Le juif Jean de Carcassonne est guillotiné à Nîmes.

C'est dire l'ampleur des persécutions contre les juifs sous la Terreur... Pour continuer à pratiquer leur religion, ils durent parfois, à l'image des catholiques, s'organiser dans la clandestinité, aménager des synagogues de fortune. À Haguenau, le culte était célébré dans une cave, tandis que des veilleurs se tenaient prêts à donner l'alarme.

Le geste généreux de l'Assemblée nationale, le 27 septembre 1791, était loin d'avoir libéré les juifs de France des tracasseries, des persécutions, voire de la servitude. Cependant, la Révolution donnait le branle à d'importantes transformations dans leur condition.

L'un des premiers effets de la Révolution fut de permettre aux juifs d'Alsace-Lorraine de quitter les bourgs et les campagnes pour s'installer dans les villes. Ils émigrèrent, de plus en plus nombreux, vers Strasbourg [1], Colmar, Mulhouse, qui leur étaient jusqu'alors interdites, mais également vers Thionville, Sarreguemines et Nancy. Dans le Comtat Venaissin, les juifs quittaient leurs « carrières » pour humer dans les grandes villes voisines le vent de la liberté. Ils s'établirent dans le Gard, à Narbonne, Nice, Montpellier, Marseille, Nîmes. Ils fondèrent de nouvelles communautés. Dans le Sud-Ouest, le mouvement se produisit de Saint-Esprit en direction de Bayonne.

Les migrants d'Alsace, de Lorraine, du Comtat Venaissin, du Sud-Ouest installèrent leurs pénates bien au-delà de leurs régions traditionnelles. Parfois ils reprirent souche dans des lieux où on ne les avait pas vus depuis longtemps, d'où les événements, les persécutions avaient chassé leurs prédécesseurs. C'est ainsi qu'ils revinrent à Toulouse, ou à Verdun. Des communautés juives se formèrent ou prirent un nouvel essor dans le Doubs, à Lyon, Sedan, Dijon. Les juifs apparurent à Angoulême, à Nantes, Lille, Fontainebleau. En 1806, il ne restera plus que quatre-vingts famil-

---

1. Il y avait soixante-huit juifs à Strasbourg en 1789. En 1807, ils seront près de quinze cents.

les juives, quelque sept cents âmes, dans le Vaucluse : vingt à Avignon, dix à Cavaillon, huit à Orange, cinq à L'Isle-sur-Sorgue. À la fin du XIXe siècle, on ne dénombrera que cinquante familles juives dans le Vaucluse. Originaires de Carpentras, les Crémieux font souche à Nîmes, les Milhaud en Provence.

Mais c'est vers Paris que la migration est la plus spectaculaire. Les quelque cinq cents juifs de la capitale, en 1789, sont devenus trois mille en 1808. Les juifs qui ont quitté l'Alsace s'installent le plus volontiers sur les bords de la Seine, tandis que les « Portugais » de Saint-Esprit choisissent de préférence Bordeaux, et les « Avignonnais » Marseille. Ces Alsaciens de Paris sont pauvres, souvent mal vêtus, on commence à les rencontrer rues Saint-Martin, Maubuée et Grenier-Saint-Lazare. Ils sont colporteurs, chiffonniers. Parlant yiddish, ils éprouvent des difficultés à s'assimiler. Ils vont représenter bientôt l'élément numérique le plus important ; en 1800 ils sont déjà près de cinquante pour cent de la population juive de Paris, supplantant les « Portugais » et les « Comtadins ». Ces derniers sont pour l'heure plus évolués, mieux assimilés et parlent en majorité le français.

Néanmoins, des signes assez nombreux apparaissent de l'assimilation des juifs d'Alsace et de Lorraine. Les familles les plus riches ont fait des « dons patriotiques » : ainsi les Alsaciens Cerf-Berr, les Lorrains Isaac-Berr. Ils ont été imités par les Gradis et les Raba de Bordeaux qui ont versé, chacun, vingt mille livres au gouvernement révolutionnaire.

Dons spontanés, mais aussi manifestations communes d'attachement à la République. Lorsqu'en 1792 Dumouriez et Kellermann battent les Prussiens à Valmy, une cérémonie est organisée à la synagogue de Thionville pour célébrer l'événement ; les assistants entonnent un cantique en hébreu... sur l'air de *La Marseillaise*.

Les guerres révolutionnaires produisent un autre effet : lorsqu'elles occupent l'Allemagne, les troupes françaises attirent à elles une vague de juifs de Rhénanie, du Palatinat et de Bavière qui vont prendre en Alsace et en Lorraine, avant de monter vers Paris, la place de leurs coreligionnaires déjà « installés » dans la capitale. Les Rothschild vont arriver de Francfort, et d'autres familles juives de Trèves, de Mayence, de Worms. Ainsi renforcé par cet apport, l'élément allemand devient de plus en plus dominant : cinquante-huit pour cent de la population juive de Paris, en 1808-1810.

Conséquences de ces grandes migrations : les juifs, abandonnant leurs cadres traditionnels, ont tendance à s'éloigner de leur religion. Les communautés religieuses qui avaient pris racine dans les pays d'adoption d'Alsace, de Lorraine, du Comtat Venaissin sont décimées, désorganisées. Autant l'Alsacien-Lorrain, déraciné, migrant de l'est de la France vers Paris, reste en général proche de sa foi et de ses traditions, autant, pour le Comtadin, le transfert est porteur de changements profonds dans les pratiques et le comportement. Les juifs du Comtat Venaissin seront les plus nombreux à devenir soit ces missionnaires de l'esprit laïque, héritier de la Révolution, soit à se convertir à la religion catholique.

2.

Organisation et répression sous l'Empire

Si les juifs de France tiennent de l'Empire l'organisation, toujours actuelle, de leur communauté, on ne peut dire que cette période leur soit favorable. Les espérances soulevées par la Révolution s'éloignent. Beaucoup reste à faire pour que les préjugés disparaissent et qu'il n'y ait plus de traces d'ostracisme.

Napoléon découvre la « question juive » en 1805. L'Empereur lui-même ne semble pas avoir de préjugés très vifs à l'égard des juifs. Il n'a guère eu l'occasion d'exprimer son opinion avant les incidents qui, au mois d'août 1805, éclatent en Haute-Alsace.

La loi du 18 germinal an X – 8 avril 1802 – organise les cultes protestant et catholique : « Je ne veux pas de religion dominante, ni qu'il s'en établisse de nouvelles ; c'est assez des religions catholique, réformée et luthérienne reconnues par le Concordat... », déclare l'Empereur devant le Conseil d'État, le 22 mai 1804. Aucun projet ne semble alors l'effleurer sur l'organisation de la communauté et de la religion juives en France.

Cependant, les événements d'Alsace vont éveiller son attention. Les conseils généraux du Haut-Rhin et du Bas-Rhin votent des motions demandant l'éloignement des juifs des métiers de courtiers et d'usuriers. « Cette classe d'hommes est tellement exécrée dans le pays, écrit le préfet Desportes, dans un rapport au ministère de l'Intérieur, qu'il ne faut pas être surpris si dans quelques localités des hommes qui ont été les victimes de leur insatiable cupidité s'exhalent en injures ou en menaces contre eux lorsqu'ils sont échauffés par la colère et par le vin... »

Des prêteurs de villages empoignés par des paysans endettés, un jour où ils sont pris de boisson ; des débiteurs traqués qui n'en peuvent mais de désintéresser leurs créanciers et qui règlent à coups de bâtons leurs échéances ; les incidents antisémites recommencent en Alsace et le préfet Desportes reprend, en 1805, les arguments que Rewbell et l'abbé Maury avaient développés onze ans auparavant à la tribune de l'Assemblée nationale en tentant de s'opposer à l'émancipation civique des juifs.

Des abus de quelques usuriers, on a tôt fait d'échafauder des légendes, et de ces excès particuliers de jeter l'opprobre sur toute une communauté. On sait que les juifs alsaciens, à l'image de leurs coreligionnaires européens, ont trouvé dans l'usure, interdite aux chrétiens, un débouché économique, une faille au milieu d'une muraille d'interdictions, d'exclusions, de limitations multiples : exclusion des corporations, limitations du droit de résidence, du droit de propriété, etc. Faut-il s'étonner que des hommes qui ne peuvent acquérir de biens immobiliers limitent leurs avoirs au numéraire, qu'ils soient tentés de le faire fructifier, comme d'autres tirent profit d'une maison ou d'un verger ? Faut-il s'étonner que des commerçants, qui ne peuvent mettre pignon sur rue sans s'exposer à toutes sortes de tracas, à moins que la faculté de s'installer ne leur soit tout simplement refusée, n'aillent, de lieu en lieu, négocier leurs pauvres marchandises ? Faut-il s'étonner qu'il y ait tant de mendiants dans des communautés attachées à une religion qui consacre la mendicité comme une institution ?

Au mois d'avril 1805, le ministère de la Justice, alerté par les plaintes qui parviennent d'Alsace, établit un rapport sur les intérêts usuraires. Selon lui, ils atteindraient jusqu'à soixante-quinze pour cent du capital prêté. Les rédacteurs demandent que les juifs du Haut- et du Bas-Rhin ne soient autorisés à prêter que par des actes authentiques passés devant des personnes étrangères à la religion juive, et que la somme objet du prêt soit exactement mentionnée sur le contrat. Les hypothèques prises par les juifs, suggère le rapport, seront annulées et les prêteurs devront être soumis à une patente. De son côté le ministère de l'Intérieur se prononce en faveur d'un sursis dont bénéficieraient les débiteurs qui sont alors poursuivis pour leurs créances à l'égard des juifs des départements alsaciens.

Le Conseil d'État – tout nouvellement créé – est saisi de ces propositions. Le comte Molé, au début de sa carrière, qui est le rapporteur de la commission de l'Intérieur, souhaite des mesures très dures contre l'« usure juive » en Alsace[1], mais se heurte à

---

1. L'un de ses ancêtres, le président Mathieu Molé, avait pourtant épousé, en 1733, la fille du banquier juif Samuel Bernard, financier de Louis XIV.

Regnault de Saint-Jean-d'Angély qui fut à la Constituante l'un des partisans les plus décidés de l'émancipation civique des juifs de France. Le rapporteur de toutes les sections, Beugnot, appuie de son côté les positions libérales, suggérant que les litiges relatifs à l'usure soient laissés à l'appréciation des tribunaux locaux. Finalement, les sections de l'Intérieur et de législation du Conseil d'État se prononcent contre des mesures d'exception à propos de l'« usure juive ».

Le 30 avril 1806, séance plénière du Conseil à Saint-Cloud, en présence de l'Empereur. Beugnot donne lecture de son rapport : le Conseil d'État est hostile à tout projet de loi qui traiterait de l'usure en Alsace. C'est alors que, selon les témoins de cette séance, Napoléon intervient et se met dans une violente colère. Il répond à Beugnot, critique vivement ses conclusions et ne peut retenir quelques solides jurons. Ce qu'aurait déclaré l'Empereur en dit long sur ses intentions : « Pourquoi le Gouvernement qui surveille l'enseignement public laisse-t-il en dehors de cette surveillance les écoles des juifs ? Ne pourrait-on soumettre leurs rabbins à des examens, s'assurer qu'ils n'enseignent pas une religion que toutes les religions réprouvent et qui entretient leurs coreligionnaires dans la haine des Chrétiens, en un mot épurer les rabbins, dont on ferait pour ainsi dire un corps, une hiérarchie ? Je ne prétends pas dérober à la malédiction dont elle est frappée cette race qui semble avoir été seule exceptée de la rédemption, poursuit Napoléon, mais je voudrais la mettre hors d'état de propager le mal qui ravage l'Alsace et qu'un juif n'eût pas deux morales différentes, l'une dans ses rapports avec ses frères, l'autre dans ses rapports avec les Chrétiens... »

Ces paroles ont été rapportées par le biographe de Molé, le vicomte de Noailles. L'antisémitisme du jeune rapporteur du Conseil d'État ne l'a-t-il pas aveuglé au point de déformer plus ou moins les déclarations de l'Empereur ? On verra que les décrets impériaux sur les juifs de France... rendent plausible ce jugement transmis par l'histoire. « Je fais remarquer de nouveau qu'on ne se plaint point des protestants, ni des catholiques comme on se plaint des juifs, déclare encore l'Empereur le 7 mai de cette année 1806 devant Molé. C'est que le mal que font les juifs ne vient pas des individus, mais de la constitution même de ce peuple ; ce sont des chenilles, des sauterelles qui ravagent la France... »

Un passage d'une lettre adressée par Napoléon à son frère Jérôme, alors roi de Westphalie, authentifie d'une certaine

manière les notes du comte Molé et accrédite son antisémitisme :
« J'ai entrepris l'œuvre de corriger les juifs, écrit l'Empereur le
6 mars 1808, mais je n'ai pas cherché à en attirer de nouveaux
dans mes États. Loin de là, j'ai évité de faire rien de ce qui peut
montrer de l'estime aux plus misérables des hommes... »

Plusieurs influences se sont exercées sur l'Empereur, qui expliquent ces prises de position hostiles : celle de son oncle, le cardinal Fesch, archevêque de Lyon, grand aumônier de l'Empire, qui,
plutôt antisémite, l'aurait encouragé à se montrer sévère pour le
« peuple déicide ». D'autre part, lors de son passage à Strasbourg,
fin janvier 1806, l'Empereur a reçu des doléances sur l'« usure
juive » en Alsace, en particulier du tribunal de commerce de la
ville, auxquelles il a été sensible. Molé est certainement pour
beaucoup dans l'attitude de Napoléon qui a pris connaissance des
articles que vient de publier sur la « question juive » le vicomte
Louis de Bonald dans le *Mercure de France*. Catholique de
combat, monarchiste, Bonald exerce alors une grande influence
sur les intelligences ; Molé se rallie indubitablement à son école
de pensée.

Le 7 mai 1806, le Conseil d'État tient une nouvelle réunion
plénière – quelques jours seulement après la première séance.
L'Empereur intervient, se déclare contre l'arbitraire, mais parle de
« régénérer » la nation juive [1] ; il annonce les prochains « états
généraux » des juifs de France. L'adoption d'une loi sur le
commerce des juifs est indispensable, affirme-t-il, ainsi qu'une
autre sur le taux légal de l'intérêt. Le 30 mai, à Saint-Cloud, Napoléon signe le décret préparé par Regnault de Saint-Jean-d'Angély,
numéroté 1631, et portant sursis à exécution de jugements rendus
en faveur des juifs contre des cultivateurs non négociants de plusieurs départements de l'Empire, en l'occurrence la Sarre, la
« Roër », le Mont-Tonnerre, le Haut- et le Bas-Rhin, le Rhin-et-
Moselle, la Moselle et les Vosges. Ce décret, du 30 mai 1806 [2],
qui s'inscrit dans la tradition répressive de l'Ancien Régime et
marque une continuité dans la politique de la monarchie à l'endroit
des juifs de France, équivaut à accorder un délai supplémentaire
aux débiteurs pour l'exécution des contrats, c'est-à-dire pour l'acquittement des dettes et le règlement des intérêts. Si l'on doutait
encore de l'esprit qui anime Napoléon, il suffirait de lire les

---

1. Nation est pris ici dans le sens de communauté.
2. Voir le texte intégral en annexe nº 6.

« considérants » qui accompagnent le décret de Saint-Cloud :
« Ces circonstances, précisent-ils, nous ont fait en même temps
considérer combien il était urgent de ranimer, parmi ceux qui pro-
fessent la religion juive dans les pays soumis à notre obéissance,
les sentiments de morale civile qui, malheureusement, ont été
amortis dans un trop grand nombre d'entre eux par l'état d'abaissement dans lequel ils ont trop longtemps langui, état qu'il n'entre
point dans nos intentions de maintenir et de renouveler... »

Après la « régénérescence » dont parlait l'Empereur le 7 mai,
nous sommes définitivement éclairés...

Le « décret suspensif » du 30 mai 1806 est suivi d'une série de
procès et de pétitions. Nombre de bénéficiaires de prêts demandent de voir reportés les effets de leurs créances. Bien souvent les
tribunaux interprètent à leur manière – et en faveur des plaideurs
« chrétiens » – les stipulations du texte législatif. Des pétitionnaires de plusieurs départements, où le sursis ne sera pas appliqué,
demandent son extension. Dans certains cas, ce sont les juifs eux-
mêmes qui vont au-devant des souhaits impériaux. Ainsi, au nom
de ses coreligionnaires de la Meurthe, le fameux Berr Isaac-Berr
fait le serment que les juifs prêteurs n'engageront aucune action
judiciaire pour recouvrement de dettes contre des cultivateurs pendant une année ; qui plus est, il annonce avec solennité la création
d'une manière de « comité de surveillance » destiné à détecter et
à tancer ceux qui continueraient à pratiquer le « commerce hon-
teux de l'usure ». Or – fait primordial à mentionner – la Meurthe
est exclue des départements où le décret s'appliquera.

Assemblée solennelle des juifs de France

L'Empereur poursuit son œuvre de « régénérescence » ; mais ce
n'est pas sa seule préoccupation. Replacés dans le cadre de sa
politique générale, rapprochés de sa « politique religieuse »
– exprimée dans le Concordat qui est une immixtion non voilée
de l'État dans les affaires de l'Église –, que sont le décret du
30 mai 1806 et les mesures qui vont suivre, sinon la volonté d'un
autocrate et d'un unificateur d'extirper de la vie française les particularismes, de détruire les facteurs de morcellement civique, voire
spirituel ? Cet organisateur-né touche à tout. Et la communauté
juive, la religion juive, si particulière, si déconcertante pour son

esprit, n'échapperont pas à la règle commune, ni à sa préoccupation de tout régimenter. Il conçoit donc le projet et met à exécution sa résolution d'une réunion des notables de la communauté israélite [1].

Décision historique. De là, ne nous y trompons pas, débute toute l'organisation de la communauté juive française. Cette assemblée aura pour mission, précise l'Empereur, « de délibérer sur les moyens d'améliorer la nation juive [« améliorer », « régénérer », toujours] et de répandre parmi ses membres le goût des arts et des métiers utiles ». D'abord. Ensuite d'organiser la communauté des israélites de France.

Les choses vont vite, à la manière d'une campagne militaire, dans le style martial du maître. Ce sont les préfets qui désigneront les « députés » ; chaque région envoyant à cette assemblée un nombre proportionnel à sa population israélite. Les soixante-quatre mille juifs de l'Empire (y compris les territoires italiens occupés) désignent cent onze parlementaires qui se réunissent pour la première fois le samedi 26 juillet 1806, en la chapelle Saint-Jean, à Paris [2].

C'est un spectacle assez étonnant que le rassemblement des notabilités juives venues d'Alsace, de Lorraine, du Comtat Venaissin et du Sud-Ouest, mais aussi du « royaume d'Italie ». Entre eux, l'obstacle de la langue, mais le ciment commun de leur foi et de la tradition, facteurs d'unité du peuple de la dispersion. Pour les communautés françaises, jusqu'alors très ignorantes les unes des autres, ce contact, cette confrontation sont très nouveaux. On remarque surtout Abraham Furtado, le « Bordelais », Berr Isaac-Berr, de Nancy, Sintzheim, rabbin de Strasbourg, Deutz, de Coblence, Cologna, de Mantoue, Cracovia, de Venise : rabbins et laïcs. Il y a des riches, comme Furtado, banquier et propriétaire bordelais, Isaac-Berr, le manufacturier lorrain, Olry Hayem Worms de Romilly, banquier également, et adjoint au maire du Ve arrondissement de Paris. D'autres délégués sont beaucoup moins fortunés et certains notables de province ont esquivé l'invite impériale, ou demandé à s'absenter. Dans son ouvrage *Napoléon et les juifs*, Robert Anchel cite l'exemple de Mossé Naquet-Vidal qui, de Montpellier, invoque des raisons de santé : l'air de Paris,

---

1. Voir annexe 6.
2. Située près de l'Hôtel de Ville, rue du Pot-aux-Diables, cette chapelle a été démolie depuis.

affirme-t-il, lui serait préjudiciable. Schwab, de Metz, prétexte de la foire de Strasbourg pour ne pas se déplacer. Picard, de Belfort, et Lippmann [1], de Besançon, invoquent la livraison imminente de chevaux, dont ils font commerce, à l'artillerie de la Garde... Mardochée Crémieux, d'Aix-en-Provence, rabbin de grand savoir, estime que cette convocation impérative des notables israélites est incompatible avec les exigences de sa foi.

Les dépenses occasionnées aussi bien par les déplacements que par le séjour à Paris sont pour beaucoup dans les désistements. Certains notables ne sont même pas en mesure de supporter les frais de diligence. Napoléon a demandé au ministre de l'Intérieur, Champagny, d'organiser un fonds commun qui sera alimenté par des cotisations départementales et servira à couvrir les frais de voyage et de subsistance des députés à Paris. L'établissement des rôles de cet impôt particulier incombe aux administrateurs des synagogues. Ainsi, dans chaque département où des juifs résident, une liste de contribuables est établie ; elle exclut les membres des communautés trop démunis pour souscrire. En Moselle, par exemple, quatre cent quarante-neuf familles apportent leur contribution, rassemblent plus de onze mille francs, somme qui dépasse largement le quota qui avait été fixé par le préfet du département.

De même que les arrêts des ducs de Lorraine avaient fourni des indications précieuses sur les familles juives autorisées à résidence au milieu du XVIIIe siècle (en particulier les rôles qui découlaient de l'arrêt du 26 janvier 1753), nous connaissons par les listes des contributions de 1806 les noms des israélites qui vivaient alors dans la province. À Augny, par exemple, ce sont les Créange (arrondissement de Metz-campagne), à Bionville (arrondissement de Boulay), les Bernheim, les Hesse et les Wolf. À Bliesbruck (arrondissement de Sarreguemines), les Alcan, Coblence, Hirsch, Lippman. À Boulay, chef-lieu d'arrondissement, les Baruch, Lion et Reims. À Bouzonville (arrondissement de Boulay), les Bloch et les Hanneaux. À Buding (arrondissement de Thionville-est), les Lambert. À Courcelles-Chaussy (arrondissement de Metz-campagne), les Gougenheim, Isaac et Worms, à Créhange (arrondissement de Boulay), les Gompel, à Denting (arrondissement de Boulay), les Worms. À Ennery (Metz-campagne), les Daniel,

---

1. On signale à la même époque un Lippmann, horloger à Besançon. Frédéric Lipman changera son nom en Lip en 1948. Il fut le fondateur de l'entreprise horlogère Lip.

Israel, Lazard, Nathan. À Forbach (chef-lieu d'arrondissement), les Alexandre, Arron, Lion, Mendel. À Frauenberg (arrondissement de Sarreguemines), les Marx et les Nathan. À Kœnigsmacker (Thionville-est), les Dennery. À Grosbliederstroff (Sarreguemines), les Lippman et les Mandel. À Hellimer (Forbach), les Mathis et les Polac. À Holling (Boulay), les Benedic. À Longwy, chef-lieu de canton, les Fould. À Louvigny (Metz-campagne), les Fould, Israel, Marx. À Magny (près Metz), les Bernard.

Pour la ville de Metz, les d'Alsace, Anspach, Benjamin, Brisac, Coblence, Fould, Goudchaux, Goughenheim, Hadamar, Halphen, Lambert, Oppenheimer, Picard, Trenel, Weil, Zay.

À Morhange (arrondissement de Forbach), les Anchel, Mayer, Rabi. À Niedervisse (Boulay), les Brach et les Pange. À Pontpierre (Boulay), les Seligmann et les Simon. À Sarrelibre (Sarre, aujourd'hui Sarrelouis), Haase, Lazard, Moch.

Telles sont donc quelques-unes des familles juives qui figurent sur les rôles de Moselle en 1806.

Il est bien naturel que certains imposables aient cherché à échapper à la taxe. Ici et là on se livre à des marchandages pour mieux diminuer le montant de l'imposition, mais dans l'ensemble les juifs de France, qui entrent dans la catégorie des redevables, répondent à l'appel. À Paris, le banquier Worms de Romilly collecte les fonds et avance une partie des frais pour l'ensemble des députés. Les délibérations dureront jusqu'au 6 avril 1807 ; les représentants des communautés seront tenus éloignés de leur domicile, de leurs familles, de leurs occupations pendant dix mois avec pour seul viatique deux cents francs par mois.

La première séance a donc lieu le samedi 26 juillet 1806. Salomon Lippmann, de Colmar, le doyen d'âge, préside. Les commissaires spécialement désignés par l'Empereur (Mathieu Molé, Étienne Pasquier, Joseph Portalis) sont là. On procède à l'élection du président. Soixante-deux voix vont à Abraham Furtado, de Bordeaux, contre trente-deux à Berr Isaac-Berr, de Nancy. Face au traditionalisme foncier du Lorrain Isaac-Berr, Furtado le Bordelais exprime une tendance beaucoup plus libérale de la tradition juive. L'élection accomplie, la séance est reportée au 29 juillet.

Le 29, Mathieu Molé parle au nom de l'Empereur. « Vous le savez, déclare Molé aux députés, la conduite de plusieurs de ceux de votre religion a excité des plaintes qui sont parvenues au pied du trône. Ces plaintes étaient fondées, et pourtant l'Empereur s'est contenté de suspendre le progrès du mal et il a voulu vous entendre sur les moyens de le guérir... Notre vœu le plus ardent est de pouvoir apprendre à l'Empereur qu'il ne compte parmi ses sujets de la religion juive que des sujets fidèles et décidés à se conformer en tout aux lois et à la morale que doivent suivre et pratiquer tous les Français... » (extrait du *Moniteur* du 31 juillet 1806).

Le rapport adressé par le préfet Colchen à Napoléon sur les juifs de Lorraine s'inscrit en faux sur les pratiques commerciales malhonnêtes et le comportement attribués aux juifs de France. Il semble décidément que les excès de quelques usuriers d'Alsace aient alimenté une réputation abusive et le courant de l'antisémitisme ; l'Empereur n'a certainement pas ignoré ce que lui écrit son préfet : « ... On leur doit cet éloge, que rarement les tribunaux sont saisis de plaintes en escroqueries ou infidélités dans leurs relations commerciales, déclare Colchen dans son rapport, qu'en outre il y a eu parmi eux très peu de faillites ; qu'ils sont d'une charité exemplaire envers les pauvres de leur nation, et que cette charité s'étend encore aux autres ; que ceux mêmes dont la situation est éloignée de l'aisance se réduisent à l'absolu nécessaire pour procurer du soulagement à ceux qui sont dans le besoin... »

Molé, après ce préambule, donne lecture des douze célèbres « questions » (voir annexe n° 7). Aux députés des juifs français d'y répondre. En principe, une commission de vingt et un membres s'en chargera, sous la présidence de Furtado, mais en réalité ces réponses sont dictées d'avance par l'Empereur. Les questions 4 et 6 donnent la mesure de l'ensemble : « ... Aux yeux des juifs, les Français sont-ils leurs frères ou sont-ils des étrangers ?... » « Les juifs nés en France et traités par la loi comme citoyens français regardent-ils la France comme leur patrie ? Ont-ils l'obligation de la défendre ? Sont-ils obligés d'obéir aux lois et de suivre les dispositions du Code civil ? »

Les réponses seront évidemment : « Les Français sont des frères aux yeux des juifs », « Les juifs considèrent La France comme leur patrie », etc. De même les députés se prononcent-ils contre la polygamie et le divorce (questions 1 et 2), affirment-ils qu'aucune profession n'est interdite aux juifs par leur loi (n° 10), mais quand est abordé le point 3 (« Une juive peut-elle se marier avec un chrétien et une chrétienne avec un juif ? »), des discussions très animées surgissent : les rabbins invoquent la tradition pour répondre par la négative. À cette question, les notables juifs déclarent qu'il leur est impossible de répondre.

Même embarras pour les questions 11 et 12 : « La loi des juifs

leur défend-elle de faire l'usure à leurs frères ? » En théorie ; oui.
« Leur défend-elle ou leur permet-elle de faire l'usure aux étrangers ? » Napoléon montrait, là encore, le bout de l'oreille de ses intentions ; il savait que l'usure, interdite aux juifs entre eux, était évidemment autorisée pour les « étrangers ». L'assemblée se prononce toutefois contre la pratique de l'usure en général.

À la fin de la session de l'assemblée est annoncée la réunion imminente d'un Grand Sanhédrin[1]. Il sera composé de soixante et onze membres choisis aux deux tiers parmi les rabbins et le reste dans l'assemblée elle-même. « En échange de l'auguste protection qu'elle vous accorde, ont déclaré les commissaires Molé, Pasquier et Portalis aux notables israélites, elle exige une garantie religieuse de l'entière observation des principes énoncés dans vos réponses. Cette assemblée telle qu'elle est constituée aujourd'hui ne pourrait à elle seule la lui offrir. Il faut que ses réponses, converties en décisions par une autre assemblée d'une forme plus imposante encore et plus religieuse, puissent être placées à côté du Talmud, et acquièrent ainsi aux yeux des juifs de tous les pays et de tous les siècles la plus grande autorité possible... C'est le Grand Sanhédrin que Sa Majesté se propose de convoquer aujourd'hui. Ce corps tombé avec le Temple va reparaître pour éclairer par tout le monde le peuple qu'il gouvernait. Il va le rappeler au véritable esprit de sa loi et lui en donner une explication digne de faire disparaître toutes les interprétations mensongères. Il lui dira d'armer et de défendre le pays qu'il habite et il lui apprendra que tous les sentiments qui l'attachaient à son antique patrie, il les doit aux lieux où pour la première fois depuis sa ruine, il peut élever la voix » (extrait du *Moniteur* du 22 septembre 1806).

L'emphase du texte le dispute à la démesure des intentions proclamées : l'Empereur veut égaler le Grand Sanhédrin de Jérusalem et, avec une condescendance incorrigible, offre aux juifs du monde la voie de la réforme. Pour l'heure, les juifs de France sont conviés à manifester leur reconnaissance à l'inspirateur de cette œuvre de reconstruction et de régénérescence.

Finalement, le Grand Sanhédrin ne s'ouvre que le 9 février 1807 – le lendemain de la victoire d'Eylau – en la chapelle Saint-Jean. Six mois et demi se sont écoulés depuis le début de la première assemblée. On explique difficilement ce retard, mais ce qui est certain c'est que les notables juifs, rassemblés à Paris, ont trouvé

---

1. Le Grand Sanhédrin était le conseil suprême des juifs à Jérusalem.

cette attente interminable : ils doivent vivre dans la capitale aux frais de la communauté, séparés des leurs, quand ils sont originaires de province, des territoires allemands et italiens. David Sintzheim, grand rabbin de Strasbourg, préside, encadré de deux assesseurs : Segre, rabbin de Vercelli (dans le Piémont), et de Cologna, rabbin de Mantoue. Les décisions du Grand Sanhédrin portent essentiellement sur la polygamie, qui est officiellement dénoncée (elle n'était plus guère pratiquée dans les communautés juives du début du XIXᵉ siècle), le divorce, qui subit la même condamnation sans appel, et le mariage. Les unions entre juifs ne seront réalisables qu'autant que les cérémonies religieuses auront été précédées d'un mariage civil. Les rabbins, décide le Sanhédrin, ne s'opposeront plus aux mariages entre juifs et chrétiens, mais il refuse, malgré la volonté de Napoléon, de leur donner la consécration religieuse.

Une série de mesures suivent, qui organisent la communauté israélite : dans le cadre de circonscriptions régionales, les consistoires, formés de rabbins et de membres laïques désignés « parmi les plus imposés et les plus recommandables », veilleront au respect des décisions de l'assemblée et du Sanhédrin, contrôleront la gestion des frais cultuels. Les traitements des rabbins et les frais culturels seront répartis en collaboration entre les autorités administratives et les consistoires sur les fidèles. Les mariages seront soumis aux lois civiles. Les consistoires encourageront la pratique des métiers « utiles », le culte de la France, apprendront aux membres des communautés à reconnaître dans le service militaire un « devoir sacré », veilleront à ce que la « prière pour l'Empereur » soit régulièrement récitée dans les synagogues.

Répression

L'organisation de la communauté israélite de France, c'est un encadrement qui se transforme en répression. Rapidement les consistoires sont assimilés à des organismes administratifs auxiliaires du pouvoir impérial. Décrets, règlements se succèdent qui enserrent les juifs de France, comme sous l'Ancien Régime, dans un carcan d'interdictions, de contraintes. On s'éloigne de plus en plus de l'esprit libérateur qui avait inspiré l'Assemblée en septembre 1791. Les juifs français, des citoyens comme les autres ? Pas encore, ce n'est ni pour aujourd'hui ni pour demain. Voici que des instructions portant la date de janvier 1807 annoncent la réglementation de l'exercice du commerce chez les israélites, l'obligation du service militaire, sans possibilité de se faire remplacer. D'autre part, incroyable décision, les mariages entre juifs et chrétiens devront être aussi nombreux que les unions des juifs entre eux... Le ministre de l'Intérieur, Champagny, a pourtant mis en garde Napoléon sur l'obligation légale des mariages mixtes : « ... De toutes les vues de Votre Majesté, lui explique-t-il dans un rapport, c'est celle qui me paraît la plus difficile à exécuter dans toute sa rigueur... Juifs et Chrétiens répugnent également à s'unir et la loi peut difficilement ordonner de pareilles unions... » Réflexe de bon sens d'un serviteur zélé des volontés de l'Empereur ! Napoléon tombe dans l'aberration en prétendant obtenir l'« assimilation » des juifs d'Alsace – puisqu'il s'agit d'eux essentiellement – en les contraignant à des mariages avec des chrétiens en nombre égal à ceux pratiqués entre eux. On ne revient pas sur des habitudes millénaires à coups de décrets. Le mariage de l'homme ou de la femme juifs avec l'un de ses coreligionnaires appartient à une tradition, il découle d'une nécessité sociologique : c'est le fossé de la religion, entretenu par une longue hostilité, des coutumes, le repli sur soi, en partie volontaire mais également encouragé par les discriminations de la société chrétienne. Interdiction des mariages mixtes si souvent répétée par les conciles, exclusion de nombreuses professions, etc.

Les trois responsables des questions juives de l'Empire – Molé, Pasquier, Portalis – mettent au point, en collaboration avec le Conseil d'État, deux décrets qui réglementent les activités des membres des communautés : ce sont les très importants décrets du 17 mars 1808. Ils portent d'une part sur l'exercice du commerce, les prêts et les dettes, le droit de résidence, etc. ; d'autre part sur l'organisation du culte israélite.

Les juifs s'adonnant au commerce devront obtenir chaque année la délivrance d'une patente renouvelable, délivrée par les préfets sur attestation des conseils municipaux de leur résidence, et des consistoires dès qu'ils seront formés. Les juifs ne sont pas admis dans le Haut- et le Bas-Rhin, à moins qu'ils n'aient été installés avant le décret. Ces dernières mesures sont appliquées avec le plus de sévérité ; dans le Bas-Rhin, le préfet, outrepassant ses droits, va jusqu'à interdire les mariages entre juifs de son département et ceux des départements voisins. Avec son collègue du Haut-Rhin, il empêche les juifs de se déplacer : il les contraint ainsi, ni plus ni moins, à une sorte de résidence forcée.

Le 3 septembre 1807, une loi a fixé le taux maximum de l'intérêt légal à cinq pour cent en matière civile et à six pour cent en matière commerciale. La prise d'hypothèque et le prêt sur nantissement sont strictement réglementés. C'est la loi dite sur l'« usure ». Enfin, la loi autorise, sous certaines conditions, les porteurs de créances juives à en demander la réduction ou l'annulation par voie de justice.

Comme en 1806, on tombe dans le tourbillon des plaintes, des procès et des contestations. Les administrations impériales sont saisies de récriminations contre les juifs. Tous les prétextes sont bons pour s'abstenir d'acquitter les dettes contractées auprès de prêteurs juifs. Les tribunaux, souvent partisans, ont tendance à absoudre les « débiteurs chrétiens » qui profitent de l'aubaine pour demander le report ou l'annulation de leurs obligations.

De leur côté, les juifs s'organisent. Cette prise de conscience de la communauté de leurs intérêts et de la nécessité d'une défense communautaire sont assez neuves pour être signalées. Abraham Furtado, le notable bordelais, qui présida l'assemblée de 1806, n'hésite pas à entreprendre le voyage de Pologne avec Maurice Lévy, de Nancy, dans l'espoir de rencontrer Napoléon et de lui exposer les doléances des communautés. Ils reviennent bredouilles après une brève entrevue à Tilsitt. Repartant à la charge, ils essaient d'être reçus par l'Empereur à Saint-Cloud, mais n'obtiennent pas d'audience.

Les conséquences défavorables des nouveaux décrets incitent une quinzaine de familles juives alsaciennes à quitter le Haut- et le Bas-Rhin pour la Suisse ; la plus grande partie s'installent à Bâle. Ceux qui restent – l'énorme majorité – commencent une campagne acharnée de pétitions et de protestations. Éveillés aux sentiments de justice et aux réflexes d'autodéfense, les juifs de France ne manquent plus une occasion de se faire entendre, de réclamer la fin des discriminations. Les juifs de Paris sont les plus déterminés. Trois jours seulement après la publication des décrets, le 20 mars 1808, Fould, Cerf-Berr et Lazare, tous trois banquiers, demandent une audience au ministre de l'Intérieur, Champagny. Ils écrivent au préfet de police, Dubois : « Les juifs honnêtes, et il y en a, Dieu merci, un assez grand nombre, affirment-ils, désirent qu'on ne fasse aucune distinction entre eux et les autres Français. Toute ligne de démarcation les afflige et s'ils ne peuvent espérer de la voir disparaître, ils se résigneront à la perte de leur fortune plutôt qu'à celle de leur honneur. »

Le préfet de police Dubois et Frochot, préfet de la Seine, en fonctionnaires consciencieux, décident de mener des « enquêtes » sur la « moralité » des juifs de Paris. Dubois dénombre en cette année 1808 sept cents familles juives à Paris. Elles sont originaires de Bordeaux, Bayonne, du Comtat Venaissin (c'est la souche originelle des juifs de Paris), ou « allemandes », alsaciennes ou fraîchement arrivées d'outre-Rhin. Les Bordelais, les Bayonnais, les « Comtadins » et les Avignonnais représentent quelque cent familles ; les « Allemands » près de six cents. Dubois cite les Peixoto, les Sara-Mendès, les Dacosta, les Rodriguès, tous originaires du Sud-Ouest. La majorité de ces familles juives vivent très honorablement du commerce et de l'artisanat, principalement dans le quartier Saint-André-des-Arts, et, ajoute le préfet de police, on ne remarque que quatre usuriers parmi elles. Le nommé Lallemand, dont on lit l'origine à travers le patronyme, est mentionné comme un « médecin très estimé ». Bernard d'Alsace, de la rue Quincampoix, par contre, est un fripon qui « escompte à gros intérêts » et de ce fait est « méprisé de ses coreligionnaires ». Le banquier Crémieux « qui est de cette caste n'en est pas le meilleur individu... » Même jugement défavorable pour les frères Polack et un Alcan de la rue du Mont-Blanc, taxés eux aussi de « friponnerie ».

Le préfet de la Seine remet au ministre de l'Intérieur un rapport beaucoup plus favorable encore. Les juifs de Paris, estime-t-il, « ... sont très propres à donner l'impulsion... aux spéculations les plus importantes pour la prospérité du commerce... » Ils pratiquent la générosité et la bienfaisance, rejettent la spéculation sur la monnaie... alors que beaucoup de chrétiens...

Le rapport de Frochot est d'autant plus instructif qu'il fournit de nombreux renseignements sur les orientations économiques et professionnelles des juifs de Paris sous l'Empire : cent cinquante d'entre eux sont aux armées, nombre d'autres sont fonctionnaires dans les administrations – notamment la Justice –, sans compter les marchands, les commerçants et les « fabricants ». Très révélateurs, ces chiffres du préfet de la Seine : en ce printemps 1808, deux cents enfants juifs de Paris sont en apprentissage ; ils fréquentent les lycées, les écoles de médecine, Polytechnique. Les mesures de mars 1808 exposent les juifs de Paris à la ruine, affirme Frochot, « leur crédit tombe de toutes parts », la confiance que leur témoignait leur clientèle est mise en miettes, il faut donc les exempter des décrets. Champagny fait siennes les conclusions des préfets ; il s'adresse à l'Empereur, soulignant : « Il n'est pas douteux que le très grand nombre de juifs qui résident dans la capitale s'y conduisent fort bien... » Quelques jours après l'intervention de Champagny, en avril 1808, Napoléon décide que les juifs de Paris ne seront pas soumis aux décrets restrictifs. C'est un beau succès, et de leur plus belle plume, le 20 avril, Cerf-Berr, Olry Hayem Worms, Fould, Rodrigues, Lazard, Halphen, Carcassonne, Polack remercient solennellement l'Empereur de sa mansuétude.

Le succès des juifs parisiens encourage les autres à se porter demandeurs. Les pétitions affluent auprès de Napoléon et de Champagny. Des Bouches-du-Rhône (Marseille, Aix, Salon), beaucoup fournissent des certificats de négociants, de personnalités se portant garantes de leur honnêteté, voire des maires et des tribunaux. Du Gard, où un nommé Vidal se fait l'interprète des juifs du département : des certificats identiques à ceux des Bouches-du-Rhône sont fournis, il n'y a point de plaintes contre eux, ils ont tous un métier reconnu, leurs enfants remportent des prix dans les écoles. À Nice, le préfet cautionne la pétition : ils sont établis là depuis cinq siècles, négociants en huiles et en soieries, armateurs, assureurs maritimes ; ils remplissent leurs devoirs de citoyens, cinq ont siégé à la municipalité, vingt ont répondu à la conscription.

Les juifs de Haute-Garonne et du Vaucluse obtiennent également l'appui du préfet. Petits commerçants, colporteurs ils sont, en Haute-Garonne, d'un niveau social très bas. Dans les Vosges – où il y a quatre-vingts « chefs de famille » juifs, commerçants, artisans, agriculteurs –, ce sont les conseillers municipaux qui témoignent pour eux. À chaque témoignage favorable, invariablement la même mention : « Peu » ou « Pas d'hypothèques ». Dans les Bouches-du-Rhône, à Marseille et dans les autres villes, les juifs sont détenteurs de nombreuses hypothèques sur des biens « chrétiens » mais ce handicap ne devrait pas les priver de la dérogation. En Seine-et-Oise, douze familles juives de Versailles obtiennent également l'appui du préfet. Celui-ci précise, pour mieux soutenir son intervention, que ces familles, qui font commerce de soieries, de toiles et de bijoux, tenaient déjà des boutiques dans les galeries du château à l'époque de la monarchie, et qu'elles n'ont fait l'objet d'aucune plainte.

Finalement, l'Empereur exempte de l'application des décrets de mars 1808 les juifs des Alpes-Maritimes, des Bouches-du-Rhône, du Gard, de l'Hérault, des Basses-Pyrénées, de l'Aude, du Doubs, de Seine-et-Oise et des Vosges. Les juifs de la Gironde et des Landes n'ont pas été touchés par les décrets et ceux de Paris – nous l'avons vu – ont été les premiers à bénéficier, très rapidement, de l'exemption.

Les autres – tous les autres – restent sous le coup des décrets discriminatoires. Ils sont la grande majorité : environ cinquante-cinq mille pour un peu plus de treize mille privilégiés. Dans les départements de l'Est, les refus ont été généraux, sauf pour les Vosges. Dans la Meurthe, les juifs de Nancy, de Toul, de Lunéville, de Château-Salins, Sarrebourg, etc., soit trois mille cinq cents, seront soumis aux décrets en dépit des interventions du préfet, Marquis, et de son successeur, Riouffé. Artisans, manufacturiers (à Baccarat), négociants, marchands de bestiaux, cultivateurs, « propriétaires », mais également médecins, militaires et fonctionnaires, ils constituent une communauté très dynamique que l'administration locale considère avec sympathie. Les deux préfets qui se succèdent dans la Meurthe en témoignent, reviennent à la charge auprès du ministre Champagny et de l'Empereur. Vainement. La réponse de Paris est nette : il y a trop de créances juives sur les agriculteurs chrétiens dans la Meurthe.

Même refus pour la Moselle, où la population juive est importante. Les villes de Metz, Thionville, Sarreguemines et leurs arrondissements regroupent à eux seuls quelque six mille cinq cents israélites, petits artisans, commerçants très modestes, marchands de chevaux et de bestiaux. Vingt-deux rabbins écrivent à l'Empereur pour solliciter l'exemption ; ils sont soutenus par le préfet, les présidents et les juges des tribunaux qui donnent aussi un avis favorable. Le ministre de l'Intérieur demande un complément d'information mais, après un nouvel examen du dossier, confirme le refus. En 1810, la communauté juive de Moselle interviendra de nouveau, avec l'appui des municipalités. L'administration centrale ne daignant pas répondre, elle finira par abandonner sa requête.

Les juifs de Seine-et-Marne (ils sont quelque cent cinquante dans l'arrondissement de Fontainebleau) se font répondre qu'ils ne sont pas « assez civilisés » pour prétendre à l'exemption. Dans le Nord et le Pas-de-Calais (un peu plus de deux cent cinquante israélites), les interventions et attestations élogieuses des préfets, sous-préfets, maires (à Lille et à Valenciennes), du tribunal de commerce (à Dunkerque), etc., ne parviennent pas à ébranler la détermination négative du ministère de l'Intérieur et de l'Empereur. Pour les juifs de France que les décrets de mars 1808 maintiennent dans l'état d'exception, le débat reprendra, sur des bases nouvelles, lors de la restauration des Bourbons.

L'organisation du culte

Le deuxième volet des décrets du 17 mars 1808 concernait l'organisation du culte. Au-dessus de la pyramide siégerait un « Consistoire central », composé de rabbins et de laïques, choisis par le ministre des cultes. Ils seraient nommés par décrets, prêteraient serment, comme les évêques. Les premiers membres du Consistoire central – véritables fonctionnaires du culte israélite – sont David Sintzheim, grand rabbin de Strasbourg, Segre, Cologna, et pour les civils : le banquier Lazard, de Paris, et le grand négociant alsacien Cerf-Berr.

Six consistoires départementaux sont également prévus. Pour les territoires français, Paris, Strasbourg, Wintzenheim (arrondissement de Colmar), Metz, Nancy, Bordeaux, Marseille auront obligatoirement des synagogues. Les électeurs sont désignés par l'administration.

Le Consistoire central tient sa première réunion le 10 novembre 1808 ; il n'est présenté que le 12 décembre de l'année suivante à l'Empereur, qui le reçoit entre deux portes. On échange quelques phrases, aussi succinctes que banales :

– Eh bien, comment cela va-t-il ?, demande Napoléon à David Sintzheim et à ses collaborateurs...

– Sire, répond Sintzheim, nous nous organisons...

– Commencez-vous à corriger les plus mauvais d'entre vous ? poursuit Napoléon, toujours aussi bien disposé...

– Sire, ils seront tous dignes d'être des sujets de Votre Majesté...

– C'est bien... c'est bien... faites comme ceux de Bordeaux, comme les Portugais...

Les consistoires assurent l'exercice du culte, ils ont en charge les locaux et les frais cultuels, désignent les rabbins, répartissent la perception des taxes sur les membres des communautés. La formation des consistoires, la perception des taxes ne se font pas sans difficultés. Autant les rabbins, rémunérés, se recrutent assez aisément, autant les autres membres, dont les fonctions sont bénévoles, sont difficiles à recruter. Certains, qui ont accepté de siéger aux consistoires, ne tardent pas à démissionner. Les choix des rabbins sont également, parfois, malaisés. Robert Anchel mentionne qu'à Paris, Michel Seligmann, désigné comme rabbin, « talmudiste pieux et charitable », ne sait pas un mot de français et qu'il est complètement étranger aux réalités de ce monde.

Les consistoires ont comme mission – selon les décrets impériaux – d'encourager les membres des communautés à pratiquer les « vertus civiques », à s'adonner à des métiers réguliers, à lutter contre la mendicité en honneur dans la tradition juive. Cela aboutit à une véritable « chasse » aux mendiants qui viennent, pour la majorité d'entre eux, d'Allemagne et de Pologne. Le consistoire de Wintzenheim fait de l'excès de zèle en supprimant aux juifs vagabonds les billets d'hospitalisation et en intimant aux membres de la communauté l'ordre de ne plus accueillir les solliciteurs professionnels. À Marseille, le consistoire interdit la mendicité aux juifs de l'agglomération ; il refuse les secours à ceux qui n'ont pas au moins cinq ans de résidence et les fait expulser vers leur pays d'origine.

Le consistoire de Paris – note Robert Anchel – est le plus acharné à courir au-devant des instructions impériales. Il s'investit de pouvoirs policiers et demande au préfet, qui s'empresse de satisfaire ses vœux, qu'aucun juif ne soit autorisé à séjourner à Paris, lorsqu'il n'y est pas domicilié, sans avoir obtenu une autorisation spéciale. Trente émigrés sont, sur son intervention, expulsés de la capitale. Les diverses organisations israélites de bienfaisance sont regroupées en une seule, en novembre 1809 : la Société d'encouragement et de secours.

L'enseignement prodigué par les écoles juives (à Metz, à Ettendorf, Biesheim, Westhoffen, en Alsace), exclusivement axé sur la diffusion de connaissances religieuses, n'utilisant que l'hébreu, négligeant les matières profanes comme la grammaire ou l'arithmétique, souffrait d'indigence intellectuelle. Les enfants acquéraient en vase clos des notions qui, pour approfondir la tradition de leur religion, ne les préparaient nullement à affronter la vie moderne.

L'accession des jeunes juifs de France à l'enseignement moderne fut longue et difficile, non seulement en raison des habitudes qui paralysaient les communautés, du peu d'empressement que l'administration impériale mit à encourager les efforts qui tendaient à la propagation des connaissances profanes dans les écoles hébraïques, mais parce que de nombreux obstacles se dressaient contre l'admission des israélites dans l'enseignement classique. En 1812, le consistoire de Paris établit un programme d'enseignement qui comprendrait en plus des matières traditionnelles : hébreu, pratique de la religion, Pentateuque, le français, l'écriture, la grammaire et les mathématiques. L'école dont il avait préconisé l'ouverture, avec ces diverses disciplines comme bases, ne commença vraiment à fonctionner qu'en 1819, sans l'aide du gouvernement.

Les réticences, l'antisémitisme persistants des milieux chrétiens freinèrent également l'accession des enfants juifs de France à l'enseignement commun. L'hostilité était à peine voilée contre les quelques rares élèves qui entrèrent, pendant le Premier Empire, dans les établissements du secondaire ou du supérieur. Dans le Nord, par exemple, les enfants juifs n'étaient pas admis dans les écoles chrétiennes. L'admission du premier étudiant juif à Polytechnique – promotion 1798 – était une insigne exception : Gabriel Mossé, de Carpentras, éclaireur très isolé, ne fut suivi que beaucoup plus tard dans la voie de l'émancipation intellectuelle.

Suivant les juifs de France à travers leurs tribulations, leurs efforts en faveur de leur émancipation, les problèmes de leur adaptation, leurs luttes et leurs souffrances, que de fois, à travers les XIXe et XXe siècles, ne découvrirons-nous autour d'eux ces traces d'incompréhension et ces menaces de haine. Que de fois le vote du 27 septembre 1791 nous apparaîtra comme le geste un peu dérisoire, le réflexe généreux d'une assemblée en proie au « délire » de l'égalité... Si les petits juifs ne peuvent entrer dans les écoles chrétiennes du Nord, d'autres sont pris à partie lorsqu'ils sont admis dans les collèges. « Race de parias », se remémorait Crémieux Drach dans ses *Souvenirs* : son frère, premier élève juif à l'école de dessin de Strasbourg, était poursuivi et lapidé par des élèves chrétiens... Personnellement, nous recueillerons chez plusieurs de nos compatriotes, témoins de l'affaire Dreyfus, des récits identiques.

La perception du reliquat des taxes dues par les communautés incombait également aux consistoires. Il n'était pas de rôle plus ingrat, plus impopulaire et plus significatif de la volonté d'embrigadement de l'administration impériale que cette tâche. Les consistoires devenaient responsables, à l'égard de l'État, de la récupération des dettes dont les héritiers des juifs du Comtat Venaissin, d'Alsace, de Metz avaient pris la succession. Nous avons vu dans quelles malheureuses conditions les juifs de France s'étaient endettés avant la Révolution : il était particulièrement inique de rejeter sur des générations successives le poids des sommes à rembourser qu'une émancipation théorique n'avait pas effacées. Robert Anchel indique qu'en 1870 certaines de ces dettes étaient à peine éteintes, et que de nombreux procès opposèrent, durant des années, des héritiers juifs, qui contestaient le bien-fondé de ces dettes, aux créanciers de leurs pères ou... de leurs grands-pères.

La communauté juive de Metz était l'une des plus endettées. En 1814, sept cent cinquante contribuables messins, répartis à travers toute la France, étaient encore inscrits aux rôles. La liquidation définitive n'interviendra qu'en 1860. Les héritiers Cerf-Berr, par exemple, sont redevables, en Alsace, de soixante mille livres, les Moch de cinq mille cinq cents.

Le 20 juillet 1808, un décret impérial – confirmé par une circulaire du mois de septembre de la même année – rend obligatoire l'état civil pour les juifs de France :

« Napoléon, empereur des Français... Nous avons décrété et décrétons ce qui suit. Article Ier : ceux des sujets de notre Empire qui suivent le culte hébraïque et qui, jusqu'à présent, n'ont pas eu de nom de famille et de prénoms fixes, seront tenus d'en adopter dans les trois mois suivant la publication de notre présent décret, et d'en faire la déclaration par devant l'officier de l'état civil de la commune où ils sont domiciliés... »

L'article 3 du décret du 20 juillet 1808 précise : « Ne seront pas admis comme noms de famille aucun nom tiré de l'Ancien Testament, ni aucun nom de ville... » L'article 5 admet des exceptions lorsque les juifs « auront des noms et prénoms connus et qu'ils ont constamment portés... »

Une loi du 1er avril 1803 avait d'autre part autorisé tout citoyen français – par insertion au *Journal officiel* – à changer de nom. Les juifs de France avaient donc toute faculté... et obligation d'adopter des noms aux consonances du terroir. Beaucoup d'entre eux préférèrent continuer à porter des noms hébraïques, adoptant souvent leur prénom comme patronyme.

Les armées françaises de la Révolution et de l'Empire avaient jeté en Europe les germes des idées nouvelles. Les juifs furent parmi les premiers à bénéficier de la remise en valeur des droits de l'homme. En Italie, les portes des ghettos furent ouvertes, les juifs conviés à goûter la liberté qui était offerte aux autres citoyens. Tandis qu'aux Pays-Bas, proclamés République batave en 1795, tous les citoyens étaient proclamés égaux en droits, sans tenir compte de leurs origines ni de leurs croyances, dans le royaume de Westphalie où s'installait Jérôme Bonaparte, frère de Napoléon, à Hambourg, en Rhénanie, les juifs étaient émancipés.

Les libertés chèrement acquises pour les juifs d'Europe disparurent comme neige au soleil avec le recul général des armées napoléoniennes. Restaurées dans leur passé et leurs traditions, les nations chrétiennes qui avaient vaincu l'« usurpateur » et l'« antéchrist » effacèrent d'un trait les acquisitions arrachées par les peuples sous l'inspiration de la Grande Révolution. Les juifs firent, parmi d'autres, les frais du recul et de la suppression des libertés. À Francfort-sur-le-Main, à Hambourg, en Prusse, en Bavière, au pays de Bade, en Saxe, au Hanovre, mais également dans les territoires italiens (Lombardie, Vénétie, Sardaigne), ils retrouvèrent l'état d'exception où ils étaient maintenus avant 1789. En Russie, on les mettait plus bas qu'ils n'avaient jamais été. De terribles pogromes s'annonçaient sur les terres des tsars. Dans les états pontificaux, les portes se refermaient sur les juifs que la présence française avait libérés, le temps d'une révolution.

3.

Engagement en politique.
Triomphes dans la finance

Il fut à l'honneur des Bourbons restaurés sur le trône de France d'avoir refusé, avec les Pays-Bas, de revenir sur l'acquis de la Révolution. À compter de la Restauration, bien au contraire, les juifs de France entrevoient des jours plus heureux. En 1818, sous un gouvernement présidé par le duc de Richelieu, les deux Chambres rejetaient la proposition d'un représentant de la Drôme, le marquis de Lattier, qui proposait la reconduction des décrets de 1808, toujours en vigueur.

Ce fut encore une sérieuse bataille à livrer pour les juifs de France. Ceux d'Alsace étaient, une fois de plus, visés. En 1816, le conseil d'arrondissement de Colmar, puis le conseil général du Haut-Rhin, la même année, enfin, en 1817, celui du Bas-Rhin repartaient à l'attaque. L'argument utilisé est que si les créances juives sont remises en circulation, si les décrets impériaux de 1808 ne sont pas prolongés, de nombreux débiteurs chrétiens seront jetés dans un inextricable embarras. « Il serait à désirer pour sauver le malheureux peuple dont ils dévorent sans cesse la fortune, qu'il fût pris contre eux [les juifs d'Alsace] des mesures beaucoup plus sévères, et notamment pour empêcher leur multiplication immodérée, déclare le conseil général du Haut-Rhin... Si après les désastres de deux invasions, poursuivent les conseillers généraux, et de l'intempérie des saisons, ils [toujours les juifs] avaient la faculté de poursuivre le paiement des billets, il ne resterait en partage aux Alsaciens que la ruine et le désespoir... »

On s'émeut à Paris des plaintes qui, une fois de plus, viennent de l'est de la France contre les « usuriers ». Le ministère de la Justice du roi Louis XVIII prescrit une enquête ; les juifs d'Alsace, sentant que l'affaire risque de mal tourner et que les décrets de 1808 peuvent être reconduits, envoient une ambassade au gouvernement où, fort heureusement, siègent deux libéraux, Decazes et Lainé. Le Consistoire central s'en mêle, ceux de Metz, de Nancy, de Wintzenheim lui apportent un renfort. Le marquis de Lattier, qui a eu des démêlés d'argent avec des commerçants juifs – ce qui peut expliquer son acharnement –, défend auprès des députés la prorogation des décrets de 1808. « L'argent prêté par les usuriers aux paysans alsaciens a servi à acheter les biens des émigrés », déclarent à qui veut l'entendre les propagandistes du camp antijuif ; argument de poids qui pourrait bien convaincre une assemblée de monarchistes ! Mais Lattier échoue. Au mois de février de 1818, la Chambre des pairs refuse de reconduire les décrets. Peu de temps après, la Chambre des députés renvoie l'affaire au gouvernement, qui tranche dans le même sens.

Les juifs de France s'engagent alors massivement dans la période de l'intégration : retardée par une politique rétrograde sous l'Empire, après les espoirs éveillés par la Révolution, elle devient enfin réalité.

Cette intégration s'effectuera au prix d'un certain reniement de la tradition, d'une éclipse de la personnalité juive. Il était inéluctable que les juifs d'Alsace, en particulier, qui abandonnaient leurs villages pour les villes, qui affluaient vers Paris, aient eu tendance à oublier les marques de leur origine. Beaucoup de ces Alsaciens – désireux d'échapper aux contraintes de communautés très refermées sur elles-mêmes – se laissent prendre par le mirage de la capitale. L'augmentation de la population juive témoigne de la force d'attraction de Paris sur les juifs provinciaux dès la Restauration : alors qu'ils n'étaient que cinq cents pendant la Révolution, ils sont évalués à quelque quinze mille en 1853. En 1870, ils seront environ vingt-cinq mille.

Après l'acquisition difficile des droits de citoyen – s'agissant des Alsaciens –, le but à atteindre est l'émancipation économique. Là, la lutte est aussi très difficile. Le chiffonnier, le marchand ambulant, le petit artisan, l'usurier en chambre ont ressenti confusément la nécessité d'une « reconversion ». Arrivant à Paris avec leur maigre bagage, mais armés d'une volonté qui a toujours été considérée comme l'un des traits dominants de leur caractère, ils confrontent très rapidement leurs pressentiments avec la réalité. Cette réalité sera effectivement celle du combat quotidien pour gravir, un à un, les échelons de l'émancipation économique et sociale.

Il faut d'abord trouver un métier, car le colportage ou la vente des « vieux habits » ne nourrissent guère leur homme, même dans le Paris de 1820-1830. Nombreux sont les « sans travail », les chômeurs que le comité de bienfaisance israélite, émanation du Consistoire central, doit secourir : mille quatre cents en 1838, plus de deux mille en 1848, trois mille environ en 1856.

Si dur est le combat quotidien dans un Paris difficile, les réussites ne tardent pas, esquissées jusqu'en 1830, mais souvent spectaculaires sous la monarchie de Juillet et le Second Empire. Partis de peu ou de rien, des juifs de Paris, descendants de pauvres hères d'Alsace ou de Lorraine, ou de gens fort modestes, vont se hisser au premier rang de la réussite, ou édifier des fortunes bourgeoises en peu de temps. Ils mettront les bouchées doubles. On s'était habitué à les voir pauvres, méprisés, étrangers par les coutumes, la religion, la langue (ce yiddish aux accents « barbares »), et voilà qu'on les retrouve commerçants déjà riches ou banquiers. Les Rothschild, les Fould, et d'autres, contribueront à créer, dans cette France de la Restauration, bourgeoise et profiteuse, le mythe du juif ploutocrate et gavé d'or. C'est oublier qu'à côté de ces réussites exceptionnellement spectaculaires, les juifs de Paris, fraîchement débarqués des provinces de l'Est, étaient dans leur très grande majorité des « petits » et des besogneux travaillant pour un sort meilleur ; que de larges ombres de pauvreté s'étendaient encore parmi les immigrés d'Alsace, voire de Lorraine.

Des personnalités émergent, et pas uniquement dans le monde de l'argent et de la banque où, il faut le reconnaître, les juifs de Paris remportèrent leurs premiers succès. C'est d'abord un Adolphe Crémieux, originaire de Nîmes, fils d'un petit tailleur révolutionnaire ultra. La famille Crémieux venait du Comtat Venaissin, « juifs du pape » comme les Cassin et les Milhaud. Juriste, avocat de grand talent, il est élu député de Chinon en 1842 puis en 1846. Siégeant au Consistoire central, il en sera le président de 1843 à 1845. Sa notoriété lui viendra surtout de sa plaidoirie retentissante, en 1839, en faveur du rabbin Lazare Isidore, de Phalsbourg.

L'affaire de Phalsbourg est un nouveau succès dans l'histoire de l'émancipation des juifs de France. Qu'a fait le rabbin pour être traîné en justice ? Il a simplement refusé de prêter serment, au moment de témoigner, selon le rite exigé des citoyens juifs. En effet, l'émancipation civique des juifs de France, qui est un fait accompli en 1839, n'empêche pas la survivance de ce rite anachronique. Le serment *more judaico* – « à la manière juive » – implique que tout juif qui comparaît devant un tribunal, comme plaignant ou témoin, s'engage à dire la vérité sur la Torah et à l'intérieur de la synagogue la plus proche, en suivant un rituel fixé à l'avance. Le serment exigé des citoyens chrétiens, appelés à jurer sur Dieu, ne saurait être considéré comme valable, aux yeux du législateur, pour les juifs...

Lazare Isidore refuse de prêter le serment *more judaico*. Son motif : il est un citoyen français comme les autres, il n'a pas à prêter un serment différent de celui des catholiques, des protestants. C'est le scandale. Le rabbin sait que, selon la loi, il s'expose à des poursuites, mais n'en a cure et encourage publiquement tous les rabbins de France à faire comme lui. Lazare Isidore est traduit en justice. Il choisit comme avocat le jeune Adolphe Crémieux. La plaidoirie est brillante, et le 3 mars 1846 la Cour de cassation rend un arrêt qui donne raison au rabbin, à son avocat, et met un terme à l'usage du serment spécial pour les juifs de France.

Adolphe Crémieux n'a pas fini de faire parler de lui... pour le triomphe de la justice. En 1840, il est appelé à intervenir dans une affaire qui défraie la chronique, provoque une grande émotion dans l'Europe entière : le « crime rituel » de Damas.

Au mois de février 1840, le père Thomas, supérieur des capucins de Damas, disparaît de son couvent en même temps qu'un de ses domestiques juifs. Immédiatement on répand la nouvelle que le père Thomas a été assassiné par le juif qui l'accompagnait, celui-ci ayant voulu, pour la Pâque, offrir un sacrifice arrosé de sang chrétien. Cherif Pacha, gouverneur égyptien (la Syrie est alors sous contrôle de l'Égypte où règne Méhémet-Ali), ordonne l'arrestation d'un certain nombre de juifs pris au hasard. Ils sont affreusement torturés. L'un d'entre eux – un barbier – dénonce au hasard plusieurs notables israélites que l'on jette également en prison, non sans leur faire subir les mêmes sévices. Le plus âgé d'entre eux meurt entre les mains de ses tortionnaires.

Les hommes de Cherif Pacha obtinrent de leurs prisonniers des aveux qu'ils rétractèrent aussitôt. Pendant ce temps, à Damas, Beyrouth et Smyrne, des émeutes anti-israélites éclataient. C'est alors qu'Adolphe Crémieux et Sir Moses Montefiore intervinrent. Montefiore était l'une des personnalités juives les plus notoires de l'Empire britannique. Homme d'affaires important, très connu à la City et allié à la famille Rothschild, il personnifiait avec des hommes comme Disraeli – leader du parti conservateur et bientôt Premier ministre – la réussite sociale des juifs anglais sous le règne de la reine Victoria. Comme Disraeli, Sir Moses Montefiore était très attaché à ses origines. Il s'intéressa de très près au sort de la diaspora, visita les pays où il savait ses coreligionnaires persécutés (en Russie, au Proche-Orient, etc.), déploya ses efforts à leur venir en aide, créa en Palestine des établissements agricoles et des institutions charitables.

La rencontre de Crémieux et de Montefiore fut une chance inespérée dans le drame de Damas. Ils alertèrent les gouvernements français et anglais, s'employèrent à mobiliser l'opinion publique des deux pays. Montefiore fut plus heureux en Angleterre que Crémieux en France. À Londres, des meetings importants touchèrent la sensibilité du public ; le secrétaire au Foreign Office, Lord Palmerston, assura qu'il interviendrait en faveur des juifs syriens. Mais à Paris les réactions de l'opinion furent beaucoup moins favorables ; du côté du gouvernement les réticences n'étaient pas moindres, Thiers, qui était au pouvoir, cherchant à se ménager les appuis de l'Égypte – en cause dans l'affaire de Damas – contre le sultan de Constantinople.

En juillet 1840, Adolphe Crémieux et Moses Montefiore prenaient la tête d'une délégation qui s'embarqua à Marseille pour Alexandrie. L'objectif était de se rendre à Damas. Méhémet-Ali s'opposa au projet mais s'engagea à faire libérer les prisonniers, qui furent blanchis de complicité dans la mort du père Thomas.

Le drame de Damas avait éveillé chez les juifs européens – toujours menacés par un antisémitisme latent – le sens d'une communauté nouvelle. Une seconde « affaire » – l'affaire Mortara – replaçait au premier plan le problème des persécutions contre les juifs d'Europe. Sir Moses Montefiore et Adolphe Crémieux eurent, là encore, à intervenir.

L'affaire Mortara illustre le problème des conversions au catholicisme. Il n'est pas nouveau mais il a, en ce milieu du XIXe siècle, un caractère plus spectaculaire que jamais.

La déjudaïsation qui a suivi la transplantation de milliers de membres de communautés rurales vers les villes, le changement de milieu, des contacts plus directs avec le monde chrétien ont amené un certain nombre de conversions notoires. Le fils du grand rabbin Deutz et son gendre, Drach, rabbin lui aussi, se font baptiser. Un Ratisbonne, descendant du célèbre Cerf-Berr, a créé en

1842 l'ordre de Notre-Dame-de-Sion ; son frère fonde un monastère à Jérusalem. Le frère du grand rabbin Libermann est le supérieur de la congrégation du Saint-Esprit. Le docteur Olry Terquem, originaire de Metz, qui fut l'un des premiers juifs de France à acquérir des titres universitaires, membre influent des communautés dont il est un des représentants de la tendance « libérale », se convertit sur son lit de mort. La femme d'Adolphe Crémieux a fait baptiser ses deux enfants sans l'informer. Lorsqu'il l'apprend, en 1845, Crémieux doit démissionner du Consistoire central après en avoir été élu président en 1843...

Le ralliement de juifs éminents, ou de membres de familles très connues, au catholicisme, est évidemment très commenté. Il ne doit pas, cependant, faire oublier qu'il reste limité à une infime minorité. Lorsque le juif des campagnes d'Alsace ou de Lorraine abandonne progressivement ses traditions, ou prend ses distances à l'égard de sa religion, c'est encore le plus souvent pour choisir la voie laïque de l'indifférence. Des statistiques révèlent que de 1806 à 1931, quarante-huit conversions au catholicisme seulement ont été enregistrées chez les juifs d'Alsace.

L'opinion juive de France apprend, en 1858, qu'un jeune juif de Bologne nommé Mortara, citoyen des États du pape, a été baptisé à l'âge de sept ans par une servante chrétienne, pour le faire échapper à l'influence de son entourage israélite, le Saint-Office (et, semble-t-il, le pape Pie IX lui-même) ordonnant à la police pontificale de l'enlever à sa famille.

Diffusée à travers toute l'Europe, cette nouvelle suscite la colère, l'indignation des juifs et des libéraux. Sir Moses Montefiore va à Rome demander la restitution du petit Mortara à ses parents, mais sans résultat. L'empereur François-Joseph d'Autriche intervient personnellement auprès du pape ; Napoléon III, à l'instigation de Crémieux, fait de même. À Paris, les catholiques « intégristes » de l'époque, menés par Louis Veuillot et son journal L'Univers, prennent les juifs à partie, on craint des incidents. Pie IX ne cède pas. Le jeune Mortara restera chrétien. Il entrera dans les ordres et mourra en 1940, prélat de Sa Sainteté à Liège.

Crémieux et Montefiore avaient dû s'incliner. L'affaire Mortara, bien qu'elle connût une issue négative, relançait le projet d'un journaliste, fils du fondateur des Archives israélites, Isidore Cahen, et d'un brillant ingénieur, sorti premier des Ponts-et-Chaussées, Jules Carvallo, qui suggèrent de créer une organisation internationale destinée à défendre les juifs persécutés du monde entier. C'est ainsi que naît, après des contacts divers, l'Alliance israélite universelle, l'un des organismes les plus représentatifs du judaïsme français. Au mois de mai 1860, plusieurs personnalités israélites réunies chez un commerçant strasbourgeois, Charles Netter, signent une proclamation aux juifs du monde entier, les conviant à rejoindre cette union dont ils annoncent la création. Les deux promoteurs, le journaliste Cahen et l'ingénieur Carvallo, le rabbin Aristide Astruc, un avocat, Narcisse Leven (qui représente Adolphe Crémieux), Eugène Manuel, professeur et écrivain, Charles Netter apposent leur signature sur le document. C'est un appel à la solidarité juive pour combattre, dans l'esprit de 1789, toutes les formes d'oppression dont est victime le peuple de la diaspora, pour en soulager les malheurs et les misères.

Désormais, cette ligue de la charité et de la justice allait se porter au secours des communautés juives opprimées ou en difficulté dans le monde entier. Ses interventions furent innombrables. Pour ne retenir que l'une des plus spectaculaires, on se souviendra qu'elle aida très utilement les juifs émigrés qui, en 1881, fuirent la Russie et les pogromes qui ensanglantèrent le pays après l'assassinat du tsar.

En plus de son action en faveur des victimes de l'injustice, l'Alliance israélite universelle se consacra à une œuvre d'éducation, sans dissimuler qu'elle cherchait par là même à répandre la culture française. Elle ouvrit sa première école au Maroc, en 1862, puis en Tunisie, en Libye, en Égypte, en Terre sainte, au Liban, en Perse, en Turquie, en Bulgarie, en Grèce, en Serbie, en Roumanie. À la fin du XIXᵉ siècle, elle avait fondé une centaine d'écoles de par le monde, essentiellement concentrées autour du bassin méditerranéen.

Le rôle politique de l'Alliance ne fut pas non plus négligeable ; en 1878, ses représentants obtinrent de Disraeli et de Bismarck, réunis à l'occasion du Congrès de Berlin, qu'ils fassent pression sur les dirigeants roumains pour arracher les juifs aux lois discriminatoires.

Ce don d'ubiquité de l'Alliance lui valut des critiques... et d'inévitables procès d'intention. On l'accusa de servir les intérêts d'une « franc-maçonnerie juive internationale », d'être le principal instrument du complot de la « juiverie mondiale » pour s'emparer des leviers de commande des grandes puissances, etc. Ce qui est certain, c'est que le « messianisme français » qui était le sien – en digne héritière de 1789 – indisposa nombre d'adhérents étrangers qui provoquèrent la création d'imitations à l'échelle nationale. L'Anglo-Jewish Association fut fondée en 1871 ; en 1873 l'Israelitische Allianz voyait le jour en Autriche, puis la Hilbsverein der Deutschen Juden, la Société d'aide des juifs allemands, à l'initiative de l'empereur Guillaume II.

Dès sa fondation, l'Alliance israélite universelle fut assurée de concours nombreux et d'un soutien financièrement substantiel. En 1881 elle recueillait vingt-quatre mille adhésions, dont une proportion importante d'étrangères. Les Rothschild et le baron Maurice de Hirsch furent parmi ses principaux mécènes.

Très mal en point après l'Empire, le judaïsme français cherche à consolider ses structures ; il reste en fait sous le contrôle de quelques grandes familles de notables qui se succèdent à la présidence du Consistoire central : Worms de Romilly, Crémieux, Cerf-Berr, Rothschild, sans compter les Berr et les Goudchaux de Lorraine, les Ratisbonne de Strasbourg. En 1822 était inaugurée la première synagogue importante de Paris, rue Notre-Dame-de-Nazareth, en 1829 le séminaire rabbinique de Metz. Mais la plus grande acquisition provint du vote de la loi du 8 février 1831 qui, après l'avènement de Louis-Philippe, associa le culte israélite aux subventions qui étaient versées aux églises chrétiennes. Dès lors, les consistoires purent exercer leur rôle avec des garanties matérielles décentes. Des travaux de construction de nouveaux temples furent entrepris, des écoles ouvertes, les œuvres de bienfaisance développées, les traitements des rabbins, chantres ou « ministres officiants » progressivement pris en charge par l'État. En 1840 paraissait la première grande revue des juifs de France – *Les Archives israélites* – de tendance libérale, et six ans plus tard *L'Univers israélite*, proche des orthodoxes et des milieux rabbiniques. La Société des études juives et la *Revue des études juives* se consacraient, à partir de 1880, à l'étude de l'histoire des communautés juives françaises.

L'engagement politique

L'engagement politique des juifs n'avait guère été manifeste avant 1830. Les Trois Glorieuses et l'avènement d'un roi libéral éveillèrent un grand intérêt chez les juifs de France qui suivaient les péripéties de la vie publique. On commence alors à voir se dessiner les tendances politiques des communautés, à travers le prisme, plus ou moins exact, des grands notables. Un Crémieux a déjà choisi son camp : quand on lutte pour l'émancipation des juifs dans le monde entier, on ne saurait être que républicain. Lorsqu'il demande audience au roi Louis-Philippe, c'est pour lui rappeler l'exigence du respect de la personne humaine. La Révolution balayant le « roi bourgeois » en 1848, Crémieux se retrouve, au sein du gouvernement provisoire, ministre de la Justice. Un ministre de la Justice qui supprime la peine de mort pour motifs politiques et abolit l'esclavage dans les colonies.

C'est une voie assez parallèle que suit Michel Goudchaux, lorrain comme Crémieux est comtadin, et puissance financière. Goudchaux est banquier. Pendant tout le règne de Louis-Philippe, il s'affiche l'ami des républicains dont il alimente la caisse et subventionne le journal, *Le National*. Le Nancéien Goudchaux retrouve au gouvernement provisoire son coreligionnaire nîmois, Adolphe Crémieux : pour lui, le ministère des Finances.

Deux ministres choisis parmi les juifs de France : de 1791, année théorique de l'émancipation, à 1848, le chemin a été vite parcouru. La première révolution avait libéré les juifs de leur carcan, la troisième les porte au gouvernement.

Le comportement de Crémieux et de Goudchaux sous le Second Empire resta conforme à leurs choix primitifs : Crémieux, en désaccord total avec « Napoléon le petit », rentra sous sa tente et se consacra en grande partie à l'Alliance israélite. Goudchaux s'opposa très vite au Prince-président. Élu en 1857 au Corps législatif – cette assemblée-croupion bâtie selon les vœux de l'Empereur –, il refusa de siéger et de prêter serment au nouveau maître de la France. Il entra alors au Consistoire central. Crémieux retrouvera le ministère de la Justice à la chute de l'Empire, se signalant comme l'un des animateurs les plus dynamiques du gouvernement de la Défense nationale qui rejetait la fatalité de la défaite.

Entre 1848 et 1870, les juifs de France entrent donc par la grande porte dans la vie politique, économique, sociale. Les destins d'un Crémieux et d'un Goudchaux sont symptomatiques de l'option politique de la très grande majorité des juifs français en faveur de la gauche. La « percée » des juifs de France, amorcée pendant la Restauration et la monarchie de Juillet, évidente en 1848, n'est pas un phénomène isolé. Partout, en Europe, ils secouent le joug de l'exception, obtiennent de nouveaux droits. Ils joignent leurs efforts à ceux des libéraux qui luttent contre les régimes autocratiques maîtres des États depuis la chute de l'Empire. En Allemagne, on leur a arraché les droits qui leur avaient été accordés pendant l'occupation française. En 1819, la foule les malmène à Würzburg, Francfort-sur-le-Main, Hambourg ; la Prusse leur cherche mille querelles ; l'Autriche leur refuse l'émancipation totale ; en Russie, malgré quelques rares éclaircies de libéralisation, ils sont en permanence persécutés. Nicolas Ier, qui est monté sur le trône des tsars en 1825, renoue avec une hostilité ancestrale que n'avaient désavouée ni Pierre le Grand, ni la Grande Catherine, ni même Alexandre Ier. Les juifs de l'Empire russe sont traités comme au Moyen Âge. Nicolas Ier multiplie contre eux les édits restrictifs, leur interdisant de construire des synagogues, d'employer des domestiques chrétiens, soumettant leur production littéraire et leurs lectures à la censure, et autorisant l'enrôlement dans l'armée à partir de l'âge de douze ans.

La révolution qui renverse la monarchie de Juillet à Paris essaime de proche en proche. Nombreux, les juifs participent aux soulèvements populaires, militent dans le mouvement Jeune Allemagne, la Charbonnerie italienne, la Hautevente romaine, un peu partout dans la franc-maçonnerie. Le Hambourgeois Gabriel Riesser est en Allemagne le héros de l'émancipation. En Italie, les juifs sont aux premiers rangs des combats du Risorgimento... Les résultats ne se font pas attendre : en Autriche la révolution de 1848 leur accorde, dans la Constitution du 4 mars, l'égalité devant la loi qui n'est effectivement consacrée que par la Constitution de 1867. Les dispositions sont les mêmes dans la Constitution allemande du 20 mai 1848, mais il faudra attendre la loi de la Confédération du Nord[1] du 3 juillet 1869 pour que les règlements spécifiques des États s'effacent devant la règle commune et que soient abolies « toutes les restrictions des droits civils et politiques encore existantes et basées sur la différence de religion ».

À Venise – toujours en 1848 –, c'est un demi-juif, Daniel Manin, qui prend la tête de la contestation. Dans le reste de l'Italie, l'émancipation des juifs gagne en proportion de la formation de l'unité qu'inspirent Victor-Emmanuel II et la Maison de Savoie. En 1870, avec l'occupation de Rome s'achève la formation de l'unité de la péninsule. L'autorité temporelle du pape s'ef-

---

1. Fondée sous l'égide de Bismarck, présidée par le roi de Prusse, elle rassemblait les États allemands situés au nord du Main.

face, et avec elle s'ouvrent, dans la Ville éternelle, les portes du ghetto.

Avec les Crémieux et les Goudchaux, de 1830 à 1848, les juifs de France étaient introduits dans la vie politique. Avec le baron Wolf – général – ils étaient parvenus aux plus hauts grades de l'armée. Michel Lévy était professeur à l'École de médecine, Fromenthal Lévy membre de l'Académie des beaux-arts, Adolphe Franck de l'Académie des sciences morales et politiques. Mais – et surtout – ils faisaient dans la banque et les affaires une entrée fracassante. Quelques grandes familles juives de France, et d'ailleurs, eurent l'intelligence de comprendre la place que la finance allait tenir dans l'essor industriel naissant et de s'y associer comme des promoteurs.

Les Rothschild : naissance d'une dynastie

Lorsqu'on examine la place tenue par quelques grandes dynasties juives dans la vie économique et financière de la France depuis le début du XIXᵉ siècle – avec le regard de l'observateur froid et objectif –, on se doit de lui reconnaître une exceptionnelle importance. Voilà le fait. Que les antisémites passionnels en aient tiré des conclusions abusives, que les fabricants de canards et de légendes y aient découvert des sources intarissables pour leur imagination délirante ou intéressée n'altère en rien cette constatation d'évidence. Les motifs de cette réussite des juifs dans les affaires peuvent donner lieu à des considérations infinies, à condition que l'on rejette les explications de parti pris qui ont leur source dans un racisme pathologique, le raisonnement sommaire ou l'envie à l'état pur. Pour nous, nous retiendrons comme une hypothèse une prédisposition due à des contraintes historiques, dont nous croyons avoir montré toute la pesanteur, s'accompagnant peut-être d'un atavisme hérité d'un passé très lointain et singulièrement encouragé par les événements.

Dans ces capitaines des finances, joueurs audacieux, conquérants avisés, rêveurs téméraires, constructeurs patients ou visionnaires malchanceux, banquiers, hommes d'affaires, chefs d'entreprise, comment ne pas voir les successeurs des grands commerçants juifs qui avaient suivi les armées romaines, de ces Radhanites qui commerçaient entre la France carolingienne et la Chine ?

Les grandes dynasties juives d'affaires acquièrent leurs lettres de noblesse dans l'essor industriel du XIXᵉ siècle. L'intelligence de ces pionniers est de comprendre les services que pourra rendre une forme de banque adaptée aux besoins du monde moderne en gestation.

La fortune des Rothschild, leur bonne fortune, est née du savoir-faire d'un petit juif de Francfort-sur-le-Main, Meyer-Amschel. Sa famille, qui vivait dans une humide maison de la rue aux Juifs, avait compté dans sa lignée des petits marchands et des changeurs. Les juifs de Francfort subsistaient dans un état de relégation. Des chaînes barraient la rue où ils étaient confinés. Ils payaient des taxes quand ils franchissaient les limites de la ville. Meyer-Amschel se souviendra longtemps des quolibets qui l'assaillaient quand il quittait la maison paternelle. Une coutume voulait que lorsqu'ils étaient interpellés par les enfants chrétiens, les juifs enlèvent leur chapeau, et s'inclinent en saluant.

Meyer-Amschel a deux frères ; son père meurt en 1755, puis sa mère. Heureusement, des parents le prennent en charge et l'envoient faire son apprentissage chez les Oppenheim de Hanovre, négociants et changeurs. Revenant ensuite dans la maison familiale, au lieu de rester sous la coupe de ses protecteurs, il partage avec ses frères le commerce de la brocante et se spécialise dans la collection et la vente des vieilles monnaies. Ce goût est à l'origine de sa fortune ; il se passionne pour ses pièces, constitue des catalogues, entre en contact avec des collectionneurs. Bientôt, les personnalités les plus connues d'alentour sont de ses clients. Il y a d'abord un général, von Estorff, qui appartient à la cour du prince Guillaume de la ville de Hanau, d'autres membres de la Cour, et le prince lui-même qui l'honore d'une distinction particulière. La famille Rothschild tenait son nom d'un « écu rouge » qui avait orné l'entrée de leur demeure ; cette fois Meyer-Amschel venait d'obtenir un « signe distinctif » qui annonçait le début de sa fortune : il posa une enseigne qui, sous les armes de Hesse-Hanau, portait cette mention très alléchante : « M. A. Rothschild, fournisseur breveté de Son Altesse Sérénissime le prince Guillaume de Hanau. »

Le premier pas est franchi. Introduit à la cour de Guillaume, Meyer-Amschel y revient souvent, se lie de sympathie avec l'intendant Charles-Frédéric Buderus. Le prince Guillaume doit la prospérité de son État à un curieux commerce : équipant, formant des régiments de mercenaires recrutés parmi ses loyaux sujets, il les vend à l'Angleterre qui en a grand besoin pour maintenir l'ordre dans ses colonies. Les règlements se font à Londres. Pour rentrer dans ses fonds, le prince Guillaume fait appel à des banquiers qui escomptent les traites tirées sur la Banque d'Angleterre et lui reversent en argent, et selon intérêts, le produit des ventes. Les sommes qui ont été réalisées par le fructueux négoce des mercenaires du Hanau sont d'ailleurs partiellement utilisées pour le règlement des importations des manufactures anglaises.

Meyer-Amschel est admis, par la petite porte, à figurer parmi les escompteurs du prince Guillaume. Sa contribution est d'abord des plus modestes mais ses affaires marquent des progrès constants. La nouvelle maison qu'il achète dans le ghetto (trois étages, une terrasse), plus vaste, plus confortable, est un caravansérail du commerce où il traite mille affaires en même temps : le petit escompteur du prince Guillaume est aussi négociant en vins, café, tabac, thé, coton et tissus, car Francfort importe les produits de l'Angleterre et de ses colonies.

De sa femme, Gutele, qu'il avait épousée à l'aurore de sa prospérité, Meyer-Amschel eut vingt enfants, dont dix survécurent. Or les fils du marchand-banquier vont devenir ses meilleurs collaborateurs et l'instrument de sa puissance. À l'origine de la prospérité des Rothschild, comme à sa survivance, à sa perpétuation à travers les siècles, il y a cette alliance indestructible, cette solidarité à toute épreuve d'une famille, d'un clan uni par les liens du sang et la communauté des intérêts. S'étendant à l'Europe entière, la « Maison à l'écu vert », nouveau signe sous lequel l'a placée son fondateur, dispose aux centres névralgiques des affaires des représentants issus du sérail, étroitement solidaires, s'épaulant, s'informant, sainte alliance du commerce et de la banque. Ce consortium implanté dans un ciment familial a les règles d'une dynastie : à l'image des monarchies, ces rois des finances et des affaires contractent des unions entre cousins pour éviter l'intrusion d'éléments étrangers qui risqueraient d'être des trouble-fête ; si pour les têtes couronnées d'Europe le catholicisme, religion d'État, est le meilleur soutien de la puissance, la fidélité active, intransigeante, au judaïsme est la règle intangible des nouveaux barons.

Les fils de Meyer-Amschel seront de fameux lieutenants : avisés, mordants, ambitieux, acharnés à la prospérité de la société à responsabilité familiale.

L'intervention grandissante de Meyer-Amschel dans les opérations du prince Guillaume, devenu en 1785 landgrave de Hesse-

Cassel[1], l'avait convaincu de l'utilité d'avoir un représentant en Angleterre. C'était une idée lumineuse. En effet, le chef de la Maison à l'écu vert avait constaté que le mouvement commercial entre Londres et les États de son protecteur pouvait offrir l'occasion d'un profit supplémentaire non négligeable. Comme le landgrave exportait vers l'Angleterre... ses mercenaires, et que d'autre part Londres lui vendait des textiles, il suffisait qu'un intermédiaire répercutât sur l'un les effets de l'autre. On réaliserait ainsi un double escompte. Cet intermédiaire, étant sur place, rendrait inutiles les agents anglais ; il serait le centralisateur non seulement des traites mais de la marchandise anglaises. En 1798, Meyer-Amschel envoyait son troisième fils, Nathan, alors âgé de vingt-huit ans, à Manchester avec un solide viatique de vingt mille livres sterling pour mener à bien ces opérations. Ainsi naissait la branche anglaise des Rothschild.

Infatigable, Meyer-Amschel remportait une nouvelle victoire en obtenant de Buderus, l'intendant de Guillaume, de servir de courtier pour un prêt consenti au roi Christian VII de Danemark ; il enlevait le marché à la barbe déconfite des grands banquiers de Francfort qui pestaient contre l'audace manœuvrière de ce petit juif de ghetto.

La guerre, qui tiendra une si grande place dans le destin des Rothschild, a embrasé l'Europe. Depuis le mois d'avril 1792, l'empereur d'Autriche, François II, est aux prises avec les armées françaises révolutionnaires. Tenu de choisir, Guillaume de Hesse-Cassel opte pour les Autrichiens ; ses besoins d'argent augmentent, il sera d'autant plus reconnaissant à Nathan des services qu'il lui rend à Londres. En 1806, le ciel s'assombrit encore ; les armées napoléoniennes défont les Prussiens, au mois d'octobre, à Iéna et à Auerstaedt, entrent victorieuses à Berlin. En novembre, Cassel est occupée par les troupes françaises. Point téméraire, le landgrave s'enfuit, laissant à l'intendant Buderus et à son ombre fidèle Meyer-Amschel le soin de gérer ses affaires en son absence. Ils s'occupent donc de réaliser ses créances sur les princes voisins, dissimulent soigneusement aux troupes françaises des caisses bourrées de titres d'emprunts, de monnaies et de bijoux. C'est que, malgré ses soixante-quatorze enfants, tous bâtards, le prince Guillaume est alors l'un des souverains les plus opulents d'Europe.

---

1. Titres et souveraineté reçus en héritage de son père.

Pendant ce temps, Nathan, qui s'est installé à Londres, gère au mieux les capitaux que les opérations de Guillaume vers l'Angleterre ont accumulés.

Le 21 novembre 1806, Napoléon a signé à Berlin le décret déclarant les îles Britanniques en état de blocus : le commerce avec l'Angleterre est interdit et toutes les marchandises qui en proviennent confisquées. L'Empereur affronte l'Angleterre après avoir mis au pas l'Autriche, la Russie et la Prusse ; combats de géants, a-t-on écrit, et dont l'issue est connue, mais pour les Rothschild qui nous occupent l'affrontement économique entre la « perfide Albion » et Napoléon offre une occasion inespérée de nouveaux profits.

Il n'est pas très difficile d'imaginer les avantages que comporte la position des Rothschild en cette année 1806. Nathan est à Londres, Meyer-Amschel et ses quatre autres fils au cœur de l'Europe sous la coupe napoléonienne, au moment où les importations anglaises (produits manufacturés, précieuses denrées des colonies) sont prohibées. Cette chance d'être dans les deux camps à la fois, les Rothschild l'utilisent à fond en se lançant dans la contrebande qui rapporte de gros bénéfices. Spécialistes du prêt, ils étendent également dans ce secteur leur clientèle et recrutent des débiteurs de choix : ainsi, tandis qu'il gère avec succès les biens de Guillaume de Hesse-Cassel exilé au Danemark, Meyer-Amschel avance des fonds à l'évêque de Mayence, Dalberg, qui a misé sur le camp français et sera promu grand-duc par les faveurs de Napoléon. C'est à Dalberg, probablement, que Meyer-Amschel devra d'être prévenu des perquisitions que les troupes françaises, à la recherche des marchandises anglaises importées en fraude, effectuent dans les magasins de Francfort. Le 30 novembre 1810, les soldats se présentent au magasin à l'écu vert, inspectent, fouillent... mais ne découvrent rien d'intéressant.

Voici que Meyer-Amschel avance un nouveau pion, prépare un nouveau coup de maître. Ce pion sur l'échiquier, c'est Jacob – qui changera son prénom hébraïque pour celui de James –, le plus jeune de ses cinq fils. Regardons-le agir avec attention : il est le fondateur de la branche française des Rothschild.

James arrive à Paris le 24 mars 1811. Il se déclare immédiatement à la police française et donne comme domicile le 5, rue Napoléon. Il n'est pas là par hasard. En Espagne, l'Empereur est aux prises avec Wellington. Or James va devenir le maillon indispensable, essentiel, d'un trafic qui, partant de Nathan à Londres, étend ses ramifications jusqu'en Espagne pour fournir en argent frais l'adversaire majeur de Napoléon. Le jeu de James, aidé de Salomon, le deuxième fils, est de réceptionner les pièces d'or que Nathan expédie en fraude dans le Pas-de-Calais, de les transformer en traites qui, des banques françaises, sont tirées sur des établissements espagnols.

Ce mécanisme échappe au ministre des Finances, Mollien, qui se laisse circonvenir par des explications fallacieuses. Mollien a bien été informé de l'importation d'or anglais, mais on lui en cache soigneusement la destination. L'or anglais chemine vers Wellington... dans le dos des autorités françaises, de la police, du service des Finances, grâce aux bons offices du fils cadet de Meyer-Amschel.

Cependant, le « coup de Waterloo » éclipse en spectaculaire les opérations précédentes des Rothschild. Il entre dans la légende non seulement comme un modèle d'audace, mais comme l'effet d'une organisation remarquable et une victoire de l'information.

L'un des traits d'intelligence de Meyer-Amschel aura été de comprendre l'importance de la transmission des nouvelles politiques dans la compétition financière. Les Rothschild, toujours à l'écoute des grands événements, savent être les premiers à en être informés et à en tirer parti. Pour ce faire, ils ont mis au point un mécanisme de transmission personnel qui use de messagers attachés à la maison, porteurs de précieuses dépêches, et se servent des pigeons voyageurs. Les coursiers Rothschild voyagent à travers l'Europe avec la vitesse de l'éclair, empruntant tous les moyens de locomotion à leur disposition, reliant entre eux les frères associés, à l'origine Nathan à Londres, James à Paris, le patriarche et ses trois autres fils à Francfort, et distançant les courriers officiels des chancelleries. De surcroît, un code spécial est employé pour la transcription, qui n'est autre qu'un mélange d'allemand et de yiddish.

Juin 1815 : Waterloo. Engagée le 16, la bataille est d'abord incertaine. À Ligny, Napoléon et Grouchy ont imposé à Blücher et aux Prussiens une retraite qui peut faire augurer du succès des Français. La nouvelle a été sue à Londres où les valeurs ont commencé à baisser à la Bourse. Le 17 juin, les Prussiens paraissant rejetés sur Namur, Napoléon engage le fer avec Wellington qui s'est accroché au village de Waterloo pour couvrir la route de Bruxelles ; mais le lendemain, l'appui apporté au dernier moment par Blücher aux Anglais fait basculer la situation en faveur des alliés.

La bataille s'est prolongée jusqu'à la nuit tombée le 18 ; or le lendemain un agent des Rothschild, nommé Rothworth, apprend l'événement à Ostende par un journal hollandais. Dissimulant soigneusement sa gazette, gardant secrète sa précieuse information, il s'embarque par le premier bateau venu et, dès qu'il pose le pied à Londres, se précipite chez Nathan. Celui-ci, qui a immédiatement réalisé le parti à tirer de l'événement, court à la Bourse, jette sur le marché un paquet de valeurs à la baisse, en particulier des titres d'un emprunt d'État, accentue ainsi la tendance, puis il rachète massivement... jusqu'au jour où la nouvelle de la défaite de Napoléon provoque une remontée générale et spectaculaire. Le bénéfice réalisé par Nathan est considérable.

La rapidité des informations Rothschild jouera encore dans l'avenir. Au mois de février 1820, par exemple, James est le premier à annoncer l'assassinat du duc de Berry, fils du futur Charles X. En juillet 1830, les pigeons voyageurs de Rothschild France s'envolent avec un message de première importance : la révolution a éclaté dans les rues de Paris. Nathan finance, en 1814, le retour de Louis XVIII sur le trône de France en lui avançant deux cent mille livres. Il participe pour une large part aux emprunts du gouvernement anglais, devient un élément de plus en plus nécessaire dans les opérations financières de l'État. Les Rothschild s'imposent au congrès d'Aix-la-Chapelle (ils sont d'ailleurs de tous les congrès où se décide le sort de l'Europe, à Laybach[1] en 1821, à Vérone en 1822), captent les tractations financières de la Russie, de l'Autriche, de la Prusse, avancent des sommes importantes aux uns et aux autres, lancent sur les marchés européens des emprunts payables à Londres, offrent les services des lettres de crédit pour les voyages à l'étranger, mais surtout imposent la méthode moderne du *clearing* (ou compensation, achats et ventes se faisant entre banques par virements réciproques).

Salomon ouvre des guichets à Vienne, de telle sorte que les Rothschild sont présents aux points névralgiques où se décident la politique et les finances ; il n'est guère exagéré d'avancer qu'ils contrôlent à eux seuls la plus grande surface du marché financier européen. Ils interviennent, par exemple, comme intermédiaires dans le règlement des indemnités de guerre que la France s'est

---

1. Traduction en allemand de Ljubljana (Slovénie).

engagée à verser aux membres de la coalition, avancent des fonds au gouvernement autrichien sur la part qui lui revient, effectuent des paiements aux Russes pour le compte des Autrichiens, accordent des « facilités de trésorerie » à la Prusse. Tout cela assorti, comme il se doit, de confortables commissions.

En dépit des restrictions qui continuent à frapper les juifs en Autriche – et où elles resteront les plus tenaces, les plus durables –, Salomon, qui ne peut acquérir une maison, vestige des mesures de ségrégation qui, bien avant le Moyen Âge, éliminaient les juifs de la propriété immobilière, Salomon ne tarde pas à occuper une position privilégiée dans les finances de l'Empire des Habsbourg. Il commence par rendre des services discrets, notamment en constituant un solide pécule à l'intention des enfants que l'ex-impératrice Marie-Louise a eus, pendant la captivité de Napoléon, du général von Neipperg. Cette bonne volonté à secourir la progéniture adultérine de la fille de l'empereur d'Autriche porte au crédit de Salomon un capital de reconnaissance ; il se glisse maintenant dans l'ombre du puissant chancelier Metternich, consolide de son influence la confiance, un peu ébranlée, dans les obligations de l'État autrichien, met l'« embargo » sur les mines de mercure de la région d'Idria, finance la construction des premiers chemins de fer de l'Empire, prend des participations dans les mines et les aciéries de Vitkowitz, en Silésie.

Carl, ou Kalmann, le quatrième fils, le plus effacé, sans doute le plus religieux avec Amschel, est chargé de suivre l'expédition des troupes autrichiennes dans l'ancien royaume de Naples de Murat où un mouvement révolutionnaire tente d'instaurer la république. Apportant la contribution financière des Rothschild à l'occupation militaire, il fonde, en 1827, la banque qui sera la filiale de la maison en Italie. Meyer-Amschel, le patriarche fondateur, qui d'une officine de négoce avait ébauché un empire, mourait en 1812. Amschel lui succédait, non seulement à la tête de la maison mère, mais comme père spirituel du clan auprès de Gutele. L'épouse de Meyer-Amschel n'avait pas voulu quitter la demeure où, femme modèle, elle avait soutenu Meyer-Amschel dans ses efforts, et élevé ses fils et ses filles. Entourée de tendresse et du respect traditionnel que les juifs portent à leur mère, elle était en même temps la déesse et la grande prêtresse du culte : il était de tradition que, lorsqu'un Rothschild contractait mariage en quelque région d'Europe, son épouse se rendît en pèlerinage dans la maison du ghetto de Francfort pour déposer aux pieds de Gutele les hommages qui lui étaient dus.

Amschel devenu chef de file garda intact le patrimoine moral des Rothschild que lui avait légué son père. Il fut par ailleurs, dans les affaires, le digne héritier de Meyer-Amschel. Comme la Confédération germanique établissait son siège à Francfort, il en fut rapidement le trésorier et noua des relations cordiales avec Bismarck, représentant de la Prusse, au début de sa carrière d'homme d'État.

James le Parisien porte au zénith le renom des Rothschild. Plus que tous ses autres frères réunis, il rassemble entre ses mains la puissance. Nous l'avons vu arriver à Paris en 1811 – il n'a alors que dix-neuf ans – pour mener à bien le transfert de fonds qui aide Wellington aux prises avec Napoléon en Espagne. Trois ans plus tard, il ouvre, 17 rue Le Peletier, sa « maison de banque ». L'Empire tombé, il intervient dans les règlements de la dette française aux alliés alors même que son frère anglais, Nathan, vient de fournir à Louis XVIII l'argent dont il avait besoin pour se réinstaller sur le trône des Bourbons. Il s'ensuit que James de Rothschild devient le bras financier de la Restauration, comme ses frères de Londres, de Vienne, de Naples, de Francfort servent, avec le même zèle, la monarchie. Louis XVIII mourra de sa belle mort, Charles X lui succédera en 1824 et sera renversé par la révolution en 1830 ; Louis-Philippe, le « roi bourgeois », prendra le relais pour laisser la place à la République en 1848, avant que Louis-Napoléon Bonaparte ne confisque le pouvoir à son profit, mais James de Rothschild restera, maintenant, au milieu des bourrasques qui emportaient les têtes couronnées, sa souveraineté et développant inlassablement sa puissance. Les Rothschild, dans la personne de James et de ses successeurs, sont l'exemple de la pérennité de la monarchie financière à travers les tribulations du pouvoir politique.

En 1825, c'est-à-dire onze ans après l'ouverture de ses guichets à Paris, la banque James de Rothschild représente un capital de plus de la moitié de celui de la Banque de France (trente-sept millions de francs-or contre soixante) et cinq fois supérieur à celui de sa concurrente la plus immédiate, la banque Laffitte qui rassemble sept millions. À la même époque, les banques Rothschild réunies (Paris, Londres, Vienne, Francfort, Naples) alignent un capital de cent dix-huit millions contre trois millions en 1815. C'est dire les progrès accomplis...

La grande spécialité de James de Rothschild est dans les placements et les souscriptions des emprunts d'État. Charles X lui confiera la conversion de plusieurs de ces opérations (la conversion consistant pour l'essentiel en une diminution du taux de l'intérêt versé aux souscripteurs). Intermédiaire financier de la monarchie restaurée, James est aussi l'un de ses principaux créanciers, non seulement par ses participations aux emprunts, mais comme bailleur de fonds de ses entreprises militaires. En 1823, il subventionne l'intervention du duc d'Angoulême, qui vient au secours de Ferdinand VII d'Espagne menacé par un soulèvement libéral. Nous le retrouverons en 1830 comme fournisseur en munitions et en approvisionnement du corps expéditionnaire en Algérie. Villèle lui confie l'indemnisation des émigrés, l'une des mesures les plus impopulaires du règne de Charles X.

C'est toutefois sous le long règne de Louis-Philippe que James de Rothschild donne sa pleine mesure. Son rôle dans les emprunts d'État, de plus en plus fréquents, se confirme, mais il engage sa maison, avec toute la puissance de ses ressources, dans la grande épopée industrielle qui s'annonce.

La révolution industrielle fait sentir ses premiers effets entre 1840 et 1850. Les conséquences ne se mesurent pas seulement en transformations techniques, mais, cela est évident, dans les profonds bouleversements sociaux qu'elle annonce. L'humanité aborde alors un nouvel âge mais l'homme va perdre dans son âme ce que lui apporte d'autre part son génie d'invention ; instrument de la révolution technique, la classe ouvrière subit l'exploitation d'un capitalisme sauvage tandis qu'apparaît la grande bourgeoisie bancaire et industrielle, classe bientôt dominante, qui a donné l'impulsion à ces transformations.

Tantôt ce sont des perfectionnements, comme sur la machine à vapeur, tantôt des inventions : les machines-outils, les moissonneuses, les batteuses, le marteau-pilon, le marteau-piqueur pneumatique, les rotatives d'imprimerie, ou encore le ciment, la lampe à pétrole en attendant l'utilisation de l'électricité pour l'éclairage urbain ou domestique, la découverte de la soude industrielle, la synthèse de l'acétylène, l'isolement de l'aluminium qui donnent naissance à l'industrie chimique.

Les chemins de fer apportent à l'essor industriel un appui vital. C'est dans ce domaine que les Rothschild montrent leur esprit de pionniers, au moment même où l'apparition des premières locomotives soulève en Europe les remarques désabusées des esprits forts. On prétend, le plus sérieusement du monde, que l'organisme humain ne supportera pas la vitesse, que les poumons seront comprimés, que pendant la traversée des tunnels les passagers qui se seront risqués dans cette aventure périront d'asphyxie ; d'autre part, des spécialistes fraîchement entichés de neurologie affirment que le déplacement de ces monstres vrombissants que sont les locomotives provoquera des crises d'épilepsie, et les « écologistes » avant l'heure que le déploiement de la fumée infestera la nature menacée de pollution. Les trains troublent la quiétude des campagnes et la rumination des bovidés. Les conservateurs y voient un danger social : « Les chemins de fer, déclare à Londres le duc de Wellington, ne feront qu'encourager les basses classes à se déplacer sans nécessité. » Quant à Monsieur Thiers qui a sur la « vile multitude » les opinions que l'on connaît, il ne suit pas le vainqueur de Napoléon dans ses appréhensions mais il ne recule pas devant un bon mot : « Nous devons offrir cela aux Parisiens comme un jouet, déclare-t-il, mais ces engins ne porteront jamais un passager ni un colis... »

Salomon Rothschild – l'Autrichien –, qui a entendu parler des prouesses des premiers « coches à vapeur » en Angleterre, envoie une mission d'information dans laquelle figure un savant connu, le professeur Franz Riepel. Le rapport enthousiaste de ces émissaires convainc Salomon de se lancer dans l'aventure ; il fait le siège de son ami Metternich et obtient la concession de la construction d'une voie de chemin de fer qui reliera Vienne à la province de Galicie. Le lancement d'un emprunt donne forme à l'entreprise qui dotera l'empire austro-hongrois de la plus longue ligne de chemin de fer européenne.

Nous sommes en 1835. Deux ans plus tard, James est déjà considéré en France comme le « magnat des chemins de fer ». Il s'est associé à Émile et Isaac Pereire qui viennent de construire la ligne Paris-Saint-Germain-en-Laye. James finance l'entreprise des frères Talabot qui, dans le midi de la France, placent les premières voies du futur PLM, puis lance un emprunt destiné à la construction du Paris-Versailles par la rive droite : en 1839, la capitale et la ville du Roi-Soleil sont reliées par le rail. Continuant sur sa lancée, James de Rothschild fondait en 1845 la Compagnie de chemin de fer du Nord au capital de deux cents millions : les vingt mille actions étaient souscrites en quelques semaines. Au vrai, la Compagnie du Nord contrôlée par la banque Rothschild était le résultat d'une opération de passe-passe entre James et l'État.

Celui-ci lui cédait l'exploitation de quatre cent cinquante kilomètres de réseau (Valenciennes-frontière belge ; Paris-Lille-Valenciennes ; Lille-Calais-Dunkerque) contre le remboursement des travaux et pour une période de quarante et un ans. Après avoir mené à bien l'entreprise, l'État français se désistait... au profit d'un groupe privé, au moment précis où il allait pouvoir en envisager l'amortissement.

Les chemins de fer deviennent alors l'enjeu d'une compétition acharnée entre les groupes bancaires qui mesurent l'étendue du profit à réaliser ; ils découvrent là un champ d'action nouveau qui, dans une large mesure, détermine l'orientation de la banque moderne : c'est le placement d'actions dans un vaste public, la constitution de dépôts massifs, le réinvestissement dans d'autres secteurs de l'économie. À côté des Rothschild, la Société générale draine des capitaux à Marseille, le Crédit mobilier dans la sidérurgie de Saint-Étienne. En soixante ans, de 1850 à 1910, la France multiplie l'étendue de son réseau ferré par plus de dix : de trois mille kilomètres de voies, elle passe à cinquante mille. Pendant la même période, les ouvriers et employés qui travaillent dans les compagnies sont passés de trente mille à trois cent mille.

Affrontements de colosses

Entre les groupes concurrents, la lutte est impitoyable. James de Rothschild voit naître à côté de lui des rivaux dangereux avec lesquels, très rapidement, le combat s'engage. Combats de titans du capitalisme dans la pleine agressivité de ses origines. Les victoires à remporter se chiffrent en millions de francs-or, en kilomètres de voies ferrées, en milliers d'actions souscrites. Or il est impossible de nier cette évidence : dans cet affrontement, dans cette compétition si l'on préfère, et qui comporte de nombreux aspects positifs, car de cette émulation émerge un essor économique sans précédent, les « banques juives » arrivent au premier plan. C'est alors, n'en doutons pas, qu'en France, comme dans le reste des grandes nations européennes en plein développement, se forme la tenace réputation de la collusion du juif et du capitalisme, du juif et de la puissance anonyme de l'argent.

Qu'y peuvent leurs détracteurs, si des juifs savent détecter dans le développement des techniques une source de profits, s'ils osent pour réussir, s'ils investissent pour renouveler leur potentiel de conquête de nouveaux marchés ? Ces juifs de France, banquiers et financiers, s'empoignent d'ailleurs entre eux, de même qu'avec les autres, en y mettant une belle vigueur. Tandis que James de Rothschild créait la ligne Paris-Saint-Germain en collaboration avec les frères Pereire, juifs de Bordeaux, puis Paris-Versailles par la rive droite, un autre juif, Achille Fould faisait la jonction Paris-Versailles par la rive gauche.

Les Pereire et les Fould tiennent la vedette dans la vie économique de la monarchie et du Second Empire. Émile et Isaac Pereire étaient nés au début du siècle, à Bordeaux, d'une famille de juifs portugais originaires de Peniche. Leur grand-père, Jacob-Rodrigues, s'était illustré comme instituteur des sourds-muets. Ils arrivent à Paris en 1822, sont courtiers de change, banquiers, se lient avec le philosophe Saint-Simon, écrivent au *Globe* et au *National*.

Les frères Pereire sont des personnalités attachantes et de belle envergure ; au goût des affaires ils allient des préoccupations intellectuelles et sociales élevées : cette double tendance les conduit à rallier le saint-simonisme, à se passionner pour les chemins de fer, l'une des grandes révolutions techniques du siècle. Avec James de Rothschild, dans les affaires du Paris-Saint-Germain, du Paris-Versailles et dans la Compagnie de chemin de fer du Nord.

Cette association ne durera qu'un temps. Émile et Isaac Pereire s'opposeront à James de Rothschild dans une lutte économique sans merci. Visionnaires, les Pereire, en disciples conséquents de Saint-Simon, assignent à l'industrialisation foudroyante une mission libératrice, prônent une planification qui doit limiter dans ses débordements un capitalisme anarchique. De cette civilisation industrielle qui est en train de naître, ils ont pressenti les dangers, ils rêvent de mettre les techniques au service de l'homme. Illusions d'utopistes ? En tout cas, pressentiment d'un des drames du monde moderne, des errements d'un capitalisme de pur profit.

Différentes sont les préoccupations d'un James de Rothschild qui construit une puissance financière sans mesure. Ce conquérant développe son empire en dehors des écoles et des philosophies. De la banque il est passé aux finances. Ses investissements se portent maintenant vers les mines et les charbonnages, la métallurgie, le trafic maritime entre la France et l'Angleterre, mais l'autre face du personnage révèle quelque chose de différent : mondain, promu consul d'Autriche à Paris, ayant auprès du roi

Louis-Philippe, dont on dit qu'il gère la fortune personnelle, ses grandes et ses petites entrées, il reçoit le tout-Paris dans son palais de Fouché, rue Laffitte. Envié, adulé, détesté, en tout cas magnat de légende, il inspire à Balzac les traits du célèbre banquier, baron de Nucingen, reçoit à sa table les Rossini et les Meyerbeer, collectionne les tableaux et les œuvres d'art.

1848, la chute de Louis-Philippe ; la révolution gagne toute l'Europe. Pour les Rothschild, supporters des monarchies, bras droits des pouvoirs, l'horizon se fait plus sombre. À Vienne, Salomon aide son ami Metternich à s'enfuir. De Paris, James envoie sa femme, Betty, en Angleterre. Lui-même a, paraît-il, l'intention de quitter la capitale pour l'étranger, mais il reste, et il surnage, il connaît les gestes à faire pour maintenir au-dessus de la mer démontée ses caravelles gorgées d'or. Tantôt il verse cinquante mille francs-or pour les victimes des barricades de février, tantôt il alloue une somme de deux cent cinquante mille francs à Ledru-Rollin, ministre de l'Intérieur du gouvernement provisoire, à des « fins patriotiques ». De Michel Goudchaux, ministre des Finances, banquier, israélite de souche lorraine, James a reçu des assurances : les affaires Rothschild n'ont rien à craindre de la révolution.

En effet : malgré le soulèvement prolétarien de juin, la création des ateliers nationaux, la révolution de 1848 est contrôlée par la bourgeoisie. Proudhon, qui siège à l'Assemblée nationale constituante, peut condamner la propriété, déclarer que le prolétariat procédera à la « liquidation » de la bourgeoisie, il se voit infliger un blâme motivé par les députés, à la quasi-unanimité. Ces bourgeois soi-disant révolutionnaires dénoncent comme diaboliques les théories de ce maître du socialisme français. Le peuple, bercé par le lyrisme républicain de Lamartine, découvre le suffrage universel, mais l'exploitation économique redouble, et derrière ce légalisme démocratique apparaît l'ombre de Louis-Napoléon et de ses légions.

Les premiers capitalistes des temps modernes sont tranquillisés ; James de Rothschild n'aura pas à redouter la nationalisation des chemins de fer, un instant envisagée. En février 1852, le gouvernement impérial prolongera la concession de l'exploitation des chemins de fer du Nord à quatre-vingt-dix-neuf ans et confiera celle du Paris-Lyon à un groupe bancaire où les Rothschild figurent en bonne place.

Le Second Empire consacre tout de même, au moins dans les

débuts, un recul sensible de l'influence Rothschild. Les Fould, juifs de Lorraine comme les Goudchaux, sont les conseillers financiers de l'empereur. Commerçants de rouenneries et de toiles peintes, fondateurs de la banque Fould, Oppenheim et Cie, de la compagnie d'assurances L'Union et de bien d'autres sociétés, ils portent à la politique un intérêt direct qui n'a pas son équivalent dans la famille de James. On a toujours préféré, chez les Rothschild, faire entendre sa voix par personne interposée. Plusieurs fois député, Achille Fould est ministre des Finances d'octobre 1849 à janvier 1852. Il préside à l'Exposition universelle, devient, après avoir quitté les Finances, ministre d'État et membre du conseil privé de l'empereur. Comme les Pereire, il adhère aux idées saint-simoniennes.

Les Pereire ont le vent en poupe. En 1852, ils fondent le Crédit mobilier qui révolutionne les conceptions bancaires. L'objectif des deux frères – rapidement atteint – est de faire appel aux souscriptions d'un vaste public, de substituer à la banque familiale, de type Rothschild, la banque populaire qui draine, pour les investir dans l'industrie en pleine expansion, les capitaux des épargnants moyens. Toute la banque française moderne, la Banque de dépôts, sort de cette idée : en 1848 a été fondé le Comptoir d'escompte de Paris, en 1852, la même année que le Crédit mobilier, le Crédit foncier, en 1863 ce sera le Crédit lyonnais, etc.

Le succès des deux frères est immédiat. De cinq cents francs, le premier jour de l'émission, l'action du Crédit mobilier grimpe en une semaine à seize cents. Avec un capital de soixante millions, la nouvelle banque surclasse les Rothschild et peut prétendre rivaliser avec la Banque de France (quatre-vingt-dix millions). Elle investit massivement dans les transports urbains et maritimes, le gaz, les constructions de matériel ferroviaire. Les Pereire fondent la Compagnie générale transatlantique, l'hôtel du Louvre, financent des sociétés immobilières qui entreprennent de grands travaux dans Paris, obtiennent du gouvernement impérial la concession de la construction de la ligne Bordeaux-Sète reliant l'Atlantique à la Méditerranée. Le « capitalisme populaire » des frères Pereire a les faveurs de l'empereur, l'appui de ses proches amis politiques, ministres et hommes de confiance, notamment Morny et Persigny. Le jour de l'inauguration, en 1867, l'archevêque de Bordeaux et l'archevêque de Toulouse, entourés d'une foule d'officiels, bénissent la nouvelle voie.

Les Fould, mais surtout les Pereire, occupent donc auprès du pouvoir, sous le Second Empire, la place laissée vacante par les Rothschild après l'effacement de la monarchie. Existe-t-il phénomène plus symptomatique de l'émancipation foudroyante, en ce milieu du XIXe siècle, des juifs de France ? Les Rothschild – on s'en doute – n'ont pas désarmé, plus que jamais symbolisant ce capitalisme financier qui arrache aux socialistes et autres marxistes en puissance critiques et anathèmes. En 1857, Edmond, le fils aîné de James, entre au conseil de gérance de la Banque de France.

L'affrontement entre James de Rothschild et les frères Pereire était inévitable ; il se produira sur le terrain où la concurrence est la plus ouverte : les chemins de fer qui, à l'origine, avaient pourtant scellé leur alliance. C'est en Autriche que la collision sera la plus rude. Débordant le cadre des frontières, les deux grands groupes financiers français portent leurs empoignades dans l'empire austro-hongrois. Les Pereire et le Crédit mobilier acquièrent une partie des chemins de fer autrichiens que le gouvernement de Vienne doit se résoudre à vendre pour faire face à ses difficultés financières, puis menacent les actions Rothschild, propriétaires du réseau du nord de l'Autriche, en les achetant puis en les lâchant massivement sur le marché. Les Rothschild, ligués – Anselme qui a succédé à Salomon de Vienne, Lionel, le fils de Nathan de Londres, Alphonse, disposant de la confiance de son père James –, répliquent par une offre très alléchante au gouvernement austro-hongrois : le rachat de la ligne du sud de l'empire (Vienne-Trieste), bientôt reliée à leurs lignes du nord (Lombardie-Vénétie). Les Pereire voient ainsi leur échapper les chemins de fer du sud autrichien, objets de leurs convoitises.

Dès lors le combat se développe sur tous les fronts entre les Rothschild et les Pereire. Ceux-ci ont marqué des points en Russie et en Espagne, mais la déconfiture d'un de leurs associés, Jules Mirés, proche de l'empereur, commence à sonner le glas de leurs affaires. Le financement de la désastreuse expédition du Mexique, en 1862, porte un nouveau coup sévère au Crédit mobilier. Fould, l'appui des Pereire au gouvernement, démissionne puis revient. Les deux frères espèrent reprendre, grâce à lui, une place dominante dans les intérêts de l'État. Espoirs perdus : Fould, doutant de plus en plus de la solidité du groupe, se tourne déjà vers les Rothschild. L'action du Crédit mobilier perd du terrain ; au printemps 1867, les Pereire avouent une perte de huit millions de francs. Au mois d'octobre, c'est l'effondrement en Bourse, et la faillite.

James de Rothschild le tout-puissant mourait au mois de novembre 1868, un an après avoir assisté à la défaite de ses principaux concurrents. Son fils, Alphonse, oriente la banque vers les grands investissements industriels en créant la société Le Nickel en Nouvelle-Calédonie (qui appartient à la France depuis 1853), Almaden et Peñarroya en 1881 pour l'exploitation du mercure et du plomb espagnols. En échange de prêts, le groupe obtient le monopole des ventes.

Après la défaite de 1870, Alphonse et sa banque intervinrent dans une part très importante des prêts qui servirent à régler à l'Allemagne la fameuse « amende » de cinq milliards. Les commissions de garantie de l'emprunt, son placement auprès du public rapporteront aux Rothschild de Paris et de Londres la modeste somme de cinq millions trois cent mille francs de l'époque, soit le quart de la participation totale des banques. Le Crédit lyonnais, par exemple, ne recueillait que deux cent mille francs de commissions. La part privilégiée qui avait été réservée aux Rothschild dans l'emprunt amena, au mois d'août 1872, les autres établissements bancaires, les banques de dépôt (Crédit lyonnais, Crédit foncier, Crédit agricole, Comptoir d'escompte de Paris, etc.) à protester et à dénoncer la collusion de certaines personnalités politiques avec la « maison » (les Rothschild se tailleront la part du lion dans les emprunts suivants). Il était en effet transparent qu'Alphonse de Rothschild avait obtenu de son ami Léon Say, ministre des Finances, originaire d'une famille juive de souche lorraine, cette position privilégiée dans des opérations de l'emprunt. Say avait un fauteuil d'administrateur dans la plupart des affaires Rothschild ; avocat, il s'était spécialisé dans les dossiers des compagnies ferroviaires. Le bruit courut que lorsque Gambetta, président du Conseil en 1881, eut l'intention de faire nationaliser les chemins de fer, l'intervention de Léon Say fit échouer définitivement le projet.

Association capital-politique

La collusion entre les détenteurs du capital et les milieux politiques à l'origine de la IIIe République (et plus tard...) est un fait reconnu, les groupes financiers disposant au gouvernement d'antennes et d'agents dévoués à leurs intérêts. « Monsieur Thiers » est l'exemple typique des compromissions affairistes des personnalités politiques, de même que la formation du Comité des forges, sous le Second Empire, en 1864, qui regroupe les géants de la sidérurgie et favorise la carrière d'Eugène Schneider, magnat du Creusot, au Corps législatif, illustre les moyens de pression des trusts. Le contrôle de plusieurs grands journaux (financier, économique, politique et fort sévère comme *Le Temps* ; populaire et de grande diffusion comme *Le Petit Journal*), est un des moyens d'action les plus révélateurs. Poincaré entretint avec les Rothschild des relations très amicales. Pendant la IVe République, René Mayer, personnalité du parti radical-socialiste, chef du gouvernement, siégeait au conseil d'administration de plusieurs sociétés Rothschild. Georges Pompidou fit ses plus belles armes à la banque et l'on n'a pas oublié certaines séances de l'Assemblée nationale où, alors qu'il était chef du gouvernement du général de Gaulle, il était interpellé par plusieurs députés communistes aux cris de « Rothschild ! Rothschild ! ». Pompidou blêmit sous le quolibet, fronça ses terribles sourcils et répliqua sur un ton qui laissa cois les interpellateurs : « Est-ce que vous allez vous taire ! » Les Rothschild ne restèrent pas insensibles aux initiatives du général de Gaulle lorsque, sortant de sa retraite, il fonda, au printemps 1947, le Rassemblement du peuple français (RPF). Pendant la campagne présidentielle de 1969, les Rothschild se trouvèrent dans les deux camps à la fois : tandis que le baron Guy (Banque Rothschild, Peñarroya, etc.) soutenait Georges Pompidou, le baron Edmond (Compagnie financière, Inno-France) ne dissimulait pas ses sympathies pour le candidat centriste malchanceux, Alain Poher.

En 1914, Alphonse de Rothschild est chargé par Raymond Poincaré de servir d'intermédiaire pour la conclusion d'un emprunt du gouvernement français auprès de la banque Morgan de New York. Après la victoire des alliés, les Rothschild créent la SAGA, Société anonyme de gérance et d'armement, qui est le complément, pour les transports, de leurs activités minières, investissent dans les pétroles russes et la Royal Dutch Shell. Ils s'étaient intéressés, bien avant la Première Guerre mondiale, à l'industrialisation de la Russie des tsars, avaient souscrit aux emprunts de l'État et avaient misé sur le développement des chemins de fer. Leur retrait des affaires russes correspondit au déclenchement des premiers grands pogromes. Ce ne fut pas, sans doute, pur hasard. Déjà, en 1847, Lionel Rothschild, le fils de Nathan et nouveau chef de la maison de Londres, avait entrepris une lutte homérique pour obtenir que les israélites fussent autorisés à siéger au Parlement britannique. Candidat libéral pour les élections aux Communes, élu dans le quartier de la City de Londres, il ne put siéger en raison de l'opposition de la Chambre des lords. Il se présente de nouveau en 1849, mais le verdict hostile est renouvelé. Faisant preuve d'une belle audace, il décide d'aller siéger. Le moment vient où il doit prêter serment, mais il objecte : « Je ne prêterai serment que sur les principes de ma religion, je ne puis admettre la formule qui m'est demandée, j'appartiens à la religion juive et l'on exige que je m'engage "sur ma vraie foi de chrétien". »

C'est un tollé dans les milieux conservateurs. Tous les journaux anglais relatent l'incident, abondent en commentaires. Lionel de Rothschild s'obstine, le règlement est maintenu. En 1853, nouvelle candidature, et nouvelles diatribes contre le serment. Le parti libéral soutient son candidat et multiplie les motions d'abrogation de la formule litigieuse. En 1858 enfin, onze années après la première candidature de Lionel de Rothschild, la Chambre haute cède.

Les Rothschild français n'étaient pas en reste dans la défense des intérêts moraux et matériels de leur communauté. Le baron Edmond, frère d'Alphonse, a laissé une empreinte ineffaçable dans la fondation des premières communautés d'Israël. Son hostilité au sionisme et aux théories de Theodor Herzl était connue, mais il aida par des contributions financières considérables – cent cinquante millions de francs-or, a-t-on dit – à l'installation des pionniers. Grâce à lui, villages, quartiers, fabriques surgirent du sol d'Israël ; la PICA (Palestine Jewish Colonization Association) favorisa la culture de la vigne et le commerce du vin, la fabrique du verre et le développement du port de Tantoura. Elle devint le plus puissant groupe foncier du pays, devançant même le Fonds national juif.

La vocation pro-israélienne des Rothschild a été confirmée par les héritiers de la célèbre maison. Cependant, l'entre-deux-guerres ne s'annonçait guère favorable à ses intérêts : bien que ses réserves demeurassent considérables, ses investissements très importants, elle révélait sous la direction d'Édouard (fils d'Alphonse et neveu du baron Edmond, soutien des pionniers d'Israël) un certain essoufflement ; le 31 août 1937, sous un gouvernement Chautemps, un accord passé entre l'État et les compagnies de chemin de fer privées prévoyait la création d'une Société nationale (la

SNCF) qui prendrait en charge quarante-deux mille kilomètres de réseau et une répartition des actions qui rendait l'État majoritaire. Une indemnisation compensait l'apport des lignes et du matériel mais la gestion échappait aux compagnies privées qui ne disposaient que de cinq sièges sur vingt au conseil d'administration de la SNCF. Ainsi s'achevait l'épopée des chemins de fer capitalistes où les Rothschild avaient pris une si grande part. Cette nouvelle organisation remettait, en fait, ordre et logique dans une situation paradoxale et insoluble. Depuis de nombreuses années, les compagnies privées faisaient appel aux subventions publiques pour faire face à des obligations que les augmentations des tarifs n'arrivaient pas à satisfaire.

Les Worms : histoire d'une réussite

C'est à la même époque – entre 1848 et 1870 – que la famille Worms commence à faire parler d'elle. Comme chez les Rothschild on rencontre, à la base de la réussite de l'une des grandes dynasties juives de France, un discernement exceptionnel des situations et des occasions à saisir, bien entendu un sens inné des affaires, le goût de l'entreprise combinés à une volonté à toute épreuve.

Hypolite Worms, le père fondateur, était né dans une famille israélite établie à Sarrelouis en 1683. Il s'installe d'abord à Rouen, à l'âge de vingt-huit ans, comme commissionnaire et négociant en gros. Spécialisé dans la vente du plâtre, il comprend très vite le rôle que les chemins de fer vont être appelés à jouer dans l'économie, installe ses dépôts dans les villes disposant de gares : Le Havre, Dieppe, Rouen, Châteauroux, Vierzon, etc. Puis il décide de s'intéresser au marché anglais : il exporterait du plâtre vers les îles Britanniques et en ramènerait du charbon dont la propagation de la machine à vapeur créait en France des besoins considérables, insuffisamment satisfaits par la production nationale. La houille belge tenant alors une place privilégiée dans les importations françaises, le jeu consistait à acheter directement aux Anglais en arrivant sur le marché français à des prix moindres. Le pari fut tenu : les 8 et 13 novembre 1848 arrivaient à Dieppe les deux premières cargaisons importées par Hypolite Worms et qui étaient négociées à dix pour cent au-dessous des prix de la concurrence.

Tandis qu'il s'installait solidement aux points d'arrivée (en particulier à Rouen et au Havre), Hypolite Worms fondait une succursale aux sources de l'approvisionnement, dans le port charbonnier de Newcastle. Il s'était également préoccupé du « fret de retour », jugeant que les frais de transport seraient amortis d'autant s'il trouvait le moyen d'apporter aux Anglais, dont il recevait le charbon, des produits dont ils manquaient, notamment des denrées alimentaires. D'autre part, Hypolite Worms avait constaté que les Anglais exportaient la houille de leurs mines vers certains pays avec lesquels la France ne disposait que de liaisons très insuffisantes. Pourquoi, estima-t-il, n'utiliserait-on pas les transports anglais pour y charger des marchandises françaises ? Cette observation se révélait tout à fait justifiée, et la maison Worms commença à profiter de ce nouveau débouché.

Worms échafaudait des plans pour s'étendre à tout le littoral, de Boulogne à Bordeaux, mais en 1850 il savait saisir une occasion exceptionnelle de conquérir un très gros marché. Pour la première fois, une compagnie de navigation américaine reliait New York au Havre par vapeur, et le 19 octobre, à l'issue d'une traversée de treize jours et cinq heures, le navire *Franklin*, toute fumée au vent, faisait une entrée triomphale dans le grand port normand. Six mois auparavant, l'astucieux et toujours conquérant Hypolite Worms avait contacté la New York and Havre Steam Navigation C° pour lui proposer de fournir aux navires de la ligne le charbon du retour et lui présentait des prix hors concurrence ; le marché fut conclu, et lorsque le *Franklin* repartit pour New York, il avait dans ses soutes huit cents tonnes de charbon qui sortaient des dépôts Worms. La maison devenait le fournisseur attitré de la ligne maritime qui prendrait dans l'avenir une importance considérable. C'était un remarquable coup de maître...

Marché après marché, conquête après conquête : Worms devenait l'un des premiers fournisseurs en charbon de la Marine nationale, envoyait du charbon en Afrique occidentale contre la fourniture de produits africains qui débarquaient au Havre et à Rouen, enlevait l'adjudication de la livraison de charbon aux colonies françaises d'Amérique, au Cap, à Singapour, Shanghai, alimentait les compagnies qui desservaient la côte californienne, à l'époque héroïque de la ruée vers l'or, atteignait l'Amérique du Sud. Il obtenait des Messageries nationales la fourniture du combustible pour les ports d'attache de sa nouvelle ligne Marseille-Constantinople : Civita-Vecchia, Le Pirée, Athènes,

Smyrne, Constantinople et Alexandrie. En 1851, pressentant l'importance du charbon de soute, il prenait pied dans le grand port de Cardiff, au Pays-de-Galles.

La guerre de Crimée, déclenchée en 1854, entre la coalition de la France, de l'Angleterre, du Piémont et de la Turquie contre la Russie, ouvrit à la maison Worms un marché considérable et lui fit tenir une place dans la victoire. Hypolite Worms se signala alors, auprès du gouvernement impérial, non seulement par ses services, d'un prix inestimable, mais par la très grande régularité de ses engagements.

La guerre portée à trois mille kilomètres des bases françaises, le manque de frontières terrestres entre la coalition et son adversaire donna au conflit un caractère particulier : il fallut opérer sur les côtes russes, en Baltique et surtout en Crimée des débarquements de troupes (environ deux cent mille hommes) que transporta une flotte nombreuse. Les navires à vapeur étaient à même de rendre les plus grands services, à condition que le ravitaillement en charbon fût au diapason du tonnage déployé. Le gouvernement impérial et le ministre de la Marine, Ducros, eurent donc à résoudre ce problème qu'ils confièrent à Hypolite Worms, dont ils connaissaient l'implantation en Méditerranée. Celui-ci s'acquitta de sa tâche au-delà du possible : les navires de transport des « subsistances » représentaient à eux seuls mille huit cents unités, tandis que la navette entre la France et le théâtre d'opérations exigeait l'emploi en permanence de deux cent cinquante autres.

En France même, Worms passait des accords avec Émile Pereire, que nous avons rencontré dans notre récit, pour la fourniture de vingt mille tonnes de charbon aux Chemins de fer du Midi. De Bordeaux, où le charbon de Cardiff était débarqué, on prenait des marchandises en charge pour le retour ; une succursale était ouverte à Marseille, les fournitures de la maison atteignaient maintenant les industries gazières d'Espagne et d'Italie, consommatrices de charbon.

Hypolite Worms s'était installé à Grimsby, port des charbons du Yorkshire, afin de disposer de nouveaux débouchés d'approvisionnement. En 1855, il se lançait dans l'armement. L'insuffisance du tonnage de la marine marchande française était une réalité dont il avait, plus que tout autre, pris conscience ; d'autre part, il avait suivi avec beaucoup d'intérêt la révolution technique qui, en Angleterre, dotait les navires de l'hélice qui remplaçait la roue. En 1856, il alignait déjà quatre navires à hélice construits sur les chantiers de Hull ; la même année, il s'associait au Manchester Sheffield and Lincoln Railway pour fonder la Société anglo-française de navigation : les unités de la nouvelle compagnie transportaient le charbon de Grimsby à Dieppe, Le Havre et Rouen. En 1859, c'était la création de la ligne de Hambourg.

À l'occasion du percement du canal de Suez, Hypolite Worms jouait gros et risquait beaucoup. Les travaux avaient commencé à Port-Saïd en 1859 ; l'usage des machines à vapeur par les entrepreneurs ne se concevait évidemment pas sans un apport de quantités très importantes de charbon. Worms ouvrit donc une succursale à Port-Saïd, puis à l'autre extrémité, c'est-à-dire à Suez, fit acheminer des milliers de tonnes de combustible qu'il destinait aux travaux proprement dits, mais encore au futur trafic sur lequel il misait avec enthousiasme en dépit des nombreuses réserves de ses collaborateurs sur place. Hypolite Worms avait fait là des investissements très importants. Or ses représentants, victimes des rumeurs alarmistes, l'accablaient de lettres et de dépêches : ils lui répétaient que les difficultés techniques seraient insurmontables et qu'en admettant que l'entreprise de Lesseps arrivât à l'achèvement, l'entretien du canal poserait des problèmes insolubles, que les navires entreraient en collision, que toutes ces appréhensions détourneraient la clientèle.

Hypolite Worms s'entêtait, téméraire, contre les raisonnables. Jusque de l'Angleterre déferlaient des informations pessimistes. Le 17 novembre 1869 avait lieu l'inauguration. Les navires rassemblés pour cette occasion historique brûlaient du charbon Worms. De Port-Saïd et de Suez, les bateaux se mirent en mouvement, pour, si aucun incident ne se produisait, se rejoindre à Ismaïlia. Angoisse de l'attente pour les uns ; les autres rient sous cape, mais les optimistes gagnent : la jonction s'effectue sans incidents.

Cette première victoire serait-elle sans suite ? Pendant des semaines et des semaines, l'impression prévalut car les steamers paraissaient bouder le canal, la navigation était quasiment nulle, les stocks de charbon pratiquement intacts. Dans son bureau de Paris, Hypolite Worms était assailli par les appels désespérés de ses correspondants : « Le canal est raté », lui écrivaient-ils en croyant bien faire et pour qu'il ne fût pas dit que le patron n'aurait pas été averti, ou encore : « Ici, calme mort. » Mais le patron répondait : « Vous semblez désespérer de l'avenir du canal. Je ne sais où vous puisez vos craintes que je suis loin de partager. Avant peu la plus grande activité régnera dans cette partie de l'Égypte, ce sera le plus grand passage de l'Inde, chaque jour vous verrez des steamers... »

Hypolite Worms avait vu juste. Grâce à son charbon, le 17 novembre 1869 l'inauguration de la grande voie océanique avait été possible. En 1872, sa succursale d'Égypte avait fourni les trois quarts du charbon aux navires en transit ; le trafic ne cessa alors de s'intensifier.

Nous retrouverons les Worms et les Rothschild tout au long de notre récit. Très tôt, les Worms avaient révélé leurs sentiments, montré leur attachement national. Le commandant Franchetti, gendre d'Hypolite, avait été tué en 1870 lors de la bataille de Champigny et du siège de Paris. Lucien Worms, son fils, reçut la Légion d'honneur pour son courage au combat.

Les Lazard, dont la famille est native du village de Frauenberg, près de Sarreguemines, ont constitué un groupe bancaire puissant établi à Paris, Londres et New York. Petit juif de Lorraine, Alexandre Lazard quitta sa famille en 1847 pour installer à La Nouvelle-Orléans un commerce de marchandises générales. Assisté de son frère Élie et de son cousin, Alexandre Weill, qui l'ont bientôt rejoint en Amérique, il gagne la Californie au moment de la ruée vers l'or. En 1880, le groupe Lazard avait pris pied à Londres et à Paris.

4.

L'exode d'Alsace-Lorraine.
Les juifs d'Algérie citoyens français

Lorsque Louis-Napoléon Bonaparte fut élu président de la République en 1848, les juifs alsaciens craignirent qu'il ne renouvelât la politique de rétorsion de l'Empereur à leur égard. Des rumeurs alarmistes se propagèrent dans le Haut-Rhin. Un mouvement de panique fut perceptible. Certaines familles juives alsaciennes envisagèrent même d'émigrer en Suisse. L'administration – qui allait bientôt se parer du titre d'« impériale » – s'employa, dès que ces bruits furent connus, à rassurer les inquiets, et la crainte tomba. Les juifs d'Alsace, pas plus que ceux de Paris (ils sont alors quelque quinze mille dans la capitale), n'avaient pas à redouter le retour d'un Bonaparte au pouvoir. Ce qui avait été vrai pour l'oncle ne le serait pas pour le neveu qui avait montré son attachement aux idées républicaines et qui, disait-on – mais que ne disait-on pas ! – continuerait à le prouver.

On sait comment le futur Napoléon III manifesta son allégeance à la République. Pour les juifs, les espoirs de tolérance que l'on avait mis en lui ne furent pas déçus, encore que... Il ne faut pas oublier que l'empereur leur interdit d'enseigner – ce qui n'était pas un moindre empêchement. En 1852 – un an après le coup d'État –, on les empêcha également de se présenter au concours de Normale Supérieure. On doit cependant mettre au crédit de l'empereur ses interventions en faveur des juifs persécutés. Napoléon III demanda au pape la « libération » du jeune Mortara, comme nous l'avons vu. Mais en 1860 il fit beaucoup plus : l'ambassadeur de France en Suisse, le marquis de Turgot, fut chargé par lui de protester auprès du gouvernement fédéral contre les mesures, qui, dans certains cantons, visaient à restreindre l'installation des juifs. Certains israélites français avaient rencontré des difficultés pour obtenir le droit de résidence sur le territoire helvétique. Napoléon III l'ayant appris donna donc mission à son représentant diplomatique de faire une démarche très énergique près des autorités de Berne.

Le gouvernement suisse fit à l'ambassadeur une réponse évasive et ne prit aucune initiative propre à rassurer l'empereur. Celui-ci accueillit fort mal la dérobade des personnalités politiques helvétiques : elles furent informées que si des restrictions continuaient à être apportées au droit d'installation des Français juifs sur le territoire des cantons, le gouvernement impérial se verrait dans l'obligation de ne pas renouveler le traité de commerce qui liait les deux pays. L'affaire donna lieu à débat entre Berne et les cantons : un accord fut signé entre les deux gouvernements, assurant qu'aucune considération de culte ni de religion n'entrerait en jeu pour l'installation des citoyens français sur le territoire fédéral.

Le banquier Achille Fould, qui avait commencé sa carrière politique sous la monarchie de Juillet, comme député de Tarbes, fut ministre des Finances de 1849 à 1852, ministre d'État, attaché à la Maison de l'empereur, et de nouveau ministre des Finances. Sa réussite sociale fut une des plus remarquées des juifs du Second Empire. Le mariage de sa fille avec le marquis de Breteuil inaugurait les alliances entre familles juives et chrétiennes de la haute société, et faisait dire aux mauvaises langues que les héritiers des dynasties chrétiennes allaient réargenter leur blason dans les cassettes des petits-fils des usuriers.

Tandis que Rachel s'immortalise dans les tragédies de Racine, Offenbach enchante Paris de ses opérettes avec la collaboration, pour les livrets, de Ludovic Halévy. À l'Opéra, Meyerbeer brille avec *Les Huguenots* et *Le Prophète*, Fromental Halévy donne *La Juive*. Henri Heine est délicat poète, Michel Bréal apporte une contribution importante à la connaissance de l'Orient, Salomon Munk, spécialiste des langues sémitiques, traducteur du *Guide des égarés* de Maïmonide, est professeur au Collège de France et membre de l'Institut.

Évoquant ces juifs célèbres de la seconde moitié du XIXᵉ siècle, on s'aperçoit que la plus grande partie d'entre eux sont d'origine allemande très récente : Jacques (Jacob) Offenbach est né à Cologne en 1819. Meyerbeer à Berlin en 1791 ; Heine à Düsseldorf en 1797, etc. Ce sera, plus tard, le cas de l'astronome Maurice

Loewy, né à Vienne en 1873, de l'économiste Maurice Bloch, né à Berlin, etc.

Le prestige intellectuel de la France avait exercé sans nul doute un attrait sur ces « juifs allemands » férus d'arts et de sciences. Mais l'essor économique de notre pays sous la monarchie de Juillet, l'espoir d'une vie plus libre expliquent en priorité le mouvement de flux vers la rive gauche du Rhin de milliers de juifs des pays germaniques. Ce mouvement s'amplifiera considérablement dans les années 1880, gagnant l'ensemble des pays de l'est de l'Europe, pendant toute la IIIe République jusqu'à l'éclatement de la Seconde Guerre mondiale. De plus en plus, nous allons voir l'expression « juifs de l'Est » se substituer à celle de « juifs allemands » pour désigner l'importante émigration qui va transformer la physionomie du judaïsme français.

L'afflux des « juifs allemands » vers la France a commencé à être réellement perceptible de 1800 à 1875. Les troupes françaises du Premier Empire drainent derrière elles des juifs de Rhénanie, du Palatinat, de Bavière, des villes de Francfort et de Worms, de Trèves et de Mayence. Ils s'établissent, en une première étape, en Alsace, beaucoup vont ensuite prendre souche à Paris. La tendance se précise sous la Restauration, puis la monarchie de Juillet.

Le 10 mai 1871, par le traité signé à Francfort qui mettait un terme à la guerre et consacrait l'effondrement du Second Empire, l'Alsace et la Lorraine en partie étaient rattachées à l'Allemagne. Les conséquences en étaient immédiates pour les populations ; du moins leur laissait-on le choix de la nationalité. Lorsqu'ils opteront pour la nationalité française, les résidents des territoires occupés devront le faire par écrit, dans une déclaration spéciale.

Renoncer à la nationalité allemande équivalait à quitter les provinces provisoirement annexées ; il fallait choisir entre les deux possibilités. Les juifs d'Alsace-Lorraine étaient mis, comme les autres citoyens français, en face d'un douloureux dilemme. Devenir citoyens allemands, subir l'occupation étrangère, ou quitter sa maison et sa terre. Les juifs avaient acquis, depuis des millénaires, l'habitude des départs brusqués sous les coups des persécuteurs, mais depuis plus d'un demi-siècle ils avaient appris à jouir sur cette terre d'Alsace d'une forme de tranquillité qui était trop neuve et exceptionnelle pour n'être pas chèrement appréciée.

Certains partent – nouvel exode – pour éviter l'occupation allemande. Il est à noter qu'elle ne sera pas plus dure pour les juifs que pour les autres populations. Les chantres, le jour du sabbat, étaient tenus de dire la prière pour l'empereur, mais dans certaines communautés on oubliera – volontairement – de dire « amen ». Certains partent : combien de fils, de petits-fils devront, en 1940, fuir devant le même envahisseur... et ne jamais revenir.

D'autres restent, ou les familles se partagent. Le père, le fils aîné demeureront, veillant à la maison, à la terre – s'ils en ont –, à l'entreprise familiale, tandis que les autres prendront le chemin de l'exil.

C'est le cas des Dreyfus, la famille du célèbre capitaine. Raphaël, le père, laisse à son fils aîné la charge de ses affaires, la direction de son industrie, à Mulhouse, et s'en va avec sa femme et ses autres enfants, dont le petit Alfred, alors âgé de douze ans. C'est le cas du docteur Adolphe Bloch, père de Marcel Dassault, médecin, natif de Strasbourg. Des parents d'André Maurois, qui s'installent à Elbeuf, en Normandie, des Debré, des Blum...

Le père du professeur Robert Debré, qui avait fait ses études à Paris, était rabbin à Sedan au moment de la signature du traité de Francfort. Il quitte la ville avec les siens ; quelque temps après, il devenait grand rabbin de Neuilly-sur-Seine.

Les émigrés avaient le droit de revenir au pays pendant un mois chaque année. Le retour en Alsace donnait toujours lieu à des scènes mémorables. Étant sur place, on essayait d'obtenir des Allemands, à force de discussions, l'obtention d'une prolongation de séjour. Certains juifs alsaciens, qui avaient décidé de rester, jouèrent à cache-cache avec l'administration prussienne pour échapper à la conscription. D'autres qui résolurent de s'enfuir, après avoir été considérés comme allemands, ne purent jamais revenir, sous peine d'être repris. Un cousin des Debré, Schwartz, fut ainsi considéré comme déserteur et ne put rentrer chez lui qu'en cachette des gendarmes du Kaiser.

La situation de la famille Blum est alors légèrement différente. Abraham Blum, le père du futur dirigeant de la SFIO, était né à Westhoffen, près de Strasbourg. Négociant en rubans, il s'installa à Paris avant la guerre de 1870. C'est à Paris, le 9 avril 1872, que naissait Léon Blum. Deux mois plus tard, le 13 juin, Abraham Blum présentait au maire du IIe arrondissement une déclaration selon laquelle il affirmait vouloir conserver la nationalité française, selon la formalité exigée des personnes natives des territoires cédés à l'occasion du traité de Francfort.

Ils sont ainsi des milliers à choisir l'exode plutôt que de subir l'occupation allemande. Combien de juifs quittent alors l'Alsace ?

Quinze mille environ, soit quarante pour cent de la population totale. Cinq mille s'installent à Paris, les autres gagnent la partie de la Lorraine qui est demeurée française, le Nord (Lille), Lyon, Besançon, Vesoul. Benjamin Lipman, grand rabbin de Metz, s'installe à Lille où il organise un nouveau consistoire. À Lille et dans sa région, il y en aura en 1880 trois mille deux cent quatre-vingt-huit, la moitié venant d'Alsace. D'autres communautés sont également gonflées par l'apport des émigrés de l'Est : celle de Vesoul va passer à près de quatre mille, celle de Lyon à deux mille six cents, de Besançon à onze cents...

Il y a également des départs pour la Suisse, vers Bâle et Zurich, puisque la législation des cantons – très rigoureuse jusqu'au milieu du XIXe siècle – a commencé à s'assouplir. Certaines familles émigrent même aux États-Unis.

Alors que les juifs quittaient la France, pourchassés par les décrets d'expulsion sous l'Ancien Régime, en 1871 ils abandonnent la terre d'Alsace pour demeurer français. Une nouvelle vague d'émigrés d'origine allemande remplacera bientôt ceux qui sont partis. Sur quatre mille douze juifs, Strasbourg compte, en 1895, mille cinquante-deux « Allemands ».

En 1872, on dénombre en France métropolitaine quatre-vingt-six mille juifs sur trente-neuf millions d'habitants. C'est en fait une très petite communauté, la moins importante des grands pays de l'Ouest européen. À la même époque, il y a cent quatre-vingt mille juifs en Angleterre, six cent mille en Allemagne, deux millions en Autriche-Hongrie, cinq millions en Russie ; la communauté néerlandaise elle-même, avec cent mille, dépasse la communauté française. Sur ces quatre-vingt-six mille, les Alsaciens-Lorrains représentent alors la grosse majorité – une cinquantaine de milliers d'âmes. Ils ne garderont pas longtemps cette supériorité numérique.

Une petite minorité, mais très active, acharnée à s'émanciper – nous l'avons vue au début de l'ascension pendant la Restauration et la monarchie de Juillet. Les colporteurs, chiffonniers, petits marchands, usuriers des bords du Rhin et des Vosges se transforment, s'adaptent. D'artisans, on fait des petits industriels, des commerçants ambulants, des commerçants tout court, puis des hommes d'affaires. Les usuriers d'hier accèdent à la banque ; beaucoup se reconvertissent en raison du développement des grands établissements de crédit qui – pendant la monarchie de

Juillet et le Second Empire – leur font une concurrence qu'ils n'ont pas les moyens de soutenir.

Voici, toutefois, un phénomène nouveau : les fils de ces juifs « affairistes » (entendons le mot sans aucune intention péjorative), de ces commerçants, de ces artisans, de ces rabbins traditionalistes encore tout imprégnés de leurs origines villageoises et rurales, de leurs traditions, ouvrent leurs intelligences aux connaissances dont la vie recluse dans les petites communautés avait tenu éloignés leurs ancêtres. Ces pionniers se lancent dans les études de droit, de mathématiques, dans la médecine, l'administration, le barreau, les lettres et le journalisme. Il est remarquable qu'autour des années 1880 – une dizaine d'années seulement après la grande migration qui a suivi le rattachement des provinces de l'Est à l'Allemagne – les juifs alsaciens-lorrains installés à Paris et dans sa région constituent une classe moyenne très active, où la proportion d'ouvriers est pratiquement nulle. C'est un des traits caractéristiques de la communauté juive française, et qu'elle conservera jusqu'à l'apparition du prolétariat juif de l'Europe centrale, que cette concentration dans la classe bourgeoise, signe d'une réussite exceptionnellement rapide, d'une évolution presque fulgurante.

Il est bien sûr que certains des fils d'« émigrés » sont plus favorisés que d'autres, qu'il est comparativement plus commode à un fils de rabbin de commencer des études qu'à un fils de colporteur ou de chiffonnier, mais chez tous on constate un désir égal d'apprendre et de réussir. Rien de plus faux, en définitive, que de se représenter le juif d'Alsace-Lorraine qui a fait souche à Paris, ou dans une grande ville de province, sous les traits d'un homme de lucre exclusivement obsédé par le profit.

Le père d'Arthur Meyer, le célèbre directeur du *Gaulois*, fils d'un « petit rabbi », avait gagné ses premiers sous en faisant le tour de France du colportage. Il se fixa au Havre où il monta un petit commerce à force de labeur. Économe, désireux d'offrir à son fils un sort plus enviable que celui qu'il avait connu, il lui paya des études qui lui permirent de s'émanciper. Agent en Bourse, journaliste, bientôt directeur du *Gaulois*, Arthur Meyer fut l'une des personnalités les plus en vue de la seconde moitié du XIXe siècle.

Un jeune homme comme Alfred Dreyfus ne persiste pas dans la tradition familiale. Il ne se lancera pas dans les affaires, n'essaiera pas l'industrie, où son père avait réussi, mais affrontera la rude école des mathématiques, entrera à Polytechnique, choisira la carrière militaire qui n'est pas, comme chacun sait, la voie la plus rapide pour édifier des fortunes.

Léon Blum donne un exemple identique. Son père, commerçant en rubans, tient une boutique à Paris, 243 rue Saint-Denis. De son mariage avec Adèle Picart, israélite comme lui et fille d'une mercière installée place Dauphine, il eut cinq fils. Léon – le second – choisit le droit et les lettres. La première femme de Léon Blum appartenait elle-même à une famille juive très typique d'Alsace, les Bloch. Eugène Bloch, le beau-père de Léon Blum, était intendant militaire. Tous les beaux-frères de Léon Blum firent carrière dans l'armée ou la haute administration, aucun ne se lança dans les affaires : l'un fut procureur général de la Cour des comptes, un autre inspecteur général des Tabacs ; deux autres optèrent comme leur père pour la carrière militaire. Ils finirent respectivement comme général et colonel.

Après avoir beaucoup hésité entre les lettres et les sciences, Robert Debré, fervent disciple de Péguy, attiré par le socialisme et qui se battra dans le camp dreyfusard, choisira la médecine. Chez les Trénel, originaires d'un village de l'Aube et installés à Metz depuis plusieurs générations, on était professeur, médecin et rabbin. Marcel Trénel, oncle du professeur Debré, était « aliéniste ». Michel Debré, le futur Premier ministre, sera d'abord auditeur au Conseil d'État, attaché au cabinet de Paul Reynaud, en 1939.

Adolphe Bloch, le père de Marcel Dassault, après avoir quitté l'Alsace pour échapper à l'occupation prussienne, était interne des hôpitaux à Paris. Marcel Dassault fut l'un des premiers diplômés de l'École supérieure d'aéronautique.

Les choix professionnels sont voisins chez les Dreyfus, famille de Gilbert Dreyfus, qui fut directeur de l'aéroport de Paris. On est ingénieur, militaire, serviteur de l'État. Les ascendants directs de Gilbert Dreyfus, Cerf-Berr, dans la ligne paternelle, Worms, ascendant dans la lignc maternelle, avaient bénéficié par lettres patentes de Louis XVI des mêmes droits que les « sujets naturels du royaume ».

Théodore Cerf-Berr, qui mérita cet avantage exceptionnel du roi, eut trois fils : Max (arrière-arrière-grand-père de Gilbert Dreyfus), Édouard et Alphonse (arrière-arrière-grands-oncles). Tous trois choisissent la carrière militaire. Max est sous-lieutenant sous le Consulat et l'Empire et participe aux campagnes d'Italie. Pendant l'expédition d'Espagne il est blessé à Pampelune. Puis il sert sous la Restauration et la monarchie de Juillet. Colonel d'état-major, il organise le corps de santé militaire. Édouard est également blessé pendant l'expédition d'Espagne ; il se bat en 1830 pour la conquête de l'Algérie. Selon le témoignage du baron Mont-de-Morvan, commandant de la première brigade de l'Armée d'Afrique, il fut le premier Français « qui eut mis le pied sur le sol africain, lors du débarquement, et le premier qui arbora le drapeau au cri de "Vive la France !" ». Il finit sa carrière comme général. Le troisième fils de Théodore, Alphonse, participe à la campagne de Russie.

Du côté des Levyllier, dont descend également Gilbert Dreyfus, Joseph, qui était juge au tribunal de Nancy, fut, comme notabilité, gardé par les Prussiens en otage, en 1870. Maire de sa commune (Donnelay, dans la Meurthe), Lazare fut fait baron par Napoléon. Par sa mère, Gilbert Dreyfus descend de la famille des Léon, famille typiquement juive du Sud-Ouest, qui étaient établis en France depuis plus de huit générations. Adrien Léon, saint-cyrien, ami du comte de Paris, eut, parmi ses fils et petits-fils, quatre lauréats de Saint-Cyr et de Polytechnique. Chez les Worms de Romilly, Paul, arrière-grand-père de Gilbert Dreyfus, sort également de Polytechnique, acquiert une réelle notoriété dans les mathématiques et la physique. Il deviendra président de la commission centrale des machines à vapeur, membre du comité technique de l'exploitation des chemins de fer à leur origine.

La « génération des intellectuels » est celle de l'astronome Maurice Loewy, dont nous parlions précédemment, du physicien Maurice Lévy, des philologues Arsène Darmesteter et Salomon Reinach. Dans les lettres : Bernard Lazare, Julien Benda. Bergson en philosophie. Durkheim en sociologie. Georges de Porto-Riche au théâtre. Léon Blum, Paul Grünebaum-Ballin, André Spire sont les premiers juifs à entrer au Conseil d'État.

Un siècle à peine après leur émancipation légale, les juifs de France se sont mêlés à pratiquement toutes les activités nationales, s'élevant ici et là à la plus grande notoriété intellectuelle : qu'il suffise de citer Bergson et Durkheim. Bientôt, ce sera Marcel Proust... Alors qu'ils ne représentent guère que 0,2 % de la population totale, les juifs, à l'aube du xxe siècle, sont une vingtaine sur les deux cent cinquante membres de l'Institut ; ils sont présents à l'Académie, à la Sorbonne, au Collège de France... Ils ont trois généraux dans l'armée, plusieurs députés et sénateurs. Seules, pour l'instant, ou à peu près seules, la Cour des comptes et la carrière diplomatique leur semblent fermées. Cependant, certains sont déjà de hauts fonctionnaires et ils montrent une évidente prédilection pour la médecine et le journalisme.

Les juifs d'Algérie

Depuis le 24 octobre 1870, les communautés juives de France se sont enrichies d'un apport nouveau : le gouvernement réfugié à Tours a déclaré citoyens français « les israélites indigènes des départements de l'Algérie » (voir annexe n° 9).

Importante par le nombre, nourrie d'histoire et de tradition est la communauté des juifs d'Algérie. Nous la verrons désormais associée à toutes les phases du destin de la nation, traversée par tous les courants de nos événements politiques, aussi ardente à réaliser cette intégration que l'avaient été les Alsaciens et les Lorrains pour affirmer leurs droits et conquérir des positions sociales, faire jouer les ressources de leur ingéniosité et de leur intelligence.

En fait, tout commence le 3 juillet 1830 lorsque les troupes françaises font leur entrée à Alger : les juifs peuvent alors entrevoir une espérance de liberté. Quarante années s'écouleront avant que la France ne leur reconnaisse la qualité de citoyens jouissant pleinement de leurs droits, mais, l'une après l'autre, les réformes de la Restauration et de la monarchie de Juillet les conduisent vers la réalisation d'un vœu ardemment entretenu.

Libération : le mot n'est pas trop fort si l'on regarde l'état d'abaissement social et économique dans lequel étaient reclus les israélites algériens, mais ce que, débarrassés de la tutelle turque, ils obtiennent en droits et en promesses de droits nouveaux, ils le perdent d'un autre côté en identité. La conquête française amorce l'effondrement des traditions et des croyances. Le parallèle vient d'emblée à l'esprit entre ce chapitre nouveau de l'histoire du judaïsme d'Algérie, cette coupure décisive avec le passé, et l'aventure des Alsaciens abandonnant leurs villages d'Alsace, celle des israélites du Comtat Venaissin laissant derrière eux leurs carrières et une part certaine de leur personnalité de juifs. Les juifs d'Algérie et des autres communautés françaises n'ont pas été épargnés par les conséquences d'une assimilation qui touchèrent nos autres provinces au cours de l'histoire.

La présence des juifs en Afrique du Nord est attestée bien avant la conquête arabe de 709. Au cours du deuxième millénaire avant Jésus-Christ, les juifs sont nombreux parmi les colons phéniciens qui abordent les côtes de la Méditerranée méridionale. En 320, l'invasion de la Palestine par Ptolémée prépare le transfert en Égypte et en Cyrénaïque de dizaines de milliers de juifs qui fondent des communautés aussi prospères que celle d'Alexandrie, essaiment vers les grandes villes du futur Maghreb. Au IIe siècle après le Christ, la communauté juive de Carthage est forte de trente mille âmes, de très anciennes inscriptions hébraïques ont été retrouvées à Hippone (Bône), Cirta (Constantine), Volubilis (près de Fès), etc.

Le contact avec les tribus berbères des immigrants juifs qui ont progressé vers les terres de l'intérieur a conduit des communautés entières à se convertir au judaïsme. Le prosélytisme juif se manifeste en terre berbère aussi ardemment qu'en terre de Gaule, mais la conquête arabe efface cette influence, comme en Occident la propagation du christianisme et l'emprise de l'Église écartent les missionnaires juifs porteurs du message biblique.

Dans l'Afrique du Nord devenue terre d'islam, le juif est soumis à une condition de relégation. Vaines ont été les tentatives de Mahomet pour le séduire, il reste volontairement en dehors de la communauté des « croyants ». Les jugements du Prophète sont sévères pour le peuple réfractaire (« Leur haine perce dans leurs paroles, mais ce que leur cœur recèle est pire encore » – « Leur avarice est telle qu'ils ne donneraient pas une parcelle d'un noyau de datte » – « Toutes les fois qu'ils prennent un engagement, en trouverez-vous un seul d'entre eux qui le respectera ? »), mais l'enseignement du Coran, au contraire du dogme chrétien, admet une forme de tolérance pour le « peuple du Livre ». Juifs et chrétiens échappent ainsi à la condamnation sans réserve des « infidèles ». « Nous croyons, a décrété Mahomet, en Dieu et à ceux qui nous ont été envoyés d'en haut, à Abraham et à Israël, à Isaac et à Jacob et aux Douze Tribus ; nous croyons aux Livres qui ont été donnés à Moïse et à Jésus ainsi qu'aux Livres révélés aux Prophètes par Dieu ; nous ne mettons pas de différence entre eux et nous... »

C'est la charte du calife Omar, successeur de Mahomet, qui, selon la tradition, établit la liste des conditions à remplir par le « peuple du Livre » (juifs et chrétiens) pour bénéficier de la « protection » de la cité musulmane. Il y en a douze, dont les plus importantes sont : ne pas toucher le Coran avec des intentions malveillantes, ne pas parler du Prophète en termes de mépris ou mensongers, ne pas attaquer l'islam par des propos injurieux, ne se permettre aucun contact avec les femmes musulmanes, ne rien faire qui soit susceptible d'éloigner un musulman de sa foi, respecter sa vie et sa propriété, ne se prêter à aucune collusion avec les ennemis de l'islam.

Les autres conditions, secondaires, ne détruisent pas les effects du pacte de protection. Interdictions : de célébrer leur culte en public, de chanter bruyamment, de faire entendre des cloches, d'ensevelir leurs morts avec ostentation ; de construire des lieux de culte ou des maisons qui seraient plus élevés que ceux des musulmans ; de boire du vin en public ; pour les chrétiens, de montrer leurs pourceaux ; de faire usage de chevaux, animaux nobles par excellence. Obligation : de porter un signe distinctif, de couleur jaune pour les juifs, de couleur bleue pour les chrétiens.

On voit que plusieurs de ces prescriptions rappellent les interdits qui étaient en vigueur dans les communautés juives françaises de la métropole. Contrairement au monde chrétien, le juif n'est pas menacé dans son droit de propriété qui lui est, au contraire, garanti ; il a libre accès à la propriété immobilière. Au Maghreb il vit cependant dans des quartiers séparés, mais avec moins de rigueur en Algérie qu'au Maroc et en Tunisie. Les communautés juives d'Afrique du Nord bénéficient d'une autonomie judiciaire reconnue pour les affaires intéressant leurs ressortissants.

La liberté du culte – sous les réserves que nous énumérions précédemment – a permis l'éclosion d'une foi très vive d'abord tournée vers l'Orient, la liberté intellectuelle de produire des générations de rabbins penchés sur l'interprétation du Talmud, enrichissant sans cesse une littérature abondante, transcrite en hébreu rabbinique et en ladino (langue parlée des juifs d'Afrique du Nord). En 1492, l'expulsion des juifs d'Espagne oriente définitivement les communautés maghrébines vers le rite séfarade.

C'est une date mémorable pour les juifs d'Afrique du Nord. Chassés par Ferdinand et Isabelle unis dans leurs royaumes d'Aragon et de Castille et vainqueurs des Maures à Grenade, les juifs prennent le chemin de l'exil. Quelques milliers d'entre eux franchissent les Pyrénées et forment dans le sud-ouest de la France ces petites communautés très ardentes, bientôt prospères, marranes secrètement attachés à leur foi. Les plus nombreux, d'ailleurs accompagnés et plus ou moins mêlés aux Maures vaincus par les souverains chrétiens, abordent par dizaines de mille les rivages africains, fondent des colonies à Fès, Marrakech, Meknès, Salé, Rabat, Safi, Tlemcen, Oran. D'autres poussent plus loin, jusqu'en Turquie ou en Grèce, avant de gagner, plus tard, les terres du Nouveau Monde : États-Unis, Canada, Mexique.

Bien qu'ils ne fussent pas nouveaux (des relations commerciales et intellectuelles préexistaient à l'expulsion de 1492), ces contacts entre les communautés que séparaient les étendues de la *Mare Nostrum* étaient porteurs des plus grandes espérances. Les juifs espagnols apportaient à leurs frères maghrébins les trésors de la pensée juive d'Occident, le *Guide des égarés* de Maïmonide, le *Kuzari* de Judas Halévy, les fameux poèmes d'Ibn Gabirol, les écrits mystiques d'un Moïse de Léon puisant aux sources de la Kabbale.

L'occupation turque, en 1516, jette un voile d'ombre sur le Maghreb. Tout un peuple est livré à la féodalité la plus tyrannique, aux diktats des seigneurs, aux brutalités des janissaires. Le peuple musulman souffre, mais le juif est plus encore frappé par l'iniquité promue en loi. Lourds impôts, rançons, jugements arbitraires, amendes et supplices (de l'amputation d'un membre à l'emmurement vivant, en passant par le supplice du pal) tombent sur le petit peuple des mellahs qui se débat contre la misère. On pille et on massacre. Quand un juif est battu par un musulman, il n'a pas le droit de se défendre sous peine de sanctions. Quand une tâche pénible s'offre, on fait appel à lui. À Constantine, le bey Kara Mosta va assouvir ses instincts sodomistes sur des jeunes juifs tenus en respect par la terreur.

À côté du petit peuple des malheurs reclus dans ses quartiers, prospère une minorité de grands commerçants et de financiers qui se sont installés à Alger, Bône, Oran et profitent de la protection des consuls de France. Pour les autochtones, l'occupation turque est économiquement, comme en matière de droits et de libertés, une période de régression. Agriculteurs, éleveurs, artisans, répartis un peu dans tous les métiers mais surtout colporteurs et commerçants, ils sont les victimes, au même titre que les Arabes, du marasme économique qui sévit au Maghreb. Surnageant au milieu de la récession, les « Livournais » et d'autres familles de notables ont le monopole du commerce des céréales, trafiquent avec les pays du Levant et l'Europe, offrant aux deys d'Alger leurs services de banquiers. Ainsi les Toscans Bacri, Bouchara, Busnach. Au Maroc les grandes familles israélites ont nom Corcos, Delmare,

Parienté et Toledano ; en Tunisie Valensy, Bessis, Sasportas, Cohen-Tenoudji. En 1805, Nephtali Busnach, favori de Mustapha, le dey d'Alger, est assassiné avec lui par les janissaires révoltés ; le quartier juif est pillé, des israélites sont passés par le fil de l'épée. Ahmed, qui remplace le dey Mustapha, confisque les biens de la famille Busnach, jette en prison David et Michel Bacri. Devenu « chef de la nation juive », David Duran prend sa revanche sur la famille Bacri, mais pour un temps seulement car, extrait de sa geôle, David Bacri le chasse. Cette lutte d'influences s'achève dans le sang : sur l'ordre du dey, Bacri et Duran sont décapités.

Les familles Bacri et Busnach vont jouer le premier rôle dans l'intervention des forces françaises à Alger.

Depuis de longues années, les activités des pirates algérois avaient posé des problèmes à la France. Le dey Hussein était resté sourd aux avertissements lui demandant d'agir pour y mettre un terme. Des affaires d'intérêts divers avaient encore contribué à envenimer les relations entre le dey et le gouvernement français : la France avait obtenu la concession de plusieurs comptoirs sur les côtes du Maghreb contre le versement d'une redevance annuelle ; d'autre part, pendant le Directoire, des commandes de blé avaient été passées aux associés Bacri et Busnach mais le prix qui avait été demandé avait été considéré comme tellement prohibitif que Bonaparte, devenu Premier Consul, avait refusé de s'acquitter. Le dey Hussein décida de relever le montant de la redevance française pour la jouissance des comptoirs – en la multipliant par quatre –, chercha querelle à nos administrateurs. Pour les sommes réclamées par Bacri et Busnach, les gouvernements de la Restauration, soucieux d'éponger les dettes de l'Empire, proposèrent, après de nombreuses discussions, de régler sept millions sur quatorze. Comme le dey avait lui-même une créance sur Bacri et Busnach, il demanda au ministère Villèle de lui verser directement les sommes dues aux associés juifs. Cette prétention fut rejetée. Hussein s'emporta, exigea le rappel à Paris du consul de France, Deval, et s'exposa à un nouveau refus. L'incident mémorable se produisit, qui servit de prétexte à l'intervention française : reçu par le dey, le 30 avril 1827, le consul Deval se vit reprocher l'attitude de son gouvernement et accuser de s'être entendu en cachette avec Bacri et Busnach ; perdant son contrôle, Hussein souffleta de son éventail le représentant de la France.

Villèle répliqua en expédiant six vaisseaux le long des côtes algéroises ; on demanda des réparations, que le dey rejeta avec hauteur. Finalement ce n'est qu'en janvier 1830, pendant le ministère Polignac, que l'action directe fut décidée. Les Rothschild français – nous l'avons déjà vu – avancèrent des sommes importantes ; cent trois bâtiments de guerre, trois cent cinquante de transport, vingt-sept mille marins et quarante mille hommes de troupe furent rassemblés à Toulon. Tandis que la diplomatie anglaise s'efforçait de contrecarrer le projet, à Paris la presse libérale se déchaînait. Le 14 juin 1830 au matin, les troupes françaises, sous les ordres du général de Bourmont, débarquaient dans la baie de Sidi-Ferruch, à vingt kilomètres à l'ouest d'Alger. Malgré une violente tempête, quatre jours plus tard le corps expéditionnaire était à pied d'œuvre. L'agha Ibrahim, gendre du dey Hussein, contre-attaquait le 19 avec cinquante mille hommes, les cavaliers arabes donnaient l'assaut. Au soir du 29, après une progression difficile, les troupes de Bourmont qu'harcelaient les forces d'Hussein mettaient le siège devant le fort l'Empereur, l'artillerie pilonnait les remparts. Le 4 juillet, les défenseurs abandonnaient leurs postes en mettant le feu aux magasins de poudre.

Hussein, tenant pour responsables les juifs d'Alger de l'expédition française (les « exigences » de Bacri et Busnach n'avaient-elles pas été l'une des causes du drame ?), ordonna qu'ils fussent expulsés de la ville. Déjà Bacri offrait ses services à Bourmont. Celui-ci faisait hisser le drapeau tricolore sur la Kasbah et les forts d'Alger. « Vingt jours ont suffi, déclarait-il dans sa proclamation aux troupes, pour la destruction d'un État dont l'existence fatiguait l'Europe depuis trois siècles... » Le dey était laissé dans la propriété de ses biens, il quitterait la ville d'Alger que les troupes françaises occuperaient. « La liberté des habitants de toutes les classes, affirmait l'acte de capitulation, leurs religions, leurs propriétés, leur industrie ne recevront aucune atteinte ; leurs femmes seront respectées. Le général en chef en prend l'engagement sur l'honneur. »

Implicitement, cette déclaration reconnaissait la fin des discriminations dont les juifs d'Algérie avaient été les victimes sous l'occupation turque, mais le régime précédent qui distinguait entre musulmans et juifs deux « nations » différentes, adeptes de deux religions séparées, resta d'abord en vigueur. Jacob Bacri, dont les entremises auprès du général de Bourmont avaient été appréciées, fut nommé « chef de la nation juive » le 16 novembre 1830 ; il avait droit de police et de surveillance sur les israélites d'Alger, exécutait les jugements du tribunal rabbinique et percevait les impôts. Bien que les cadis conservassent le privilège de juger des différends entre juifs et musulmans, l'appel de leurs décisions passait devant une cour française et le « chef de la nation juive » lui-même n'avait désormais de comptes à rendre qu'à l'administration française.

Le 21 juin 1831, le « chef de la nation hébraïque » était assisté d'un conseil dont les membres étaient, comme lui, nommés par le général résident. Deux juifs entraient en même temps que sept « Maures » au conseil municipal d'Alger créé au début de la même année ; un juif, un « Maure », cinq Français composaient la chambre de commerce.

Les juifs étaient donc, très rapidement, mis sur un pied d'égalité avec les Arabes. Ils ne s'étaient pas trompés sur les intentions des nouveaux « suzerains » d'Alger à leur égard et multipliaient les manifestations de reconnaissance. Dans les rues, certains d'entre eux se mettaient à genoux et baisaient la main des soldats. Les institutions de la communauté cédaient les unes après les autres à la volonté assimilatrice de l'administration française : une ordonnance du 10 août 1834 réduisait les compétences du tribunal rabbinique aux cas religieux, celles du 28 février 1841 et du 26 septembre 1842 le supprimaient purement et simplement. Enfin, le 9 novembre 1845, l'organisation de la communauté était calquée mot pour mot sur celle des communautés de la métropole : un Consistoire central siégerait à Alger, le grand rabbin et les membres laïques étaient nommés par le roi sur la suggestion du secrétaire d'État à la Guerre qui désignait à son tour les membres des consistoires provinciaux recommandés par le gouverneur général et le consistoire d'Alger. L'État assumait les traitements et les frais de logement des ministres du culte. Décision également très importante : l'État prenait à sa charge l'enseignement des jeunes israélites, instruction religieuse comprise.

Les juifs algériens ont adhéré d'enthousiasme à l'œuvre d'assimilation qui enterre définitivement leurs particularismes. Ils s'engagent dans les troupes d'occupation comme soldats auxiliaires et interprètes, plusieurs d'entre eux trouvent la mort pendant les opérations de « pacification ». Lors du premier voyage de Napoléon III en Algérie, en 1860, dix mille israélites signent une pétition dans laquelle ils disent leur « douleur, l'humiliation d'être une chose sans nom dans la division des habitants du globe, d'être étrangers dans les pays qui nous ont vus naître, et de n'avoir pas de patrie tout en sachant ce qu'est une patrie... » Revenant en terre d'Algérie, quatre ans plus tard, l'empereur répond au grand rabbin Charleville d'Oran qui lui a souhaité la bienvenue : « J'espère que bientôt les israélites algériens seront citoyens français... » Le sénatus consulte du 14 juillet est un commencement de réponse aux aspirations de beaucoup : les « indigènes israélites et musulmans », qui sont toujours régis par leur statut personnel, pourront « acquérir les droits de citoyens français sur leur demande, à vingt et un ans accomplis... »

Tout n'était pas gagné. Les pétitions continuaient pour demander la naturalisation de tous les israélites, la fin du régime qui, instituant les formalités des demandes individuelles pour acquérir la citoyenneté, maintenait les juifs à un rang subalterne de « sujets » de l'État français. « Les innombrables preuves de patriotisme et les services rendus par les israélites indigènes, déclarait notamment une motion votée par le conseil général d'Alger en 1869, commandent impérieusement que le titre de citoyens français leur soit donné sans retard. »

Président de l'Alliance israélite universelle, membre du Corps législatif, constamment à l'écoute des vœux exprimés par ses compatriotes algériens, Adolphe Crémieux entreprend, dès 1858, une campagne ardente en leur faveur. Le 19 juillet 1870, fort de l'appui d'Émile Ollivier, alors ministre de la Justice, qui a préparé un projet de naturalisation et l'a soumis au Conseil d'État, il monte à la tribune de l'Assemblée et plaide son dossier. L'accueil est favorable. « Le gouvernement, lui répond Ollivier, est désireux de naturaliser les israélites algériens, mais il est arrêté par une question de droit : la naturalisation peut-elle se faire en vertu d'un décret ou exige-t-elle une loi ? Ce qui nous arrête est uniquement une question de forme... »

La guerre, la défaite de 1870, la capitulation de Sedan, la chute de l'Empire et la proclamation de la République laissent en suspens l'affaire de la naturalisation des juifs algériens. Le gouvernement provisoire se réfugie à Tours. Crémieux est ministre de la Justice. Le 24 octobre, il présente au gouvernement un projet de neuf décrets qui prévoient notamment la division de l'Algérie en trois départements, la nomination d'un gouverneur général civil disposant des fonctions administratives et la naturalisation collective des israélites. Ce projet est adopté. Les juifs d'Algérie sont désormais des citoyens français.

C'est une grande victoire. Cependant les émeutes qui secouent la Kabylie en 1871 sont présentées par les adversaires de la naturalisation des juifs algériens comme une réaction inévitable à une mesure qui aurait gravement choqué les populations arabes. L'amiral Gueydon, nouveau gouverneur général, est partisan de l'abrogation du décret et rencontre une audience favorable auprès de Thiers, nouveau chef du gouvernement, soutenu par une majorité conservatrice. Le 21 juillet 1871, Lambrecht, ministre de l'Intérieur, dépose un projet de loi tendant à annuler les dispositions du décret Crémieux. Celui-ci se bat de nouveau pour ses compatriotes. L'Assemblée ne se prononcera pas sur le texte d'abrogation, mais un décret du 9 octobre 1871 compliquera les formalités d'inscription sur les listes électorales.

Malgré des sursauts d'hostilité sporadiques, l'intégration des juifs d'Algérie était acquise, l'avenir la montrerait aussi rapide que spectaculaire. Ils avaient nom Aboulker, Abrami, Allouche, Azoulay, Assouline, Amar, Attia, Abecassis, Allimy, Adda, Aiache, Attal, Atlan, Attali, Azan et Aziza. Ils s'appelaient encore Bacri, Baruch, Baranes, Bentata, Belaiche, Benhamou, Benchimol, Bouchara, Ben Simon, Ben Soussan, Benichou, Bakouche, Benazera, Benayoun, Benchemoul, Benchetrit, Ben Dayan, Benhaim, Benloulou et Biton, Cohen et Choukroun (en très grand nombre), Chouraqui, Chemama, Chicheportiche, Charbit, Chiche, Darmon (nombreux également), Drai, Danan, Dahan, Elghozi, El Malck, Elkabbach, Elkouby, Garby, Gozlan, Guedj, Hazan, Halimi (très répandus), Kalfon, Kalifa, Karsenti, Kouby, Krieff, Laban, Lebar, Lalou, Léon, Lellouche, Lévy, Mayer, Moatti, Malka, Namia, Nouchi, Ruff, Serfati, Seban, Stora, Solal, Sultan, Smadja, Samson, Trigano, Taieb, Tubiana, Valensi, Zerafa, Zerbib, Zermat...

TROISIÈME PARTIE

L'affaire Dreyfus.
Naissance de l'antisémitisme moderne

1.

Fuyant les pogromes,
les juifs d'Europe de l'Est arrivent à Paris

C'est au moment où elles récoltent les fruits de leur émancipation, et de leur intégration, que les communautés juives de la France métropolitaine sont confrontées à une nouvelle épreuve : une explosion d'antisémitisme, un séisme psychologique qui ébranle une fraction importante de l'opinion française. Dans les toutes dernières années du XIXe siècle, la crise antisémite se cristallisera sur un homme dont l'injustice, l'aveuglement et cette insulte à la conscience qu'est la raison d'État, feront un martyr : le capitaine Alfred Dreyfus.

Il convient de faire une pause à ce point de notre récit. Nous sommes en quelque sorte à un moment charnière entre les vicissitudes de l'Ancien Régime, l'émancipation manquée de 1791, le renouveau de la Restauration, les réussites spectaculaires de la monarchie de Juillet et du Second Empire, l'exode alsacien de 1871 et des années suivantes, et les temps modernes. Au vrai, le vieux démon qui sommeillait dans l'ombre commence à s'éveiller.

L'antisémitisme français est le résultat amer des défaites et des crises. Il frappe lorsque le pays est dans le malheur. Dans notre période moderne, contemporaine, mauvais génie d'un nationalisme exacerbé, d'un patriotisme aux abois, il a servi d'exutoire aux mécontentements et aux déceptions d'origine économique, politique, nationaliste.

Il y a un peu de ces trois éléments dans la crise antisémite qui se développe en France avant, pendant et après l'affaire Dreyfus. La défaite contre la Prusse, en 1870, a réveillé un nationalisme « revanchard ». Malgré ses outrances, ce courant nationaliste pose la revendication légitime de la récupération de l'Alsace-Lorraine.

Mêlant aveuglément l'« influence juive » à l'expansionnisme allemand, il oublie que les israélites alsaciens et lorrains, qui ont émigré par milliers pour échapper à l'occupation, ont été les premières
victimes de l'annexion. Lorsque la propagande des journaux
« bien-pensants » se déchaînera contre le capitaine Dreyfus
– accusé de complicité avec l'Allemagne –, qui osera rappeler que
sa famille, à l'exemple de tant de familles juives de l'Est, avait
opté pour la France, quitté la terre d'Alsace, alors qu'il lui eût été
facile de rester sur place et de se ranger benoîtement du côté du
vainqueur ?

Par ailleurs, l'essor économique, l'industrialisation du pays,
l'apparition du capitalisme ont créé des tensions sociales graves,
engendré l'espoir socialiste, libéré les forces de l'anarchie ; l'équilibre de la société française semble menacé.

Rapide, brillante, inattendue, quelque peu surprenante, la réussite de nombreux juifs – dont certains sont des émigrés de fraîche
date –, le renom financier de quelques grandes familles donnent
lieu à des légendes mensongères.

Inquiètes, se sentant menacées, aussi bien par la défaite militaire
que par les transformations économiques et les perspectives de
bouleversement social, résistant difficilement aux répercussions de
la révolution industrielle en marche, mal consolées de l'avènement
de la République après l'effondrement du régime impérial, les
couches les plus conservatrices, de souche rurale, prêtent l'oreille
aux campagnes des nationalistes les plus outranciers. Nous allons
voir le juif associé en France non seulement à la trahison, mais
aux forces subversives acharnées à la ruine de l'ordre social, de
l'Église, agent démoniaque, corrupteur, des puissances mystérieu-
ses de l'argent.

Évidemment, les ressemblances ne sont pas totales entre les
répercussions, sur les communautés juives françaises, de cette
résurgence de l'antisémitisme nationaliste, et les effets du grand
drame de 1940, mais on se doit de constater une certaine identité
de circonstances, dans les deux cas un traumatisme provenant de
la défaite, d'une secousse profonde dans la société française. Ne
fardons pas la vérité : un lien unit le sort du capitaine Dreyfus,
condamné par un tribunal militaire français, déporté à l'île du Diable, et celui du petit juif polonais de Paris, arrêté par un gendarme
français, parqué au Vélodrome d'hiver, transitant par Drancy et
mort dans l'enfer d'Auschwitz.

L'antisémitisme est un fait permanent de notre histoire, des expulsions royales de 1306 en passant par l'explosion de la fin du XIXe siècle, jusqu'aux lois d'exception du gouvernement de Vichy en octobre 1940 et juin 1941.

Depuis les mesures d'exception décrétées par les conciles contre les juifs, les restrictions nombreuses apportées par les papes dans leurs propres États et les condamnations sévères prononcées par les Pères de l'Église, une solide tradition d'antisémitisme s'est instaurée dans le monde chrétien. Progressivement, mais lentement, les condamnations perdront de leur virulence ; il n'en restera pas moins une tendance à la méfiance et de nombreuses réserves dont nous aurons l'occasion d'apporter des exemples dans la période contemporaine.

L'attitude officielle de l'Église est bien loin d'être dégagée de tous ses relents d'opposition au judaïsme à la veille de l'affaire Dreyfus, lorsque les passions se déchaînent contre les juifs de France. L'antisémitisme de cette fin du XIXe siècle n'est pas exclusivement – mais principalement – catholique. Les représentants les plus notoires du catholicisme laïque, les écrivains les plus engagés dans le combat pour l'Église sont souvent les plus durs à l'égard du judaïsme et du peuple d'Israël. Louis Veuillot charge les juifs dans son journal *L'Univers*. Il est l'un de ceux qui soutiennent le plus ardemment le pape dans l'affaire Mortara. Le 16 novembre 1870, il attaque Crémieux, devenu ministre de la Justice : « Moi, chrétien catholique de France, vieux en France comme les chênes et enraciné comme eux, je suis constitué, déconstitué, reconstitué, gouverné, réglé, taillé par des vagabonds d'esprit et de mœurs, écrit-il. Renégats ou étrangers, ils n'ont ni ma foi, ni ma prière, ni mes souvenirs, ni mes attentes. Je suis sujet de l'hérétique, du juif, de l'athée et d'un composé de toutes ces espèces qui n'est pas loin de ressembler à la brute... »

La Justice dans les mains d'un juif, paria des parias, le plus hérétique des hérétiques et le plus tenace dans l'erreur, scandale des scandales pour ce croisé du pape ! Cette obstination dans l'« égarement » du peuple juif avait déjà été dénoncée par Bossuet : « Le plus grand crime des juifs n'est pas d'avoir fait mourir le Sauveur, affirmait-il dans le *Sermon sur la bonté et la rigueur de Dieu*, c'est l'endurcissement, c'est l'impénitence. S'ils eussent fait pénitence, ils auraient trouvé, dans le sang qu'ils avaient violemment épandu, la rémission du crime... Peuple monstrueux qui n'a ni feu ni lieu, accuse encore Bossuet, sans pays et de tous les pays ; autrefois le plus heureux du monde, maintenant la fable et la haine de tout le monde ; misérable sans être plaint de qui que ce soit ; devenu, dans sa misère, par une certaine malédiction, la risée des plus modérés... »

Et dans la bouche de l'évêque de Meaux, l'anathème : « J'entends les juifs qui crient : son sang sur nous et sur nos enfants ! Il y sera, race maudite ; tu ne seras que trop exaucée ; ce sang te poursuivra jusqu'à tes derniers rejetons, jusqu'à ce que le Seigneur se lassant enfin de ses vengeances se souvienne à la fin des siècles de tes misérables restes. Oh ! que le sang de Jésus ne soit point sur nous de cette sorte ! »

L'antisémitisme religieux s'appuie sur des sources illustres, et nous le surprendrons, s'insinuant dans les œuvres du catholicisme français de cette fin du XIXᵉ siècle.

Mais cet antisémitisme d'ordre religieux n'est pas le seul : à côté de lui se manifeste une autre forme, fondée sur la haine de la tradition, la critique rationaliste de la Bible, l'accusation d'obscurantisme. Cet antisémitisme est le lot de Voltaire et de plusieurs des philosophes de l'époque des Lumières, inspirateurs des idées révolutionnaires. Voltaire s'en est pris fréquemment aux juifs :

Il est un peuple obscur, imbécile, volage,
Amateur insensé des superstitions,
Vaincu par ses voisins, rampant dans l'esclavage,
Et l'éternel mépris des autres nations.

« Le pour et le contre »

Les attaques et les insultes reviennent tantôt dans l'*Essai sur les mœurs*, tantôt dans le *Dictionnaire philosophique*... « Il est constant que leur loi les rendait nécessairement les ennemis du genre humain... », lance Voltaire ; ou encore : « ... C'est le plus malheureux de tous les peuples, ainsi que le plus petit, le plus ignorant, le plus cruel, le plus absurde... le peuple le plus imbécile qui fût sur la terre... », des « déprépucés et des gueux... », et le porc est « moins impur que cette nation même... »

Même attitude, sans plus de nuances, de la part de Rousseau : « Où Jésus aurait-il pris chez les siens cette morale élevée et pure dont lui seul a donné les leçons et l'exemple ? Du sein du plus furieux fanatisme la plus haute sagesse se fit entendre ; et la simplicité des plus héroïques vertus honora le plus vil des peuples... »

Des reproches d'obscurantisme, de fanatisme, de superstitions, nous allons passer à une troisième forme de l'antisémitisme : la plus radicale, la plus fumeuse, la plus dangereuse, l'antisémitisme raciste. En France, le comte Joseph-Arthur de Gobineau, diplomate de carrière, grand voyageur, publie en 1853 l'*Essai sur l'inégalité des races humaines* ; l'essentiel de sa thèse réside dans l'opposition entre la race pure et blanche (nordique et germanique) et les races de couleur, notamment sémitiques, jugées inférieures. Le mélange de ces deux races, qui n'aurait jamais dû se produire, a créé une situation expliquant, selon Gobineau, le déclin progressif d'un pays comme la France. Les nations qui veulent se survivre en Europe doivent préserver leur patrimoine de race nordique-germanique.

Les ethnologues allemands puisent chez le comte de Gobineau une partie de la matière de leurs théories racistes. Renan renchérit, reprend à son compte la distinction entre aryens et sémites qui, écrit-il, représentent «une combinaison inférieure de la nature humaine» (*Histoire des langues sémitiques*). De son côté, Michelet, qui a fait du juif du Moyen Âge un portrait d'apocalypse, met en antithèse des «peuples de lumière» (peuples de l'Inde, de Perse et de Grèce), et les «peuples du crépuscule de la nuit et du clair-obscur» : Égyptiens, Phrygiens, Syriens et juifs [1].

Toute cette fermentation littéraire et pseudo-scientifique atteint les esprits les plus disposés aux réflexes racistes. Dans le fond, l'antisémitisme moderne a ses sources autour des années 1880. La France, avec l'affaire Dreyfus, donnera le triste exemple de la passion aveugle, de l'injustice, de l'acharnement, mais il suffit de regarder quelque peu au-dehors pour constater que le phénomène est général en Europe, qu'il prend des aspects multiples, que, n'étant pas limité, cerné par des frontières, étant d'ordre religieux, teinté de racisme, il a aussi des motivations économiques, que la bourgeoisie nationaliste, les milieux catholiques traditionalistes n'en n'ont pas le monopole. Nous verrons, lors de l'affaire Dreyfus, et en dehors d'elle, une forme d'antisémitisme «de gauche», socialiste et marxiste.

L'Allemagne, l'Autriche-Hongrie, la Russie...

Dans les faits, tout commence en Allemagne. La nation qui se donnera à Adolf Hitler a d'ailleurs un long passé d'antisémitisme ;

---

1. « Les juifs ont une patrie, écrit Michelet, c'est la Bourse de Londres. »

les persécutions s'échelonnent au long de son histoire : les massacres de la vallée du Rhin au moment des croisades, les accusations lors des épidémies de peste (dont les juifs sont rendus responsables)... Par exemple, dans le courant de la nuit du 23 au 24 août 1349, à Cologne, la populace incendie le quartier juif où l'on raconte qu'est situé le foyer du fléau. La ville de Cologne expulse les israélites en 1423, la ville de Spire leur interdit de s'établir en 1435. En Bavière, ils sont chassés en 1442, à Mayence en 1473, à Rastibonne en 1519, après avoir été contraints de détruire de leurs propres mains la synagogue. Un peu partout on les contraint à assister aux offices, à écouter les admonestations de moines prêcheurs qui essaient de les convertir. Dans le Brandebourg, centre futur de la Prusse, mais également en Bohême et en Autriche, le châtiment classique est la pendaison aux arbres.

En dépit de la loi de la Confédération du Nord (juillet 1869) qui répudiait les discriminations raciales dans les divers États germaniques, un fort courant antisémite persistait en Allemagne. Comme en France, les philosophes n'ont pas reculé devant l'anathème : « ... C'est une nation puissante et hostile, écrit Fichte en 1793, en perpétuelle guerre avec toutes les autres... » Cet « idéaliste » suggère des mesures qui anticipent sur la barbarie nazie : « ... il faut, précise-t-il, leur couper la tête à tous la même nuit, et leur en donner une nouvelle qui ne contienne plus une seule idée juive... » La conclusion n'est pas moins prophétique : « Pour nous protéger d'eux, je ne vois qu'un seul moyen : leur conquérir la Terre promise et les y expédier tous... » Le mythe racial chemine à travers la philosophie de Hegel et de Schopenhauer, transparaît dans la pensée de Nietzsche exaltant le surhomme. Des philosophes aux petits maîtres à penser, le racisme descend les échelons du raisonnement ; la spéculation se fait théorie vulgaire aux apparences faussement scientifiques. En France, Renan se travestit en Drumont. En Allemagne et en Autriche, l'intelligence dégénère, d'un Friedrich Nietzsche à Adolf Joseph Lanz.

Adolf Joseph Lanz, né en 1874 dans les faubourgs de Vienne, est un moine cistercien défroqué pour n'avoir pas su résister aux tentations sexuelles. Obsédé en même temps par les « problèmes raciaux », il mord aux théories du Français Gobineau et subit l'influence du maître des novices des cisterciens de la Sainte-Croix, Nivard Schlögl, traducteur de la Bible, antisémite notoire. Or Adolf Joseph Lanz sera bientôt l'un des maîtres à penser de Hitler.

Un Anglais naturalisé allemand, Houston Stewart Chamberlain, exerce également une grande influence avec ses *Fondements du XIXᵉ siècle*, ouvrage dans lequel il oppose la race supérieure aryenne – principalement germanique – aux rameaux dégénérés de l'humanité, les sémites, dont les juifs sont les plus typiques. Le mouvement antisémite en Allemagne devient alors très virulent. En 1880, le parti social-chrétien demande, au Reichstag, des mesures de répression contre les juifs : son fondateur, Adolf Stocker, aumônier protestant de la Cour impériale, est l'un des plus déterminés et des plus écoutés parmi les dirigeants politiques acquis aux mesures de ségrégation.

Phénomène identique en Autriche, en Bavière. En Autriche, c'est un professeur de théologie, August Rohling, qui colporte sur le peuple et la tradition d'Israël des énormités mensongères. L'avocat Karl Lueger est élu en 1897 maire de Vienne sur un programme très antisémite. L'Association sociale-chrétienne, qui sera représentée au Parlement, réclame, à l'imitation de son homologue allemande, la suppression des droits civiques des juifs de l'empire. En Autriche, dans une mesure moindre en Allemagne, l'importance grandissante des juifs dans la banque et l'industrie peut être une explication à la propagation du courant antisémite.

C'est en Russie, cependant, que l'explosion est la plus spectaculaire et la plus dramatique. Qu'il existe un rapport entre l'antisémitisme austro-hongrois de la fin du XIXᵉ siècle et les péripéties sanglantes de l'empire des tsars n'est pas niable, mais on ne saurait oublier que la Russie porte dans sa tradition de nombreux stigmates d'un antisémitisme profond. Le rôle économique des juifs russes, des petits banquiers prêteurs dans les villages, de même qu'en Alsace, n'a certainement pas été étranger à l'antisémitisme russe. Le 13 mars 1881, un événement très grave déclenche une série de mesures de représailles contre les juifs de Russie : le tsar Alexandre II est assassiné par deux nihilistes, anarchistes acharnés à la destruction totale de l'« ordre social », Ryssakov et Yeknikov. L'enquête de police révèle que l'instigatrice du complot est une juive, Hesse Helfmann, qui vient de purger une peine de prison.

Les responsabilités de Hesse Helfmann sont d'autant plus vivement ressenties que le tsar Alexandre II avait manifesté, au début de son règne, des velléités de libéralisme à l'égard des communautés juives de l'empire. La presse russe, déjà imprégnée d'antisémitisme, s'empara de l'événement pour réclamer une répression exemplaire. En mai 1882, le nouveau souverain, Alexandre III, promulguait les « règlements prévisionnels » qui autorisaient les autorités régionales à expulser les juifs des villes et des villages et à les enfermer dans des ghettos ; ils étaient pratiquement expulsés de l'enseignement universitaire, exclus des professions libérales.

Les mesures administratives de ségrégation, les expulsions massives, la formation d'îlots annonçant les camps de concentration nazis s'accompagnèrent de massacres ou « pogromes ». Ce mot – qui signifie « émeute » en Russe – servit désormais à désigner les manifestations de violence populaires contre les juifs. Apparemment spontanés, les pogromes étaient en fait organisés par la fameuse Okhrana, police du régime tsariste. En avril 1881, quelques semaines après l'assassinat d'Alexandre II, une émeute éclatait contre les juifs d'Elisavetgrad, en Ukraine. Comme traînée de poudre, la violence gagnait les villes de Kiev, Odessa, Varsovie et d'autres centres de l'empire. En 1883, des faits identiques se produisaient à Balta et à Rostov. À l'instigation du comte Pahlen, ministre de l'Intérieur après avoir été le chef de la police, durant l'hiver 1891 des milliers de juifs de Moscou étaient chassés et regroupés en résidences forcées, dans un état lamentable de misère.

Le résultat fut un exode massif des juifs russes : entre 1881, année des premiers grands pogromes, et 1900, plus d'un million d'entre eux émigrèrent. En 1882, un médecin juif d'Odessa réfugié en Allemagne – Léon Pinsker – a publié un ouvrage sous le titre *Auto-émancipation* qui suggère le rassemblement des juifs persécutés sur une terre libre qui serait le berceau d'une nation nouvelle ; Pinsker exprime ses préférences pour la Palestine. L'espoir du retour vers la « Terre promise » enflamme le cœur de milliers de juifs russes qui s'organisent en groupes actifs, les Hovevei Zion (les Amants de Sion), puis se rassembleront dans une organisation commune, le Hibbat Zion (Amour de Sion). L'année même où Léon Pinsker publiait l'*Auto-émancipation*, des étudiants juifs réunis à Kharkov s'engageaient à revenir en Palestine. Ils fondaient alors la Bilu, nom formé des mots hébreux Beit Yaakov Lekhu ve-Nelkla (« Maison de Jacob, partons ! »).

Ceux que l'on appellera les Étudiants de Rommy donnaient au « retour » une valeur mystique. C'est cette foi très peu réaliste – mais très réalisatrice – qui les aidera à soulever les montagnes. C'est la poursuite de cette chimère, qui défie les pronostics des gens de calcul et de raison, qui leur permet de se lancer vers les cols enneigés du Caucase, sans ressources, sans passeport, de traverser la Turquie, terre d'islam, pour fonder en Palestine les communautés initiales de l'État d'Israël.

Également très révélateur du climat d'antisémitisme qui règne dans les pays de l'Europe de l'Est, est le drame de Tisza-Eszlar.

Tisza-Eszlar est un village hongrois, à quelque deux cents kilomètres à l'ouest de Budapest et proche de la ville de Tokay. La communauté juive y est assez prospère ; des commerçants aisés entretiennent de leurs deniers une synagogue qu'ils fréquentent assidûment. Nous sommes en 1882, le 1er avril, un an après l'assassinat d'Alexandre II de Russie. Ce samedi est le jour de la Pâque pour les juifs et veille des Rameaux pour les chrétiens. L'héroïne malheureuse, et bien involontaire, de l'histoire se nomme Esther Salymosi (elle n'est pas juive, malgré son prénom) ; elle est employée comme servante chez des paysans du village.

Pendant qu'elle aide sa maîtresse aux travaux de préparation de la fête des Rameaux, Esther tombe d'un escabeau et, dans sa chute, casse une cruche. Colère de la femme qui, sans plus de scrupules, la congédie. La gosse est effondrée : sa mère est veuve, pauvre, incapable de la nourrir. Elle court chez elle, cependant, et la supplie de la reprendre. La réponse est un refus : qu'Esther se débrouille, qu'elle cherche du travail ailleurs, sa mère est trop démunie pour l'accueillir. Désemparée, la petite fuit ; tout à l'heure, un villageois, nommé Fekete, la verra passer en courant devant la synagogue. Or le témoignage de Fekete sera déterminant pour la suite.

La soirée arrive sans qu'Esther reparaisse. Sa mère, tout de même, s'inquiète, informe les autorités à qui elle raconte l'incident du matin. Des recherches sont entreprises, Esther est introuvable. Comme on craint un geste désespéré, on explore à la lanterne les bords de la rivière, qui a donné son nom au village, sans plus de résultats.

C'est alors qu'intervient le paysan Fekete ; il se rend chez la femme Salymosi et lui apprend qu'il a aperçu sa fille près de la synagogue dans la matinée. Il y avait là, au même moment, un groupe de juifs en grand conciliabule, lui précise-t-il ; brusquement il a perdu Esther de vue : ne l'auraient-ils pas kidnappée ? L'idée fait son chemin dans l'imagination primitive de la pauvre femme qui, le lendemain, se répand en lamentations dans les rues de Tisza-Eszlar. « Les juifs ont enlevé ma fille, crie-t-elle à tout venant, Fekete les a vus, et d'ailleurs la vérité m'est apparue dans un rêve au cours de la nuit ! »

Peut-être, en temps normal, cette version rocambolesque n'eût-elle été accueillie qu'avec des haussements d'épaules... La nouvelle se répand très vite alentour. Le député local – représentant la circonscription de Nyiregyhaza – l'apprend. Le hasard et le malheur veulent que ce soit un fieffé réactionnaire, un antisémite forcené qui vient justement d'assister à Dresde à un congrès réuni pour dénoncer le « péril juif ». Or l'affaire de Tisza-Eszlar éclate au moment où l'antisémitisme est partout à l'ordre du jour dans les cercles nationalistes de Russie, d'Allemagne et d'Autriche-Hongrie... Le député baron Géza Onody s'empare de ce prétexte et, quelques jours après la disparition de la petite Esther, intervient au Parlement hongrois, dénonçant le « meurtre rituel » de Tisza-Eszlar. Il ne fait pour lui aucun doute : les juifs ont immolé la jeune fille !

Le baron recueille un beau succès d'hilarité. Sur pratiquement tous les bancs, les députés s'esclaffent ; les « libéraux » l'invectivent, le couvrent de sarcasmes : « Pitre intégral ! Néron de pacotille ! » lui lance-t-on ; mais à Tisza-Eszlar les policiers, pris d'un zèle excessif, arrêtent soixante-cinq juifs... sous l'inculpation de meurtre. À Budapest, le ministre de la Justice ordonne de commencer la procédure. Il ne croit nullement à la fable d'Onody mais pense trouver une occasion de le ridiculiser pour longtemps en prouvant l'innocence des accusés et la malveillance criminelle des accusateurs.

Les instructions parviennent au président du tribunal de la région de Nyiregyhaza, qui confie l'enquête judiciaire à l'un de ses adjoints, nommé Bary. Le président est personnellement convaincu de l'innocence des juifs de Tisza, mais il fait un très mauvais choix dans la personne de ce Bary, jeune ambitieux de vingt-quatre ans, qui s'abouche avec le baron Onody, dont il espère de l'avancement. Le juge et le député mettent au point un scénario truqué, suscitent un témoignage falsifié : celui du fils du gardien de la synagogue. Moritz Scharf a quatorze ans. Chapitré par Bary, il déclare : « ... J'ai vu, par le trou de la serrure de la synagogue, les juifs immoler Esther... »

La chance ne sourit pas toujours aux menteurs : quelque temps plus tard, le corps d'une jeune fille est repêché dans la Tisza et l'expertise montre qu'il s'agit d'Esther Salymosi. En bonne justice, la procédure ne devrait pas aller plus loin, la mort par suicide étant très probable, et les juifs inculpés devraient être libérés. Ce serait trop simple, les antisémites hongrois protestent, contestent les conclusions de l'expertise, plaident le doute, demandent l'ouverture du procès pour faire pleinement la lumière, avancent l'accusation formelle du fils du gardien de la synagogue ; ils obtiennent gain de cause : le procès commence le 19 juin 1883 devant le tribunal de Nyiregyhaza. Grâce à des complicités, le clan antisémite introduit dans le dossier des pièces tronquées ; la mère d'Esther nie que le cadavre qui a été retrouvé soit celui de sa fille. Le procureur général, von Szeyffert, dépose une contre-expertise médicale qui conclut que la jeune fille repêchée dans la Tisza est beaucoup plus âgée qu'Esther Salymosi. Heureusement, l'avocat des juifs, le Dr Eötvos, parvient à prouver que le cadavre d'Esther a été « travaillé » pour faire croire qu'il s'agissait de quelqu'un d'autre ; ce sont des employés, chargés de la toilette funèbre de la jeune fille, qui, achetés par les antisémites, ont effectué un maquillage mortuaire !

Progressivement, les antisémites hongrois groupés autour d'Onody reculent. Une ultime vérification des magistrats les confond dans leur forfaiture, cette fois sans appel : se rendant sur place, les juges s'aperçoivent que le jeune Moritz Scharf ne pouvait voir la scène du prétendu sacrifice en regardant par le trou de la serrure, comme il l'avait prétendu. Moritz Scharf avait menti. Le témoignage fondamental s'effondrait, la cause était entendue et les juifs de Tisza-Eszlar, faussement accusés, acquittés. Tant de mauvaise foi, d'acharnement, de trucages dépassaient l'imagination. Onze ans plus tard, les antisémites français prendront le relais des faussaires hongrois pour accabler le capitaine Dreyfus.

Une nouvelle communauté

Les juifs émigrés de l'empire russe choisirent massivement les États-Unis. Près de sept cent mille d'entre eux – sur un total de plus d'un million – gagnèrent le Nouveau Monde. Comparativement, le mouvement vers la France, en tout cas le nombre de ceux qui s'y fixent, est très faible : quatre mille juifs russes jusqu'en 1901, trois mille de Roumanie, un millier de Pologne, un petit noyau de Hongrie.

Les réfugiés s'installent en majorité à Paris : dans le IVe arrondissement, rue des Rosiers, des Écouffes, du Roi-de-Sicile, Ferdinand-Duval. La petite place du métro Saint-Paul (près de l'Hôtel de Ville) devient le point de ralliement.

Les quartiers de Clignancourt et de Belleville reçoivent également les nouveaux arrivants. Des années 1881-82 jusqu'à la Seconde Guerre mondiale, Belleville accueillera des vagues successives d'émigrants qui prendront souche dans un périmètre compris entre les boulevards de Belleville et de Ménilmontant, la rue des Pyrénées, l'avenue Gambetta.

C'est ainsi que se forment à Paris les premières communautés « yiddish ». Le yiddish est l'allemand parlé au Moyen Âge, complété d'éléments d'hébreu dont il a emprunté les caractères d'écriture, et slaves, et qui a évolué dans le cadre de la société juive de l'Est. Ces communautés de Russie, d'Ukraine, de Lituanie, de Pologne, de Hongrie ont été elles-mêmes constituées en partie par l'émigration des juifs de l'Europe de l'Ouest qui avaient fui les persécutions d'Allemagne, de France et d'Angleterre.

Ces communautés importent en France leurs traditions et leurs coutumes, leurs rites et leurs prières, l'autorité reconnue aux rabbins, le culte de la famille et de la charité, le respect de la fortune et de l'argent. Ce sont des sociétés très refermées sur elles-mêmes, d'essence théocratique, truffées de tabous, en particulier sexuels, d'interdits, où la femme, qui est taxée d'impureté au moment de la menstruation, tient cependant une place très importante dans la vie du foyer, participe à sa subsistance en s'associant à la profession de l'homme lorsqu'il a pu avancer sur l'échelle sociale. Brocanteurs-artisans, petits commerçants, tailleurs pour dames ou fabricants de casquettes, bottiers recréent dans les petites rues avoisinantes de la station Saint-Paul ou à Belleville l'atmosphère des îlots d'Ukraine, de Pologne, des Pays baltes où ils avaient maintenu, contre vents et marées des persécutions, leur droit à la vie et à leurs traditions.

Voici donc un nouvel apport aux communautés des juifs de France, un nouvel exode, après tant d'autres. Depuis les origines, que de mouvements ont transformé la physionomie des populations israélites du pays... Du royaume de France – pour ne pas remonter au-delà – vers les provinces : Provence ou Languedoc. Puis de Provence et du Languedoc vers le Comtat Venaissin ou l'Espagne... De l'Espagne vers le Sud-Ouest. D'Allemagne en

Alsace-Lorraine, d'Alsace-Lorraine à Paris. Et maintenant des pays de l'Europe de l'Est vers la capitale.

Les temps sont révolus où l'arbitraire chassait les juifs de la terre de France. Comme leurs frères en religion d'Alsace en 1870, les juifs d'Europe de l'Est de 1882 viennent chercher ici l'asile, la liberté, fuyant l'intolérance attachée au régime des tsars comme les juifs de Paris et d'Île-de-France subissaient les sanctions de Philippe le Bel. Ces Russes, Polonais, Hongrois, qu'ont-ils de commun avec les juifs de Carpentras, de Bayonne, d'Haguenau ou de Lunéville ? Rien d'autre qu'une communauté de foi. Les uns ont déjà franchi un monde, renversé les barrières de l'ostracisme, affronté avec un plein succès les problèmes de l'assimilation, sont devenus hommes d'affaires cotés, banquiers redoutables, commerçants aisés, universitaires, avocats, hommes de lettres, ingénieurs, militaires... Les autres commencent tout à « zéro ».

Comme tant d'autres émigrés, ils ont ces visages des aventuriers de la liberté ou du pain quotidien. À la conscience française, ils posent les mêmes interrogations, à une forme de racisme, les mêmes tentations. Les pères, souvent, débarquent seuls. Les familles suivront plus tard, à condition qu'on leur ait laissé le temps de survivre, que la police des tsars ne leur ait pas confisqué cette liberté ultime. Combien entrent sans passeport – ainsi que ces clandestins du Portugal –, n'obtiennent pas d'autorisation de séjour, se cachent de la police, ne trouvent que des emplois mal payés par des patrons sans scrupules, adroits à profiter de leur situation illégale. Et s'entassent à plusieurs familles dans un logement insalubre.

Handicap formidable de la langue (qu'il faudra une génération pour surmonter), de la mentalité (d'un ghetto russe ou polonais à Paris), de la religion (celle des « Français de France » ne se gaspille pas alors en ouverture, nous ne sommes pas encore aux déclarations du concile, l'œcuménisme est dans les limbes, l'Église n'a pas, sur le « problème juif », entrepris son chemin de Damas...). Handicap de certaines caractéristiques physiques (types slave et mongol – mais ne nous aventurons pas sur ce terrain, où nous rencontrerions trop de sentiers vers l'erreur...), dans l'habillement (le caftan et la calotte), dans l'environnement économique (un « marché » à conquérir pour ces artisans très modestes).

À compter de l'émigration des juifs d'Europe de l'Est, la communauté juive de France se transforme, se remodèle. On devrait écrire, pour être plus exact, qu'une communauté juive nouvelle est en train de prendre souche à côté, parallèlement aux noyaux anciens d'Alsace, du Sud-Ouest et du Comtat. C'est un prolétariat d'artisans pauvres, en qui les émancipés, déjà au faîte de la réussite sociale, ne reconnaissent que l'ombre d'eux-mêmes, et comme une réminiscence peu agréable de leur condition ancienne. Déjà ces nouveaux venus se regroupent en associations fraternelles : les Amis solidaires, l'Amicale Odessa, l'Amicale russe. Les étudiants émigrés, qui ont fui les persécutions comme les autres, et qui s'étaient engagés nombreux dans les mouvements clandestins révolutionnaires, vont reformer progressivement à Paris leurs associations. En rupture avec la tradition juive, ils s'engagent inévitablement à gauche.

Les souffrances des juifs russes, les pogromes, l'affaire de Tisza-Eszlar ont éveillé en France un mouvement de compassion et de sympathie. Un Comité de secours pour les israélites de Russie a été créé, qui réunit des personnalités aussi diverses que Victor Hugo, l'archevêque de Paris, Mgr Guibert, Gambetta, Jules Simon et Waldeck-Rousseau. Charles Netter, au nom de l'Alliance israélite universelle, lance une souscription à travers le monde entier, organise à Brody, en Galicie autrichienne et ville frontière avec la Russie, un centre d'accueil.

À Paris, le Comité de secours s'emploie en grande partie à favoriser le départ des nouveaux émigrants vers les États-Unis. Indignée par les pogromes, solidaire des persécutés – une solidarité qui se manifeste dans de nombreux journaux –, l'opinion réagit avec beaucoup moins d'empressement quand il s'agit de les accueillir. On répand que les juifs de Russie amènent le choléra dans leurs maigres bagages. Ces réactions, dont des journaux extrémistes se font l'écho, traduisent un malaise certain, une attitude assez générale de méfiance. Le journal *L'Autorité*, de Paul de Cassagnac, publie une « Lettre de Russie » d'un de ses correspondants. « Le juif polonais – à proprement parler nous n'avons pas de juifs russes – écrit-il, est l'être le plus malpropre que l'on puisse imaginer. C'est à la fois un bouillon de culture et un agent de transmission du bacille cholérique. Le type n'est pas un être chimérique, il est malheureusement une réalité en chair et en os, infestant et infectant la Russie en cinq millions d'exemplaires. Contre un pareil foyer d'infection, pire que l'embouchure du Gange, la science, de même que l'ingéniosité de l'administration, reste littéralement désarmée... »

On ressort de ses cendres la légende du juif colporteur d'épidémies au moment où les émigrés de l'Europe de l'Est reconstituent, rue des Rosiers ou à Belleville, leurs communautés. Si les juifs français de la banque et des affaires – les juifs qui ont « réussi » – servent de cibles aux antisémites, les nouveaux immigrants seront visés de leur côté pour des raisons spécifiquement racistes. Constamment, l'antisémitisme français balancera entre l'hostilité d'ordre économique ou religieux, et la hargne contre le « sémite » étranger dont le journal *L'Estafette* dénonce « l'invasion ». Ses caractéristiques physiques, son mode de vie, sa langue servent de prétextes à ses détracteurs.

Réticences diffuses, hostilité des extrémistes... Comment les juifs français eux-mêmes réagissent-ils à l'infortune de leurs frères de l'Europe de l'Est ? On aimerait ne les créditer que d'un actif de générosité sans ombres. La vérité oblige à être plus nuancé. Dès le début de l'immigration, l'Alliance israélite universelle a demandé aux diverses communautés d'aider les exilés à s'établir. Leurs réponses sont très mitigées. Celles de Marseille, d'Avignon, de Mâcon, de Troyes, Toul, Saverne refusent carrément d'accueillir des juifs d'Europe de l'Est en avançant diverses raisons : le manque de moyens financiers, l'opposition probable des municipalités, le risque d'un regain d'antisémitisme qui compromettrait leur sécurité. Par contre, les communautés de Toulouse, Nîmes, Versailles, Haguenau, Lixheim et Lille s'offrent à recevoir des réfugiés. À Paris, l'enthousiasme n'est pas le fait dominant.

Drumont et les antisémites obsessionnels

La crise d'antisémitisme se déclare en France dans les années 1880 : or entre la première vague d'immigration et ce réveil d'hostilité, on a tenté d'établir une relation directe. Sans aucun doute, c'est une simplification abusive ; le contexte européen (persécutions, mouvements hostiles), les divagations des théoriciens du racisme, des facteurs économiques, un sursaut nationaliste, un réflexe de jalousie suscité par des réussites spectaculaires, phénomènes que nous avons déjà évoqués, fournissent des explications convergentes. Il n'est qu'à lire la presse nationaliste de l'époque – celle qui est manifestement antisémite – pour se convaincre que le petit juif immigré de la Pologne sous tutelle russe tient une place comparable à la famille Rothschild dans les obsessions des pamphlétaires les plus engagés... et les plus enragés.

Obsession : le mot n'est pas trop fort. Ces clous que l'on enfonce dans des cervelles crédules, ces slogans que l'on finit par prendre pour de « grandes idées » font des ravages terribles ; ils aboutissent au martyre d'un innocent (capitaine Dreyfus), à des lois d'exception et à une complicité de génocide (en 1940).

Les événements s'accumulent, qui, exploités par des névrosés, des malins, des naïfs pervertis ou des menteurs, dressent une partie de l'opinion contre les juifs de France. Ainsi du krach de l'Union générale.

L'affaire de l'Union générale éclate en 1882, à l'occasion de la faillite d'un banquier, Eugène Bontoux. Brillant ingénieur, ancien collaborateur des Rothschild, Bontoux fonde, en 1878, une société anonyme de banque dont l'objectif est de rassembler et de faire fructifier des capitaux des milieux catholiques et politiquement conservateurs. Il s'agit implicitement de mettre sur pied un établissement capable de concurrencer la « finance cosmopolite » incarnée, aux yeux des « bien-pensants », par la famille Rothschild et d'autres groupes suspects d'allégeance aux « boursicoteurs juifs ». Au conseil d'administration siège un aréopage qui impressionne les plus méfiants dans les légions des catholiques traditionalistes, bourgeois épargnants ou hobereaux nourris de fermages. Le prince de Broglie, le marquis de Riencourt, le vicomte d'Harcourt côtoient le vicomte Mayol de Luppé, directeur du journal monarchiste *L'Union* et l'ultra-catholique Louis Veuillot de *L'Univers*. Le Vatican et le comte de Chambord, héritier de la branche aînée des Bourbons, dont l'intransigeance a fait échouer la restauration monarchique en 1873, sont parmi les actionnaires du nouveau groupe bancaire.

Les placements de l'Union générale sont orientés vers la très catholique Autriche de l'empereur François-Joseph. Bontoux fonde l'Oesterreichiche Landerbank qui bénéficie de la protection officielle. Il intervient dans plusieurs activités industrielles, obtient la concession de la construction des chemins de fer serbes, finance la ligne Vienne-Budapest-Belgrade qui doit rejoindre Constantinople et Salonique. La conjoncture veut que Eugène Bontoux entre en concurrence avec la Staatsbahn où sont représentés les intérêts des Rothschild, la Banque de Paris et des Pays-Bas et le Crédit lyonnais. La présence des Rothschild comme concurrents de l'Union générale accrédite l'image d'un affrontement entre la

« banque juive » et le groupe des financiers traditionalistes. La loi de la concurrence joue, et Bontoux perd, qui accumule les erreurs après des débuts très prometteurs. Les titres de l'Union générale s'effondrent aux Bourses de Lyon et Paris. C'est le krach, la faillite ; le 28 janvier 1882, la banque ferme ses guichets et le 1er février suivant Bontoux, acculé, ne pouvant dissimuler des pertes considérables, est arrêté « pour infraction à la loi sur les sociétés, escroquerie et abus de confiance ».

Stupeur des conservateurs, ricanements à peine dissimulés des adversaires qui savent que l'Union générale a financé des campagnes d'opinion contre la politique laïque des gouvernements républicains. On est, en effet, en pleine guerre politico-religieuse. Après la démission de Mac-Mahon, en 1879, les républicains au gouvernement se font les apôtres d'une laïcité combative ; les catholiques sont partout sur la défensive. L'exploitation politique est immédiate. La presse conservatrice reprend en chœur l'accusation de Bontoux qui déclare à l'instruction : « Je suis victime des Juifs, des Francs-Maçons et d'une magistrature servile... »

Eugène Bontoux est condamné à cinq ans de prison et trois mille francs d'amende. Il fait appel, la peine est ramenée à deux ans, mais son pourvoi est rejeté en cassation. Alors il s'enfuit en Espagne, échappant à ses juges sous les applaudissements de ses victimes. Au bout de cinq années, le délai de prescription étant passé, il revient en France pour jouir benoîtement des économies que son infortune ne l'avait pas empêché de mettre de côté. Pendant des dizaines d'années il fut néanmoins, pour des milliers de Français, dont certains avaient été saignés par ses imprudences, terrassé par le « complot juif » associé aux machinations diaboliques des francs-maçons.

Le clan des détracteurs les plus acharnés des juifs de France a ses grands et ses petits maîtres, mais au milieu de tous, trônant sur une pyramide d'invectives et de contre-vérités, dieu d'un olympe environné de ténèbres racistes, émerge Édouard Drumont.

La fascination exercée par ce pamphlétaire verbeux et myope sur des écrivains de la lignée des Bernanos demeure un mystère insondable, et la lecture de *La France juive*, où des milliers et des milliers de « bien-pensants » trouvèrent leur pâture, une épreuve redoutable pour l'intelligence. Avoir été juif en France, en 1886, et avoir assisté au succès de librairie sans précédent d'un ouvrage qui fut une anthologie des ragots les plus malveillants et des mensonges les plus éhontés sur le peuple d'Israël, quelle tristesse !

Édouard Drumont est né à Paris en 1844. Son père, petit employé à l'Hôtel de Ville, est d'origine flamande et sa mère bourguignonne, mais de malicieux chercheurs attribueront au « grand rabbin » de l'antisémitisme des origines juives : Drumont serait une déformation de Dreimond, nom porté par des israélites de Cologne.

Orphelin très jeune, Drumont est recueilli par des parents du côté de sa mère, des artisans pauvres. Il se marie tard – à trente-huit ans – mais le malheur le frappe de nouveau : sa femme meurt un an après la célébration de leur union. L'homme, très marqué par des épreuves successives, a beaucoup souffert ; il lui en restera des plaies morales profondes, une agressivité pathologique qu'il portera contre les juifs.

Drumont est journaliste, successivement au *Gaulois*, au *Bien public* et pendant dix années à *La Liberté* des frères Pereire... juifs ! Ces références professionnelles ne semblent pas avoir gêné le pourfendeur des juifs de France. Gros travailleur, fouilleur d'archives et collectionneur de fiches, obsédé progressivement par le « péril juif » et l'antisémitisme... dont Bernanos écrira qu'il fut une « grande pensée politique », Drumont, chevelure et barbe de prophète, yeux noirs et mal assurés derrière ses lunettes, découvre des turpitudes juives à chaque moment de l'histoire de France, assimile les juifs à toutes les catastrophes nationales. Il part du postulat, cher aux penseurs racistes de cette fin du XIXe siècle, de la supériorité de l'aryen sur le sémite, dénonce la haine inexpiable du juif pour tout ce qui est chrétien (dont le « meurtre rituel » est le paroxysme). La France est décadente, dit Drumont ; corrompue, la société française s'effondre. Le juif est des premiers responsables, lui qui s'insinue partout, pour la mieux détruire, dans la littérature, les sciences, le gouvernement. Il faut donc lui « faire rendre gorge », traquer les Rothschild et confisquer leurs biens mal acquis, créer de toutes pièces – quelle prophétie ! – une administration qui sera chargée d'expulser les juifs de France et de gérer le produit de leurs vols et de leurs rapines. Maléfique, corrupteur, le juif a ses complices ; au premier plan, le protestant : « ... Derrière la Bible apparut le Talmud... Tout Protestant est à moitié juif... » On ne tardera pas à y associer la franc-maçonnerie.

La France juive, qui paraît chez l'éditeur Marpon, associé à Flammarion, est publiée à compte d'auteur. Le succès en est d'abord à peu près nul : Drumont racontera que se promenant dans les rues de Paris, il en surveille la vente dans les librairies, et se désole de voir les couvertures des invendus s'étioler au soleil. La mésaventure littéraire de l'auteur de *La France juive* se serait sans doute éternisée si Alphonse Daudet, antisémite impénitent, n'était intervenu auprès de Francis Magnard, directeur du *Figaro*, pour lui demander de parler de l'ouvrage. Magnard, écoutant Daudet, publia une critique qui donna le signal de la vente. En un an, *La France juive* avait atteint cent quatorze éditions ; en 1912, il avait franchi le cap de la deux centième.

Drumont fonde en 1890, quatre ans après la parution de *La France juive*, la Ligue nationale antisémitique de France qui se signalera par toutes sortes de manifestations tapageuses. Le marquis de Morès est l'un des compagnons les plus marquants de l'auteur de *La France juive*. Personnage haut en couleurs, condottiere audacieux, homme des coups d'éclat, des empoignades et des duels, le marquis de Morès est le fils naturel du duc de Vallombrosa et d'une jeune fille de la haute société, Mlle des Cars. Il est d'abord officier, mais démissionne de l'armée, épouse la fille unique d'un banquier américain, Mlle de Hoffmann, se lance dans l'élevage de bétail... où il engloutit des sommes considérables.

Le marquis de Morès a eu affaire à des banquiers juifs ; le pas est vite franchi qui consiste à les accuser d'avoir organisé sa perte. Il ne l'oubliera pas, il fourbira les armes de la vengeance. Revenant en France après sa débâcle américaine, il rencontre Drumont. Leur alliance est immédiate. Avec quelques autres confrères, ils fondent la Ligue qui a son siège au n° 48 de la rue Lepic, à Paris. Dans la nuit du 4 au 5 septembre 1889, une affiche placardée sur les murs de la capitale et signée de Jacques de Biez, journaliste à *La République française*, proclame : « ... La Ligue... a pour but de défendre, par tous les moyens appropriés aux circonstances, les intérêts moraux, économiques, industriels et commerciaux de notre pays. Elle est une œuvre de relèvement national, politique et pour la conscience de chacun, d'assistance réciproque et fraternelle. Elle laisse à ses membres toute liberté politique et religieuse. Elle combattra... les influences pernicieuses de l'oligarchie judéofinancière, dont le complot occulte compromet chaque jour davantage la prospérité, l'honneur, la sécurité de la France... »

Suit la liste des personnes qui sont automatiquement exclues de l'organisation : 1° « les juifs », on s'en serait douté ; 2° « les renégats juifs » (les juifs convertis) ; 3° « quiconque aura perdu ses droits de citoyen à la suite d'une condamnation infamante ». Des mouvements satellites ou apparentés naissent, tels la Jeunesse anti-sémite et nationaliste, Le Grand Occident de France dont le bleuet est l'insigne. C'est une ronde d'agitation brouillonne, de réunions tapageuses où « l'oligarchie judéo-financière » est dénoncée avec des cris rageurs. On conspue les Cahen d'Anvers, les Hirsch, les Ephrussi, les Dreyfus et, bien entendu, les Rothschild, grandes familles juives de la banque et des affaires dont les réussites, la fortune, les propriétés sont considérées comme des insultes au bien public. Et l'on braille des couplets comme celui-ci :

À bas les sémites
À bas les youpins !
Marchands d'z'allumites
Et de peaux d'lapins !
Chassons, chassons tous les Schloumous
Et restons les maîtres chez nous !

Dans les milieux de la Ligue, il n'est pas rare de remplacer les formules habituelles de salutations épistolaires par un... « très antisémitiquement vôtre ! » Le député Francis Laur demande à la Chambre que les juifs soient expulsés de France, comme ils le sont de Russie. « C'est peut-être un peu prématuré, commente Paul de Cassagnac, ultra-nationaliste notoire dans le journal *L'Autorité* en novembre 1891, mais vous verrez, si cela continue, que la question se posera un jour ou l'autre et qu'on ne pourra échapper à ce dilemme : ou les Chrétiens ou les juifs devront sortir de France... »

En janvier 1892, Drumont et ses amis organisent, salle Gollier à Neuilly-sur-Seine, une réunion antisémite pour soutenir la candidature du député Francis Laur, auteur du projet sur l'expulsion des juifs de France, qui sollicite de nouveau les voix des électeurs. Les orateurs et le public s'égosillent en vociférations : « Guerre aux juifs ! À mort les youpins ! Fusillez Rothschild ! La France aux Français ! »

Cette démonstration d'hystérie raciste est largement connue à Paris, le lendemain et les jours suivants. Le grand rabbin Zadoc Kahn écrit au journal *Le Temps* pour commenter l'événement. C'est une protestation calme, pondérée. Cette lettre résume bien la position des juifs de France devant la campagne des antisémites, elle ne variera guère sous l'affaire Dreyfus, on la retrouvera identique en 1940, à la veille des grandes persécutions de l'Occupation : la France du libéralisme, de 1789, la France chrétienne également ne sauraient se reconnaître dans ces visages et ces paroles de haine : « ... Comme juif, je m'en afflige, comme Français, j'en rougis, écrit Zadoc Kahn. La France ne serait plus la France, c'est-à-dire le pays des traditions libérales, des idées de justice et d'équité, si des paroles comme celles qui ont été prononcées l'autre jour pouvaient y éveiller le moindre écho. C'est déjà trop que cent ans après la Révolution de 1789, il puisse se produire dans des réunions publiques de telles excitations contre une catégorie de citoyens, qui sont d'aussi bon Français que qui que ce soit, qui, depuis un siècle, ont servi la France avec un dévouement passionné et versé leur sang pour sa défense sur tous les champs de bataille, notamment au cours de la guerre de 1870... »

Les juifs d'Alsace et de Lorraine, du Comtat et du Sud-Ouest revendiquent avec fierté cette « citoyenneté » que leur accorda l'Assemblée de 1791. D'autant plus sourcilleux sur leur attachement à la France que ce patriotisme leur est contesté. Combien d'entre eux approuveront sans mot dire le jugement accablant le capitaine Dreyfus, parce qu'il émanait d'un tribunal militaire français...

Et Zadoc Kahn tend la main aux chrétiens : « C'est chez moi une conviction absolue que pas un des membres du clergé catholique et du clergé protestant, dont j'admire les vertus, l'élévation de cœur et d'esprit, le patriotisme éclairé, ne voudrait souscrire à un langage qui n'est ni français, ni chrétien, ni humain... »

Catholiques, juifs et francs-maçons

Pour les protestants, oui... Mais pour les catholiques ? Ils apportent en fait au mouvement antisémite le plus gros de ses troupes. Quand ils n'organisent pas eux-mêmes le grand battage, ils hurlent avec les loups. L'épiscopat se tait, laisse faire, alors qu'il suffirait de quelques mots bien sentis et de quelques exhortations en chaire pour imposer le silence aux aboyeurs de haine. Le plus grave est la tendance qui se manifeste dans cette presse prétendument chrétienne. Les pères assomptionnistes, qui sont alors les propagandistes en première ligne de l'Église et contrôlent une énorme machinerie à papier journal, diffusent sans se lasser des slogans antijuifs. Leurs journaux s'appellent *La Croix* (la croix du Christ choisie comme sceptre d'iniquité), non seulement *La Croix* de Paris, *La Croix* du dimanche, mais de nombreuses *Croix* de province, mais *Le Pèlerin*, toutes sortes de revues, pour un tirage global de cent trente millions de numéros par an. Dès la parution de *La France juive* de Drumont, *La Croix, La France catholique*, organe des « écoles libres », ont publié des commentaires favorables ; le juif est caricaturé dans *Le Pèlerin* sous les traits d'un rapace mitigé de sorcière, monstre aux doigts crochus, blasphémateur, insulteur du crucifix, traître à sa patrie, que ressusciteront les partisans de la collaboration en 1940. Les « abbés chansonniers », animateurs de l'Œuvre de la chanson chrétienne fondée en 1890, broderont ce couplet au moment de l'affaire Dreyfus :

> *Le juif est réfractaire à toute loi morale*
> *Pour voler et trahir, sa force est sans égale.*
> *Il sacrifie à l'or, et son Dieu c'est Plutus.*
> *Ce peuple aura toujours un Reinach, un Dreyfus.*
> *... Il aime le limon, se vautre dans l'impur ;*
> *De ce qui l'a touché rien ne peut rester pur,*
> *Chacun est à son poste et la sinistre bande*
> *Inaugure de l'or l'inique sarabande.*

Le Lillois de novembre 1890 publie les « dix commandements du juif » :

> *Comme seul Dieu tu adoreras*
> *L'antique veau d'or et d'argent.*
> *Le plus possible tu prendras*
> *Sans jamais rendre, évidemment.*
> *De la Bourse tu connaîtras*
> *Tous les secrets parfaitement.*
> *Les chrétiens tu détesteras,*
> *En cachette, le plus souvent.*
> *Les plus huppés tu flatteras*
> *Quel que soit le gouvernement.*
> *Comme patrie accepteras*
> *Tous les pays également.*
> *De l'honneur, tu te passeras,*
> *De la morale mêmement.*
> *Hypocrite tu resteras,*

Pour arriver plus sûrement.
Mais surtout tu te souviendras
D'agir toujours très prudemment.
Puis le monde gouverneras
S'il ne t'échappe auparavant.

« Le tsar, observe le célèbre père Bailly dans *La Croix*, avait autrement d'intelligence de la situation, qui les expulsait de son armée et de son empire... »

Les catholiques engagés dans la lutte antisémite ne sont donc pas des « marginaux » dont l'Église pourrait fort bien se désolidariser ; les assomptionnistes forment un ordre religieux établi, reconnu, très officiel, dont l'épiscopat approuve, au moins tacitement, les initiatives.

L'antisémitisme catholique rejoint alors l'antisémitisme raciste. Le Père d'Alzon, fondateur de l'ordre des Pères Augustins de l'Assomption, vient au secours du raciste Drumont.

Les positions des catholiques vis-à-vis des juifs de France ont, dans le contexte de la fin du XIXe siècle, une explication. L'Église est sur la défensive, elle reçoit les coups de boutoir d'un pouvoir politique qui fait de la laïcité un dogme et de l'anticléricalisme un idéal de combat. Le problème des congrégations empoisonne l'atmosphère, crée un climat de guerre contre la religion, plus encore que de religions, dans laquelle les juifs français sont impliqués, qu'ils le veuillent ou non.

Après la démission de Mac-Mahon, en 1879, les républicains exercent un pouvoir dont l'élection de Jules Grévy à la présidence sert de caution. Expansionniste dans le domaine économique (avec des retombées telles que l'affaire de l'Union générale), dans le domaine colonial (la conquête de la Tunisie a été consacrée par la signature du traité du Bardo en mai 1881), la majorité républicaine entreprend contre le « cléricalisme » une campagne vigoureuse. La lutte contre l'influence de l'Église dans l'enseignement – soutenue par la franc-maçonnerie – devient l'une des préoccupations majeures, et militantes, des disciples de Gambetta. Le 15 mars 1879, Jules Ferry, alors ministre de l'Instruction publique, obtient de la Chambre, par trois cent trente-trois voix contre cent soixante-quatre, le vote d'une loi qui, en son article 7, exclut de l'enseignement public ou libre les membres des congrégations non autorisées. Les jésuites sont particulièrement visés, dont Jules Ferry affirme sans ambages qu'il faut leur « arracher l'âme de la jeunesse française ». Le Sénat rejette l'article 7 à une faible majorité. Tandis que la Ligue de l'enseignement, fondée en 1866, milite pour le triomphe des idées laïques, les catholiques s'agitent, des incidents éclatent ; les républicains répliquent en faisant adopter, en mars 1880, deux décrets sur l'enseignement supérieur. La dissolution de la Compagnie de Jésus est prononcée – elle aura trois mois pour s'exécuter et « évacuer les établissements qu'elle occupe sur la surface du territoire » –, une mesure identique étant appliquée à « celles des communautés qui ne pourraient obtenir l'approbation de leurs statuts ou règlements ».

Une à une, et pour la plupart, les congrégations sont dissoutes dans les mois qui suivent. Le 15 juin 1880, les jésuites sont expulsés de leur maison du 33 rue de Sèvres, à Paris. Le préfet de police en personne dirige l'opération. Deux commissaires frappent aux portes des cellules, on pose les scellés. Les pères s'en vont en bénissant les milliers de protestataires et en chantant le *Tantum ergo*.

Nous sommes en 1880, et six ans plus tard paraissent les deux tomes de *La France juive*. Entre ces deux dates il y a fatalement un rapport. Dans les moments troublés, difficiles, l'opinion nationaliste cherche et découvre dans les juifs un bouc émissaire. De même, en ces temps où l'Église de France subit l'assaut d'un laïcisme qui n'a d'équivalent en sectarisme que celui de ses propres apôtres, les juifs paient un nouveau tribut au déchaînement des passions. Entre les juifs de France et la franc-maçonnerie, on découvre une complicité, on établit une assimilation. Claudio Jannet, professeur d'économie politique à l'Institut catholique de Paris, développe cette idée que les « princes de Judas » maintiennent leur emprise sur les pays catholiques par l'entremise des francs-maçons et des catholiques ralliés à la République ; même opinion du mensuel *La Franc-Maçonnerie démasquée* : « Le juif est l'homme de la Loge, parce que la Loge est essentiellement pour lui moyen de parvenir... »

Affirmations simplistes et nullement isolées. Il y a, dans ce procès de collusion entre juifs et francs-maçons, une exagération évidente, mais également quelques éléments de vérité. Autant il est absurde de prétendre que la franc-maçonnerie fut, aux mains de la « juiverie internationale », l'instrument par excellence de sa domination – point de vue soutenu par des publicistes sans scrupules –, autant il est nécessaire de noter l'attraction exercée par la célèbre confrérie sur de nombreux juifs de France. Le fait que des israélites très engagés sur le plan politique, et qui accédèrent aux plus hautes responsabilités, furent connus comme des francs-maçons notoires facilita une confusion soigneusement entretenue pendant toute la IIIe République. Dans la mesure où la franc-maçonnerie se portait aux avant-postes du combat pour la laïcité et contre le « cléricalisme », les juifs étaient assimilés, avec une exagération évidente et volontaire, aux adversaires de l'Église.

Il serait bien instructif de déceler les motifs qui ont poussé de nombreux juifs de France vers les Loges. Du moins peut-on tenter d'en retenir quelques-uns. Et d'abord le besoin de retrouver le sens de la fraternité, de la communauté perdues après l'éclatement des cadres traditionnels. Il n'est pas interdit de penser que le juif français, quittant son milieu de vie, au bout de tant d'années de limitations et d'ostracismes, ait recherché dans la loge maçonnique une cellule nouvelle, réplique de l'ancien ghetto.

Arraché à un mode d'existence que soutenaient des traditions millénaires, le juif d'Alsace ou du Comtat Venaissin, émigré après la Révolution ou plus tard, abandonne fréquemment ses coutumes et ses croyances. Il perd sa judaïcité. Il devient donc un être spirituellement disponible, exposé à des influences nouvelles. La franc-maçonnerie lui offre une solution de remplacement, si l'on peut dire, une forme de mystique de substitution, d'autant plus attirante qu'elle pratique un secret proche de la tradition ésotérique de la Kabbale.

Le « juif nouveau », porteur d'une longue histoire de persécutions, sait la place que l'Église a tenue dans ce passé. Laïque et franc-maçon, il milite dans les rangs des adversaires d'un « cléricalisme » dont il fut, historiquement, l'une des premières victimes. Laïque, franc-maçon, homme de gauche, il ne renierait pas la condamnation par Voltaire, et d'autres philosophes, de l'obscurantisme religieux de la tradition juive, mère de la tradition chrétienne. Ses options rationalistes, très à la mode, ne vont pas seulement à l'encontre du dogme chrétien, elles sont un rejet d'une foi personnelle, transmise par la tradition.

Laïque et franc-maçon ? Mais comment ce juif nouveau – où l'on pourrait reconnaître celui qui n'a pas rejeté toute sa tradition, qui n'a pas rejeté toutes ses croyances –, comment le juif des persécutions, du ghetto, de l'étoffe jaune, des expulsions et des rançons, ne porterait-il pas aux idéaux libérateurs de la Révolution un culte, une reconnaissance ?

Cela, ni Édouard Drumont, ni Maurice Barrès, ni le Georges Bernanos de *La Grande Peur des bien-pensants* ne sont à même de le comprendre. Le ralliement de juifs notoires du Comtat, ou même d'Alsace, aux idées laïques, républicaines, était dans la force des choses, de même que le choix des juifs de l'Europe de l'Est, dont la migration se poursuit sans interruption jusqu'en 1940, en faveur des partis politiques les plus engagés dans la défense des libertés démocratiques.

Ministre de la Justice en 1870, Adolphe Crémieux lutte pour la suppression de la peine de mort, il est en outre l'un des opposants les plus en vue au Second Empire. Il est emprisonné à Mâcon, déclaré inéligible. Quand il se présente à la députation à Alger, il fait devant ses électeurs une proclamation de foi ardente en faveur de la séparation de l'Église et de l'État, de l'enseignement laïque et obligatoire. Le 16 mai 1877, il figure parmi les cent dix signataires du manifeste qui s'élève contre les prétentions autoritaires de Mac-Mahon.

Adolphe Crémieux est franc-maçon, de même qu'Alfred Naquet, originaire comme lui de Carpentras. Naquet est une personnalité marquante des juifs de France à la fin du XIXe siècle. Professeur de chimie, il s'engage dans la vie politique, oscillant d'un républicanisme à tout crin au ralliement au général Boulanger. Après avoir fondé à Genève, en 1817, une société internationale contre la guerre, il insulte à la mémoire de Napoléon Ier, écope quinze mois de prison pour ce fait lorsqu'il rentre en France, se réfugie en Espagne, où il participe, en septembre 1868, au soulèvement républicain contre la reine Isabelle. Naquet est nommé gouverneur de Séville insurgée... pendant vingt-quatre heures !

Alfred Naquet revient en France en 1870. Il rallie Gambetta, participe à l'organisation de la Défense nationale. Ce socialiste libertaire, anarchiste, qui répudie toute croyance – y compris celles de ses ancêtres –, se bat pour les réformes laïques, la séparation de l'Église et de l'État ; il croise le fer avec les antisémites, se déchaîne contre le racisme, prône l'instauration d'une société internationale qui établirait une paix définitive entre les peuples. Idées généreuses, mais qui paraissent extravagantes, voire dangereuses pour l'époque. Quand le général Boulanger paraît, étoile fugitive dans le ciel politique, Naquet se rallie à ce fragile panache... qui choit sur la tombe de Mme de Bonnemain.

Alfred Naquet reconnaîtra l'erreur de cette option en faveur d'un césarisme de pacotille ; élu à l'Assemblée nationale, puis à la Chambre des députés, il avait été l'un des promoteurs de la loi sur le divorce, votée le 27 juillet 1884. Pour les catholiques, ce juif laïque, maçon, socialiste et anarchisant, destructeur de la famille, était un diable aux traits humains. Léon Daudet, spécialiste en injures scatologiques, le traitait d'« araignée de WC ». Abandonnant la vie politique en 1898, Alfred Naquet se souvint qu'il avait été professeur de sciences et se consacra jusqu'à sa mort aux études sociologiques et scientifiques.

Ne généralisons pas et rejetons cette simplification qui réunit la Loge et la Synagogue, qui impute malhonnêtement au judaïsme français de la fin du XIXᵉ siècle une place prédominante dans la lutte antireligieuse. Les catholiques qui criaient au scandale lorsqu'on expulsait les jésuites, ces catholiques si prompts à hurler sus aux juifs, car il s'agissait souvent des mêmes, ignoraient (qui le leur aurait dit ?) que les « lois laïques » frappaient aussi le judaïsme français. Nombreux furent les israélites, fidèles à leur foi, que blessa la campagne anticléricale. Des personnalités telles que Alphonse de Rothschild, Jules Simon, Adolphe Franck se réunirent pour fonder une Ligue contre l'athéisme dont le double objectif était de « combattre le matérialisme » et de « promouvoir la grandeur de la France ». Les nouvelles lois laïques amputaient le budget du Consistoire, diminuaient les salaires des rabbins, réduisaient les subsides accordés au séminaire rabbinique, introduisaient un contrôle de certains fonds communautaires et des écoles religieuses.

Bien entendu, ces vérités sont soigneusement masquées par les professionnels de l'antisémitisme. Poursuivant sa campagne vociférante, Drumont s'en prend dans le *Testament d'un antisémite* – ouvrage paru en 1891 – à ce qu'il appelle le « complot juif allemand ».

Nouveau thème de propagande ; aucune accusation ne peut être plus infamante. Les juifs de France, dont plusieurs milliers ont quitté l'Alsace-Lorraine occupée par les Allemands, sont désignés comme les complices des ennemis d'hier à une époque où l'esprit de « revanche » domine dans l'opinion. L'origine allemande récente, parfois plus lointaine, de nombreux israélites français est utilisée pour fabriquer de toutes pièces une légende de collusion, voire de trahison. Ce slogan est au centre de la campagne antijuive que lance *La Libre Parole*.

Les duels

C'est en effet sous ce titre que paraît, le 26 avril 1892, le nouveau quotidien d'Édouard Drumont. Une partie des capitaux semble avoir été apportée par les jésuites. Toujours est-il que le journal – lancé avec le sous-titre de *La France aux Français* – se présente comme le parangon du nationalisme intégral et l'ennemi déclaré des juifs de France à l'intention desquels il constitue une anthologie de l'insulte. Il n'a pas un mois d'existence que la présence « envahissante » des juifs dans l'armée est dénoncée. « Déjà cinq cents », révélait le journaliste auteur du pamphlet en prétendant dénombrer les officiers israélites, et il les désignait comme « les traîtres de demain ». « Déjà maîtres de la finance, poursuivait-il, de l'administration, dictant leurs arrêts aux tribunaux, ils [les juifs] seront définitivement les maîtres de la France le jour où ils commanderont à l'armée. Rothschild se fera communiquer les plans de mobilisation, et on pense bien dans quel but... »

Tout juif est, pour *La Libre Parole*, un traître en puissance aux ordres de l'Allemagne. « Dieu m'a mis sur le chemin d'Israël, annonce Drumont au mois d'août 1892, non pour l'exterminer moi-même, mais pour l'avertir du sort qui l'attend ! »

Les accusations énormes de Drumont sont prises au sérieux dans les milieux militaires conservateurs. Les officiers juifs sont regardés de travers dans les garnisons où *La Libre Parole* est lue avec passion. La haine monte. Déjà l'ombre de Dreyfus se profile. Des officiers juifs protestent, relèvent le gant, demandent réparation de l'accusation de trahison. Ils sont environnés de suspicion, ils se sentent isolés, étrangers parmi leurs camarades.

Alors c'est l'empoignade. On croise le fer, on se bat en duel, le sang des juifs de France coule, au milieu d'un tapage d'interpellations et d'insultes, mais aussi des protestations de ceux qui savent raison garder. Le capitaine Crémieu-Foa s'adresse à Drumont et le somme d'arrêter sa campagne. Drumont lui répond :

« Il m'est impossible, à mon grand regret, de vous reconnaître le droit de parler au nom des officiers juifs de l'armée française : vous n'avez pas reçu de mandat, et vous n'êtes pas le plus ancien.

De plus, je ne saurais intervenir le premier dans ce débat : les articles sont signés.

M. de Morès [auteur des épîtres insultantes] me prie néanmoins de vous faire la proposition suivante : choisissez parmi vos amis le nombre que vous voudrez de représentants : quel que soit ce nombre, nous leur opposerons un nombre égal d'épées françaises.

Quant à vous, juif, si vous me provoquez, vous me trouverez à votre disposition. »

Mœurs d'un autre âge... L'honneur passe par le fil des épées. Comme Foa n'est pas un poltron, il répond à l'invite de Drumont. Les deux hommes se retrouvent dans un champ au mois de mai 1892, se précipitent l'un sur l'autre et se blessent avant qu'un terme soit mis au combat. Retournant son épée vers un autre adversaire, Crémieu-Foa rencontre, quelques jours plus tard, le marquis Pradel de Lamase, mais sans conclusion.

Le 23 juin 1892, une nouvelle rencontre s'achève dans le drame. Le capitaine Armand Mayer provoque le marquis de Morès. Deux adversaires redoutables. Polytechnicien, artilleur, juif d'origine alsacienne, le capitaine Mayer, officier brillant et très estimé, est connu pour être une fine lame. En face, Morès, homme à poigne. Ce colosse téméraire a été admis chez les Forts des Halles après avoir subi les épreuves rituelles. Chaque matin, il s'entraîne au sabre de cavalerie. Le combat s'engage rapidement. Mayer est tout en adresse, en finesse ; mais Morès fonce, le surprend par sa vitesse et l'atteint d'un coup terrible. L'épée traverse tout le corps ; « la pointe, consignera l'auteur du procès-verbal, ressortait de plusieurs centimètres dans le dos... »

Conclusion lamentable de l'aveuglement antisémite. Parce qu'il n'a pas supporté l'insulte faite au patriotisme des juifs français (d'origine alsacienne en majorité), le capitaine Armand Mayer tombe sous l'épée d'un ancien officier. Le lendemain de la tuerie, le marquis de Morès se justifie dans *L'Écho de Paris* et annonce : « ... Nous ne sommes qu'au commencement d'une guerre civile... » « Eh bien ! les antisémites doivent être contents..., répond Camille Dreyfus dans *La Nation*, ils ont ce qu'ils voulaient : du sang. Ce sang qui a été versé est celui d'un officier, d'un ingénieur qui avait mis sa vie au service de la France et de la science la plus élevée. Puisse ce sang mettre fin à une guerre maudite, qui est une honte pour notre pays et notre temps. Mais si la guerre devait continuer, il faut que l'on sache que le capitaine Mayer trouvera des vengeurs décidés. » « Oui, renchérit Paul Degouy dans *L'Éclair de l'Est*, c'est une guerre de races que quelques-uns rêvent d'organiser... »

Malgré les excès, les affronts à la justice, la « guerre de races »
n'aura pas lieu. La presse, dans sa très grande majorité, s'élève
contre cette mort inutile. Le gouvernement condamne toutes les
formes de discrimination, une foule énorme, sympathisante,
assiste aux obsèques du capitaine Mayer. Ce jour-là, tous les républicains de Paris sont descendus dans la rue pour accompagner au
cimetière un officier juif alsacien qui s'était battu pour défendre
l'honneur de ses camarades accusés de trahison.

Deux ans plus tard, c'est l'affaire Dreyfus ; or l'analogie est
troublante : comme Mayer, Dreyfus est juif, comme Mayer, Dreyfus est d'origine alsacienne, comme Mayer, officier, au même
grade, de l'armée française.

2.

La machine infernale se met en marche

Le samedi 13 octobre 1894, le capitaine Alfred Dreyfus, qui effectue depuis le 1er octobre précédent un stage au 39e Régiment d'infanterie à Paris, reçoit une note de service du ministère de la Guerre, l'invitant à se présenter le lundi suivant, à neuf heures, pour, selon l'expression consacrée, une affaire le concernant.

Que cette convocation émane du ministère de la Guerre n'étonne pas outre mesure le capitaine Dreyfus puisqu'il a été stagiaire à l'état-major, deux années auparavant. Non, ce n'est pas l'origine de la convocation qui étonne le capitaine, mais plutôt une précision inusitée dans sa rédaction. Dreyfus est convié à se présenter « en tenue bourgeoise ». Pour quelles raisons ? À cette heure, il l'ignore, évidemment, et cela ne l'empêche pas de passer une bonne journée de dimanche avec sa femme et ses enfants.

Lundi 15 octobre au matin. Le capitaine Dreyfus quitte son appartement, accompagné jusqu'à la porte par son petit garçon, Pierre, âgé de trois ans et demi. C'est un rite désormais établi, qui veut que Pierre accompagne chaque matin son papa jusqu'au seuil de l'appartement lorsque, impeccable dans sa tenue de capitaine, il va rejoindre « ses soldats ». Pierre aura sans doute remarqué qu'exceptionnellement la « tenue bourgeoise » remplace l'uniforme. Un présage ? Peut-être... En tout cas, quand la porte se referme sur les pas de son père, Pierre ne se doute pas qu'il n'est pas près de le revoir.

C'est une belle journée d'automne. Un matin frais mais ensoleillé, nimbé d'un léger brouillard. Dreyfus n'est guère inquiet, un peu intrigué... Le voici au ministère de la Guerre. Il se fait annoncer, il n'aura pas longtemps à attendre. On le conduit jusqu'à un bureau où le reçoit le commandant Picquart, du service des Renseignements. Le ton glacé de Picquart, la manière qu'il a de l'accueillir, puis de lui annoncer qu'il sera reçu dans un instant par le commandant du Paty de Clam, commencent à l'inquiéter sérieusement et lui laissent entrevoir que cette convocation pourrait cacher des motifs plus graves qu'il ne l'avait imaginé.

Les événements s'enchaînent rapidement. Le gouffre s'ouvre sous les pas du capitaine Dreyfus. C'est comme une machine infernale qui, en cette matinée de l'automne 1894, se met en marche et, en quelques minutes, l'absorbe... Il a à peine le temps de réaliser ce qui lui arrive qu'à partir de ce moment-là il est projeté au centre d'un drame aux dimensions mondiales. Il devient le héros malheureux d'une grande tragédie de l'histoire. Capitaine Dreyfus : ce titre et ce nom éclatent, répandant autour d'eux des remous qui secouent un pays dans ses profondeurs, soulevant des affrontements pathétiques, mettant aux prises, au nom de la justice et de l'intérêt national, deux fractions de l'opinion dressées jusqu'au seuil de la guerre civile. Et tout cela, parce que le capitaine Dreyfus est juif...

Pour donner à ses paroles plus de poids et de solennité, le commandant du Paty de Clam reçoit le capitaine Dreyfus dans le bureau du chef d'état-major. Il est en uniforme. À ses côtés se tiennent trois civils. Dreyfus a beau essayer de poser un nom sur leur visage, il ne parvient pas à les reconnaître. En fait, il ne les a jamais rencontrés. S'il savait qui ils sont, son inquiétude serait d'autant plus vive. Il ne s'agit rien moins que du chef de la Sûreté – Cochefert –, un nom digne d'un roman d'Alexandre Dumas, un nom prédestiné pour un maître de la police, et deux de ses collaborateurs.

Du Paty de Clam demande au capitaine Dreyfus de s'asseoir devant une table. On dispose un encrier, une plume, une feuille de papier blanc. Du Paty trouve un prétexte enfantin pour lui expliquer qu'il va devoir prendre un texte sous sa dictée :

« Écrivez à ma place, lui dit-il, car j'ai mal au doigt. »

Ce texte est celui du fameux « bordereau », qui justifiera l'inculpation du capitaine Dreyfus.

Dreyfus écrit, les mots s'alignent...

« Mais vous tremblez, s'exclame du Paty de Clam...

– Comment en serait-il autrement, lui répond Dreyfus, j'ai froid aux doigts... »

La dictée recommence. Le ton de du Paty de Clam se fait de plus en plus théâtral, il lance :

« Faites attention, c'est grave ! »

Dreyfus commence à le croire...

Et du Paty de Clam, brusquement :

« Au nom de la loi, je vous arrête ! »

Du roman ? Non, la plus stricte vérité, telle que la rapporta le capitaine Dreyfus lui-même à sa libération.

Cochefert, le chef argousin, se précipite alors sur lui et le fouille comme s'il s'agissait du dernier des crocheteurs.

Dreyfus est en état d'arrestation. Il ne comprend pas. Il essaie de s'expliquer. Personne ne l'écoute. On le fait monter dans une voiture en compagnie d'un commandant, le commandant Henry (un nom de plus qui tiendra la vedette dans l'affaire, qui laissera des traces dans l'histoire), et d'un agent de la Sûreté. Tandis que la voiture s'ébranle, Henry commence à interroger le capitaine, mais celui-ci affirmera plus tard que son inquisiteur donnera de leur « entretien » un compte rendu absolument mensonger. Ce ne sera pas le dernier des faux accumulés pour confondre le capitaine Dreyfus.

La voiture entre dans la prison du Cherche-Midi. Dreyfus est introduit dans une cellule, mis au secret le plus total. La veille il était un homme heureux parmi les siens. Vraiment heureux. Avec une femme aimée. Deux enfants : Pierre et Jeanne. Un avenir assuré dans l'armée, une fortune personnelle confortable. Pour, à la fin de cette journée d'automne qui s'était levée dans le soleil, se retrouver dans les ténèbres d'un cachot... sous l'accusation de haute trahison !

Alors, le capitaine Dreyfus se laisse aller au désespoir. Il ne comprend pas ce qui lui arrive, ce coup du destin. Encore ne sait-il pas tout ce qui l'attend, encore ignore-t-il que ces quelques heures ne sont qu'un court prélude à un calvaire qui durera pendant des années. Un calvaire de souffrances morales et physiques, au gré des cachots et dc la déportation, de l'humiliation, du sentiment de l'injustice, des persécutions de toutes sortes, des quolibets infamants et des injures, de la séparation des siens... Cette confrontation brutale avec une réalité de cauchemar le terrasse.

Jeté dans un cachot, au soir de ce 15 octobre 1894, et percevant tout ce que cette accusation de « haute trahison », que l'on vient de lui jeter au visage, contient de gravité, Dreyfus hurle de douleur. Il crie son innocence à tue-tête, il se précipite contre les murs. Des juges et des soldats qui auront à s'occuper de son cas, le commandant Forzinetti, responsable des prisons militaires de Paris, sera l'un des plus humains. Il sera également l'un des rares à n'avoir jamais, dès l'origine, douté de son innocence. C'est que le commandant Forzinetti était bien placé pour jauger la sincérité des protestations de Dreyfus. Il entendit de sa bouche des mots qui ne trompaient pas. Il était, en quelque sorte, à la source de la vérité, et il avait en main des éléments de comparaison, une longue habitude du comportement des prisonniers. Pendant les années de sa carrière, il avait appris à distinguer dans les déclarations des internés le vrai du faux. Mais que pouvait le commandant Forzinetti face à la ligue des aboyeurs de haine, face à la collusion de l'armée et de l'Église, face à l'indifférence ou à l'hostilité – au début en tout cas – de tant d'hommes de gauche, face à la neutralité prudente de tant de coreligionnaires israélites du capitaine Dreyfus ? « On fait fausse route, proclamait à qui voulait l'entendre le commandant Forzinetti, cet officier n'est pas coupable... » Le malheur était que personne ne voulait l'entendre.

« Cet officier n'est pas coupable... » Forzinetti relatera dans ses *Souvenirs* que pendant son « séjour » au Cherche-Midi, Dreyfus était « ... dans un état de surexcitation impossible... » « J'avais devant moi, racontera-t-il, un véritable aliéné aux yeux injectés de sang, ayant tout bouleversé dans sa chambre... Il se butait contre les meubles, contre les murs, et il paraissait inconscient des meurtrissures qu'il se faisait... » Au surplus, il était livré, au cours de ses nuits de captivité, à d'« horribles cauchemars ». « J'ai eu, écrira Dreyfus, des moments de folie farouche... »

Bien sûr, le « coup de foudre épouvantable » qui s'abat sur lui explique cet état dépressif qui frise l'aliénation mentale, mais on comprendrait mal le comportement du capitaine Dreyfus dès les premiers jours de sa captivité si on ne connaissait les conditions de sa détention et les procédés employés pour lui arracher la « vérité ». On le soumet à la « question » et les premiers interrogatoires, dont est chargé du Paty de Clam, sont dignes de disciples de Torquemada. Du Paty de Clam, flanqué de l'archiviste Gribelin, arrive tard le soir au Cherche-Midi, essaie de le surprendre, une lampe à la main. Il lui dicte des morceaux de phrases, afin d'établir des exemplaires de son écriture qui seront confrontés avec les « pièces à conviction », multiplie les visites et les interrogatoires qui le poussent aux limites de la résistance nerveuse. Nous verrons qu'à plusieurs reprises Dreyfus songera au suicide. Il l'avouera simplement dans le récit de sa captivité. Là encore, le témoignage du commandant Forzinetti est de grande valeur : « ... Je dirai aussi, écrira-t-il, que si Dreyfus ne s'est pas tué, ce n'est point par lâcheté, mais bien parce qu'il a été mis dans l'impossibilité de le faire, qu'il a cédé à mes exhortations et aux supplications des siens éplorés... »

Un homme de souffrance. Telle est bien la première image que l'on retient du capitaine Dreyfus aux premiers jours de sa détention au Cherche-Midi. Il faut avant tout s'en imprégner car cette image préfigure, à l'aube du XXᵉ siècle, les souffrances des communautés des juifs de France. Un peu moins de quarante ans plus tard, des milliers de juifs comme Dreyfus suivront les stations d'un calvaire semblable au sien. Ils reprendront le cri qu'il laissa échapper après le jugement qui le condamnait : « Mon seul crime est d'être né juif ! »

Alfred Dreyfus était né juif et français, le 9 octobre 1859, à Mulhouse où son père était industriel. Raphaël Dreyfus avait épousé demoiselle Jeannette Lippmann et avait huit enfants. Après la défaite de 1870, mis, comme tous les Alsaciens-Lorrains, devant le double choix de la nationalité française ou allemande, Raphaël Dreyfus opta pour la France et quitta l'Alsace avec sa famille. Son fils aîné devait cependant garder la nationalité allemande pour pouvoir, sans risques de complications, continuer à gérer l'affaire familiale. Le grand-père d'Alfred Dreyfus était un pauvre marchand du village de Bixheim. La famille avait compté plusieurs rabbins et le père du capitaine était un israélite croyant et pratiquant, mais ses fils étaient plus attachés à la religion de leurs ancêtres par tradition que par convictions profondes.

Alfred Dreyfus fait de très bonnes études secondaires à Grenoble, puis à Sainte-Barbe, à Paris. En 1878 il est reçu à l'École polytechnique. Il décide alors – contre, semble-t-il, l'avis de ses parents – d'embrasser la carrière militaire. Dreyfus, jeune juif alsacien, est séduit par l'armée. Sans doute eût-il été mieux inspiré de s'engager dans la vie civile... où il eût évité de sérieux désagréments. En tout cas son choix comme Français lui fait honneur. Pour des juges impartiaux, cette décision eût constitué un préjugé favorable. Il est sous-lieutenant-élève d'artillerie à l'école d'application de Fontainebleau à sa sortie de Polytechnique, en 1880. Deux ans plus tard, en 1882, lieutenant au 37ᵉ Régiment d'artillerie en garnison au Mans. À la fin de 1883, avec le même grade, aux « batteries à cheval de la Ière division de cavalerie indépendante à Paris ».

Le mois de septembre 1889 est important pour Alfred Dreyfus. Il est alors capitaine au 21e Régiment d'artillerie, dans la capitale, mais surtout il se fiance à Lucie Hadamard, fille de David Hadamard, joaillier à Paris. Les Hadamard sont une vieille famille de juifs français, très honorablement connus. Deux de ses membres seront des mathématiciens de réputation mondiale.

Lucie, la compagne d'un courage inébranlable, Lucie qui luttera des années durant pour sauver l'honneur de son mari et de son nom, est une petite femme aux grands yeux noirs, au nez bien prononcé, aux allures un peu nonchalantes. Sa jeunesse a été choyée, son physique exprime un je-ne-sais-quoi de fragile ; en réalité elle saura montrer une volonté inébranlable sous des apparences d'extrême douceur.

Au moment où Dreyfus prépare son examen d'entrée à l'École de guerre – en 1889 –, la propagande antijuive est déjà intense dans le pays. *La France juive* de Drumont a été publiée trois ans auparavant. Trois années plus tard, en 1892, sort le premier numéro de *La Libre Parole*, pour qui l'antisémitisme est un dogme intangible. L'armée, nous avons eu l'occasion de le voir, est marquée par l'influence du patriarche raciste, par son œuvre, et bientôt par son journal. C'est la raison pour laquelle s'obstiner dans la carrière militaire, et surtout espérer accéder aux grades élevés quand on s'appelle Alfred Dreyfus, peut paraître une sorte de gageure. C'est en tout cas l'opinion des deux frères du capitaine, Mathieu et Jacques, qui lui demandent à plusieurs reprises de renoncer à la carrière des armes. Mais Alfred refuse chaque fois : il a choisi l'armée, il persévérera dans son choix. Le 20 avril 1890, il est reçu à l'École supérieure de guerre. Il en sort deux années plus tard avec la mention « très bien », une place de neuvième et le brevet, très recherché, d'état-major. En raison de son classement, il est affecté à l'état-major de l'armée. Les rapports de l'École de guerre le concernant sont on ne peut plus favorables. Ils précisent notamment : « Physique assez bien, santé assez bonne, myope, caractère facile, éducation bonne. Tenue très bonne. Instruction générale très étendue. Instruction militaire théorique très bonne ; pratique très bonne ; administrative très bonne ; connaît très bien l'allemand ; monte très bien à cheval... » Et encore : « Très bon officier, esprit vif, saisissant très bien les questions, ayant le travail facile et l'habitude du travail... »

C'est ainsi qu'Alfred Dreyfus entre, par la grande porte – celle du mérite – à l'état-major de l'armée. Pourtant, à l'École de guerre, Dreyfus a rencontré des réticences manifestes de la part de ses camarades de promotion. Pourquoi ne pas le dire, une certaine forme d'hostilité. Il est assez peu aimé, on ne recherche guère sa compagnie. Parce qu'il est assez peu liant, plutôt réservé. Et puis parce qu'il est juif et qu'à l'École de guerre on exhibe plus volontiers des titres de noblesse, des noms à particule que des origines sémitiques et un nom juif à cent pour cent. À Polytechnique, il avait déjà pu se rendre compte des réticences de son entourage. La plupart de ses camarades étaient issus de la fameuse École des postes de Versailles dirigée par les jésuites. L'École des postes s'est spécialisée dans la préparation à l'entrée à Polytechnique. Les « postards » forment une clique très fermée, de tendance traditionaliste. Beaucoup de ces futurs officiers supérieurs restent d'opinions monarchistes. Au fur et à mesure qu'ils gravissent les échelons, ils se serrent les coudes, faisant front contre les républicains, les « Communards », les « métèques » et autres juifs.

Et l'on retrouve cette solidarité de clan et de chapelle – c'est alors vraiment le cas – jusqu'à l'état-major. Au sein de l'état-major même, les anciens « postards » sont une société de compagnonnage et d'entraide, de « courte échelle » qui n'a rien à envier, s'agissant des méthodes, à la franc-maçonnerie, aux « frères trois points » détestés. Le général de Boisdeffre, chef d'état-major de l'armée, n'a-t-il pas comme confesseur le Père du Lac, jésuite célèbre, dont on dit qu'il ne prend jamais une décision sans l'aller consulter ?

On serait donc tenté de se demander : mais que diable le juif Alfred Dreyfus va-t-il faire dans cette galère de l'état-major, refuge de la tradition et de la « réaction » ? Quelle confiance mystérieuse dans son étoile le pousse, ou combien doit être grande sa crédulité néophyte, quel amour de son pays l'inspire qui lui ferme les yeux à cette réalité éclatante ?

Dès le début, mauvaise foi et trucages...

À la fin du mois de septembre 1894, le service de Renseignements de l'armée [1] met la main sur une lettre anonyme qui annonce à l'attaché militaire de l'ambassade d'Allemagne, le colonel von Schwartzkoppen, l'expédition prochaine d'informations très secrètes sur la défense nationale.

C'est ainsi que commence l'affaire Dreyfus... À l'origine de la communication de cette pièce figure une femme de ménage, la dame Bastian, employée à l'ambassade d'Allemagne, qui « travaille » pour les services de Renseignements de l'armée. La dame Bastian utilise un moyen très simple qui n'éveille pas l'attention : elle « fait » les corbeilles des bureaux de l'ambassade. La dame Bastian remet cette pièce – le « bordereau » – au commandant Henry, qui la communique à son tour à son supérieur, le chef des Renseignements, le colonel Sandherr. Sandherr alerte le général Mercier, ministre de la Guerre, qui le convoque ainsi que le général de Boisdeffre, chef d'état-major, et son adjoint, le général Gonse. À tous, ordre est donné d'employer les moyens les plus radicaux pour découvrir le coupable dans les délais les plus courts.

En réalité, les documents annoncés (sur l'artillerie, les troupes de couverture, la défense de Madagascar) ne semblent pas avoir un intérêt stratégique capital, mais le seul fait de l'existence d'une fuite justifie que l'on décide une enquête rapide et efficace. Les recherches se concentrent exclusivement – et sans qu'on sache très bien pourquoi – sur l'état-major.

En braquant toutes leurs recherches en direction de l'état-major, les responsables des Renseignements et les généraux vont commettre une première erreur. Ils en commettent une seconde en concluant de l'examen du « bordereau » que l'auteur est un « artilleur » : en effet, selon eux, les informations sur l'artillerie ne peuvent venir que d'un spécialiste au courant des secrets de fabrication. D'autre part, comme les renseignements fournis éma-

---

1. Exactement la section de Statistique, chargée de centraliser l'espionnage et le contre-espionnage militaires. La défaite de 1870 devant l'armée prussienne avait révélé la nécessité de créer un service de Renseignements, dont l'armée française était pratiquement dépourvue. La section utilisait évidemment un réseau d'informateurs de tous poils : anciens policiers, domestiques indélicats, etc.

nent de secteurs divers, on en conclut que seul un officier stagiaire peut en être l'auteur puisque les stagiaires passent obligatoirement par les quatre bureaux de l'état-major.

C'est au cours d'une réunion chez le colonel Fabre, chef du 4e bureau, le 6 octobre 1894, que le nom du capitaine Dreyfus est prononcé pour la première fois. Fabre, comme les autres responsables des bureaux de l'état-major, a reçu la consigne de comparer l'écriture du « bordereau » avec celle des artilleurs en stage qui sont passés par son service. Le nombre en est très limité : ils sont quatre ou cinq, et leur stage date de moins d'un an.

Fabre et son adjoint, le lieutenant-colonel d'Aboville, s'arrêtent sur le nom du capitaine Dreyfus. Au moment où ils commencent à orienter leur choix, ils n'ont pas encore comparé les écritures. Fabre se réfère seulement à l'impression très défavorable que lui a laissée le capitaine Dreyfus, et à l'appréciation qu'il a portée sur lui à la fin de son stage : « Officier incomplet, très intelligent et très bien doué, mais prétentieux et ne remplissant pas, au point de vue du caractère et de la manière de servir, les conditions nécessaires pour être employé à l'état-major de l'armée. »

D'ailleurs, d'Aboville rappelle que Dreyfus laissa le souvenir d'un officier peu sympathique, au « caractère sournois », d'« une curiosité indiscrète », et qu'il était peu aimé de ses camarades.

Vient l'examen des écritures : immédiatement, Fabre et d'Aboville sont frappés par leur ressemblance. Ils en avertissent le général Gonse, sous-chef d'état-major, qui transmet les indications recueillies à Boisdeffre. Les origines de Dreyfus contribuent indiscutablement, dans un milieu assez mal disposé à l'égard des juifs, à le rendre plus suspect qu'un autre. L'armée est alors travaillée par la propagande de *La Libre Parole*. Beaucoup d'officiers, s'ils n'adoptent pas l'antisémitisme passionnel d'un Drumont, sont néanmoins marqués par un courant général de méfiance à l'égard des israélites, d'hostilité passive, mais réelle. Les réactions d'un Sandherr sont très significatives. « Dreyfus ? s'écrira-t-il quand on lui apprendra que le capitaine est considéré comme suspect, j'aurais dû m'en douter ! » Du moins une haute personnalité militaire se montre-t-elle, dès l'origine, très réservée sur la culpabilité que l'on attribue à Dreyfus : le général Saussier, gouverneur militaire de Paris, vice-président du Conseil supérieur de la guerre qui, consulté par Mercier, lui conseille d'étouffer l'affaire. Pour Saussier, il serait très préjudiciable à l'honneur et au moral de l'armée de révéler qu'un officier d'état-major avait livré à l'Allemagne des secrets militaires.

Les mobiles de la « trahison » du capitaine échappent aux responsables de l'état-major. La trahison par vénalité a été écartée d'emblée car il est notoire que les Dreyfus sont à la tête d'une fortune très confortable, que le capitaine est, d'autre part, assuré des revenus de sa femme, née Hadamard. Le commandant du Paty de Clam, qui a été chargé de l'instruction, n'apporte aucune information déterminante. Un agent du service des statistiques, Guénée, récolte de maigres ragots. Il ne reste rien des rumeurs selon lesquelles Dreyfus aurait mené une vie de « bâton de chaise ». Du côté des femmes, point d'explication valable non plus aux égarements du capitaine : Dreyfus n'apparaît pas à travers les rapports de police comme une statue de marbre et l'on apprend qu'il n'a pas été insensible aux charmes de quelques dames aux mœurs faciles, mais aucune de ces liaisons passagères n'a fourni l'occasion... de transgresser des secrets militaires. C'est la raison pour laquelle du Paty de Clam, faute d'avoir recueilli des preuves suffisantes ou d'avoir obtenu de Dreyfus les aveux qui auraient tout emporté, conclut « qu'il y aurait peut-être lieu d'abandonner les poursuites ».

En ce mois d'octobre 1894, il n'est pas trop tard pour faire marche arrière, reconnaître une erreur et libérer Alfred Dreyfus avant que l'affaire ne s'engage dans une voie sans retour. Aucun jugement n'a encore été prononcé. Évidemment, Dreyfus libéré pourra demander réparation, et l'Allemagne reprocher au gouvernement français d'avoir laissé se développer une accusation qui a gravement compromis son attaché militaire. Ce raisonnement est celui du bon sens. Il ne tient pas compte de l'obstination du ministre de la Guerre, le général Mercier. Celui-ci ne recule pas d'un pouce. Cette attitude recevra diverses explications, mais ce qui est sûr c'est que la responsabilité de la poursuite de la procédure, c'est que toute la suite de l'affaire Dreyfus reposent sur lui, et sur lui seul. Un mot de Mercier et tout eût été changé.

Il est pratiquement trop tard pour reculer. Le 31 octobre, la presse entre en effet dans la danse. Toute la presse antisémite braque ses batteries sur le prisonnier du Cherche-Midi. La presse antisémite, et l'autre, celle qui ne l'avoue pas, mais qui ne l'est pas moins. Énorme battage. Dans aucune affaire le rôle des journalistes, l'influence du papier journal ne se découvriront aussi grands. C'est l'agence Havas, la première, qui annonce le 31 octobre 1894 l'arrestation d'un officier français pour espionnage. Un peu plus tard, le même jour, *Le Soir* donne le nom du capitaine Dreyfus. Le lendemain, 1er novembre, *La Libre Parole* d'Édouard Drumont affiche sur toutes les colonnes de sa première page : « Haute trahison. Arrestation de l'officier juif Alfred Dreyfus. » Mais *La Libre Parole* poursuit : « L'affaire sera étouffée, parce que cet officier est juif... » *Le Figaro* annonce cependant, sur un ton très neutre et modéré : « Des présomptions sérieuses ont motivé l'arrestation provisoire d'un officier français soupçonné d'avoir communiqué à des étrangers quelques documents peu importants. Il faut qu'on sache la vérité. » Là, au moins, l'information est sérieuse, le souci évident de ne pas jeter le discrédit sur les juifs de France.

2 novembre 1894. Le général Mercier fait entériner par le Conseil des ministres le début des poursuites judiciaires. Puis le général Saussier signe l'ordre d'informer. Le commandant d'Ormescheville, rapporteur du Conseil de guerre qui sera appelé à juger Dreyfus, prend la succession de du Paty de Clam. Sa moisson n'est pas plus abondante que celle de son prédécesseur, mais pour parer ce manque d'informations, le service des statistiques élabore un dossier truqué en complétant à sa manière les ragots que l'agent Guénée avait rassemblés à l'attention de ses « employeurs ». L'une des « pièces à conviction » sera un billet adressé à Schwartzkoppen par l'attaché militaire italien, Panizzardi, intercepté par la section de Statistiques, et qui mettait en cause un inconnu désigné par l'expression « Canaille de D » : c'est-à-dire Dreyfus. Ainsi, l'instruction de l'officier qualifié pour remettre un rapport aux juges du Conseil de guerre est-elle à peine ébauchée que les officiers des Renseignements manipulent les documents.

Dès le début de l'affaire, tout est imprégné de mauvaise foi. On construit un dossier dont le seul but est de confondre un faux coupable. La ressemblance supposée, mais tout de même assez troublante, entre l'écriture de Dreyfus et celle du « bordereau » avait suffi à faire arrêter le capitaine, mais lorsque les experts ont remis leurs rapports, deux d'entre eux, sur les cinq consultés, affirment ne pas reconnaître la manière de Dreyfus. Deux autres ont estimé que les écritures étaient les mêmes, tout en émettant certaines réserves. C'est en définitive une troisième personne, le savant Alphonse Bertillon, inventeur de l'anthropométrie, qui fait pencher la balance : or Bertillon, qui n'est pas un spécialiste en graphologie, invoque, en prononçant son verdict, des motifs scientifiques étrangers à cette technique.

Pendant ce temps, la presse antisémite martèle de son tapage toutes les phases de l'Affaire. Les juifs de France sont présentés comme des traîtres à leur pays, d'éventuels complices de l'Allemagne, des pions sur l'échiquier de ce complot de la « juiverie internationale » dont tous les antisémites du XXe siècle entretiendront leurs crédules auditoires. Ces arguments simplistes sont essentiellement développés par *La Libre Parole* : « Les juifs comme Dreyfus ne sont probablement que des espions en sous-ordre, qui travaillent pour les financiers israélites, écrit Drumont dans son journal du 3 décembre ; ils sont les rouages du grand complot juif qui nous livrerait pieds et mains liés à l'ennemi si on ne se décidait, au moment où la guerre deviendra imminente, à prendre des mesures de salut public... »

On ne peut trouver accusations plus infamantes. Si l'expression existait déjà, on accuserait les amis et coreligionnaires de Dreyfus de constituer une « cinquième colonne » au service de l'ennemi héréditaire. Et d'ailleurs, l'argent juif est là, prêt à tout corrompre : « Je sais, affirme un chroniqueur anonyme de *La Libre Parole*, que l'on a osé promettre un million à l'officier rapporteur [d'Ormescheville] s'il consentait, non pas à conclure à l'innocence de Dreyfus, mais seulement à émettre un doute sur sa culpabilité... »

Il y a là toute l'agressivité de la presse extrémiste de la IIIe République. Les juifs fortunés de France essaient d'acheter la conscience des juges ou des auxiliaires de la Justice. L'argent juif corrompt. Et les juifs puissants savent très bien se concilier la complicité des hommes du gouvernement, fussent-ils en apparence les plus résolus à châtier la trahison. Mercier, le ministre de la Guerre, ne trouve pas grâce devant les polémistes acharnés aux basques du capitaine Dreyfus. Le « traître » n'a pas encore comparu devant le Conseil de guerre que le ministre porteur du même titre est accablé de tous les péchés du monde. On croit entendre Léon Daudet invectivant Frot et Daladier après les sanglants incidents du 6 février 1934. Le grand polémiste Henri Rochefort appelle, dans *L'Intransigeant*, le général Mercier le « Ramollot de la guerre », le « général en carton peint ». Pour Rochefort, aucune hésitation possible : Mercier a tout tenté pour assurer le sauvetage de son subordonné, Dreyfus. « Si les choses continuent ainsi, affirme Gaston Méry dans le journal d'Édouard Drumont, Mercier sera bientôt le dindon de la farce, ce sera lui que l'on taxera de trahison. » En effet, « à force d'intrigues, de promesses, de menaces et d'argent [toujours l'argent juif], les juifs sont parvenus à troubler les consciences, au point qu'il est des gens qui, aujourd'hui, se demandent si ce n'est pas le ministre de la Guerre qui est le traître, et le capitaine juif qui est le ferme patriote ! » Mercier, cerné par la meute, est en quelque sorte acculé, condamné à poursuivre l'action d'injustice.

Nous verrons que la famille Dreyfus, ses amis, sauront fourbir des armes de défense, mais aux mois de novembre et de décembre 1894 ils sont beaucoup trop sous l'effet de l'abattement et de la surprise pour se poser en partisans actifs du capitaine accusé. Bien modeste est le camp des dreyfusards des origines. Dreyfus, entre les murs de sa cellule du Cherche-Midi, peut compter ses défenseurs sur les doigts des deux mains... *L'Écho de Paris* interprète son geste comme « la vengeance d'un Coriolan meurtri, humilié dans sa race, et souffrant de se sentir différent... » Pour d'autres, c'est « Iscariote II ».

Lui, dans sa cellule, se souvient du temps où, encore enfant, il pleurait en entendant dans une rue de Mulhouse occupée une musique militaire allemande défiler pour célébrer la « victoire » de Sedan. Victoire allemande, défaite de l'Empire humilié ; défaite de la France. « Oh ! ma chère France, écrit-il, toi que j'aime de toute mon âme, de tout mon cœur, toi à qui j'ai consacré toutes mes forces, toute mon intelligence, comment as-tu pu m'accuser d'un crime aussi épouvantable ? » Avant de comparaître devant le Conseil de guerre, il se dit confiant dans le jugement de ses pairs. Il note, pour le 11 décembre : « ... La vérité finit toujours par se faire jour... »

L'opinion quasiment unanime

La vérité n'est pas pour demain. Le 19 décembre, assisté de son avocat, Me Demange, il comparaît devant le Conseil de guerre de Paris. Il fait gris et sombre. Des lampes à gaz éclairent d'une lumière jaune la vaste salle du tribunal militaire, près de la prison du Cherche-Midi. Sept officiers constituent la cour martiale, sept officiers sont les juges du capitaine Dreyfus. Le colonel Maurel préside. Dreyfus entre, dans la tenue de gala des officiers de l'état-major général. Sa chevelure est clairsemée, le cheveu court, une petite moustache souligne un nez à la courbe tranchante. Le teint est assez vif. Le maintien est raide, comme figé. Maurel annonce que les débats se dérouleront à huis clos, ce qui lui vaut de véhémentes protestations de Me Demange. Dreyfus répond à l'interrogatoire classique d'une voix ferme mais neutre, dépourvue de toute émotion.

Le capitaine Brisset, le procureur de la République, fonde toute l'accusation sur le seul « bordereau » et la similitude des écritures que les experts confirment dans leur rapport, du moins trois des experts sur les cinq désignés. Du Paty de Clam et Henry déposent, sans rien apporter de nouveau ou de convaincant. Lorsque Me Demange se lève et commence sa plaidoirie, il ne lui est pas difficile de souligner l'insuffisance des preuves, la fragilité d'une accusation qui repose sur un document qui ne peut sans risque d'erreur être attribué à son client. Dreyfus pense que la partie est gagnée. Il est sûr de l'acquittement. À la fin de la longue intervention de son avocat qu'il a écouté avec un calme parfait, pendant trois heures d'horloge, Dreyfus se lève et dit très simplement : « Je suis innocent ! »

Les juges se lèvent pour délibérer... C'est alors que se produit autour d'eux un remue-ménage qui accapare l'attention de Dreyfus et de Me Demange. Ils voient le commandant du Paty de Clam s'avancer vers le colonel Maurel, et lui remettre une enveloppe. Dreyfus et Demange ignorent que cette enveloppe provient du ministre de la Guerre, le général Mercier, qu'en l'ouvrant Maurel trouve une enveloppe plus petite à laquelle est attachée une note. La note, de la main de Mercier, recommande à Maurel de lire aux juges militaires, au moment de leurs délibérations, c'est-à-dire dans le plus grand secret, le contenu de la petite enveloppe. Il s'agit en fait du dossier complémentaire établi sous la direction du colonel Sandherr, le chef des Renseignements de l'armée, dont évidemment le capitaine Dreyfus et Me Demange n'auront pas connaissance. Violation flagrante des règles du droit qui eût suffi, à elle seule, à entacher d'illégalité les sentences des juges et à annuler le procès. Parodie de justice au nom d'une soi-disant raison d'État.

Le 22 décembre, le capitaine Dreyfus est reconnu coupable à l'unanimité, condamné à la dégradation militaire et à la déportation à vie dans une enceinte fortifiée.

Il est tard dans la soirée quand le capitaine est extrait de sa cellule pour entendre communication du verdict. Des gardes l'accompagnent ; on présente les armes quand il entre dans la salle du tribunal. L'ombre est presque totale. Une pâle lumière tombe d'un unique candélabre. Dreyfus écoute la lecture de la sentence, debout, immobile. Sur son visage, une vive expression de douleur. Retournant dans sa cellule, il est au comble du désespoir. Dreyfus se pourvoit immédiatement en révision, mais le 31 décembre 1894 le pourvoi est rejeté.

Comment le jugement du tribunal militaire est-il accueilli par les juifs de France, par la presse et par l'opinion ?

Nous aurons l'occasion de revenir plus longuement sur l'attitude des juifs de France pendant l'affaire Dreyfus, mais la vérité oblige à reconnaître qu'elle brille plutôt, en ce mois de décembre 1894, par le désir de ne pas se compromettre, quoi qu'en disent les libellistes de *La Libre Parole*, avec un officier qui a « trahi ». Les juifs de France ne se différencient pas de la grande masse de l'opinion. Le dimanche 23 décembre 1894, Maurice Paléologue note dans son Journal que toute la presse, à Paris comme en province, applaudit avec « une joie triomphante, vindicative et féroce » à la condamnation du capitaine.

Tous les journalistes français ne sont pas aveuglés par la haine. Le premier jour des débats, un chroniqueur du *Figaro*, Saint-Genest, constate : « Si Dreyfus avait été catholique ou libre penseur, on aurait simplement vu là un de ces cas isolés, monstrueux, comme il s'en rencontre à toutes les époques, et le lendemain on aurait parlé d'autre chose... tandis qu'il n'a plus été question en France que d'un homme, de la trahison d'un homme, parce que cet homme était juif... »

Quel aveu dans ce témoignage d'une objectivité si inhabituelle : « parce que cet homme était juif... »

Il faut cependant que dans une colonne voisine du *Figaro* on peigne Dreyfus devant ses juges avec « un nez recourbé qui est un acte de naissance ». Il avait, précise le même journaliste, « l'allure peu franche » et le « regard fuyant ».

Quand on a fait la part de l'aveuglement et du parti pris, il est nécessaire de souligner que Dreyfus n'a montré au cours des débats du Conseil de guerre, en 1894, mais plus tard également, qu'une faible aptitude à se défendre. Il plaidera sa cause avec un manque apparent de conviction. Il se montrera incapable de tout mouvement spontané d'indignation. On attendra vainement un cri du cœur, ce réflexe qui, venant du plus profond de lui-même, eût peut-être fait impression sur ses juges, eût en tout cas facilité la tâche de ses défenseurs. Qui plus est, Dreyfus aura plutôt produit l'effet contraire, il n'aura guère suscité la sympathie, ou même la compassion. Ce fut notamment l'avis du préfet de police Lépine, qui, autorisé à assister aux débats, abordait l'affaire sans idées préconçues : « ... Il niait tout d'une voix atone, paresseuse, blanche », écrira dans ses *Mémoires* le préfet Lépine. Cette constatation, bien d'autres la feront avec le préfet de police, des observateurs aussi sereins que Maurice Paléologue.

Léon Blum a fourni dans ses *Souvenirs sur l'affaire* une explication très plausible : « ... C'était, écrit Léon Blum, un homme modeste, à l'esprit sérieux, qui n'avait rien du héros qu'un muet et inébranlable courage. Comme il était parfaitement simple, qu'il manquait de prestige, de panache et d'éloquence, il n'avait pas trouvé devant ses juges le "cri de l'innocence". Dans les lettres qu'il écrivait à sa femme pendant ses cinq années d'île du Diable[1], on ne surprend pas le moindre mouvement de révolte. Le sens de la hiérarchie était si puissant en lui, qu'il ne se fiait qu'à ses chefs pour reconnaître et réparer l'erreur terrible ; cette confiance était son soutien. Il avait toujours obéi scrupuleusement à toutes les consignes... Sa grandeur militaire était faite de servitude. Vraiment, il n'avait nulle affinité avec son "affaire", nulle vocation pour le rôle dont le chargeait un caprice de l'histoire. S'il n'avait pas été Dreyfus, aurait-il même été "dreyfusard" ? »

Léon Blum analyse avec beaucoup de vraisemblance le comportement de Dreyfus, qui découle directement de son tempérament et de sa conception du métier militaire dans la ligne tracée par Alfred de Vigny. Une autre explication, assez différente, s'y ajoutera, basée sur l'hypothèse d'une semi-culpabilité par imprudence du capitaine et sur laquelle nous aurons l'occasion de revenir. La divulgation consciente de secrets militaires à l'Allemagne, en un mot la trahison du capitaine, ne sera plus retenue par aucun historien sérieux.

« À mort le juif ! À mort le traître ! »

Samedi 5 janvier 1895, neuf heures... Le jour, l'année, l'heure de la dégradation ; « l'humiliation suprême », écrira Dreyfus.

Il fait un froid glacial à Paris. Une bise cinglante souffle sur la

---

1. Où Dreyfus fut déporté.

place Fontenoy et la grande cour de l'École militaire. Quelques flocons de neige tombent. Une foule énorme s'est massée sur la place. Des cris fusent : « Mort aux juifs !... À mort le traître !... À mort Judas !... »

Cris de haine ou de vengeance, appel à la justice d'un peuple berné ou se croyant trahi. Un détachement représentant les divers régiments de Paris entre dans la cour de l'École militaire et se forme en carré. Au centre, un officier encadré de quatre hommes de troupe. C'est le général Darras qui, à cheval, commande la « parade d'exécution ».

Dreyfus apparaît, en uniforme, droit et blême. L'homme et l'officier souffrent le martyre. Il se raidit. Il a la tentation de s'effondrer, mais il se maîtrise immédiatement, parce que, dira-t-il, il pense à sa femme et à ses enfants, à Lucie, à Pierre et à Jeanne. Ils sont, ils seront toujours son refuge contre le désespoir.

Lecture est donnée du jugement du Conseil de guerre. « Alfred Dreyfus, s'écrie le général Darras, vous êtes indigne de porter les armes. Au nom du peuple français, je vous dégrade. Exécutez la sentence ! »

« Soldats, répond Dreyfus, on dégrade un innocent ; soldats, on déshonore un innocent ! Vive la France ! Vive l'armée ! » Mais les soldats sont là pour obéir. Dreyfus, le traître et le juif, doit payer. Son châtiment passe par l'étape capitale du déshonneur...

Roulement de tambour, et un adjudant de la garde républicaine, casque à la crinière et botté jusqu'au genou, commence la terrible, la pitoyable besogne. Sorte de danse du scalp des temps modernes, réminiscence des temps barbares. Sous les cris de la foule parisienne, sous le regard glacé de ses pairs, le capitaine Dreyfus, ancien polytechnicien, élève de l'École de guerre, stagiaire à l'état-major, est dégradé ; l'adjudant de service lui arrache ses boutons, les bandes de ses pantalons, les insignes de son grade du képi et des manches. Enfin, il brise son sabre. Une fois encore, Dreyfus s'écrie : « Je suis innocent ! »

Dreyfus a les mains liées. On lui fait faire le tour du « carré ». Les hurlements de la foule redoublent. Des cris, des injures : « Traître ! Sale juif ! Judas ! » Certains crachent vers lui. Jusqu'à la lie... Il monte dans une voiture cellulaire qui s'ébranle vers la prison du Cherche-Midi. La voiture franchit le pont de l'Alma, passe devant le domicile de Dreyfus qui, un instant, peut apercevoir son appartement... On arrive au dépôt. Là, le capitaine Dreyfus, son costume déchiré par les formalités de la dégradation, est conduit de salle en salle, fouillé, photographié, mesuré comme un voleur. Il est midi. La porte de sa cellule se referme sur ses pas.

Dans *Le Figaro* du 6 janvier 1895, Léon Daudet, au début de sa carrière de journaliste, transmet ses impressions de la dégradation avec un talent de virtuose et une hargne implacable. Daudet appelle la dégradation le « décortiquage symbolique »... « J'entrevois, écrit-il, sa tête chafouine et blafarde dressée par un ultime défi... Ce corps décrié et menteur qu'on dépiaute pièce à pièce de ce qui lui donnait sa valeur sociale, son rang et son grade usurpés... Le voici devant moi, à l'instantané du passage, l'œil sec, le regard perdu vers le passé, sans doute, puisque l'avenir est mort avec l'honneur. Il n'a plus d'âge. Il n'a plus de nom. Il n'a plus de teint. Il est couleur traître. Sa face est terreuse, aplatie et basse, sans apparence de remords, étrangère à coup sûr, épave de ghetto... »

Et *La Croix* : « Son cri de "Vive la France", c'était le baiser de Judas Iscariote. »

Et *La Libre Parole* : « Ce n'était pas un individu qui était dégradé là pour un crime individuel. La honte d'une race entière était dépouillée dans sa nudité. »

Et Maurice Paléologue lui-même : « ... Toutes ses protestations sonnaient faux ; on n'y sentait aucune chaleur d'âme ; on aurait dit la voix d'un automate... » Sandherr – qui dirige les Renseignements de l'armée, rappelons-le pour situer le niveau de cette confidence – déclare à Paléologue après la dégradation : « On voit bien que vous ne connaissez pas les juifs. Cette race-là n'a ni patriotisme, ni honneur, ni fierté. Depuis des siècles, ils ne font que trahir... »

Dreyfus, dans sa cellule du Cherche-Midi, écrit plusieurs fois par jour à sa femme : « Il est certain, ma chérie, lui dit-il le 28 janvier 1895, qu'il n'y a que ton profond amour qui puisse encore me faire aimer la vie », mais aussi : « Je me demande encore par quel miracle je ne suis pas encore devenu fou... » Il lui demande de « tenir », de garder confiance. Il la conseille sur les démarches à entreprendre. Elle l'écoute. Tantôt elle succombe au découragement, mais bientôt se reprend. Pudiques, réservées (ils se savent lus, épiés), leurs lettres laissent néanmoins filtrer un attachement profond. Lucie sera tout son soutien moral, et probablement son défenseur le plus efficace.

Pourtant, les Dreyfus se sentent très seuls, isolés de tout, entourés d'un silence où l'hostilité le dispute à la crainte ou à la résignation. Les amis se font rares, ceux qui restent se manifestent plus par pitié pour leur malheur que dans l'espoir de les aider à remonter un courant qu'ils estiment irréversible. Pour beaucoup, l'affaire a été jugée et c'est peine perdue que d'essayer de modifier une condamnation qui a été prononcée par les plus hautes instances judiciaires. Les Dreyfus reçoivent quantité de lettres anonymes émanant de délirants intégraux, de visionnaires proposant leur collaboration pour mettre au point l'évasion du capitaine, de purs escrocs tentant de monnayer une aide fallacieuse, de policiers, d'indicateurs et d'argousins déguisés en bons bergers. Mathieu, le frère du capitaine, se sait épié par la police, sa correspondance est ouverte. Il apprend par Dubois, un ancien policier engagé par lui, que la concierge de son immeuble renseigne les hommes de la Sûreté. De son côté, la belle-famille d'Alfred Dreyfus – les Hadamard – est l'objet des mêmes attentions policières.

Le 17 janvier, entre dix heures et onze heures du soir, Dreyfus est réveillé en sursaut dans sa cellule par des policiers qui le somment de s'habiller immédiatement. Quelques minutes plus tard, il se retrouve dans une voiture cellulaire qui le conduit à la gare d'Orléans. On le fait monter dans un wagon spécialement aménagé pour le transfert des prisonniers du bagne. Il prend place, si l'on peut dire..., dans une sorte de cage qui a les dimensions, en largeur, d'un homme assis. Il lui est impossible d'étendre ses jambes, on lui a lié les mains. Un gardien lui apporte un peu de café, de pain et de fromage. Le froid est très rigoureux. Pendant le trajet, la fièvre le prend ; dans la matinée du lendemain, le convoi arrive en gare de La Rochelle.

À La Rochelle, des incidents éclatent lorsque la population apprend, par des indiscrétions, que Dreyfus captif est là, en transit, avant d'être transféré à l'île de Ré. Une foule assez dense s'est rassemblée devant la gare, qui pousse des vociférations hostiles au condamné : « À l'eau ! À mort le juif ! À mort le traître ! » Tant et si mal que Dreyfus, exténué, reste dans son wagon-prison jusqu'à la nuit : la police, qui n'est pas au demeurant fâchée de le laisser croupir dans cette position intenable, espère que les passions se seront apaisées. Espoir déçu : la vigilance des manifestants ne se relâche pas. Lorsque Dreyfus est extrait de sa cage, la nouvelle se propage, une bousculade s'ensuit, des cannes bourgeoises forment des moulinets. On se presse à coups de coudes pour mieux frapper le « traître », on réussit à l'atteindre, on lui envoie des horions. Dreyfus, la tête en feu, les mains meurtries

par les menottes qu'il n'a pas quittées, se retrouve dans une chaloupe, le *Nénuphar*, direction l'île de Ré.

Le débarquement à l'île de Ré s'effectue à la nuit noire. Désha-
billé, fouillé, Dreyfus est enfermé dans une cellule de la forteresse ; un gardien le surveille en permanence par une ouverture
grillagée. Lucie arrive le 13 février et peut le rencontrer. Ils ne
sont pas autorisés à s'approcher l'un de l'autre. Chacun prend
place à une extrémité de ce parloir improvisé. Entre les deux, le
directeur s'assied et ne perd pas un mot de leur conversation dont
sont proscrites toutes les allusions au procès. Elle revient le lendemain ; elle demande qu'on la laisse l'embrasser :

« Je vous en supplie, dit-elle, permettez-moi cette liberté... Je
vous propose qu'il garde alors les mains derrière le dos... »

Mais le directeur du dépôt répond par un refus catégorique.

Le 21 février, ils se voient pour la dernière fois. Ce même jour,
Dreyfus est informé que le jour du départ est venu. C'est le grand
départ, celui du voyage et de la captivité au bout du monde. Le
capitaine monte sous bonne garde dans une chaloupe à vapeur qui
file vers la rade de Rochefort. On le conduit sur le *Saint-Nazaire*,
on l'enferme dans la cellule réservée, sous le pont avant, aux
condamnés. La cellule est découverte, équipée d'un hamac. Le
froid est atroce. Le *Saint-Nazaire* appareille... pour les îles du
Salut, en Guyane.

« Plus tard, quand on racontera mon histoire, note le capitaine
Dreyfus, elle paraîtra invraisemblable... »

Une minorité courageuse

En ce début de l'année 1895, Dreyfus semble complètement
oublié. Pour l'opinion, pour la justice, son cas paraît une fois pour
toutes classé. Il n'est guère que *La Libre Parole* pour, en sentinelle
de l'antisémitisme militant et parce que c'est la raison d'exister
du quotidien de Drumont, entretenir ses lecteurs du sort de l'« officier juif félon ». « Il n'est pas un crime, pas un délit, pas une
fraude, rappelle le journal *La France* à ceux qui auraient tendance
à l'oublier, dans laquelle on ne trouve le juif. » Un député nommé
Michelin, s'inspirant de ce principe, un député très en avance sur
son temps..., dépose sur le bureau de la Chambre un texte de loi
tendant à interdire « aux Juifs, aux naturalisés et aux époux de

Juives l'accès aux fonctions publiques... » Cette remontée dans l'histoire prouve à chaque pas que l'antisémitisme n'a pas attendu les années 1930-40 pour se manifester. Si l'on veut bien y regarder de près, on fera cette constatation que le programme ségrégationniste du gouvernement de Vichy – ne parlons pas de l'antisémitisme allemand – avait été pensé et prôné par les nationalistes extrémistes des années 1900, avant, pendant et après l'affaire Dreyfus.

Le 12 mars 1895, le *Saint-Nazaire* arrive en vue des îles du Salut. Sur ce que fut ce long voyage, sur ses conditions morales et matérielles, le capitaine Dreyfus sera peu loquace, préférant, écrira-t-il, ne pas attrister davantage les siens par le récit de ce qu'il avait enduré. Le 15 mars, il est débarqué au bagne de l'île Royale, puis dirigé vers l'île du Diable la bien nommée, jusqu'alors réservée aux lépreux. C'est un îlot rocheux, battu par la mer, quasiment désert. Quelques bananiers, de rares cocotiers dressent leurs pauvres silhouettes. La chaleur, à l'époque où arrive le capitaine Dreyfus, est torride, l'atmosphère très humide. Dreyfus est « installé » dans une sorte de case en pierre de quatre mètres sur quatre. Les issues sont obstruées de barreaux, la surveillance exercée sur le prisonnier, permanente. On l'autorise provisoirement à se promener sur un espace de quelque deux cents mètres. L'essentiel de sa nourriture est constitué de pain et de lard en conserve. Les chaleurs deviennent de plus en plus torrides à mesure que la saison avance. Il contracte fièvres et coliques. Il se débat contre les moustiques et autres insectes ; sa peau est couverte de piqûres. Les fourmis envahissent la case ; par-dessus tout, Dreyfus redoute les araignées-crabes, qui ont la grosseur d'une main.

Novembre 1895 : la chaleur atteint quarante-cinq degrés au-dessus de zéro. La saison sèche est étouffante, à la saison des pluies l'atmosphère très humide. Le bruit obsédant de la mer. Dreyfus est au secret, il lui est interdit de communiquer oralement avec ses gardiens. Ses nuits sont hantées de cauchemars et de visions hallucinantes. Parfois, en se réveillant, il surprend un gardien auprès de lui, qui, pense-t-il, cherche à recueillir des aveux à travers les mots de ses rêves. C'est la tombe, mais la tombe d'un vivant, d'un homme au bord de la folie. Il sent son cerveau bouillonner et se tordre. Il appelle la mort. Alfred Dreyfus endurera pendant quatre années cette vie d'enfer.

Dans cet enfer, quelques éclaircies : l'arrivée du courrier, irrégulier, qu'il épie de la lucarne de sa case : au loin, des traînées de fumée zébrant le ciel, échappée de la cheminée du bateau qui apporte les nouvelles de Lucie et des siens. Mais les lettres qui arrivent et les siennes propres sont contrôlées... et recopiées par un script du ministère des Colonies, dont dépend le pénitencier de l'île du Diable. Au mois d'octobre 1895, Alfred Dreyfus adresse au président de la République une première supplique, qui reste sans réponse.

Cependant, en France, les choses commencent à bouger. Faibles tentatives, amorce d'une contre-offensive. Des efforts énormes attendent les partisans de Dreyfus, et en premier lieu sa famille, avant que n'éclate la vérité. Ils devront s'armer d'une inlassable patience, montrer une persévérance peu commune, franchir tant de montagnes avant d'atteindre le but... Mathieu dirige la campagne de réhabilitation en faveur de son frère. En plus de l'énergie et de l'intelligence, il dispose de la fortune des Dreyfus, d'autres concours financiers, de millions de francs de l'époque qui seront dépensés pour le succès de la vérité. Ce n'est pas tout, mais c'est beaucoup. Pauvre et entouré de pauvres, de ceux dont Péguy a dit qu'ils ont les mains propres mais qu'ils n'ont pas de mains, le capitaine Dreyfus eût-il obtenu les mêmes chances de relever le défi de l'injustice ? Non que l'argent qui permit sa réhabilitation définitive ait eu des origines suspectes, non que le fait d'avoir jeté dans la balance le poids de millions soit critiquable – dans le camp opposé d'où l'on tirait à boulets rouges, les journaux antisémites ne vivaient pas de l'air du temps ! – mais il n'est pas imaginable qu'une campagne révisionniste de l'envergure de celle qui sera menée par les dreyfusards pût se passer de puissants moyens.

Mathieu Dreyfus obtient d'abord la collaboration d'un écrivain indépendant et talentueux, qui ne cache ses sympathies pour l'anarchie, originaire d'une famille israélite de Nîmes : Bernard Lazare. Lazare est un critique en renom, directeur des *Entretiens politiques et littéraires*. Converti au protestantisme, très peu conformiste, c'est tout le contraire d'un philosémite de profession. Son ouvrage, *L'Antisémitisme, son histoire et ses causes*, paru en 1894, est une tentative objective – et passionnante – d'en découvrir les raisons profondes. Il écrit, avec la collaboration de Mathieu Dreyfus, une brochure qui aura immédiatement un grand retentissement et déclenchera la campagne de révision[1] : *Une*

---

1. La publication en avait été différée à la demande de Me Demange.

erreur judiciaire. La vérité sur l'Affaire Dreyfus. Dans *Le Voltaire*, il croise le fer avec Drumont. Il prend le bâton de pèlerin, multiplie les contacts avec de nombreux journalistes et personnalités politiques qu'il s'efforce de convaincre de l'innocence de Dreyfus. Avant le « J'accuse » de Zola, il publie *Comment on condamne un innocent.*

En juillet 1895, un événement capital est intervenu pour la suite de l'affaire : le colonel Picquart, qui avait reçu le premier le capitaine Dreyfus lors de sa convocation d'octobre 1894, succède à Sandherr à la direction des Renseignements de l'armée. Alsacien, c'est un officier très brillant, sorti cinquième de Saint-Cyr et deuxième de l'École d'état-major. Il a servi en Afrique et au Tonkin pour devenir ensuite professeur à l'École de guerre où Dreyfus a été son élève.

Entre le 7 et le 15 mars 1896, le colonel Picquart reçoit communication d'un certain nombre de documents de l'ambassade d'Allemagne. Si Picquart entre en possession de ces documents, c'est d'ailleurs grâce à un hasard inespéré. Lorsqu'ils parviennent au commandant Henry, celui-ci est sur le point de partir en province. Il ne prend pas le temps de les examiner dans le détail et les remet à son supérieur. Picquart, de son côté, charge le commandant Lauth de les dépouiller. C'est alors qu'au milieu de divers papiers sont découverts des fragments épars d'un « petit bleu » – c'est-à-dire une carte-télégramme – émanant de l'ambassade d'Allemagne et adressée à un officier français. La chance a servi une fois de plus le colonel Picquart : le « petit bleu » n'a pas été expédié, son auteur y a renoncé et s'en est débarrassé. Fût-il parvenu à son destinataire qu'aucune trace n'en fût demeurée. Le vrai coupable, le responsable des fuites n'eût pas été démasqué, tout au moins à cette époque.

Le nom du destinataire, c'est le commandant français Walsin Esterhazy. L'adresse : 27, rue de la Bienfaisance. Le texte ne laisse aucun doute sur la nature des relations existant entre le commandant et l'ambassade d'Allemagne, mais ni la signature « C.T. » ni l'écriture ne révèlent qu'il soit de la main de l'attaché militaire espion, le fameux Schwartzkoppen.

Picquart, sans en référer à ses supérieurs, commence, dans le grand plus secret, son enquête. Il obtient d'ailleurs par un de ses amis, le commandant Curé, des renseignements (ils sont des plus mauvais) sur Esterhazy, qu'il fait surveiller par un commissaire de la Sûreté, Desvernine, en mission spéciale auprès des Renseignements.

Marie-Charles-Ferdinand Walsin Esterhazy est né à Paris en 1844. Sa famille, d'origine hongroise, est installée en France depuis le XVIIIe siècle. Il est fils et neveu de général. Son oncle a commandé en chef en Algérie, en 1870. D'abord zouave pontifical, il entre comme sous-lieutenant à la Légion étrangère. En 1872, il est incorporé aux troupes d'Afrique, puis en 1876 aux Renseignements. Il est promu capitaine en 1881 ; l'année suivante il participe à la campagne de Tunisie. En 1887, il épouse une fille du marquis de Nettancourt. On le retrouve, en 1892, au 74e Régiment d'infanterie à Évreux.

Voilà pour le beau côté de la médaille.

L'autre côté révèle au colonel Picquart un mythomane et un aigri, un aventurier sans scrupules et un débauché. Il a des maîtresses (cela peut arriver), mais des maîtresses qui répondent à la maxime de Chamfort selon laquelle, pour certaines femmes, il est plus facile de « se vendre que de se donner ». L'une d'entre elles est une actrice célèbre qui partage ses faveurs entre lui (Esterhazy), le duc d'Aumale... et son officier d'ordonnance ! Une solde de capitaine nourrit plutôt mal son homme, dans les années 1890, surtout lorsque le capitaine doit encourager les faveurs d'une demoiselle en renom du spectacle, se livrer au jeu, et y perdre. Esterhazy vit d'expédients, emprunte à droite et à gauche. C'est ainsi que, à court d'argent, accablé, criblé de dettes, investi par les huissiers et les banquiers, il entre en rapport avec l'attaché militaire de l'ambassade d'Allemagne, Schwartzkoppen. Cet attaché d'ambassade cache, derrière la façade de la respectabilité diplomatique, une officine d'espionnage au service de l'empereur. Il est à l'affût des informations et des informateurs éventuels. Esterhazy est son homme, qui a sous la gorge le couteau de ses créanciers. Schwartzkoppen croit avoir découvert l'oiseau rare – oiseau de proie, animal de luxe et de lucre – tandis qu'une simple femme de ménage collectionne les petits papiers qui remplissent sa corbeille... et les transmet aux Renseignements français !

En fait, l'enquête du colonel Picquart est longue et difficile. Le 5 août 1896 seulement, il informe de la découverte du « petit bleu » le général de Boisdeffre. À la fin du même mois, il réussit à se procurer les exemplaires de deux lettres écrites de la main d'Esterhazy. Comparées au « bordereau », elles lui apportent une certitude définitive : il en est bien l'auteur. Ayant acquis cette certitude, mais non sans se demander si Esterhazy et Dreyfus pourraient être complices, il rouvre le « dossier de 1894 », de sa propre initiative. Il ne lui faut pas beaucoup de temps pour se rendre compte de l'inexistence des prétendues preuves rassemblées contre Dreyfus. Le 1ᵉʳ septembre, il rédige, à l'attention de Boisdeffre, un rapport contenant le résultat de ses recherches. Rapport honnête et précis. Picquart donne les pièces à conviction de la culpabilité d'Esterhazy sans aborder le cas Dreyfus. Puis, ses dossiers en main, il se présente chez le général de Boisdeffre. Celui-ci renvoie Picquart au général Gonse, le sous-chef d'état-major. Gonse, selon Picquart, ne montre pas, à la révélation des faits, un étonnement très marqué. Il propose seulement que les deux affaires soient séparées : cela équivaut à ne pas remettre en cause la condamnation de Dreyfus. Au lieu d'un seul, on aura deux coupables !

Faut-il pour autant, stigmatisant le comportement de Boisdeffre et de Gonse, crier à l'ignoble, dénoncer leur complicité dans l'encouragement à l'iniquité la plus scandaleuse ? C'est là une tentation assez grande, à laquelle ont succombé de nombreux auteurs épris d'un besoin de justice tout naturel, mais, comme toutes les simplifications, elle est abusive.

Cette évidence a été mise en lumière par Marcel Thomas dans son ouvrage sur l'affaire Dreyfus [1]. Pour Marcel Thomas, Boisdeffre et Gonse ont évidemment manqué de la hauteur de vue qui leur eût permis, en s'élevant au-dessus des passions, de se prononcer en hommes équitables, voire de revenir sur leurs opinions ; mais Marcel Thomas remarque que les preuves du colonel Picquart sont, au cours de l'été 1896, encore peu nombreuses et fragiles. Les renseignements recueillis sur Esterhazy sont on ne peut imaginer plus défavorables, les similitudes de l'écriture du chevalier d'industrie et celle du « bordereau » sont également très troublantes, il y a en sa défaveur le « petit bleu ». Cependant, le sens de ce « petit bleu » est vague, imprécis, la signature laisse des doutes sur l'identité de son expéditeur, bien qu'il provienne sûrement de l'ambassade d'Allemagne. Ensuite, quelle preuve a-t-on qu'Esterhazy ait communiqué des informations aux Allemands, quelles preuves indiscutables ? Si une erreur a été faite par des

---

1. *L'affaire sans Dreyfus*, 1961.

experts, par des professionnels, sur l'écriture de Dreyfus, cette erreur n'est-elle pas renouvelable en ce qui concerne celle d'Esterhazy ?

On peut y ajouter le climat ambiant. Gonse et Boisdeffre en sont tout imprégnés. Ils sont comme ces millions de Français qui, en 1896, croient sans réserve à la culpabilité de Dreyfus. Les partisans de l'innocence se limitent à une très petite chapelle dont les membres de la famille du capitaine forment le plus gros des adeptes. Et puis, enfin, les conséquences. Mercier, l'ancien ministre de la Guerre, désavoué, ruiné dans sa réputation. Et la section de Statistiques, les Renseignements, de création récente, et dont on est si fier, ridiculisés, flétris aux yeux de l'opinion française et de l'adversaire allemand. Notre perte de prestige, les embarras diplomatiques... S'ils sont effleurés un instant par l'éventualité de l'innocence de Dreyfus, Boisdeffre et Gonse, chefs de l'armée française, ne doutent pas qu'en face des inconvénients accumulés par sa révélation, le risque d'une injustice individuelle et isolée vaut la peine d'être assumé.

Seulement, Picquart s'obstine, et cet obstiné complique tout. Détenteur d'une vérité – de ce qu'il estime être la vérité –, sûr d'avoir les moyens de réparer une erreur dont le captif de l'île du Diable fait les frais, il continue son chemin malgré les objurgations qu'on lui prodigue. Boisdeffre, Gonse lui demandent de renoncer, il reste sourd à leurs appels intéressés. Les adversaires du capitaine en déduiront trop vite que le colonel Picquart montrait un zèle suspect parce qu'il donnait des gages de sa fidélité à la famille Dreyfus, avec laquelle il était en relation.

Cependant, le 6 novembre 1896, le polémiste Bernard Lazare lance, avec l'appui de la famille Dreyfus, son manifeste : *Une erreur judiciaire. La vérité sur l'affaire Dreyfus*. Première réplique des dreyfusards à leurs adversaires, cette brochure de vingt-quatre pages, distribuée par le courrier aux parlementaires, journalistes et autres personnalités parisiennes provoque de sérieux remous. Elle est une réponse à un article à sensation publié par le journal *L'Éclair* et bat en brèche les arguments du fameux mais fallacieux dossier secret. Bernard Lazare révèle, au grand dam de l'état-major, que l'élément majeur du dossier, le billet de Schwartzkoppen à Panizzardi, a été intercepté bien avant la découverte du « bordereau » et qu'il ne contient aucune allusion directe au capitaine Dreyfus, si ce n'est la lettre D, qui est une preuve insuffisante.

La publication de la brochure de Bernard Lazare inquiète l'état-major car elle indique qu'une fuite d'importance s'est produite, qui a permis à l'écrivain polémiste d'avoir accès aux pièces du dossier secret. Le 10 novembre, quatre jours seulement après la diffusion du pamphlet de Lazare, le journal *Le Matin* publie un fac-similé du « bordereau [1] ». L'état-major se convainc – ou se laisse convaincre – que Picquart est le responsable de ces indiscrétions successives. Gonse décide donc de se débarrasser de ce gêneur en préparant à son intention... un vaste périple d'inspections qui commence par le 7e Corps de Châlons. À peine arrivé à Châlons, l'inspecteur Picquart s'entend dire qu'il est attendu aux 14e et 15e régions dans les Alpes. Le 19 décembre 1896, il est de retour à Lyon, mission accomplie. Là, un ordre l'attend, lui prescrivant de se rendre à Marseille, puis à Nice. Nouveau télégramme de Gonse : la mission dévolue à Picquart le porte de l'autre côté de la Méditerranée. Il partira le 29 décembre de Marseille, par le paquebot à destination de Philippeville. Sa mission est fixée : l'organisation du service de Renseignements en Algérie (province de Constantine) et en Tunisie.

Voilà donc l'embarrassant témoin provisoirement éloigné. En fait, la mission de renseignements de Picquart ne fait pas long feu : il est affecté, peu de temps après son arrivée, au 4e Régiment de tirailleurs.

La vérité tracasse le colonel Picquart dans son exil tunisien. Il imagine alors une curieuse procédure en écrivant, en avril 1897, une « lettre-testament » au président de la République, précisant que cette lettre ne pourrait être ouverte que s'il venait à mourir. Puis il prend le bateau pour Marseille, au mois de juin, afin de bénéficier d'une permission régulière. Il arrive à Paris, désireux d'obtenir des conseils sur l'attitude à suivre : il rencontre le général Nismes qui croit le libérer du poids de ses scrupules... en lui conseillant de continuer à se taire. Après Nismes, il rend visite à son ami, l'avocat Leblois. Celui-ci apprend ainsi l'essentiel de la vérité, mais Picquart obtient de lui la promesse qu'il ne révélera pas l'origine de ces informations, et que sous aucun prétexte il ne prendra contact ni avec la famille Dreyfus ni avec quiconque de son entourage.

---

1. Le graphologue Teyssonnières, qui avait participé à l'expertise, avait photographié le bordereau. Il céda son document au journaliste Henry Girard, du *Matin*.

Leblois bondit chez Scheurer-Kestner, le vice-président du Sénat, et le convainc de soutenir la cause du capitaine Dreyfus sur la foi de révélations exceptionnelles que vient de lui faire le colonel Picquart. C'est une recrue de choix pour les dreyfusards encore peu nombreux que le vice-président de la haute et puissante assemblée du Parlement. Alsacien – lui aussi –, industriel à la tête d'une importante fabrique de produits chimiques, oncle de Gambetta, ancien opposant républicain sous le Second Empire. « Une vie de cristal, a écrit de lui Zola, la plus nette, la plus droite. Pas une tare, pas la moindre défaillance. Une même opinion, constamment suivie, sans ambition militante, aboutissant à une haute situation politique, due à l'unique sympathie respectueuse de ses pairs... »

Et un beau courage pour se jeter – parvenu au sommet de la réussite, et si tôt, des premiers, alors que tant d'autres se taisent encore – dans la mêlée. Il a d'abord été convaincu de la culpabilité de Dreyfus, puis « troublé dans sa quiétude », il se décide à mener, en dehors des passions, une enquête approfondie, personnelle. Il dit : « Si Dreyfus est coupable, je le saurai, et s'il ne l'est pas je le sauverai... »

Le 7 décembre 1897, il interpelle, pour la première fois, au Sénat, sur l'affaire Dreyfus. Il est désavoué par ses propres amis, n'emporte qu'une adhésion très limitée dans les milieux politiques. Il n'est suivi ni par Méline, le président du Conseil, ni par Hanotaux, le ministre des Affaires étrangères. Les prudents ne lui pardonnent pas son imprudence, les sceptiques sa foi, les nationalistes de s'être rangé dans le camp du « traître ». Les journaux antidreyfusards le suspectent ouvertement de « sénilité » et de « gâtisme », répandent sur lui des calomnies, se font l'écho de ragots ridicules, l'accusent d'avoir été stipendié par l'entourage de Dreyfus, d'avoir reçu un million pour épouser la cause du capitaine.

« Le syndicat juif aux gages de l'Allemagne... »

Le débat s'étend, grossit. Le 25 novembre 1897, Zola a publié son premier article dans *Le Figaro* en concluant : « La vérité est en marche et rien ne l'arrêtera. » Le talent percutant de Zola renforce le camp des dreyfusards. Le ralliement du *Figaro* est également un signe encourageant. De son côté, Mathieu Dreyfus marque des points sérieux. Il démasque Esterhazy publiquement, acquiert une preuve décisive de la culpabilité de celui dont Picquart a surpris les tractations avec l'Allemagne. Le journal *Le Matin* ayant publié le fac-similé du « bordereau », Mathieu Dreyfus a l'idée de le reproduire et de le diffuser sur les boulevards. C'est alors qu'un banquier, de Castro, ayant en main le document, reconnaît l'écriture d'Esterhazy, qu'il avait eu comme client, et le fait savoir à Mathieu Dreyfus. Ce dernier vient ainsi de mettre la main sur le vrai coupable dont ni Leblois ni Scheurer-Kestner ne pouvaient révéler le nom parce qu'ils s'étaient engagés à garder le secret de Picquart. Immédiatement, Mathieu s'adresse au ministre de la Guerre Billot. La presse ultra, décontenancée d'abord, se ressaisit et invective le frère du « traître » qui ose salir un officier français.

D'ailleurs, à la Chambre, le grand orateur qu'est Albert de Mun dénonce, le 4 décembre 1897, le « syndicat juif qui s'est mis aux gages de l'Allemagne... » Un homme de la taille de De Mun répand sur les bancs de la Chambre l'affirmation qui, depuis quelque temps, court les colonnes des gazettes nationalistes : il y a, derrière les défenseurs officiels de Dreyfus – les Scheurer-Kestner, Zola, Bernard Lazare et autres –, une mafia, rassemblement occulte, organisation de pression financée par les banquiers juifs. Zola s'est élevé dans un article du *Figaro* du 1ᵉʳ décembre 1897 contre cette création de légende, inspirée par des polémistes partisans : « ... des gens masqués, de fortes sommes remises la nuit, sous les ponts, à des inconnus, de grands personnages que l'on corrompt, dont on achète la vieille honnêteté à des prix fous... »

Zola s'en prend à la presse qui publie ces romans : « Faux patriotes, antisémites braillards, s'écrie-t-il, simples exploiteurs vivant de la débâcle publique... »

Dans sa *Lettre à la France* il écrira : « L'heure des responsabilités viendra et il faudra régler le compte de cette presse immonde... » Et s'adressant à Judet, le directeur du *Petit Journal* qui tire à un million cinq cent mille exemplaires – chiffre énorme pour l'époque (*Le Petit Journal* est nettement antidreyfusard) : « ... Quand on a une telle charge d'âmes, il faut être d'une probité intellectuelle scrupuleuse, sous peine de tomber au crime civique... »

Le « syndicat juif », colporte *Le Petit Journal* auprès de ses millions de lecteurs, a son quartier général à Berlin ; par ses correspondants juifs en France, il a déjà investi six millions en documents de propagande et en corruption d'hommes éminents... Depuis des années, précise encore *Le Petit Journal*, le « syndicat » a collectionné des textes écrits d'officiers français et c'est ainsi qu'il a pu déterminer que l'écriture d'Esterhazy serait la plus facilement assimilable à celle de Dreyfus. Le paravent du « traître » était ainsi tout trouvé.

« ... Il faut qu'on sache, interroge Albert de Mun le 4 décembre 1897, s'il est vrai qu'il y a dans ce pays une puissance mystérieuse, une puissance occulte, assez forte pour pouvoir, à son gré, jeter le soupçon sur les chefs de notre armée... Il faut qu'on sache si cette puissance occulte est vraiment assez forte pour bouleverser le pays tout entier, comme il l'est depuis quinze jours... »

Esterhazy pratiquement démasqué ? Il en faudra beaucoup plus pour émouvoir les antidreyfusards, dégeler les neutres et les hésitants. Le capitaine est dans les fers depuis deux années ; ses partisans ne sont qu'une minorité. Jules Méline, le président du Conseil, peut clore le débat de l'intervention d'Albert de Mun par un mot qui est un programme : « Il n'y a pas d'affaire Dreyfus ! »

Dans l'île du Diable, sur ordre du ministre des Colonies, André Lebon, Alfred Dreyfus a été enchaîné à son lit, pendant la nuit, le temps que durent les travaux d'aménagement de sa nouvelle « case ». Ses pieds sont prisonniers de deux boucles fixées elles-mêmes à une barre transversale. Ce régime est mis en vigueur pendant deux mois et demi. Dreyfus ne peut recevoir de lettres ni écrire. Le 12 octobre 1897, *L'Avenir militaire* annonce très sérieusement qu'« il existe aux États-Unis une association israélite disposant de capitaux considérables et qui a résolu d'enlever Dreyfus de vive force... »

Le Figaro publie une photographie de lettres adressées par Esterhazy à sa maîtresse, Mme de Boulancy, en 1882 : c'est une suite d'insultes pour la France. Qu'importe. Boisdeffre, alerté par Picquart, continue à couvrir le coupable. Le ministère de la Guerre a bien, pour la forme, engagé une enquête sur son compte. Les 10 et 11 janvier 1898 commence son procès devant le Conseil de guerre que préside le général de Luxer. La presse antidreyfusarde prend son parti contre le « traître », et l'escroc patenté est mis au rang des héros. *Le Petit Journal* informe ses lecteurs qu'il est protégé par la police – pour le préserver des « mauvais coups » du « syndicat » – tandis que Mathieu Dreyfus, dont on craint qu'il ne se sauve, qu'il ne disparaisse, est surveillé jour et nuit. Aucun des déplacements du « frère du traître » n'échappe aux agents de la Sûreté affectés à sa surveillance.

Lucie Dreyfus assiste « comme partie plaignante » à la première séance des débats. *Le Petit Journal* la dépeint, « vêtue de noir ». « ... Elle porte sur les épaules un collet d'astrakan... » Quant à son attitude, elle n'est guère, pour le chroniqueur du grand quotidien populaire, sympathique. Toute occasion est bonne d'insinuer, d'accabler la famille Dreyfus et les dreyfusards, de les mettre en scène dans le mauvais rôle. Quoi qu'ils fassent ou quoi qu'ils disent, ils portent sur eux, avec eux, la trahison. « ... Son visage, poursuit le journaliste, témoigne d'un certain ennui, mais n'indique pas la douleur qu'on pourrait s'attendre à y voir... » On n'est pas éloigné de la tenir pour indifférente !

La partie était gagnée d'avance pour Esterhazy. « L'ex-capitaine Dreyfus... a été justement et légalement condamné », proclame le commandant Hervieu, commissaire du gouvernement. Aussi Esterhazy est-il acquitté à l'unanimité par le Conseil de guerre, après cinq minutes de délibérations. On le porte en triomphe. Dehors, la foule crie : « Vive l'armée ! Vive le commandant ! » Mais aussi : « Vive la victime des juifs ! À bas les juifs ! » Commentaire du *Petit Journal* après l'acquittement : « ... La bande odieuse et ridicule des défenseurs de la trahison n'a plus qu'à se réfugier dans les profondeurs du silence et de l'oubli et à attendre la vindicte des lois... » Le « syndicat » dreyfusard, dont la puissance mystérieuse rôde en permanence, le « syndicat », machination occulte de la « juiverie internationale et nationale » contre les intérêts supérieurs de la patrie, conglomérat de conspirateurs attachés au sauvetage du traître, le « syndicat » a subi une rude défaite. Mathieu Dreyfus ne se relèvera pas de ce « juste » coup du sort. « M. Mathieu Dreyfus n'a pu sortir de la matinée en raison des visites de ses coreligionnaires venus pour le consoler de son effroyable débâcle », annonce *Le Petit Journal* du 14 janvier. Ce qui tend à prouver que les amis israélites de Mathieu Dreyfus savent se montrer solidaires de son échec.

Quant à Picquart, il continue à régler la note de son honnêteté et à se persuader qu'il eût mieux valu pour sa tranquillité ne pas révéler la vérité. Il est arrêté le 14 janvier, poursuivi en justice pour « communication de secrets intéressant la défense nationale à un tiers » (l'avocat Leblois), « faux et usage de faux » (le « petit bleu » signé d'Esterhazy), « mis en réforme pour fautes graves dans le service », condamné à de la forteresse.

Scheurer-Kestner paie également son dévouement à la cause du capitaine Dreyfus : il est évincé de la vice-présidence du Sénat. La diminution du nombre de ses voix est symptomatique de l'opinion parlementaire à ce moment de l'Affaire. Scheurer-Kestner ne retrouve que quatre-vingts suffrages sur son nom alors qu'un an auparavant, en janvier 1897, il avait été élu premier des quatre vice-présidents... avec cent quatre-vingt-sept voix sur deux cent cinq votants.

Ce même mois de janvier 1898, le 13, éclate dans *L'Aurore* la bombe : le « J'accuse », l'article incendiaire de Zola.

C'est un monument du journalisme polémique, une attaque furieuse mais remarquablement argumentée contre les mensonges et complicités de mensonges accumulés autour du capitaine Dreyfus. Zola s'adresse au président de la République, dénonce les manœuvres du commandant du Paty de Clam, du général Mercier et de son successeur au ministère de la Guerre, le général Billot, du commandant Ravary et du général de Pellieux (qui ont mené l'enquête officielle sur Esterhazy...). Zola accuse « les trois experts en écritures »... d'avoir fait des rapports mensongers et frauduleux, *L'Éclair* et *L'Écho de Paris* pour leur « campagne abominable », le premier Conseil de guerre « d'avoir violé le droit, en condamnant un accusé sur une pièce restée secrète » et « le second Conseil de guerre d'avoir couvert cette illégalité, par ordre, en commettant à son tour le crime juridique d'acquitter sciemment un coupable... »

« En portant ces accusations, affirme Zola, je n'ignore pas que je me mets sous le coup des articles 30 et 31 de la loi sur la presse du 29 juillet 1881, qui punit les délits de diffamation. Et c'est volontairement que je m'expose... »

3.

L'agitation gagne la rue

Zola, qui appelait le procès de ses vœux, est immédiatement comblé... Le jour même de la parution de « J'accuse », Albert de Mun demande à la Chambre des poursuites contre *L'Aurore* et l'auteur du pamphlet. Il les obtient, par trois cent douze voix contre cent vingt-deux. Pourtant, l'astucieux Jules Méline aurait préféré que l'on esquive la confrontation judiciaire et la publicité qui en résulterait pour la défense de Dreyfus. Pressé par la droite de réagir, il laisse le général Billot déposer une plainte auprès du ministre de la Justice en se fondant sur les accusations lancées contre le Conseil de guerre.

La publication de « J'accuse » et la plainte déposée contre Zola donnent le branle à un mouvement d'agitation populaire dans toute la France. Des manifestations éclatent un peu partout, qui rassemblent des dizaines de milliers de personnes. Certaines se termineront en bagarres qui feront des victimes. Zola et les juifs en font les frais ; partout l'armée est acclamée. C'est une explosion de nationalisme doublée d'antisémitisme. Les communautés juives de France vivent alors dans un état de crainte – absolument justifiée – et d'alerte permanent. Le juif, identifié à la « trahison » du capitaine Dreyfus, complice de l'Allemagne, est également associé à la puissance anonyme des banques (les Rothschild), suspect de concurrence commerciale déloyale. La condition des juifs de France, au début de 1898, n'est pas de tout repos.

Des incidents antisémites sont signalés en divers endroits dès le 13 janvier, le jour de la publication de « J'accuse » dans *L'Aurore*. « ... Ce matin, vers midi, communique le correspondant à Nantes du *Petit Journal*, dans la salle des dépêches de la Société générale, située place Royale, plusieurs personnes lisaient les télégrammes de Paris ; parmi ces personnes se trouvaient deux israélites. L'un d'entre eux ayant relevé les propos tenus par des voisins qui s'indignaient de l'attitude de M. Zola, ce fut le signal d'une manifestation antisémite à laquelle prirent part deux cents personnes. Ces israélites s'étant éloignés, le rassemblement petit à petit se dissipa... » Le même jour, à Paris, des agents de change israélites sont pris à partie à la Bourse, et un passant menacé, sur les boulevards, pour avoir crié : « Sale Français ! » – *Le Petit Journal* dixit – à un paisible citoyen.

Le 17 janvier, des manifestations sont organisées dans plusieurs grandes villes, le plus souvent à l'initiative des étudiants. « Conspuez Zola ! » crient les manifestants boulevard Saint-Michel. Toujours à Paris, le même jour, un meeting organisé au Tivoli-Vauxhall, sous la présidence de Jules Guérin, contre le « syndicat », se termine en bagarre. « À bas les juifs ! Vive l'armée ! » crie la foule qui applaudit les orateurs, mais un groupe d'anarchistes, drapeau rouge au poing, surgit, attaque l'estrade. La mêlée devient générale. Les manœuvres du « syndicat » sont quotidiennement dénoncées au cours des réunions et des manifestations publiques, dans les colonnes des journaux antidreyfusards. Chaque jour on mentionne (à Saint-Quentin, Versailles, Le Mans, etc.) que des circulaires proclamant l'innocence de Dreyfus et la culpabilité d'Esterhazy arrivent à des particuliers. À Saint-Quentin, par exemple, les débits de boissons reçoivent le fac-similé de l'écriture du commandant Esterhazy et du « bordereau ». Mathieu Dreyfus et ses amis déploient en effet un gros effort de propagande écrite pour apporter la preuve de la culpabilité d'Esterhazy. Sur le plan social, le début de l'année 1898 est marqué par des grèves spectaculaires (notamment aux mines de Drocourt, près de Lens, aux ardoisières de Labassière, près de Bagnères-de-Bigorre), mais aussi par une activité des groupes anarchistes : le 19 janvier, deux agents de police du commissariat du quartier des Épinettes sont assassinés par un individu qui, au nom de la « révolution sociale », les larde de coups portés par un « énorme couteau catalan ».

À Nantes, ce 17 janvier, plusieurs milliers de personnes manifestent pour l'armée, contre Zola et les juifs. Les vitres des magasins dont les propriétaires sont des israélites sont brisées. Rennes, Nancy, Lyon, Clermont-Ferrand, Bordeaux sont le théâtre de troubles identiques. À Nantes, de nouvelles manifestations antisémites se produisent le 19, plus violentes que l'avant-veille. La ville est en état de siège jusqu'à minuit. Les vitrines des magasins volent en éclats. « Aucune demeure de juif n'est indemne », câblent les correspondants locaux des journaux parisiens. Le magasin d'un commerçant israélite – M. Schupack – est envahi et pillé par la foule, M. Schupack lui-même empoigné et roué de coups. Au Sans Pareil, c'est l'installation électrique qui est détruite. La police est débordée, le préfet fait appel à la troupe et les dragons à cheval doivent charger les manifestants.

Le même jour, 17 janvier, deux mille personnes se rassemblent à Lyon, acclament l'armée, conspuent les juifs et Émile Zola. Les magasins appartenant à des israélites ferment précipitamment leurs portes pour éviter les représailles. À Bordeaux la foule, où dominent les « petites gens », ouvriers, employés de commerce, défile devant la synagogue en poussant des cris hostiles aux israélites. Au Havre, des signes distinctifs apparaissent (en 1898 !) sur des magasins dont les propriétaires sont des juifs. « ... L'ennemi, c'est le juif ! » proclame une affiche qui a été placardée sur les murs de la ville. À Digne, Joseph Reinach, député de l'arrondissement, est l'objet d'une manifestation hostile ; la police est requise pour le protéger.

Le 20 janvier, cinq à six mille personnes manifestent à Rouen. Là encore les magasins juifs ferment. À Versailles, les élèves du lycée Hoche, auxquels se joignent des adultes, se répandent dans la rue de la Paroisse où ils menacent les magasins tenus par des juifs. Une bagarre éclate. La foule se dirige vers la synagogue de la rue Albert-Joly, mais elle est arrêtée par la police. Le lendemain de la manifestation, des commerçants versaillais affichent à leurs vitrines des pancartes portant la mention « Maison catholique ». Cependant, le commissaire central de police, qui n'apprécie guère ce geste de prudence excessive ou de discrimination raciste, prie les commerçants en question d'enlever leurs affichettes. À Besançon, une foule considérable se rassemble : cris favorables à l'armée, invectives contre Émile Zola et les juifs ; le scénario ne varie pas. Là, c'est le rabbin, M. Auscher, qui est visé ; des poings menaçants se dressent vers les fenêtres de son domicile.

Des manifestations semblables sont alors signalées à Orléans, Vesoul, Sens, Lunéville, etc. À Rennes, un professeur à la faculté des sciences, M. Anglade, suspect de sympathies pour le « syndicat », et un professeur à la faculté de lettres, M. Basch, parce que « juif », sont pris à partie par les étudiants. L'agitation gagne le Palais-Bourbon. Le 18 janvier, le député Beauregard demande à interpeller le gouvernement « sur les mesures qu'il compte prendre pour arrêter les manœuvres du syndicat Dreyfus ». Le 22, une intervention de Jaurès s'achève sur un pugilat. Un député de droite, Bernis, frappe le leader socialiste à la nuque. Les adversaires descendent les gradins aux deux extrémités de l'hémicycle. Ils se retrouvent au centre en une inextricable mêlée d'où émergent les bras et les jambes de malheureux huissiers accourus pour séparer les combattants...

Des cris. Des slogans dans la foule, le 24 janvier, lors du rassemblement célébrant l'anniversaire de la bataille de Buzenval[1].

Pour ne pas rompre avec une habitude consacrée depuis le début de l'affaire Dreyfus, on se bat en duel. Pour des riens, pour des mots, à peine pour des outrages. Dans la salle des pas-perdus des chambres civiles, au Palais de justice de Paris, le 13 janvier, deux avocats, Mes Oster et Hessel (le second est israélite), engagent une discussion à propos du jugement dans le procès Esterhazy. Résultat : les deux avocats choisissent leurs témoins et se retrouvent sur le champ.

L'affaire Dreyfus sert de véhicule publicitaire à des fabricants avisés. Après le verdict d'acquittement d'Esterhazy, on lit cette annonce dans les journaux :

> Enfin !
> Le fer rouge a brûlé le cancer qui nous ronge.
> La justice et l'honneur ont triomphé : bravo !
> Et maintenant passons sur ces hontes l'éponge,
> Et prenons un bon bain du sublime « Congo ».
> > Désiré L... au savonnier Victor Vaissier.

Les facéties publicitaires de ce commerçant n'empêchent pas que les communautés juives de France ressentent durement ces mois de janvier et février 1898. Après les manifestations antisémites de Paris, mais plus encore de la province, c'est Alger qui s'enflamme. Là, le sang coule, l'affaire Dreyfus et la passion antisémite tuent des hommes.

---

1. Les troupes françaises y livrèrent une résistance acharnée et très meurtrière aux Prussiens, le 19 janvier 1871.

Le sang coule en Algérie

L'Algérie est traversée par un courant antisémite que l'affaire Dreyfus n'a fait qu'amplifier. Si, en métropole, l'antisémitisme est un des aspects du nationalisme explosif qui s'empare d'une partie de l'opinion, il s'accompagne de démonstrations d'un attachement à l'armée qui en est le second aspect. Dans toutes les manifestations de ce nationalisme cocardier, le culte rendu au soldat prédomine, l'antisémitisme ne lui est que complémentaire. Cependant, la situation, les mentalités sont différentes en Algérie : là, l'opposition aux juifs est exclusive, elle est essentiellement raciste. Journaux et pamphlets distillent une propagande aberrante qui n'aura d'équivalent que sous l'occupation allemande en France. Un ingénieur, nommé Redon, publie le journal *L'Antijuif d'Alger* ; l'ouvrier typographe Fernand Grégoire anime la Ligue radicale-socialiste antijuive. On lisait par exemple dans l'éditorial du *Radical d'Alger*, le 29 avril 1893 : « J'avoue que je ne serais nullement surpris de voir un beau matin la révolution éclater dans les rues d'Alger sur la tête des juifs, tant ils sont exécrés par tous les Français sans exception, même par ceux qui achètent leurs vestes aux jours d'élections, et par les Arabes qui ne soupirent qu'après le moment où ils pourront en faire de la pâtée pour les chacals et les oiseaux de proie... »

En 1896, le journaliste Émile Morinaud, rédacteur au *Républicain*, franc-maçon [1], a remporté avec sa liste les élections municipales de Constantine. Il met alors au point des mesures incroyables contre les israélites : exclusion des charges dépendant de la municipalité, indigents chassés de l'assistance, malades de l'hôpital. Un instant, on envisage de mettre les enfants juifs à la porte des écoles primaires, le maire élu, Mercier, ayant décrété que ces enfants, parce que juifs, sont atteints... de « maladies contagieuses ».

Le procès Esterhazy et la publication du « J'accuse » de Zola remettent le feu aux poudres. Le 22 janvier 1898, à l'initiative du jeune maire de Mustapha, Max Régis (un étudiant exalté, d'un

---

1. Les antisémites les plus déterminés d'Algérie se recrutèrent dans les milieux radicaux-socialistes et maçonniques. Des dirigeants radicaux et francs-maçons de Paris durent intervenir pour mettre en garde les activistes contre des excès qu'ils ne pouvaient que désapprouver.

antisémitisme pathologique), cinq à six mille personnes se rassemblent au vélodrome.

L'ordre du jour de la réunion est « l'expulsion des juifs d'Algérie » – pas moins – et le motif officiellement proclamé par les organisateurs l'autorisation qui a été donnée par le gouverneur général Lépine à la fondation d'un cercle d'étudiants israélites. Cette autorisation avait reçu un avis défavorable du maire d'Alger et du préfet. L'attitude raciste des premières personnalités d'Alger est évidemment très significative et montre une volonté de poursuivre une politique antisémite résolue et acharnée : il n'a pas suffi aux extrémistes d'obtenir l'exclusion des juifs de l'Association des étudiants, ils entendent également les empêcher de constituer, après cette exclusion, un groupement indépendant. Cette persécution systématique resurgira en 1940 à Alger.

La foule, essentiellement composée de « petits Blancs », en majorité d'origine espagnole, applaudit aux harangues des orateurs dont l'antisémitisme est l'obsession exclusive. Le résultat de cette excitation à la haine est qu'après le meeting la foule passe aux actes... qui lui ont été suggérés. On lui a dit qu'il fallait mettre les juifs dehors : débordant massivement la police et la troupe qui essayaient de la contenir, elle se porte vers le quartier juif pour y exercer sa vindicte. Les devantures des magasins de la rue Bab-Azoun sont brisées, les marchandises pillées et répandues sur la chaussée. Un kiosque à journaux est incendié. L'armée charge pour disperser les manifestants. Rue de la Lyre, des israélites tentent d'intervenir. Des bagarres éclatent. Se regroupant, quatre à cinq cents juifs algérois esquissent une contre-attaque ; ils donnent du bâton contre les agresseurs, mettent à mal plusieurs magasins de chrétiens. Les coups de poignard pleuvent. On entend des détonations d'armes. Il y a des dizaines de blessés, un mort bientôt. Les pharmaciens sont débordés par les soins à prodiguer. Alger, qui en a tant vécu et qui en vivra tellement d'autres, connaît un début de révolution. De la rue Bab-Azoun à la rue de la Lyre, l'émeute gagne Bab-el-Oued. Trois commissaires de police ont été blessés, ce qui nécessite que l'on demande des remplaçants dans les commissariats de banlieue.

Un mort, des centaines de blessés, cent quarante maisons ou magasins pillés : tel est le bilan de cette journée de troubles antisémites, le 22 janvier 1898 à Alger. Un Européen du nom de Cayrol, maçon de profession, a été tué de plusieurs coups de couteau. Le 25 janvier, de nouveaux incidents se produisent, pendant ses obsèques, sur le boulevard de France. Les juifs sont pris à partie dans les rues et dans les tramways. « Les israélites, câblent les correspondants des journaux parisiens, ne peuvent plus s'aventurer dans les rues. La force armée est impuissante à prévenir les attentats isolés... » En revenant de l'enterrement du maçon Cayrol, des Européens surexcités empoignent un passant israélite, M. Chebat, le jettent à terre et le frappent à mort. Les policiers le retrouvent gisant sur le sol, le crâne défoncé. Trente personnes l'accompagneront le lendemain au cimetière israélite. Simples, discrètes obsèques qui contrastent avec la pompe officielle réservée à l'autre victime. La dépouille du juif Chebat ne mérita le déplacement d'aucune des personnalités qui avaient assisté à l'enterrement de Cayrol. Le conseil municipal d'Oran adressait à celui d'Alger, après les émeutes, le télégramme suivant : « Le conseil municipal antijuif s'associant pacifiquement aux sentiments de réprobation que soulève en France et en Algérie le crime du syndicat Dreyfus et de la race juive adresse aux victimes algéroises ses profondes sympathies et salue l'humble ouvrier martyr Cayrol lâchement assassiné et crie hautement : "Vive l'armée et à bas les juifs !" »

Boufarik et d'autres centres d'Algérie sont le théâtre de scènes d'émeutes dont les israélites sont également les victimes. À Boufarik, ce sont quatre commerçants qui paient le plus lourd tribut à l'explosion de haine : MM. Bemaya, Goslan, Cohen, Solal, dont les magasins sont saccagés ou pillés. Les commerçants israélites d'Alger entendent obtenir réparation des dommages qu'ils ont subis : ils assignent la ville en dommages et intérêts pour la somme de deux millions quatre cent mille francs. On annonce enfin, dans la presse de Paris, que les Arabes des montagnes, qui étaient descendus vers Alger pour participer aux manifestations antijuives, sont invités... à rejoindre leurs gourbis. Le bilan précis de la razzia n'a pas été publié, mais il y a beaucoup à parier que le pillage des magasins juifs n'a pas été perdu pour tout le monde.

L'agitation antisémite se poursuit en Algérie durant toute l'année 1898. Avant les élections législatives de mai, Max Régis a l'idée de proposer à Édouard Drumont de se présenter dans la deuxième circonscription d'Alger. Il fait dans cette intention le voyage de Paris. Drumont accepte d'enthousiasme. Ses amis de la Jeunesse antijuive de Jules Guérin organisent deux réunions publiques dans la capitale. Drumont, Régis, ces deux noms sont salués par une foule enthousiaste, au milieu des vociférations qui promettent tous les juifs de la métropole et d'Algérie aux bûchers.

Le 7 février a commencé le procès Zola. Moment mémorable de l'affaire, l'un des grands procès de l'histoire. Douze jours plus tard, la Chambre aborde le débat sur les troubles d'Algérie. Le camp des dreyfusards se sent ragaillardi, l'autre vocifère de plus belle. « Ce fut une prodigieuse bataille », écrira Mathieu Dreyfus. Et Léon Blum, qui aide Mᵉ Labori, le défenseur de Zola, dans son travail : « Le spectacle était dramatique, grandiose... »

La foule assiège la Cour d'assises. Albert Clemenceau – le frère de Georges Clemenceau – est aux côtés de Labori pour la défense de Perreux, le gérant de *L'Aurore*. Toutes les pièces du dossier sont reprises, une à une : l'illégalité du procès de 1894 (communication de pièces secrètes au jury) ; l'erreur volontaire de l'attribution du « bordereau » à Dreyfus, l'acquittement inique d'Esterhazy, les pressions et les persécutions sur Picquart... Delorge, le président, écoute avec complaisance des témoignages... de complaisance. Le général de Pellieux vient assurer qu'il existe dans les cartons de l'état-major une pièce accablante pour Dreyfus – « Je l'ai vue de mes propres yeux », déclare-t-il – mais sans citer laquelle...

À la Chambre, pendant ce temps, les antisémites irréductibles essaient, à l'occasion de la discussion sur les événements d'Algérie, d'obtenir la révision du décret Crémieux. Paul Samary, député de la première circonscription d'Alger, mène l'attaque de ce combat d'arrière-garde : « ... Vous n'ignorez pas, déclare-t-il, que les indigènes musulmans considéraient les juifs indigènes comme très au-dessous d'eux et que, du jour au lendemain, ils les ont vus investis des droits de vote, des droits de citoyen français, alors qu'eux-mêmes étaient laissés dans une situation inférieure... Dans ces conditions, il ne faut pas s'étonner que l'insurrection de 1871 ait été déterminée non pas exclusivement, mais en partie tout au moins par le décret Crémieux... Mais une autre cause de la rancune, de l'exaspération, qui anime aussi bien les colons que les indigènes contre les juifs d'Algérie, c'est l'usure qu'ils ont pratiquée dans les conditions que vous connaissez... »

Paul Samary conclut à la nécessité de la révision de la législation des naturalisations et « demande l'abrogation du décret Crémieux au point de vue politique, parce que l'expérience est faite et qu'elle n'a pas été satisfaisante, parce que la qualité de citoyen français qu'il confère ne doit pas être maintenue à la légère... »

Une longue et fougueuse intervention de Jaurès éclaire de manière très symptomatique sa position sur le problème algérien et donne la clé de sa longue hésitation à s'engager dans l'affaire Dreyfus. Le juif est associé, dans l'esprit du leader socialiste, dont la thèse est largement partagée par la gauche à l'aube du xxᵉ siècle, aux forces d'exploitation économique. Pour Jaurès, la société arabe, « féodale et patriarcale », se désagrège au contact d'« une société mercantile et capitaliste », confirmant une loi de l'histoire. Et il ajoute : « ... il est certain que dans ce travail de décomposition et de dissolution de la vieille société arabe, les juifs ont joué un rôle particulièrement aigu et qu'ils ont ajouté, par l'exaspération pour ainsi dire du mal et de la crise, des souffrances qui venaient d'eux aux souffrances essentielles et inévitables qui venaient de la force des choses... les israélites ont trop usé de leur puissance économique et du surcroît d'influence que leur donnait leur titre de citoyen, pour aggraver la crise du peuple arabe. Mais ici encore ce n'est jamais à des citoyens, ce n'est jamais à des groupes d'hommes comme les groupes juifs que nous, législateurs, nous devons faire porter la responsabilité ; c'est pour une grande part à nous-mêmes qui avons laissé spolier sans protester et sans garanties ce peuple arabe dont nous avions accepté la fortune comme un patrimoine... »

Et Jaurès d'affirmer que la solution n'est pas dans la suppression des droits politiques des juifs en Algérie, mais dans l'accession graduelle des Arabes à des droits identiques.

L'extrême gauche applaudit. La majorité de la Chambre écarte en même temps la thèse de Jaurès et les propositions du député algérien Samary. Le décret Crémieux ne sera pas mis en cause, mais Jaurès ne sera guère entendu lorsqu'il déclarera à la Chambre, ce 19 février 1898 : « ... Personnellement, je crois qu'on pourrait sans péril accorder d'emblée le droit politique à l'universalité des Arabes, à condition d'accompagner cette large mesure d'association politique du peuple vaincu au peuple vainqueur, à condition de l'accompagner de quelques mesures immédiates de protection sociale pour l'organisation notamment du crédit, pour la défense de la propriété arabe ou de ce qui en reste contre des empiétements trop rapides et trop brutaux. Je suis sûr que si la France voulait et savait apparaître comme le peuple de la justice, en accordant aux Arabes le droit de vote, elle ne pourrait qu'agrandir sans péril la puissance et le rayonnement de la France elle-même... »

Le procès Zola continue mais la cause est déjà entendue. Zola est condamné sans avoir comparu. La Cour lui infligera, le 23 février, le maximum de la peine : un an de prison, trois mille francs d'amende. Au mois d'avril, la Cour de cassation annulera l'arrêt des assises en relevant que le ministre de la Guerre n'était pas en droit de se substituer au Conseil de guerre pour assigner Zola.

Paris, pendant tout le procès, est en ébullition. Dreyfusards et antidreyfusards s'affrontent dans les salons, dans les rues, dans les foyers. Dans les mêmes familles, l'affaire Dreyfus provoque des discussions sans fin, des oppositions virulentes, des brouilles. On rallie le camp des dreyfusards un peu, comme en 1940, celui des gaullistes. Tel père rejette son fils, ou vice versa, parce qu'il prend fait et cause pour le capitaine. Un dessin du célèbre Caran d'Ache représente un « dîner de famille ». En une première image la table des convives est joyeuse, détendue, fraternelle. Deuxième image : les verres, les assiettes, les couverts volent aux quatre coins de la pièce. Les visages ont perdu le sourire, les voici transformés par la haine. Les empoignades succèdent aux démonstrations de tendresse. La bagarre est générale et la légende qui accompagne le deuxième volet apporte l'explication de cette brusque modification : « Ils en ont parlé... » La presse antidreyfusarde et antisémite fait feu de tous ses canons. Elle a sur l'adversaire un avantage énorme, forte des millions de lecteurs de *La Libre Parole*, de *L'Éclair*, de *L'Écho de Paris*, du *Petit Parisien*, de *La Patrie*, du *Gaulois*, du *Jour*, mais surtout du *Petit Journal* et de toute la littérature des pères assomptionnistes. C'est *La Croix* de Paris, des dizaines et des dizaines de *Croix* de province, la *Revue du Pèlerin*...

En face, les effectifs sont nettement moindres : *L'Aurore*, *Le Siècle*, *Le Radical*, *Le Temps*.

La foule massée autour des assises entretient un tapage permanent. La foule ameutée par la presse crie ses slogans. Le mardi 8 février 1898, deuxième audience du procès, Joseph Reinach, neveu du célèbre baron Jacques de Reinach de l'affaire de Panama, et Zola sont interpellés par des manifestants. On crie : « À l'eau ! À l'eau les traîtres ! À mort les juifs ! ». Lépine, le préfet de police, doit intervenir pour les tirer de ce mauvais pas.

« L'émotion est telle que toutes les consciences sont troublées, observe *Le Petit Journal*. On ne raisonne plus, aucune discussion n'est possible, chez tous il existe un parti pris, on est pour ou contre la révision du procès Dreyfus, pour ou contre les juifs... »

Le 11 février, une manifestation antisémite se déroule boulevard Sébastopol à Paris. Plusieurs coups de feu sont tirés dans la vitrine d'un magasin appartenant à une société israélite, MM. Salomon, Schill et Dreyfus. De même, au numéro 208 du boulevard Voltaire, la devanture d'une manufacture de jersey appartenant à MM. Bernheim frères reçoit une volée de pierres. Bagarres et troubles à Bordeaux, Rennes, Lyon, Aix-en-Provence, Toulouse.

Ce sont des affiches qui, à l'initiative de *La Croix* de Montpellier, couvrent les murs de la ville et dénoncent la « youtrerie universelle » et « le syndicat juif à la solde de l'étranger ». Le 25 février, à Dieppe, un millier de personnes conspuent Zola et les juifs. À Rouen, les noms des familles juives de la ville sont affichés à la porte... de certaines églises. Des centaines de personnes forment un cortège et manifestent leur joie quand elles apprennent la condamnation de l'auteur de *Germinal*. À Bar-le-Duc, on brise les vitres du beau-frère de Dreyfus. Les israélites et Zola font les frais, ici et là, des fêtes de carnaval. Pour la fête des brandons, au cours de laquelle, en Auvergne, les habitants allument des feux de joie, les mannequins de Dreyfus et Zola montés sur un âne sont brûlés symboliquement.

À Nantes, le chimiste Édouard Grimoux, membre de l'Institut, qui avait témoigné en faveur d'Émile Zola, est conspué par la foule lorsqu'il vient participer au congrès pour l'avancement des sciences. Trois mille personnes se rassemblent sous la fenêtre de son hôtel, le menacent. Il est contraint de quitter la ville en cachette. La police prend des mesures de sécurité pour protéger des représailles les quelque vingt-cinq commerçants israélites de Nantes ainsi que le rabbin. La synagogue est gardée par des agents pendant plusieurs jours.

À Nantes également, des inscriptions recouvrent les publicités des commerçants juifs de la ville, ou les devantures de leurs magasins, par exemple le Sans Pareil des frères Deutsch. On signale des inscriptions semblables (« Mort aux juifs ! ») à Grenoble, sur les murs du Bon Génie, du Paris Mode. Parfois, la seule mention « juif » remplace la menace. C'est encore un magasin, Le Paradis des dames, qui, au mois de mars 1898, à Toulouse, sera la cible des antisémites. Les vitres en seront brisées. Déjà, en 1895, un an après le début de l'affaire Dreyfus, l'assemblée générale des catholiques du Nord et du Pas-de-Calais s'était inquiétée de l'influence des commerçants juifs dans les deux départements et avait suggéré que, pour la « défense du commerce catholique », les maisons chrétiennes se signalent par une croix dans les annuaires officiels. Effective avant l'affaire Dreyfus, l'hostilité aux juifs de France d'une partie de la population redouble d'intensité lorsque le capitaine est accusé ; elle atteint son sommet avec le procès Zola. Or, nous venons de le voir, ces manifestations ont très souvent des mobiles économiques. On pardonne difficilement aux commerçants israélites leur réussite que l'on impute à la malhonnêteté et aux « combines » : interprétation évidemment par trop commode...

Le commerçant français israélite de 1898 est l'objet d'une hostilité dont son coreligionnaire d'Allemagne fera l'expérience trente ans plus tard sous le régime nazi ; sous le régime nazi et, en 1940, dans la France occupée. « Juif », écrivait-on en lettres rouges à Grenoble, en 1898, sur le Bon Génie et le Paris Mode. À Paris, l'administration militaire des troupes d'occupation allemandes changera à peine la formule : « Magasin juif »...

Les incidents antisémites se multiplieront bien après le procès Zola. Des juifs modestes en sont les victimes, ou, dans les « beaux quartiers », les enfants de bourgeois israélites de cette fin du XIXe siècle. Le 1er mars 1898, par exemple, deux marchands, Josué Cohen et Joseph Coronel, qui vendaient des dentelles à Vincennes, rue de France, sont assaillis par un groupe de passants aux cris de : « À bas les juifs ! » Coronel est sérieusement blessé d'un coup de couteau.

Dans les rues de Paris, les lycées, les écoles, les enfants juifs sont parfois pris à partie, insultés, empoignés, et n'échappent à leurs poursuivants qu'en faisant le coup de poing, ou en fuyant. Tel enfant juif, appartenant à une vieille famille alsacienne, et devenu depuis professeur à la faculté de médecine, est lapidé en pleine rue, à Paris. Tel autre, qui sera plus tard un brillant chirurgien, spécialisé en urologie, est, au lycée Janson-de-Sailly, agressé par des condisciples. Ils sont en nombre, ils se saisissent du « sale petit juif » et prétendent... le baptiser en l'emmenant sous un robinet. La scène attire de toutes parts des curieux, des complices de la voix et du geste. Bientôt les ministres de ce culte étrange approchent du robinet avec le « néophyte ». Stupeur : d'un geste violent, le « petit juif » se dégage et assène au visage d'un des comparses un coup terrible. Les baptiseurs se dispersent et les rieurs rentrent leurs exclamations. Mais l'imprudent qui a reçu le coup de poing en conservera la trace pendant longtemps. Des juifs de Paris de la génération suivante se souviennent d'incidents semblables entre les deux guerres mondiales. Toujours à Janson-de-Sailly, pendant les années 30, il arrive qu'un nom aux consonances israélites vaille de récolter des quolibets de jeunes bourgeois du XVIᵉ arrondissement.

Après le procès Zola, des bombes factices sont déposées au 37 rue de Châteaudun à Paris, chez M. Spielman, agent à la Bourse, puis au numéro 53 devant la porte du beau-frère d'Alfred Dreyfus, Hadamard. La veille, ils avaient trouvé une pancarte dans l'escalier de leur immeuble : « À bas les juifs ! Demain, vous sauterez ! »

Insinuations et affirmations malveillantes sont courantes dans la presse de cette année 1898 ; les plus dangereuses se glissent dans les colonnes des journaux à grand tirage et d'audience populaire. *Le Petit Journal*, le plus lu des quotidiens français, revient très fréquemment sur les maléfices du mystérieux « syndicat » à la solde de Dreyfus. Il accuse sans preuves les amis du capitaine juif d'être à l'origine de perturbations économiques. Témoin cette « information », publiée au moment des premières audiences du procès Zola : « Les excellents patriotes qui, depuis plus de trois mois, mènent l'abominable campagne que l'on sait, ne sont pas seulement néfastes à l'armée et au prestige de la France à l'étranger ; ils portent, en outre, un préjudice considérable à notre commerce, à notre industrie. »

Pourquoi et comment ? *Le Petit Journal* se garde bien de le préciser. Les moyens sont ignorés, seul le résultat mérite d'être mentionné ; il l'est de curieuse manière : « On peut s'en assurer d'une façon indéniable, poursuit le commentateur anonyme, en constatant que, durant le mois de janvier dernier, il y a un déficit de 700 000 francs sur les prévisions budgétaires de la ville de Paris. »

Et la phrase lapidaire est lâchée : « Les amis du traître ne se contentent pas d'essayer de déshonorer l'armée ; ils veulent nous ruiner... »

Conférences, banquets à Nantes, à Nancy, organisés par Jules Guérin. On entonne la *Marche antisémite* :

À mort les juifs (bis)
Il faut les pendre

Sans plus attendre
À mort les juifs (bis)
Par le pif !

Les duels continuent. Le 26 février, Drumont rencontre Clemenceau sur le pré. Le journaliste de *L'Aurore* s'est estimé diffamé par un article du pamphlétaire barbu de *La Libre Parole*. Ce qui se résoudrait aujourd'hui devant les tribunaux se règle en 1898 l'arme au poing. On ne saurait être un combattant de la plume sans manier l'épée ou le revolver. Clemenceau, il est vrai, avait subi une rude charge littéraire d'Édouard Drumont, qui lui avait lancé : « Vous êtes un misérable, évidemment, mais dans votre genre, vous avez au moins le mérite d'être complet ! » Duellistes et témoins se retrouvent au vélodrome du Parc-des-Princes. Six balles sont échangées à vingt mètres, sans résultat, et l'on décide, sagement, d'en rester là.

Le 5 mars, le commandant Henry croise le fer au manège de l'École militaire avec le colonel Picquart. Henry est blessé à deux reprises. Esterhazy, prenant la suite d'Henry, provoque Picquart à son tour. Ce dernier refuse de constituer des témoins, estimant déshonorant de se confronter avec un homme de déshonneur. Et puis, Picquart flaire là un mauvais piège : il se pourrait que ses adversaires, se donnant le mot, aient décidé d'organiser une sorte de relais de provocations pour mieux l'abattre.

Étrange, étrange duel que celui qui est imposé au secrétaire de la rédaction de *La Dépêche de Brest*. Étienne Chesneau, admirateur brûlant du talent littéraire d'Émile Zola, a écrit dans son journal un article très élogieux sur son œuvre. Le secrétaire de la rédaction Chesneau est un imprudent. En pleine affaire Dreyfus et alors que les rues de Paris et de province grondent d'injures contre le plus prestigieux mais le plus exécré des défenseurs du capitaine, on ne s'aventure pas à lui tresser des couronnes, ces éloges-là fussent-ils empreints de la plus grande sérénité et fussent-ils limités à l'aspect littéraire de l'œuvre de l'auteur de *Nana*. Pour les « bien-pensants » de 1898, Émile Zola incarne en sa personne le paroxysme de l'ignominie. Le réalisme de ses images est le comble de l'abjection. Sa campagne en faveur de Dreyfus l'accable d'un poids énorme de réprobation et de haine. Il est, avant Léon Blum, l'« ennemi public n° 1 » : pornographe, insulteur de l'armée, avocat des juifs, etc. D'ailleurs le journaliste Chesneau apprendra un peu plus tard, aux beaux jours de *L'Action française*, qu'il n'est pas de bonne littérature provenant d'écrivains juifs ou d'assimilés.

Donc le secrétaire de la rédaction de *La Dépêche de Brest* a écrit un article à la louange du génie littéraire de son grand confrère. Cet article tombe sous les yeux d'un lecteur nationaliste, M. de Belloy de Saint-Liénard, officier à bord du vaisseau-amiral *Hoche*. L'officier prend feu et flamme... et provoque Chesneau en duel pour réparer l'« outrage » ! Le journaliste relève le défi, les deux hommes se battent à l'épée. Plus expert que lui dans l'art des armes, l'officier blesse son adversaire à la main.

« À bas Zola ! À bas Judas ! » Le cri est mille fois répété par les nationalistes. Quand ils apprennent la condamnation de l'écrivain, « l'ami du traître », ils exultent. Dans plusieurs villes de France, à l'annonce du verdict, des milliers de gens se rassemblent et applaudissent. La meilleure preuve de la trahison du clan Dreyfus, d'Émile Zola, n'est-elle pas, indiquent les commentateurs du *Petit Journal* et autres organes, dans les comptes rendus désabusés de la presse allemande sur les verdicts des tribunaux français, dans leur prise de position en faveur de Dreyfus qu'ils s'efforcent d'innocenter ? M. Mauvais, maire de La Flèche, ayant reçu, comme la plupart des maires, le texte de *L'Appel à la France* de Zola, lui adresse une lettre ouverte : « ... Il est regrettable, lui écrit-il, qu'un écrivain de votre valeur ait prêté l'autorité de son nom à cette coalition de juifs qui paient par la trahison l'hospitalité française... »

Le 1er mars, dans un café de Vic-le-Comte, près de Clermont-Ferrand, un consommateur éméché se prend de querelle avec un compagnon de boisson. La discussion s'envenime, les injures fusent. À bout d'arguments, l'un des deux hommes lance l'outrage suprême : « Sale Zola ! » L'« injurié », au comble de la colère, se précipite chez le juge de paix... et porte plainte. Aussi, plusieurs journalistes parisiens s'interrogent-ils sérieusement : se faire traiter de « Zola » constitue-t-il un dommage ? Est-ce là un cas de diffamation ? Embarrassant dilemme : le juge de paix de Vic-le-Comte aura fort à faire pour se prononcer en toute équité !

Des prospectus tels que celui-ci donnent la mesure du niveau auquel se situent la propagande antisémite, la campagne contre Émile Zola. Sous forme de « faire-part », des littérateurs anonymes annoncent :

> « ... Vous êtes prié d'assister au convoi, service et enterrement du pornographe, défenseur du traître Dreyfus, qui auront lieu à Porc-en-Truie :

Émile Zola

Décédé en cour d'assises, au Palais de Justice, à Paris, à l'âge de cinquante-huit ans, à la suite d'une longue et douloureuse scandalite aiguë causée par un ramollissement cérébral, jointe à une indigestion de galette israélite.

L'illustre écrivain, avant sa mort, avait toutefois eu le temps de se faire circoncire, ce qui ne l'a pas empêché de s'en aller *ad patres*...

De la part de Salomon Prepuce, Baronne (Lévy) d'Ange, Barons Isaïe Kahn-Hulf, Kohn-Naas, Nathan Komun-Cerf, Sordulac, Boule-de-Juif, Grattmoiloss, Kifeltruc, etc. »

Les antidreyfusards reviennent en majorité après les élections législatives de mai 1898. Édouard Drumont, sollicité par Max Régis et ses amis de se présenter dans la deuxième circonscription d'Alger sous le signe de l'antisémitisme, était arrivé dans la « Ville blanche » le 3 avril. Une foule enthousiaste lui avait fait fête. Cent fois le cri de guerre avait été repris : « À bas les juifs ! » Les juifs d'Algérie n'avaient pas prévu que, moins de trente ans après avoir acquis la nationalité française par le libéralisme de l'un des leurs, Adolphe Crémieux, ils seraient traités sur leur terre natale comme des parias, malmenés et battus comme du fretin, détroussés comme les voyageurs d'un destin d'infortune. Drumont, appuyé par ses partisans d'outre-Méditerranée, était venu chez eux cueillir les lauriers de la députation. Sa victoire fut commode. Le 8 mai, il était élu à une majorité écrasante : 11 850 voix, contre respectivement 2 296 et 1 697 à ses deux adversaires.

Voici donc le prophète barbu de l'antisémitisme siégeant sur les bancs de la Chambre des députés grâce aux Européens d'Algérie. En même temps que lui, trois antisémites notoires, sur les six sièges à pourvoir pour l'Algérie, trois antisémites dont le franc-maçon Émile Morinaud, remportent la victoire. Les nouveaux élus rejoindront au Palais-Bourbon le « groupe antisémite » que préside Drumont et qui rassemble dix-neuf parlementaires qui ont affronté sous cette bannière les suffrages du peuple. Pour la première, mais pour la dernière fois, l'antisémitisme servira d'étiquette à un groupe de l'Assemblée... En Algérie même, l'agitation se poursuit. Émile Morinaud obtient de sa Loge, Union et Progrès, le vote d'une motion... demandant l'expulsion des juifs de France. Le jeune Max Régis ajoute de nouveaux exploits à sa carrière d'agitateur. Le 12 novembre 1898, bien qu'il fût en prison pour avoir troublé l'ordre public, il était triomphalement élu avec sa liste lors des élections municipales, et désigné comme maire d'Alger. Aussi le gouverneur général croyait-il plus prudent de le faire libérer. Ses partisans l'accueillirent avec des fleurs ; le nouveau maire avait encore les menottes aux mains lorsqu'il s'adressa à ceux qui l'entouraient : « Je veux, dit-il, me mettre à la tête de l'indépendance de l'Algérie[1]. »

Tandis que dix-neuf députés officiellement antisémites se disposent à entrer à la Chambre, Alfred Dreyfus, qui est au comble de l'abattement moral et physique, s'adresse de l'île du Diable au président de la République et au général de Boisdeffre. À Félix Faure, le capitaine demande sa réhabilitation, il plaide encore une fois son innocence. À Boisdeffre il confie... le sort de ses enfants. Puis il écrit aux députés, mais le président du Conseil Méline demande que l'on intercepte sa lettre. Ainsi, les députés n'en auront pas connaissance. En juillet, Lucie Dreyfus demande la révision du procès. Rien n'est plus nécessaire, affirme-t-elle, depuis que le général de Pellieux a reconnu pendant le procès d'Émile Zola l'existence d'un dossier secret. Au mois d'août, Jean Jaurès commence dans *La Petite République* une série d'articles, sous le titre « Les preuves », dans lesquels il assure que les pièces secrètes du dossier de l'état-major ne sont que des faux.

Mort du colonel Henry

Le procès Zola avait renforcé le camp des dreyfusards. Les irrégularités et les machinations étaient apparues dans leur pleine lumière. Mais les défenseurs du capitaine étaient évidemment très gênés pour montrer l'inanité des « preuves » de sa culpabilité que l'état-major déclarait posséder, et conserver, en se retranchant derrière le secret de la défense nationale. C'est le rôle de Jaurès de s'attaquer à cette dernière place forte.

Jaurès n'a pas été, beaucoup s'en faut, un partisan de la première heure du capitaine Dreyfus. Il a d'abord refusé de répondre aux démarches de Bernard Lazare qui avait sollicité son appui. Au

---

1. Maire d'Alger, Max Régis dépassa une fois de plus la mesure : son aveuglement antisémite et sa fougue outrancière lui dictèrent des paroles injurieuses à l'égard du gouverneur général Laferrière qui, comme il en avait le droit, le suspendit de ses fonctions. Il se résigna, quitta Alger pour l'Espagne. S'étant assagi, il se consacra aux affaires, abandonnant toute action politique.

mois de janvier 1898, trois ans après la comparution de Dreyfus devant le Conseil de guerre, les trente-deux députés socialistes de la Chambre refusaient publiquement de prendre parti en sa faveur parce que, disaient-ils, il appartenait « à la classe capitaliste, la classe ennemie ». Le Parti ouvrier français de Jules Guesde, le plus puissant des mouvements prolétariens, n'est pas moins réticent. Les militants sont tenus à l'écart des manifestations favorables au capitaine Dreyfus : il s'agit pour eux d'un officier bourgeois, son cas ne concerne pas le prolétariat. Quand Jaurès rallie la cause dreyfusarde, estimant en définitive que l'affaire Dreyfus n'est pas une affaire de classes, Jules Guesde et Vaillant rétorquent que l'engagement en faveur de Dreyfus risque de détourner le prolétariat de ses objectifs vitaux.

Les anarchistes, les libres-penseurs montrent également la plus grande indifférence. Un chroniqueur du *Père Peinard* écrit dans le numéro de la semaine du 21 au 28 novembre 1897 : « ... Qu'il soit innocent ou coupable, je m'en tamponne le coquillard ! J'ai beau le reluquer sous toutes les coutures, je ne trouve en lui que l'officier ! » Quand ce n'est pas de l'hostilité : « Ce youpin Dreyfus est un galonnard, patriote jusqu'au bout des orteils, qui, gratte-papier au ministère de la Guerre, maquignonnait des secrets de polichinelle qu'on garde précieusement dans cette sale boîte. Il les vendait à l'Allemagne. Son commerce malpropre prospérait lorsque, il y a deux ans, on découvrit le pot-aux-roses... » (*La Sociale*, semaine du 20 au 27 septembre 1896).

En définitive, ce sont les intellectuels non inféodés qui s'engagent sans réserve, et surtout les universitaires, les savants : le directeur de l'Institut Pasteur, Émile Duclaux ; les professeurs au Collège de France, Louis Havet, Paul Meyer, Gabriel Monod ; à la Sorbonne, Gabriel Séailles. Les écrivains, et quels écrivains ! : Péguy, Proust, Anatole France, Gide, Tristan Bernard, Jules Renard, Fernand Gregh, Daniel Halévy, Jean Psichari, Octave Mirbeau. Parmi les intellectuels juifs, Lucien Herr, l'inspirateur de Jaurès, fondateur avec Péguy de la Librairie Bellois, Michel Bréal, Léon Blum, le pionnier Bernard Lazare.

Au moment où Jaurès tonne dans *La Petite République*, Cavaignac, le nouveau ministre de la Guerre, apprend d'un attaché à son cabinet, le capitaine Cuignet, que la pièce remise en novembre 1896 par Henry à l'état-major est un faux. C'est une lettre adressée par Panizzardi, l'attaché militaire à l'ambassade d'Italie, à Schwartzkoppen, qui met en évidence la complicité de Dreyfus.

Le responsable du trucage est le colonel (depuis son avancement) Henry. Celui-ci s'est assuré la collaboration d'un faussaire de haut vol, Lemercier-Picard, de son vrai nom Moïse Leeman, escroc impénitent bardé de condamnations. Leeman est réputé pour son habileté à maquiller les documents, mais cette fois il se perd par un détail. L'astuce a consisté à rapprocher les morceaux de deux lettres adressées à Schwatzkoppen par Panizzardi et à inclure entre eux des passages relatifs au capitaine Dreyfus. Les deux compères ne se sont pas aperçus que les deux lettres dont ils ont utilisé les fragments n'avaient pas exactement le même quadrillage et que l'impression était sensiblement différente.

Cavaignac qui, au mois de juillet, avait proposé à la Chambre de traduire en justice les dreyfusards les plus connus (Mathieu Dreyfus, Zola, Scheurer-Kestner, Jaurès, Clemenceau, Bernard Lazare...), et les avocats !, tombe de haut. Il commence par ne pas révéler l'affaire, qu'il garde secrète pendant quinze jours, et convoque Henry. Le 30 août, celui-ci avoue. Il est mis aux arrêts au Mont-Valérien. Le lendemain, on le découvre la gorge tranchée avec un rasoir. Suicide ou crime ? L'hypothèse a été avancée qu'Henry a été supprimé pour qu'il n'ait pas la tentation de parler[1]. Le lendemain, l'agence Havas lance la nouvelle. Sans doute est-ce l'événement le plus spectaculaire de l'Affaire... Boisdeffre, le chef d'état-major, démissionne, bientôt suivi de Cavaignac.

Dans le camp des dreyfusards, c'est une explosion de soulagement, de satisfaction. « Ce qui me possédait, m'envahissait ainsi, ce n'était pas l'émotion dramatique du fait divers, écrit Léon Blum. Je n'y étais pas plus sensible que je ne l'avais été aux péripéties du procès Zola. Non, la joie immense, infinie, qui semblait ruisseler sur moi avait pour source une autre raison. La vérité avait triomphé. Je n'assistais plus seulement à son sûr cheminement, mais à son arrivée victorieuse... »

Les rumeurs les plus extravagantes commencent à courir sur la mort du colonel Henry, malgré le rapport du commissaire de police Armand Charpentier qui conclut au suicide et sert de base à la thèse officielle. Plusieurs personnes affirmeront l'avoir aperçu à Paris. Le peintre Maurice Feuillet dira l'avoir croisé sur la place

---

1. Le faussaire Moïse Leeman, dit Lemercier-Picard, fut retrouvé pendu dans sa chambre d'hôtel, le 3 mars 1898. On ne peut s'empêcher de faire un rapprochement entre sa mort et celle du commandant Henry.

de l'église Saint-Vincent-de-Paul. Un correspondant, lecteur de *L'Express* de Toulouse, écrira qu'il a déjeuné à une table proche de la sienne, à Buenos Aires.

Les nationalistes, les antidreyfusards reçoivent la nouvelle comme un coup de poing en plein visage. Maurice Paléologue transmet les réactions de l'armée : « C'est pire que Sedan, commentent les officiers, c'est une catastrophe. » On rapporte qu'au service des Renseignements, beaucoup ne peuvent s'empêcher de pleurer à l'annonce de la mort volontaire du colonel. Maurras, dans *La Gazette de France*, les amis de Drumont, dans *La Libre Parole*, essaient de trouver une parade. Maurras échafaude l'hypothèse du « faux patriotique » : si Henry s'est tué, écrit-il en substance dans *La Gazette de France*, c'est pour éviter de très graves embarras, la guerre peut-être. La guerre avec l'Allemagne. En effet, l'état-major possède un document très compromettant pour l'empereur. Sa révélation provoquerait des complications diplomatiques insurmontables. En effectuant le faux, poursuit Maurras, Henry s'est volontairement sacrifié, à la demande de ses supérieurs. Il a aussi permis de découvrir une explication plausible, une solution, une issue de masquer la plus dangereuse des vérités par le plus plausible des alibis.

Pour Maurras, cette mort exige une juste vengeance : « Colonel, votre sang, qui ruissela jusqu'au milieu de la cellule depuis le lit de camp où vous vous étiez étendu, a été, disent les journaux, épongé aussitôt, sur l'ordre du commandant du Mont-Valérien. Mais c'est là une grande erreur. Sachez que de ce sang précieux, le premier sang français versé dans l'affaire Dreyfus, il n'est pas une seule goutte qui ne fume, partout où palpite le cœur français. Ce sang fume et criera jusqu'à ce que l'effusion en soit expiée, non par vous qui avez cédé à de beaux désespoirs, non pas même par la fâcheuse coterie ministérielle, mais bien par vos premiers bourreaux, je les désigne, les membres du Syndicat de la trahison. »

Rien ne corroborera jamais l'ingénieuse explication de Maurras sur le « faux patriotique ». En tout cas, l'armée, certains cercles nationalistes puisent dans cette hypothèse de pure imagination des éléments de réconfort. Le 14 décembre 1898, *La Libre Parole* ouvre une souscription en faveur de la veuve du colonel Henry afin, disent ses promoteurs, de lui permettre de poursuivre en justice « le juif Reinach ». Des dizaines de députés et sénateurs cautionnent cet appel au public : La Bourdonnaye, Montalembert,

Broglie, Le Cour Grandmaison. Maurice Barrès en est de cinquante francs. Paul Valéry de trois francs. Parmi les souscripteurs également François Coppée, Pierre Louÿs, Paul Léautaud. Près de quinze mille personnes, qui apportent 131 110 francs. De nombreux commentaires accompagnent les dons. Un prêtre, l'abbé Gras, « ex-lieutenant », verse cinq francs et ajoute : « Pour une descente de lit en peau de youpin, afin de les piétiner matin et soir... »

Le 31 août, Esterhazy, mis à la réforme, s'est enfui en Belgique. Il gagnera l'Angleterre un peu plus tard. Au mois d'octobre 1898, il sera rayé de la Légion d'honneur.

4.

Second procès.
Dreyfus gracié

Lucie Dreyfus demande au garde des Sceaux la révision du procès de son mari. En dépit de l'avis défavorable de la commission consultative du ministère de la Justice, le ministre, Sarrien, transmet, le 27 septembre, la requête de Mme Dreyfus à la chambre criminelle de la Cour de cassation. Alfred Dreyfus reçoit la note suivante en sa prison de l'île du Diable :

« Cayenne, 16 novembre 1898.
Gouverneur à déporté Dreyfus ; par commandant supérieur des îles du Salut.
Vous informe que la Chambre criminelle de la Cour de cassation a déclaré recevable en la forme la demande en révision de votre jugement et décidé que vous seriez avisé de cet arrêt et invité à produire vos moyens de défense. »

Dreyfus, qui ignorait tout de l'évolution de l'affaire (les passages qui en traitaient étant systématiquement censurés lors de la copie des lettres qui lui étaient destinées), Dreyfus se reprend à espérer. Une clarté apparaît dans sa nuit. Il se passe quelque chose... Tout n'est pas perdu.

Mais tout n'est pas résolu. Le ministère Brisson tombe ; un gouvernement Charles Dupuy lui succède. La chambre criminelle de la Cour de cassation commence l'instruction au milieu d'une tension, d'une agitation politique peu communes. Au mois de décembre, trois universitaires – Henri Vaugeois, Gabriel Syveton, Louis Dausset – fondent la Ligue de la patrie française. La Ligue, dans son programme, se veut réfractaire à tout esprit de parti, ouverte à divers courants de pensée, mais prône la défense du patrimoine national, des valeurs traditionnelles mises en péril, selon ses promoteurs, par l'affaire Dreyfus. La révélation des trucages, des mensonges et des pressions, la démission du général de Boisdeffre, les félonies d'Esterhazy et le suicide d'Henry jettent sur l'armée un discrédit dangereux pour la France. L'idée de la revanche est toujours présente à l'esprit des « nationaux », elle est inséparable de la menace germanique. Au surplus, depuis le mois de septembre, la France est engagée dans la mauvaise affaire de Fachoda. Le capitaine Marchand a occupé la ville, mais devant la pression de l'Angleterre préoccupée d'assurer son expansion coloniale au Soudan, pour éviter un conflit que l'infériorité de notre Marine ne nous permettrait pas d'assumer, Marchand est contraint de l'abandonner au profit du général Kitchener. Cette capitulation est ressentie comme une humiliation. Le sentiment nationaliste est revivifié par la crise internationale. Pour les « ligueurs », l'affaire Dreyfus n'est qu'un accident secondaire qui gaspille inutilement les énergies du pays ; elle a réveillé les démons endormis de la Révolution française. L'idéal de la Patrie doit s'imposer à la conscience des Français.

« La Ligue est ouverte à tous, industriels, commerçants, paysans, ouvriers... nous sommes avec tous. Que tous soient avec nous autour du drapeau », écrit Jules Lemaitre. Il est de fait que la Ligue de la patrie française a des assises populaires, qu'elle recrute dans les milieux du nationalisme cocardier qui vit du souvenir de l'Empire et de l'expérience récente du boulangisme. Son indépendance confessionnelle est certaine, bien que de nombreux catholiques la rallient. Elle est imprégnée d'antisémitisme. Les futurs dirigeants d'Action française y font leurs premières armes. Elle est, d'une certaine manière, l'ancêtre des ligues nationalistes qui ponctueront de leur agitation brouillonne l'histoire politique de la France jusqu'en 1940. Plus de cent mille personnes rejoignent la Ligue au moment où elle connaît le plus grand succès. Les noms les plus illustres des lettres, de l'Université s'inscrivent : Jules Lemaitre, Maurice Barrès, Ferdinand Brunetière, François Coppée, Paul Bourget, Jules Verne, Frédéric Mistral, Francisque Sarcey, José Maria de Heredia, le duc de Broglie, Pierre Louÿs... Les futurs dirigeants d'Action française : Charles Maurras, Léon Daudet, Maurice Pujo, etc.

Les juges de la Cour de cassation ébauchent donc leurs travaux dans des conditions des plus difficiles. L'agitation nationaliste redouble, la presse antisémite accentue sa campagne pour ameuter l'opinion. Le président de la Cour, Loew, protestant et alsacien, se fait couramment traiter de « Prussien » par *La Libre Parole*. Les juges sont accusés d'être des « stipendiaires de l'Allemagne ». Ce sont des « malandrins en hermine », « vendus aux juifs, aux Rothschild et aux dreyfusards », des « valets de la synagogue ». La Cour elle-même, « sanctuaire de la trahison », est « un amalgame de la Bourse et du Lupanar », la « succursale de la synagogue... l'antre de Judas ». Les incidents sont fréquents entre magistrats et officiers au cours des audiences qui se déroulent à huis clos. Quand ils rentrent chez eux, les juges trouvent dans leur courrier des dizaines de lettres de menace anonymes, ouvrent leur journal pour prendre connaissance de mille injures. C'est une véritable pression qui s'exerce sur la justice, contre les magistrats de la chambre criminelle que les textes législatifs sur la presse protègent mal des abus de langage, des insinuations et des mensonges. Craintif, mal assuré, le gouvernement Dupuy défend avec tiédeur les magistrats cernés par la meute. Le 10 février 1899, il confie aux deux chambres de la Cour le jugement de révision, dont la chambre criminelle assurait jusqu'alors la charge exclusive.

« Il faut remonter aux heures les plus tristes de notre histoire pour y trouver une discorde aussi pathétique », note Maurice Paléologue. Et remonter également très loin dans notre histoire pour y découvrir un tel défi aux règles de la justice. Pendant le même mois de février, le président de la République, Félix Faure, meurt d'une attaque foudroyante dans les bras de Mme Steinheil, sa partenaire dans une parade galante. Drumont, se référant aux origines de Mme Steinheil, laisse entendre que le président a pu être assassiné par les dreyfusards et les juifs[1] : « ... une odeur de meurtre s'exhalait de ce cercueil », écrit-il dans *La Libre Parole*. Féru de l'histoire antique, il rappelle le stratagème de Dalila livrant Samson aux Philistins : « Dalila était à la solde des juifs ! » Clemenceau, dreyfusard de combat, commente d'un mot féroce la mort de Félix Faure : « Cela ne fait pas un homme de moins en France... »

Le 17 février, Émile Loubet, ancien président du Conseil, président du Sénat, est élu président de la République par les deux Chambres réunies, selon les rites de la IIIe République. Il recueille sur son nom une très forte majorité, mais les nationalistes, qui ne

----

1. Félix Faure était plutôt hostile à la révision du procès.

lui ont pas pardonné d'avoir été président du Conseil pendant le scandale de Panama, le criblent d'invectives. On lui colle l'étiquette de « Panama Iᵉʳ ». Jules Lemaitre l'accuse de complicités dreyfusardes. Drumont lui lance tantôt : « Misérable ! », tantôt « Malhonnête homme ! ». C'est « une insulte à la France », un « défi à l'armée... », « une victoire de la trahison juive ». Bien entendu, Loubet émarge aux fonds secrets du « Syndicat », il est largement payé par les dreyfusards et le camp juif. Quand il débarque à la gare Saint-Lazare après son élection, les monarchistes et autres nationalistes le conspuent à gorges éclatées. La troupe a du mal à le protéger, d'autant que le commandant de l'escorte dissimule à peine ses sympathies pour les manifestants. Six jours plus tard, le 23 février, Paul Déroulède, chantre du nationalisme intégral, romantique et désuet, fondateur de la Ligue des patriotes – différente de la Ligue de la patrie française –, essaie d'entraîner l'armée dans un mauvais coup contre la République. Le jour des obsèques de Félix Faure, il saisit la bride du cheval du général Roget, qui conduit la troupe, et lui demande de marcher sur l'Élysée. Le général, qui ne se sent pas l'âme d'un Bonaparte, refuse de se lancer dans l'aventure d'un 18 Brumaire ou d'un 2 Décembre. Déroulède est éconduit et contraint de se réfugier dans la caserne de Reuilly, avant d'être arrêté et jugé par le Sénat siégeant en Haute Cour.

Au milieu de ce hourvari politique, la Cour de cassation, toutes chambres réunies, prononce son arrêt : le jugement du 22 décembre 1894 contre le capitaine Alfred Dreyfus est annulé. Le condamné est renvoyé devant le Conseil de guerre de Rennes. Deux faits essentiels ont motivé la décision de cassation de la Cour : que le « bordereau » n'ait pas été écrit par Dreyfus, que le Conseil de guerre de Paris qui prononça la condamnation ait reçu communication, sous le sceau du secret, de pièces mensongères.

Deux jours plus tard, le 5 juin 1899, un surveillant du pénitencier de l'île du Diable remet à Dreyfus le texte de l'arrêt de la Cour. Pour lui, qui en était resté à des mois en arrière sur l'évolution de l'affaire, qui ignorait jusqu'au suicide d'Henry, la surprise est de taille. Le 9 juin, à sept heures du matin, il monte dans une chaloupe qui le conduit en mer jusqu'au croiseur *Sfax*. Là, il est mis au secret dans une cabine dont le hublot est verrouillé par une grille. Les officiers et les hommes d'équipage ont reçu la consigne de ne pas lui adresser la parole. Le 30 juin, le *Sfax* arrive en vue des côtes françaises. Dreyfus prend place dans un canot, où il se blesse en tombant, et est amené dans un bateau à vapeur. Le débarquement a lieu à Port-Haliguen.

Le 1er juillet, le capitaine arrive à la prison militaire de Rennes. Dans une chambre voisine de celle qui lui a été assignée, mais en la présence d'un lieutenant, il revoit sa femme. Il a beaucoup maigri, le visage est creusé, son regard a pâli, mais Lucie est là, tout près de lui. Ils parlent de leurs enfants ; ils échangent de brèves paroles, des phrases hachées par l'émotion. Un nouveau procès va débuter, de nouveaux affrontements sont en vue... Bien que tout paraisse jugé, rien n'est encore décidé, puisqu'il est dit qu'à chaque fois il faut recommencer, surmonter de nouveaux obstacles, arracher à l'évidence et à la mauvaise foi les preuves de l'innocence. Dans une lettre adressée au *Matin*, publiée le 18 juillet, Esterhazy reconnaît qu'il est l'auteur du « bordereau ». Il se justifie en prétendant qu'il l'a écrit sur l'ordre de ses supérieurs pour leur apporter la preuve matérielle de la culpabilité de Dreyfus... dont ils avaient cependant la certitude morale.

Dreyfus se met au travail. Il se plonge avec une avidité passionnée dans les dossiers. Il découvre, après des années de captivité, d'isolement, d'une ignorance imposée, la vérité, les rebondissements, l'acharnement à le condamner, l'ampleur du drame dont il a été l'enjeu. Il se lève lorsque les premières lueurs du jour pénètrent dans sa chambre. Cette chambre de prison paraît douce et réconfortante auprès de la case de l'île du Diable ! Les visites de sa famille, de Me Demange qui est aidé maintenant de Me Labori, remplacent les incursions muettes des gardiens d'hier. La présence toute proche des siens le réchauffe. Des milliers de lettres d'amis lointains arrivent, de France, des quatre coins d'Europe, du monde entier. Lettres d'espoir et de réconfort. Le 7 août, première séance du second procès...

Dans une ville en état de siège...

Au moment où commence le second procès Dreyfus, René Waldeck-Rousseau, républicain conservateur, a succédé à Charles Dupuy au gouvernement. Le nouveau président du Conseil s'abstient de prendre parti dans l'Affaire, mais réussit une performance politique en confiant au général de Galliffet, le massacreur des Communards, l'« homme de main » de la répression versaillaise, le ministère de la Guerre. Performance dans la mesure où le nouveau ministre présente toutes les garanties de patriotisme qui désarment la virulence des nationalistes. Galliffet, soldat avant tout, va reprendre l'armée en main, déplacer par le jeu des mutations les généraux de droite que l'agitation antidreyfusarde a poussés sur le devant de la scène.

Rennes ressemble à une ville en état de siège. La troupe patrouille dans les rues. De minutieuses mesures de sécurité ont été prises. Le lycée, dans une salle duquel se dérouleront les débats, a été soigneusement inspecté. Les personnalités les plus diverses sont arrivées d'un peu partout, envahissant les hôtels et les chambres des particuliers. Les témoins, d'abord : « ... Cent officiers, vingt civils, note Paléologue. Un ancien président de la République, cinq anciens ministres de la Guerre, quatre anciens ministres civils, un ancien chef d'état-major général, d'innombrables généraux, colonels, commandants, capitaines... » Les journalistes sont venus nombreux eux aussi. Chaque camp – dreyfusards et antidreyfusards – a ses représentants, qui se réunissent après les audiences pour les commentaires, la stratégie et les mots d'ordre. Ce sont les combattants les plus en vue de la grande bataille politique : les Barrès, les Drumont, les Lemaitre, les Cavaignac ; les Jaurès, les Viviani, les Psichari, les Marcel Prévost... Octave Mirbeau, Victor Basch. Il y a également beaucoup d'étrangers : Allemands, Néerlandais, Suisses, Anglais, Russes, Américains – juifs pour la plupart – qui ont fait le voyage pour assister au procès.

Sept heures du matin. L'huissier annonce le Conseil de guerre. Un ordre retentit : « Présentez armes ! » Au cliquetis des fusils répond le froufrou des robes des femmes, nombreuses dans le public, avec les ecclésiastiques. Le colonel Jouaust, qui préside, entre le premier. Il est suivi des autres juges : un lieutenant-colonel, deux commandants, deux capitaines. De ces six officiers dépend le sort de Dreyfus. Ils portent leur képi à la main, ils font grand bruit de sabres et d'éperons. Les soldats, sur ordre, reposent leurs armes. La séance est déclarée ouverte. Le président lance le traditionnel : « Faites entrer l'accusé ! »

Des moments comme celui-ci ne s'oublient pas. Tous, amis et adversaires, veulent saisir cette scène d'histoire, la graver dans la mémoire. Ils pourront dire plus tard : « J'ai vu entrer Dreyfus, le reclus de l'île du Diable, dans la salle du Conseil de guerre... » Les regards convergent vers la petite porte par laquelle il doit entrer. Le silence tombe sur la salle. L'émotion étreint les gorges et les cœurs. Le voici... À tous ceux qui l'ont connu, l'homme paraît transformé, physiquement méconnaissable après ses cinq années de captivité. Son corps amaigri flotte dans une tenue trop large. Ses bras, ses jambes sont décharnés, les cheveux sont devenus rares et ont blanchi, le visage est creusé, le teint pâle, marbré de temps à autre de fugitives rougeurs. Il avance, raide, vers la place qui lui est réservée, salue et s'assied. Il a revêtu sa tenue d'officier et porte des bottes garnies d'éperons.

Mathieu Dreyfus, qui assiste au procès, a baissé la tête quand son frère est entré. Il n'a pas eu le courage de le regarder, il a craint une défaillance, le sachant physiquement exténué, sous l'effet de l'émotion. Il relève les yeux pour le voir assis, immobile, devant ses juges. Le greffier lit l'acte d'accusation du procès de décembre 1894. Au rappel de ces moments terribles, observe Paléologue qui témoignera pour les Affaires étrangères, Dreyfus semble sur le point de crier de douleur, d'éclater en sanglots, mais il se reprend très vite, retrouve son visage immuablement dépourvu d'émotion.

Cela commence mal... Jouaust, le président, mène l'interrogatoire sur un ton hostile. « ... Je n'ai jamais fait d'aveux, affirme Dreyfus... J'ai toujours déclaré que j'étais innocent... Je n'ai jamais cherché qu'à défendre mon honneur... Une fois encore, sur la tête de ma femme et de mes enfants, je jure que je ne suis pas coupable ! »

Cette nouvelle protestation d'innocence laisse le public indifférent. On sent bien, aux premiers signes, que la cause du capitaine est loin d'être gagnée. En une longue suite, les témoins à charge défilent à la barre (les anciens ministres de la Guerre Billot, Zurlinden, Cavaignac ; Boisdeffre et son ancien adjoint, le général Gonse, d'autres de moindre importance), mais aucun d'entre eux n'apporte d'éléments neufs. C'est la litanie des sempiternels racontars. Mais avec la déposition de Mercier, tout s'anime.

Les nationalistes, les antidreyfusards attendent beaucoup de la déposition de l'ancien ministre Mercier. Leurs journaux prétendent que le général détient la preuve ultime, foudroyante, de la culpabilité de Dreyfus que seuls les risques de conflit avec l'Allemagne l'ont empêché de divulguer. Cette pièce secrète a été annotée par l'empereur Guillaume ; c'est pour masquer cette vérité trop dangereuse que le colonel Henry s'est dévoué, commettant le « faux patriotique », selon Maurras. La presse antidreyfusarde

– *La Libre Parole*, *La Croix*, *Le Gaulois*, etc. – reprend le thème en le complétant de précisions qui n'en sont pas. Elle affirme, par exemple, et sans apporter l'ombre d'une preuve, que l'ancien président de la République, Casimir-Perier, reçut une visite très secrète de l'ambassadeur d'Allemagne à Paris, Münster, qui lui aurait demandé de lui remettre la note de l'empereur s'il voulait éviter la guerre. « Si cette affirmation [sur la note] est exacte, affirme une "Lettre ouverte à Mercier" publiée par *Le Gaulois* du 14 août, confirmez-la. Si elle est en partie erronée, rectifiez-la. Quoi que vous disiez, la France honnête et patriote l'acceptera comme l'expression définitive de la vérité. Parlez, mon général, et tout s'expliquera... » Et les mêmes « informateurs » de colporter que, dans le courant de la nuit du 6 janvier 1895, Casimir-Perier convoque Mercier pour lui demander de se préparer à une mobilisation imminente.

À la barre, Mercier parle d'abondance mais déçoit. C'est à peine s'il fait allusion aux annotations manuscrites de Guillaume II. Il traîne en longueur (quatre heures et demie d'horloge), ajoute les allusions les unes au bout des autres. Il se retranche derrière ce genre d'argumentation : « Je persiste à croire que le bordereau a été écrit par le capitaine Dreyfus, mais je n'attache pas grande importance à cette question parce que, même si le bordereau a été écrit par un autre, son examen cryptographique va démontrer qu'il n'a pu l'être que sous l'inspiration du capitaine Dreyfus... »

Que Dreyfus n'ait pas écrit le « bordereau » importe peu ; de toute manière, il en est l'inspirateur... Les preuves ? Aucune... Que Henry ait été démasqué, qu'il se soit suicidé, qu'il ait fabriqué de toutes pièces la lettre de Panizzardi à Schwartzkoppen, qu'importe aussi, puisque Dreyfus est obligatoirement coupable.

Par ailleurs, le général Chamouin, qui a été chargé de présenter au Conseil de guerre siégeant à huis clos le dossier du ministère de la Guerre, fait en séance publique une révélation fracassante : Mercier lui a demandé d'introduire une pièce tronquée (encore une !). C'est le texte falsifié d'une dépêche adressée par Panizzardi le 2 novembre 1894. Devant cet acte de forfaiture, Mathieu Dreyfus demande immédiatement au chef du gouvernement, Waldeck-Rousseau, d'ordonner l'arrestation de Mercier et de Chamouin. Labori jubile : « Nous tenons les misérables, s'écrie-t-il, nous les tenons bien, les Mercier et autres ! Si le gouvernement fait son devoir, c'est le triomphe de la Justice ! »

Mais le gouvernement ne l'entend pas de cette oreille. Waldeck-

Rousseau, qui connaît la fragilité de la paix civile, n'intervient pas. Mercier et Chamouin ne sont pas inquiétés. Le lundi 14 août à six heures du matin, tandis qu'il se rend à l'audience, Me Labori est blessé d'un coup de revolver dans le dos. Selon les indications recueillies, l'assassin est un jeune homme aux cheveux roux. « Je viens de tuer Dreyfus ! » s'est écrié l'homme en se sauvant. Il est immédiatement recherché mais ne sera jamais retrouvé. Les enquêteurs se heurteront à un mur de silence. À Rennes, dans les campagnes, ils trouveront devant eux des visages fermés, des bouches closes. L'auteur de l'attentat contre le défenseur du capitaine Dreyfus fut certainement pris en charge par une filière de monarchistes bretons. Dix jours plus tard, Me Labori, rétabli, reprenait sa place au banc de la défense.

Le 8 septembre 1899, lorsque les témoins ont achevé leurs dépositions, le commissaire du gouvernement, le commandant Carrière, prononce son réquisitoire. De l'avis unanime, c'est un plat morceau d'éloquence. Carrière a tout oublié des machinations et des trucages. Dreyfus est coupable contre toutes les évidences. Me Demange écrase de son talent le militaire en toge. Il est émouvant (le récit des souffrances du capitaine à l'île du Diable touche jusqu'à ses adversaires), son dossier est solide, le mécanisme de l'affaire est démonté avec rigueur ; mais Me Demange est préoccupé par le désir de ne pas heurter les juges de front, il souhaite ne négliger aucune chance de réussite, il se montre évasif pour les falsifications. Me Demange plaide non coupable, bien sûr, mais avec modération. Me Labori est resté assis, silencieux, auprès de son confrère. La fougue de Labori, son impulsivité qui ont été à l'origine de nombreux incidents avec le président, ont incité certains dreyfusards à conseiller qu'il s'abstienne. Malgré l'insistance de Mathieu, qui a demandé au contraire à Labori de plaider, de ne pas renoncer, celui-ci, très affecté par les réticences qui se sont manifestées, refuse de s'associer à Demange.

Il est peu vraisemblable que la plaidoirie eût modifié l'attitude des juges. Leur comportement pendant le procès a fait augurer le pire. La plupart des observateurs – Waldeck-Rousseau le premier – prévoient une nouvelle condamnation. Le samedi 9 septembre, après une heure et demie de délibérations, le Conseil de guerre rend son verdict : le capitaine Dreyfus est reconnu coupable, avec les circonstances atténuantes, et se voit infliger dix ans de détention. La décision était acquise par cinq voix contre deux, celles du colonel Jouaust, le président, et du commandant de

Bréont. En somme et toujours, coupable de trahison, d'avoir écrit le « bordereau », fourni des renseignements à l'Allemagne sur la Défense nationale... Quatre officiers sur six du tribunal militaire s'étaient volontairement fermés à l'évidence.

« Il faut que la France entière sache... »

Dreyfus est moralement, plus encore que physiquement, effondré. Mathieu, le frère d'un dévouement sans limites, le retrouve accablé, dans sa chambre, se refusant à envisager une nouvelle condamnation. « Je ne remettrai pas mon uniforme, lui dit-il, je ne bougerai pas ; s'ils veulent me faire subir ce nouveau supplice, ils devront m'emporter de force... »

Labori s'était écrié avant le verdict : « S'ils le condamnent, ce sera la révolution ! » Me Labori préjugeait des réactions de l'opinion. Il n'y eut pas de révolution, point de démonstrations massives de protestation. Le découragement passager des amis du capitaine, la colère des dreyfusards n'étaient qu'un réflexe de minorité. Les « masses profondes » se sentaient assez peu concernées et ratifiaient ce commentaire... tout militaire, d'une circulaire adressée par le général de Galliffet aux chefs de corps : « L'incident est clos ! » C'est à l'étranger surtout que l'émotion était la plus sensible. Dans plusieurs grandes villes, des manifestations de solidarité avec le capitaine Dreyfus avaient lieu et la presse condamnait très sévèrement le verdict du tribunal de Rennes.

La préoccupation de Mathieu Dreyfus est alors de sauver la vie de son frère. Mathieu redoute en effet qu'il ne supporte pas sans risques graves une nouvelle période de captivité. De retour à Paris, il consulte Joseph Reinach, Bernard Lazare, Clemenceau, Alexandre Millerand, alors ministre du Commerce, socialiste, favorable au capitaine Dreyfus. Mathieu et ses amis penchent pour solliciter la grâce en faveur du capitaine, car cette solution est la seule qui lui permettrait de recouvrer la liberté rapidement, de sortir de prison, tout en poursuivant la procédure de révision de la condamnation. Cependant Millerand déconseille cette manière d'agir : si le capitaine Dreyfus sollicite la révision devant les instances militaires, explique-t-il, et qu'il l'obtient, il sera renvoyé devant un nouveau Conseil de guerre qui risquera fort de confirmer le premier jugement. Par contre, s'il se désiste, et qu'il est gracié, il aura le loisir de demander la révision du procès devant la Cour de cassation. Ses chances de réussite seront beaucoup plus grandes.

Mathieu recommence ses consultations. Il revoit Clemenceau, interroge Jaurès. L'un et l'autre sont d'abord hostiles à la suggestion de Millerand qui leur semble être une consécration de l'injustice, puis, devant les raisons humanitaires exposées par Mathieu, se rangent à son avis. Mathieu Dreyfus reprend le train pour Rennes. Il fait le point de la situation avec son frère. Le capitaine a les mêmes réactions que Clemenceau et Jaurès : refus, puis, après beaucoup d'hésitations, acceptation de la solution Millerand. On en est là lorsque le président de la République, Loubet, soulève des objections : il craint que la grâce, si vite accordée, ne provoque des remous dans l'armée. Mais Millerand met son portefeuille ministériel dans la balance, il annonce qu'il démissionnera si Loubet tarde à prononcer la grâce. Pressé de divers côtés de ne pas attendre davantage, le président de la République signe le décret décisif, le 19 septembre 1899. Le capitaine Dreyfus bénéficie, selon les termes officiels, d'une « remise de peine ». Le lendemain paraît dans les journaux une déclaration signée de lui ; elle a été rédigée par Jaurès à la demande de Mathieu : « Le gouvernement de la République me rend la liberté. Elle n'est rien pour moi sans l'honneur. Dès aujourd'hui, je vais continuer à poursuivre la réparation de l'effroyable erreur judiciaire dont je suis encore victime. Je veux que la France entière sache, par un jugement définitif, que je suis innocent. Mon cœur ne sera apaisé que lorsqu'il n'y aura plus un Français qui m'impute un crime qu'un autre a commis. »

Libéré, en effet, le capitaine Dreyfus part, en compagnie de Mathieu, se reposer dans la propriété de sa sœur, Mme Valabrègue, à Carpentras.

Dreyfus était gracié, mais, au regard de la justice, sa culpabilité demeurait entière. Dans le « camp » du capitaine, des voix s'élevaient pour demander la poursuite de l'action non seulement pour la réhabilitation totale, mais également pour la condamnation des « faussaires » : Boisdeffre, Mercier, etc. Or, aussitôt après la décision de grâce, des ministres du gouvernement Waldeck-Rousseau suggéraient de demander au Parlement le vote d'une loi qui amnistierait les condamnations relatives à l'Affaire. Au-delà d'un désir d'apaisement, cette initiative répondait à l'ambition de mettre à l'abri de poursuites éventuelles les généraux qui avaient couvert les entreprises frauduleuses, les falsifications, qui avaient laissé accuser le déporté de l'île du Diable. Le 22 mai 1900, la Chambre invitait le gouvernement à s'opposer à tout recommencement de l'Affaire ; le 14 décembre suivant, elle votait la loi d'amnistie. Ainsi, Zola et le colonel Picquart étaient-ils lavés de leur condamnation, mais Mercier et ses amis définitivement hors de cause, certains de ne jamais être inquiétés. Galliffet avait été le principal artisan de cette loi de clémence, qui écrivait, le 13 septembre 1899 à Waldeck-Rousseau après la grâce de Dreyfus : « ... J'estime que cette mesure de souveraine pitié ne serait pas comprise de tous s'il n'était pas en principe résolu de mettre pour toujours hors de cause les officiers généraux ou autres qui ont été mêlés à cette malheureuse affaire. Il faut leur ouvrir les portes de l'oubli... »

En somme, l'idéal des militaires ralliés à la République, comme Galliffet, ou de certains républicains modérés, était que l'on arrivât à un statu quo où les antidreyfusards compromis dans l'entreprise de falsifications remporteraient l'avantage : on jetterait un voile pudique sur leurs forgeries tandis que le capitaine, sacrifié à la cause de la réconciliation nationale, se contenterait d'un geste de pitié. Dreyfus et les siens ne l'entendaient pas ainsi. Ils continuèrent le combat. Mathieu dépensa beaucoup de temps et d'énergie à essayer d'éclaircir le mystère du fameux « bordereau annoté » par l'empereur Guillaume, de cette pièce secrète dont le général Chamouin avait révélé l'existence au procès de Rennes et que, selon lui, Mercier avait ajoutée au dossier. Des rumeurs persistaient à propos de ce document. Interrogé au moment de sa déposition, Mercier était resté évasif. Rien n'était plus commode pour les adversaires impénitents du capitaine que de se réfugier derrière un prétendu secret d'État qui les dispensait de fournir des preuves. Pendant le procès, certains témoins avaient affirmé à la barre que le colonel Stoffel, attaché militaire de France à Berlin, se flattait de posséder un double du « document annoté ». Aussi, Mathieu entreprit-il plusieurs démarches, notamment auprès du commandant Merle, l'un des juges militaires de Rennes, afin de tenter de faire la lumière. Le commandant Merle se refusa à parler.

Pendant toute la durée du procès de Rennes, un événement cocasse met Paris en ébullition. Apprenant, le 12 août, l'arrestation probable de Déroulède et de plusieurs leaders extrémistes, le disciple de Drumont et président du Grand Occident de France[1],

---

1. Précédemment la Ligue antisémite. Guérin désirait que le nom de son mouvement montrât son opposition au Grand Orient maçonnique.

Jules Guérin, qui craint d'être dans le lot des personnes interpellées, se réfugie et se barricade au siège de son organisation, rue de Chabrol. Guérin adresse à la population une proclamation délirante : « ... Citoyens, déclare-t-il notamment, les antijuifs enfermés au Grand Occident de France sauront faire tout leur devoir. Ceux qui sont prêts à mourir pour la cause de liberté vous saluent... »

Jules Guérin ne s'était pas trompé sur les intentions du gouvernement à son égard : il figurait bien parmi les personnes à arrêter. Les policiers se présentèrent, le 15 août, au siège du Grand Occident, lui intimèrent l'ordre de se rendre. Il refusa et tint ainsi jusqu'au 20 septembre, soutenu par ses partisans qui, sous les yeux de la police, lui envoyèrent du ravitaillement par toutes sortes de moyens ingénieux. Sur la façade de son « fort », Guérin avait disposé un grand panneau... très éloquent : « Grand Occident de France, y lisait-on, – Rite antijuif ».

Sur le plan politique, la situation évolue très vite. Le général André a succédé à Galliffet au ministère de la Guerre. André, général républicain, répondra au sectarisme des nationalistes ultras par un sectarisme non moins scandaleux. Son nom reste attaché au lamentable régime des fiches qui transforme tout officier français en suspect. Au mois de juillet 1901, Waldeck-Rousseau obtient le vote d'une loi sur la liberté d'association qui vise au contrôle des sociétés religieuses, les congrégations ; elle sera dans les mains de son successeur, Émile Combes, un instrument d'anticléricalisme virulent. L'antimilitarisme, avivé par l'affaire Dreyfus, sera le complément de cet anticléricalisme de combat.

Pour les élections de 1902, la gauche se regroupe. Les républicains radicaux (le Parti radical et radical-socialiste a été fondé en 1901), les socialistes, les républicains modérés mais anticléricaux et antinationalistes de l'Alliance démocratique font front commun.

L'antisémitisme sert de thème aux nationalistes extrémistes pour cette campagne électorale de 1902. Anticléricalisme, antimilitarisme, antisémitisme : ces « anti » font incursion dans la vie politique française, empoisonnent l'atmosphère, soulèvent des barrières de haine qui subsisteront jusqu'à la fin de la IIIᵉ République. Divisions idéologiques qui ruineront la conscience nationale, affaibliront le pays. Assurément, avec l'affaire Dreyfus s'annoncent des regroupements, s'instaure un « clivage » politique.

L'antisémitisme. Si l'affaire Dreyfus le stimule et le réveille, il était, nous l'avons vu, en gestation avant qu'elle ne commence. Il trouve un aliment permanent dans l'agitation créée par les vicissitudes du capitaine juif. En novembre 1901, *La Libre Parole* d'Édouard Drumont ouvre dans ses colonnes une nouvelle souscription pour « intensifier la propagande antijuive » avant les prochaines législatives – celles de 1902 et de la victoire du Bloc des gauches. Cette souscription ouvre les vannes d'un lyrisme délirant et raciste. Les cotisants d'Édouard Drumont expriment toutes les formes de l'antisémitisme moderne. Ils sont les ancêtres des antisémites des années 40.

L'invective est tantôt purement injurieuse mais vague, tantôt très précise, significative : « En crachant sur les juifs ! » s'exclame un souscripteur, qui verse cinq francs. « Un organiste qui voudrait bien avoir comme pédalier des têtes de juifs : 2 francs »...

La référence sexuelle revient couramment. Elle est assez fréquemment discernable chez les antisémites de peau et de race. Par exemple, en poursuivant dans les invectives des souscripteurs de *La Libre Parole* : « À bas les émasculés de la Byzance moderne ! 5 francs. » « À bas les baptisés au sécateur ! 3 francs. » « Une Française catholique qui n'aime pas les circoncis : 5 francs. »

L'antisémitisme économique est sensible à travers ce slogan d'un autre lecteur : « Une famille catholique, indignée que l'on achète encore dans les magasins juifs : 3 F 50. »

Puis, ce sont des appels de plus en plus précis à la répression violente. Des menaces... d'anticipation ; nous ne sommes qu'en 1901 : « Un charron qui offre des tombereaux pour transporter les youpins : 5 francs. » « Débarrassons-nous du charnier juif : 3 francs. » « Pour payer le peloton d'exécution : 10 francs. » « Pour mettre les juifs en fourrière : 15 francs. » « Souhaits de retour des juifs au ghetto : 5 francs. »

Quarante ans plus tard, les souhaits de ces antisémites exaltés, de ces promoteurs de pogromes seront terriblement, horriblement exaucés. La frontière est moins étanche qu'on ne pense entre la parade verbale et le spectacle des gibets. Les persécutions raciales de l'Occupation sont venues nous le rappeler.

Les antisémites de 1901 marchent à contre-courant ; Drumont et *La Libre Parole* livrent des combats d'arrière-garde. Le Bloc des gauches l'emporte. Jaurès – notamment – retrouve son siège de député. Son élection aura pour la suite de l'affaire Dreyfus des conséquences décisives ; le leader socialiste déclenchera à la

Chambre un mouvement favorable à la révision, qui s'achèvera par la réhabilitation. À Alger, Édouard Drumont est battu.

Le temps n'est plus aux atermoiements de Jules Méline, des républicains de combat sont parvenus au pouvoir. Le titulaire du ministère de la Guerre ne s'appelle plus Mercier, Cavaignac, Galliffet, mais encore le général André. Jaurès obtient de lui que le ministère de la Guerre rouvre le dossier de l'état-major. Le 6 avril 1903, une interpellation du leader socialiste à la Chambre a montré que les partisans de la révision et de la réhabilitation reposaient officiellement le problème. Un nouvel examen des documents, en particulier des services de Renseignements, révèle une série de trucages et de forgeries jusqu'alors insoupçonnés : pièces volontairement dissimulées, dépositions favorables au capitaine Dreyfus dans le cours de l'enquête écartées, oppositions du ministère de la Guerre aux recherches de la Sûreté générale, etc. Le 3 mars 1904, dans une indifférence presque générale, dans un climat d'opinion tout imprégné de lassitude, la Cour de cassation commence une nouvelle enquête à la demande du gouvernement. Depuis juin 1902, Émile Combes, l'apôtre de l'anticléricalisme, préside le gouvernement.

L'enquête de la Cour de cassation durera plus de deux ans. Tous les dossiers sont revus, épluchés, rien n'est laissé dans l'ombre. Les anomalies supplémentaires mises en lumière par le ministère de la Guerre renforcent les arguments des partisans de l'acquittement. Le 12 juillet 1906, la Cour de cassation, les trois chambres réunies, annule le jugement du Conseil de guerre de Rennes, affirmant dans des « considérants » longs de quarante pages que « c'est par erreur et à tort » que le capitaine Dreyfus avait été condamné. Il ne restait donc plus rien des jugements du 22 décembre 1894 et du 9 septembre 1899. Le lendemain, par quatre cent trente-deux voix contre trente-deux à la Chambre, par cent quatre-vingt-deux voix contre trente au Sénat, Alfred Dreyfus était réintégré dans l'armée avec le grade de chef d'escadron. Enfin, le 20 juillet de cette même année 1906, dans la cour de l'École militaire, là où il avait été dégradé, le commandant Dreyfus était fait chevalier de la Légion d'honneur par le général Gillain. Non loin de lui, Picquart, promu général, assistait à la cérémonie. La prophétie de Zola s'était réalisée ; rien n'avait arrêté la vérité en marche...

La raison d'État ?

Douze ans exactement après sa condamnation, le 15 octobre 1906, Alfred Dreyfus, affecté au fort de Vincennes, retrouvait ses fonctions dans l'armée française. Pendant ce temps, amis et adversaires, acteurs du drame, poursuivaient leur destin. Certains d'entre eux, plusieurs de ses défenseurs parmi les plus illustres ne connaîtraient jamais le dénouement du drame. Scheurer-Kestner, l'ancien vice-président du Sénat, était mort le 19 septembre 1899, le jour même de la signature par Émile Loubet de la grâce du capitaine. Zola ne verrait pas l'annulation des jugements de Paris et de Rennes, qui succomberait dans la nuit du 28 au 29 septembre 1902.

Émile Zola a-t-il été victime de la vengeance des antidreyfusards ? En un mot, a-t-il été assassiné ?

Cette question s'ajoute aux nombreuses énigmes nées de l'Affaire : la mort du colonel Henry, les mobiles exacts de l'état-major, dans une moindre mesure le « bordereau annoté » de Guillaume II, etc.

Dans la nuit du 28 au 29 septembre 1902, donc, Émile Zola meurt à son domicile de la rue de Bruxelles, à Paris, d'une intoxication par l'oxyde de carbone. Le motif reconnu de l'accident, puisque c'est la thèse officielle, est qu'un mauvais fonctionnement du chauffage ne permettant pas une évacuation correcte du gaz, Zola est mort asphyxié. Mais au mois d'octobre 1953, dans le quotidien *Libération*, Jean Bedel apporte au dossier de la mort de l'écrivain une pièce nouvelle : c'est le récit que fit, en avril 1927, un entrepreneur de fumisterie parisien. L'entrepreneur révèle que Zola a été « asphyxié volontairement ». Profitant des travaux de réfection entrepris sur la toiture d'une maison voisine de celle de Zola et du va-et-vient occasionné par ces travaux, le fumiste et ses comparses bouchent la cheminée. L'agitation créée par les couvreurs sur le toit voisin et alentour est telle que les criminels peuvent opérer sans être aperçus. Pendant la nuit, les gaz, refoulés par l'obturation, font leur œuvre et, à l'aube, le fumiste et ses hommes remontent sur le toit pour enlever le bouchon qu'ils avaient posé.

Le colonel Picquart, qui avait été poursuivi pour « faux et usage dc faux » (le « petit bleu » du commandant Henry) et « communication de secrets intéressant la Défense nationale » (l'affaire Leblois), mis à la retraite anticipée, écroué au Mont-Valérien, avait bénéficié d'un non-lieu le 13 juin 1899. La loi d'amnistie du 14 décembre 1900 le mettait de toute manière hors de portée des condamnations. Au mois de juillet 1906 – aussitôt après la réhabilitation solennelle du capitaine Dreyfus –, Picquart était nommé général de brigade ; en septembre il passait général de division. Peu de temps après, Clemenceau, chef du gouvernement, l'appelait au ministère de la Guerre. C'était, pour l'ancien chef des Renseignements mis aux arrêts de forteresse, traîné devant les tribunaux, une revanche spectaculaire. Pour Picquart au moins, le courage avait été payant.

Le général Picquart conserva le ministère de la Guerre jusqu'en 1909, record de longévité sous la IIIᵉ République. En 1914, alors qu'il commandait le 2ᵉ Corps d'armée à Amiens, il mourait des suites d'une chute de cheval. Le Parlement et le gouvernement décidaient alors de lui faire des obsèques nationales.

Du côté des antidreyfusards les plus notoires, des artisans résolus de la condamnation du capitaine, les uns se tiraient avec art d'une situation très embarrassante. Le général Mercier, qui avait bénéficié de la décision du Parlement de passer l'éponge sur les manœuvres frauduleuses ou dilatoires des militaires acharnés à la perte de Dreyfus, se présenta aux élections, avec succès, en Loire-Inférieure : en janvier 1900, il devenait sénateur. Il mourut en mars 1921, non sans avoir été nommé grand officier de la Légion d'honneur.

Esterhazy avait comparu devant le Conseil de guerre fin 1897-début 1898. Il avait été acquitté au moment même où Picquart, arrêté, était interné au Mont-Valérien. Au mois d'août, cependant, il était mis à la réforme après avoir continué, tout au long des années de l'Affaire, à intriguer, à intervenir pour brouiller les pistes, et à s'enferrer dans les dettes et les malversations. Le mois suivant de cette même année 1898, il se réfugiait à Bruxelles, puis en Angleterre où il se fixa définitivement. Il vécut jusqu'en 1923 sous le faux nom de comte de Voilement. Sa mort, le 21 mai, à Harpenden, dans le Hertfordshire, passa complètement inaperçue. Il laissait derrière lui des Mémoires qui donnaient de lui-même une image flatteuse et constituaient l'ultime supercherie d'une vie en grande partie consacrée au mensonge.

L'innocence du capitaine Dreyfus est désormais une évidence qu'aucun esprit sérieux ne songerait à contester.

L'acharnement des militaires (Boisdeffre, Gonse, etc.) à accabler le capitaine Dreyfus ne mérite aucune excuse. Leur erreur de départ peut toutefois s'expliquer. Recevant des rapports de leurs subordonnés concluant à la culpabilité de Dreyfus, il est en somme normal que les dirigeants de l'armée, qui ont pleine confiance dans le jeune et dynamique service des Renseignements, aient prêté foi à ses informations sans chercher à les contrôler.

Il en va tout autrement lorsque le colonel Picquart apporte à Gonse et Boisdeffre la pièce maîtresse de la révision, lorsqu'il creuse la première brèche dans l'édifice des partisans de la culpabilité. L'identification d'Esterhazy, la présomption de sa culpabilité, le doute grandissant sur celle de Dreyfus auraient pu inciter les généraux à se ressaisir des pièces de l'affaire et à rechercher loyalement la vérité. On sait qu'ils n'en font rien et qu'au contraire ils s'obstinent à déclarer Dreyfus coupable, qu'ils laissent des faussaires comme Henry truquer les cartes et introduire des pièces mensongères. Ils pouvaient avoir dans les débuts quelque excuse. À mesure que le temps passe, ils deviennent les complices, les fabricants de l'énorme mensonge.

Ils ne sont pas les seuls. La grande majorité de ceux qui en France assument des responsabilités politiques, les « élites pensantes », croient que Dreyfus est bien l'auteur du « bordereau », de Maurras à Jaurès. Les yeux ne s'ouvriront que lentement, progressivement. Dans les milieux israélites, si l'on excepte la petite minorité des Bernard Lazare, des Lucien Herr, l'opinion prévaut que le capitaine a bien trahi, et qu'il mérite le châtiment de sa félonie. « ... Pas un homme de nos assemblées n'a eu un cri d'honnête homme, écrit Zola dans "Procès-verbal", le 5 décembre 1897, tous ont eu peur de l'opinion, dans la prévision inquiète sans doute des élections prochaines. Ni un modéré, ni un radical, ni un socialiste, aucun de ceux qui ont la garde des libertés publiques ne s'est levé encore pour parler selon sa conscience. Comment voulez-vous que le pays sache son chemin, dans la tourmente, si ceux-là mêmes qui se disent ses guides, se taisent, par tactique de politiciens étroits, ou par crainte de compromettre leurs situations personnelles ?... »

Ces lignes de Zola sont postérieures de trois années à la condamnation de Dreyfus. Quand il parle de « pression de l'opinion », le plus illustre des défenseurs du capitaine se prononce en connaissance de cause, lui qui a à ses trousses la meute des journalistes « bien-pensants », des catholiques aveuglés par la haine du nouveau « Judas Iscariote », endoctrinés par *La Croix* et tout ce qui gravite autour du journal officiel de l'Église de France, et autres histrions de l'antisémitisme délirant.

Cette pression de l'opinion – chauffée à blanc par les millions d'exemplaires d'une presse au plus haut de son influence – s'exerce sur les militaires, qui détiennent les clés de la solution, plus que sur tous les autres corps de l'État. « ... On ne se trouve que devant une opinion publique exaspérée, surmenée par la plus odieuse des campagnes », écrit encore Zola (*Le Figaro*, 25 novembre 1897). « La presse est une force nécessaire ; je crois en somme qu'elle fait plus de bien que de mal. Mais certains journaux n'en sont pas moins les coupables, affolant les uns, terrorisant les autres, vivant de scandales pour tripler leur vente. » « L'imbécile antisémitisme a soufflé cette démence », constate Zola. « La délation est partout, les plus purs et les plus braves n'osent faire leur devoir, dans la crainte d'être éclaboussés... »

Drumont et les polémistes des feuilles voisines répandent une sorte de terreur. Ils jugent, tranchent, vilipendent et accusent dans l'impunité. Ils peuvent à loisir donner la chasse aux sorcières, traîner dans la poussière, ou dans la boue, le général Mercier et son sabre. Les chefs militaires n'échappent pas au contrôle inquisiteur des faiseurs d'opinions. Il leur eût fallu un courage hors du commun pour s'y soustraire. De toute manière, la liberté d'un capitaine juif était d'un poids bien faible comparée aux conséquences qu'eût entraînées une reconnaissance tardive de l'erreur. Pour n'avoir pas à se déjuger, pour éviter à l'armée le discrédit et la révélation publique d'une faute, dans le contexte d'une tension permanente entre la France et l'Allemagne, ils préférèrent masquer et même trahir la vérité. À leurs yeux, le prestige de l'armée française ou la vie du capitaine Dreyfus, cette alternative ne méritait aucune hésitation. Le prisonnier de l'île du Diable devait être sacrifié à la raison d'État.

Le choix des militaires responsables de l'affaire Dreyfus pose un problème permanent de morale politique. Ne serait-ce que pour cette raison, le cas du capitaine juif demeure exemplaire. Julien Benda a pu écrire qu'en fait deux races d'hommes se sont affrontées pendant des années, deux conceptions de la vie politique ; celle de la justice intégrale, sans réserve, impitoyable ; celle de la suprématie de l'intérêt national élevé au-dessus des contingences individuelles.

L'attitude des juifs de France

L'attitude de la grande majorité des juifs de France pendant l'affaire Dreyfus est toute de prudence et de circonspection : ce n'est pas là trahir un secret. De Léon Blum à Péguy, les témoignages sont, sur ce point, concordants. Alsaciens, Comtadins, Bordelais, pour beaucoup de souche française déjà ancienne, ayant acquis au prix de luttes difficiles l'émancipation civique, franchi les barrières sociales, accédé à l'aisance et à la fortune par l'intelligence et le labeur, surmonté les réticences, se voulant intégrés, revendiquant une nationalité qui leur avait été concédée non sans mal, ils s'étaient installés dans la quiétude des voyageurs qui ont atteint les rives paisibles après un périple d'adversités. Fils ou petits-fils de colporteurs ou de marchands à la sauvette, à peine échappés des communautés fermées où les maintenait leur condition, trop heureux de se libérer du poids de la tradition et de plus en plus indépendants des pratiques de la religion, ils avaient conquis la fortune, ils réussissaient dans le moyen ou le grand commerce. Ils avaient brillamment remporté titres et rangs universitaires, méritant des diplômes par un acharnement au travail que stimulaient des ambitions longtemps contenues. Ils étaient devenus médecins, juristes, avocats, militaires. Sur ce, un officier juif nommé Dreyfus était accusé de trahison. L'antisémitisme, que l'on croyait à jamais banni de la société française, renaissait. La bourgeoisie écoutait complaisamment les prédications des prophètes racistes ; en province, à Paris, à Alger, des foules mêlaient l'insulte contre les juifs aux vivats pour l'armée, s'attaquaient à des synagogues, malmenaient les « youpins ». De patients efforts menaçaient d'être compromis. La tentation était alors très forte, en se retirant sous sa tente, d'échapper à la tempête. Il fallait être téméraire, un peu fou, ou visionnaire, pour s'appeler Bernard Lazare, relever la tête et, bien que juif, oser proclamer dans le désert qu'Alfred Dreyfus était innocent. « Ils ne demandaient qu'à sacrifier Dreyfus pour conjurer l'orage ! » a écrit Péguy dans *Notre Jeunesse*. Jugement probablement trop sévère. Sans doute les juifs de France étaient-ils trop conscients de la fragilité de leur émancipation sociale pour monter sur des barricades, à peu près vides de combattants.

Les dreyfusards des origines sont une poignée. Dans cette petite légion, des intellectuels, où les juifs sont très bien représentés : Lazare, Michel Bréal, Lucien Herr. Mais la tendance dominante chez les juifs de France est à l'assimilation complète, sans réserve, aussi bien chez les grands bourgeois récemment promus, les hommes d'affaires, les membres des professions libérales, que chez les intellectuels. C'est la raison pour laquelle le sionisme, l'appel d'Israël seront accueillis avec tant de méfiance et susciteront un si faible enthousiasme, parfois une réelle hostilité. Comment la communauté juive de France pourrait-elle se porter avec empressement vers une cause lointaine, adhérer à cette foi, aider à la résurrection d'une nation mythique dont le souvenir est enseveli sous des millénaires, semer ses énergies dans les sables du désert alors que la terre de France, vivante et bien réelle, s'ouvre à elle pour le présent, lui sourit pour l'avenir ?

Si dramatique qu'il soit, le cas du capitaine Dreyfus reste, au regard des juifs de France de la fin du siècle, un accident malheureux mais isolé auquel ils ne tiennent pas à être associés. Ils ont peut-être conservé trop frais dans leur mémoire collective le souvenir des persécutions et des exclusives du passé pour se sentir le goût d'assumer, à propos d'une affaire très limitée, le rôle des martyrs.

D'ailleurs, la famille du capitaine injustement condamné leur montre l'exemple. La lutte de Mathieu et des siens pour l'annulation de la sentence de 1894 est constante, patiente, persévérante à travers les épreuves, les pressions et les menaces. Rien n'abat leur détermination, ils surmontent les pires moments de découragement ; mais ces efforts sont déployés dans la discrétion, avec prudence, avec le désir très évident de ne pas heurter de front les gouvernements successivement hostiles à la révision, et l'opinion, qui ne l'est pas moins. Certains s'en offusquent, qui souhaiteraient dans le combat plus d'éclat et de témérité. Les Dreyfus restent fidèles à leur ligne de conduite : rechercher les preuves, constituer le dossier de la défense, sans tapage. Faire appel à l'évidence des faits, solliciter la réflexion et l'intelligence. Lorsque Clemenceau commence sa campagne dans *L'Aurore*, ne lui demandent-ils pas d'aborder le problème avec le maximum de prudence ?

Léon Blum a très bien personnifié ce petit noyau d'intellectuels juifs engagés dans la lutte pour le capitaine Dreyfus. Beaucoup moins pour l'homme Dreyfus que pour ce qu'il représentait. Assurément, le destin pitoyable du prisonnier de l'île du Diable ne les laissait pas indifférents, mais son martyre s'imposait à eux comme une valeur exemplaire. Ce réflexe-là est celui de la lignée des juifs combattants de la justice, des juifs messianiques, contestataires de leur temps, voire révolutionnaires qui, depuis le Christ en passant par Marx ou Trotski, ont changé la face du monde. « ... Quand j'évoque la phase aiguë de l'Affaire, a écrit Léon Blum[1], ce souvenir est le plus puissant de ceux qui affluent : ni pour mes amis, ni pour moi, la vie ne comptait ; nous nous serions sacrifiés, sans la moindre hésitation et surtout sans le moindre effort, à ce que nous tenions pour la vérité et pour la justice... et sans doute, quoique plus malaisément, aurions-nous sacrifié les hommes qui barraient la route à la justice et à la vérité... »

Vérité et justice : ces deux mots magiques surgis de l'affaire Dreyfus ont guidé une génération entière de socialistes français, parmi lesquels les juifs furent si nombreux.

Léon Blum a analysé le comportement des juifs français pendant l'Affaire. Cette attitude est à plus d'un titre intéressante : elle tend notamment à montrer qu'il ne suffit pas d'être juif pour être révolutionnaire, qu'il y a des juifs « de droite » comme « de gauche », que l'image du juif éternellement semeur de révolution, « subversif » et anarchiste est un cliché contestable.

« ... En thèse générale, écrit Léon Blum, les juifs avaient accepté la condamnation de Dreyfus comme définitive et comme juste. Ils ne parlaient pas de l'Affaire entre eux ; ils fuyaient le sujet, bien loin de le soulever. Un grand malheur était tombé sur Israël. On le subissait sans mot dire, en attendant que le temps et le silence en effacent les effets... La masse juive, poursuit Léon Blum, accueillit même avec beaucoup de circonspection et de méfiance les débuts de la campagne de révision. Le sentiment dominant se traduisait par une formule comme celle-ci : "C'est quelque chose dont les juifs ne doivent pas se mêler..." Dans ce sentiment complexe, tous les sentiments n'étaient pas d'égale qualité. Il y avait, certes, du patriotisme et même un patriotisme ombrageux, le respect de l'armée, la confiance dans ses chefs, une répugnance à les considérer comme partiaux ou comme faillibles. Mais il y avait aussi une sorte de prudence égoïste et timorée qu'on pourrait qualifier de mots plus sévères. Les juifs ne

---

1. Léon Blum avait consacré sept articles, publiés par l'hebdomadaire *Marianne*, à l'affaire Dreyfus. Ils avaient par la suite été édités chez Gallimard et ont été repris depuis dans l'*Œuvre de Léon Blum*, Albin Michel, 1965.

voulaient pas qu'on pût croire qu'ils défendaient Dreyfus parce que Dreyfus était juif. Ils ne voulaient pas qu'on pût imputer leur attitude à une distinction ou à une solidarité de race. Ils ne voulaient pas surtout, en se portant à la défense d'un autre juif, fournir un aliment à la passion antisémite qui sévissait alors avec une intensité très appréciable. L'arrestation, la condamnation avaient déjà nui aux juifs ; il ne fallait pas que la campagne de révision les compromît davantage. Les juifs de l'âge de Dreyfus, ceux qui appartenaient à la même couche sociale, qui, comme lui, ayant franchi des concours difficiles, s'étaient introduits dans le cadre des officiers d'état-major ou dans les corps d'administration civile les plus recherchés, s'exaspéraient à l'idée qu'un préjugé hostile vînt borner leurs carrières irréprochables. Après avoir excommunié le traître, ils répudiaient le zèle gênant de ses avocats. Tout compte fait, pour reprendre une vue exacte de l'état d'esprit que j'essaie de décrire, il n'y a qu'à regarder aujourd'hui autour de soi. Les juifs riches, les juifs de moyenne bourgeoisie, les juifs fonctionnaires avaient peur de la lutte engagée pour Dreyfus exactement comme ils ont peur aujourd'hui de la lutte engagée contre le fascisme [1]. Ils ne songeaient qu'à se terrer et à se cacher. Ils s'imaginaient que la passion antisémite serait détournée par leur neutralité pusillanime. Ils maudissaient secrètement ceux d'entre eux qui, en s'exposant, les livraient à l'adversité séculaire. Ils ne comprenaient pas mieux qu'ils ne le comprennent aujourd'hui qu'aucune précaution, aucune simagrée, ne tromperaient l'adversaire et qu'ils restaient les victimes aussitôt offertes de l'antidreyfusisme ou du fascisme triomphants... »

Jugement sévère d'un juif engagé, socialiste militant, sur l'attentisme de ses compatriotes. Léon Blum reproche à la bourgeoisie juive de France de manifester au danger fasciste la même indifférence qu'à l'injustice de la condamnation de Dreyfus. Les années qui suivront révéleront que les juifs français comprirent souvent trop tard les menaces que l'Allemagne nazie faisait peser sur la liberté : la remarque du dirigeant socialiste sera ainsi tragiquement confirmée.

Blum n'a pas tort de relever le réflexe patriotique, nationaliste qui conduit certains juifs à se désolidariser de Dreyfus. Sans être aussi virulents qu'Arthur Meyer, le célèbre directeur du *Gaulois*,

---

1. Ces lignes de Léon Blum sont écrites en 1935.

converti au catholicisme, partisan du général Boulanger et antiré-publicain déclaré qui voit dans le dreyfusisme une forme d'aberration politique et de trahison, des juifs assez nombreux surenchérissent sur les réactions des nationalistes : ils estiment que la sentence a été rendue en toute justice. Pour un peu, ils demanderaient une aggravation de la peine. Ce patriotisme intense provient d'un désir de manifester son intégration totale à la communauté française, mais également il s'exprime naturellement chez des hommes – les Alsaciens et les Lorrains – qui ont préféré en 1870 quitter leurs pays et perdre leurs biens plutôt que de subir l'occupation prussienne.

Les juifs ont cru, comme la plupart des Français, que la condamnation de 1894 était méritée et que Dreyfus était coupable. Ce n'est que très lentement que les yeux se sont ouverts à la vérité. Quand des voix s'élèvent ou que des doutes apparaissent, c'est en référence au patriotisme des juifs d'Alsace. Michel Bréal – l'un des premiers défenseurs israélites de Dreyfus – déclare sans hésiter : « Un juif alsacien ne peut trahir. » Robert Debré transmet des réactions identiques de son entourage : « ... C'est impossible... Un officier juif alsacien ne trahit pas la France... »

Daniel Halévy confirmait dans les *Cahiers de la Quinzaine*, en 1910, la tendance très majoritaire à accepter le verdict, par un mélange d'approbation réfléchie et de résignation : « La sentence était rendue, on la tenait pour bonne, écrivait-il... Il est probable que nombre de juifs, mieux exercés à connaître les coups de l'anti-sémitisme, pensaient différemment. Ils n'en disaient rien, épargnant à des amis, même intimes, l'expression d'un avis qui eût ennuyé, déplu... » L'hebdomadaire *L'Univers israélite*, qui exprime assez fidèlement l'opinion des milieux juifs officiels – consistoire, rabbinats, etc. –, conseille de se soumettre au jugement de la Cour. Une enquête menée parallèlement par *L'Univers* et les *Archives israélites* auprès d'un certain nombre de personnalités juives sur la condamnation de Dreyfus aboutit à des conclusions peu encourageantes : l'une d'entre elles demande que le capitaine soit fusillé, une autre qu'il soit exclu de la communauté juive de telle manière qu'elle ne soit pas associée à la trahison ; une troisième suggère qu'il subisse la peine suprême de la loi mosaïque : la mort par lapidation, la première pierre serait alors jetée par le grand rabbin lui-même.

Zadoc Kahn, le grand rabbin de France, dont l'audience est très large parmi ses coreligionnaires, est convaincu de l'innocence du capitaine. Il s'abstient cependant de prendre parti officiellement. Le Consistoire adopte une attitude voisine. Les autorités religieuses israélites, les organismes représentatifs de la communauté ne se permettraient sous aucun prétexte de contester publiquement le jugement d'un tribunal militaire approuvé par le gouvernement de la République. Dans le privé, le grand rabbin affirme qu'il ne lui est jamais venu à l'esprit de mettre en doute l'honnêteté intellectuelle des officiers qui ont jugé et condamné Dreyfus. « ... La patrie a d'immenses droits sur nous et jamais nous ne pouvons nous croire quittes envers elle, déclarait Zadoc Kahn au cours d'un sermon, le 19 septembre 1876, alors qu'il était grand rabbin de Paris. Il faut, autant qu'il dépend de nous, et en tout temps, concourir à sa prospérité, à sa grandeur, à la sécurité de son existence ; il faut savoir lui sacrifier notre repos, nos biens, notre vie même, quand l'intérêt l'exige... »

Dans la collection de prières du *Guide israélite*, éditée en 1898, au plein cœur de l'Affaire, figure une « Prière pour la France ». « ... La France, y lit-on, est notre seconde terre promise... » L'historien Théodore Reinach déclare au mois de juillet de la même année, lors de la distribution des prix aux élèves des écoles consistoriales israélites de Paris : « ... Continuez à l'aimer, cette France, de toutes vos forces, avec tout votre cœur, comme votre propre mère, même s'il lui arrive d'être momentanément moins clémente, car elle est votre mère, et parce que vous êtes ses enfants... »

Cette foi dans la patrie est inséparable du culte que les juifs de France vouent à la Révolution qui les a libérés. Des intellectuels comme Isidore Cahen, Maurice Bloch, exaltent l'œuvre émancipatrice des législateurs de 1791. Cette solidarité avec les idées révolutionnaires, sentiment de reconnaissance légitime, ne sera pas étrangère aux engagements politiques des juifs de France.

Theodor Herzl, prophète du sionisme

La formation d'un prolétariat juif à Paris correspond à peu près à l'affaire Dreyfus. À peine en gestation en 1890, il représente, vers 1898, une population de quelque vingt mille personnes. Son dénominateur commun est la pauvreté, qui dément l'image chère aux antisémites du juif ploutocrate, riche de malversations affairistes, de coups de Bourse et de spéculations. Les options politiques de ces rescapés de pogromes, dont ils gardent le souvenir vivant et cuisant, les options politiques de ces juifs pauvres vont évidemment en direction de la gauche. Ils se rassemblent dans le Groupement des ouvriers socialistes de Paris, fréquentent la Librairie des travailleurs juifs. Une tentative de rapprochement avec les socialistes français se soldera par un échec et les prolétaires juifs ne parviendront pas à associer leurs camarades, guesdistes et autres, au combat contre l'antisémitisme. En septembre 1899, ils organiseront à Montmartre un meeting pour dénoncer la propagande des adversaires et des calomniateurs du peuple juif ; mais cet effort exceptionnel, en pleine affaire Dreyfus, cette prise à partie publique des antisémites aveuglés n'éveillera qu'un faible écho. De toute évidence, les socialistes français n'ont pas encore surmonté leur hostilité au juif associé au complice du capitalisme, tandis que la communauté juive traditionaliste considère d'un œil méfiant l'agitation brouillonne d'un sous-prolétariat qu'elle veut soit ignorer, soit tenir à distance.

Entre les deux communautés, c'est une méconnaissance complète. Les *Archives israélites* et *L'Univers israélite* ne font, pratiquement jamais, allusion aux juifs de l'Est immigrés, à leurs problèmes et à la vie de leurs associations. Cette ignorance n'a d'égale que l'hostilité à peine voilée des prolétaires à l'égard des « nantis » du Consistoire et des organisations traditionnelles. « La charité de M. de Rothschild, écrit Henri Dhorr, n'existe pas, il y a la charité de la Maison Rothschild, c'est-à-dire le syndicat de la famille qui donne un peu de son or. Mais jamais un Rothschild individuellement n'ouvre sa bourse. Ah ! leur charité. Vieux tambour qui ne résonne plus ; non, il faut trouver autre chose. Ce sont eux qui nous ont fait haïr, ce sont eux qui nous empêchent de vivre et ont fait de nous des parias. S'il n'y avait pas de gros financiers juifs, il n'y aurait peut-être plus de haine contre la race juive, honnie partout... »

Soyons net : l'installation en France de ce prolétariat misérable fuyant les pogromes ne suscite aucun enthousiasme. Les « juifs français » lisent dans ces visages de pauvres et d'inquiets le souvenir peu engageant de leur propre condition. Les réactions de la population dans son ensemble ne sont guère plus encourageantes. Mais un espoir se lève pour ces déshérités de l'émigration. Un espoir pour les foules juives de l'exode. Un journaliste juif, correspondant de la *Neuen Freien Presse* à Paris, annonce la « bonne nouvelle » de la terre retrouvée. Son nom est un nom d'histoire. Il s'appelle Theodor Herzl.

Theodor Herzl est le fils d'un riche commerçant hongrois. Il est né en 1860 à Vienne où il a passé son enfance. Il fait ses études à la faculté de droit et s'intéresse très tôt au théâtre. Docteur en droit à vingt-quatre ans, il se destine à la magistrature. Son premier poste est à Salzbourg, mais il démissionne. Herzl, en effet, a ressenti très vite le poids de l'antisémitisme dans son entourage, et il estime que sa qualité de juif l'handicapera pour gravir les échelons de l'avancement. Quittant les prétoires, Herzl va se destiner au journalisme. À vrai dire, le premier choix de Theodor Herzl n'était pas un hasard : le jeune juriste avait opté pour la magistrature parce que cette carrière était, avec le journalisme et la médecine, l'une de celles qui étaient autorisées aux juifs sous la monarchie des Habsbourg. Le reste de l'administration et l'armée leur étaient inaccessibles. On retrouve là l'une des constantes des choix professionnels des juifs : leur concentration dans certaines activités économiques tient autant des obligations et des interdits qui leur sont faits que de leurs goûts propres. Si, en France, le capitaine Dreyfus et d'autres jeunes juifs avaient choisi l'armée à la même époque, si l'éventail de leurs choix professionnels était très ouvert, c'est qu'aucune prescription légale n'y faisait obstacle.

Dans la magistrature, libre d'accès aux juifs sous la monarchie austro-hongroise, le jeune Theodor Herzl a cependant pris conscience des réserves et de l'hostilité sourde qui entourent les hommes de ses origines. C'est alors qu'il se tourne vers le journalisme : là, le champ d'action dont il disposera n'aura guère d'entraves ; il sera beaucoup mieux dans son élément. Parmi la très importante et très active minorité israélite de Vienne, les réussites journalistiques sont aussi spectaculaires que nombreuses. Des juifs sont à la tête d'importantes publications : Karl Kraus pour la *Fackel*, Moritz Benedikt pour la *Neuen Freien Presse*, Moritz Szeps pour la *Neuen Wiener Tageblatt*. En médecine, les juifs s'appellent Sigmund Freud et en littérature Stefan Zweig.

Theodor Herzl entre à la *Neuen Freien Presse*, après avoir collaboré d'ailleurs à d'autres journaux, publié éditoriaux et feuilletons, et ébauché une réussite très estimable comme dramaturge. La *Neuen Freien Presse* est une remarquable tribune, les chroniques et reportages du grand quotidien viennois sont suivis et commentés dans l'Europe entière. Herzl vient fréquemment à

Paris pour son journal. Il voyage en France, s'intéresse de près à la vie politique du pays dont il devient un excellent connaisseur. La direction de la *Neven Freien Presse* lui demande de s'y installer en permanence. Il accepte très volontiers le poste de correspondant. Le voilà parisien à cent pour cent, mêlé à la vie politique, mondaine, littéraire de la capitale. Il s'installe dans un bel hôtel particulier de la rue de Monceau, fréquente Clemenceau, Jaurès, Gambetta, les Goncourt, Flaubert, Zola, les Daudet. Journaliste perspicace, excellent observateur, homme de lettres de talent, il est comblé par sa profession. Il pourrait se contenter de ce succès rapide qui gonflerait d'aise et de suffisance plus d'un écrivaillon. Mais Theodor Herzl est de la race des tourmentés et des visionnaires. Très vite il va tourner le dos à la vie commode : l'affaire Dreyfus, à laquelle il assiste comme journaliste et comme témoin, agit sur lui comme un révélateur. Tout, ou presque tout, part de là. Et de ces journées parisiennes de 1894 au repos dernier de la terre d'Israël où tout un peuple le vénère, long et dur est le chemin...

Tout, ou presque tout en effet, vient du procès, de la condamnation du capitaine juif alsacien et français, de cette explosion d'antisémitisme, des grands remous de la politique française d'alors. Sans la dégradation de Dreyfus dans la cour de l'École militaire, l'État d'Israël eût, bien entendu, certainement existé, mais le peuple et l'État d'Israël n'eussent pas connu l'appel d'un des plus glorieux de leurs prophètes. Allons plus loin : la grande affaire d'un juif de France n'est pas la seule motivation de la démarche de Theodor Herzl. Celui-ci a vécu dans son Autriche natale le drame de l'antisémitisme. L'hostilité aux juifs se développe à l'ombre du sceptre de François-Joseph, non seulement sous la forme de discriminations administratives, mais dans les mentalités, l'environnement, par les mouvements et les cabales politiques. L'antisémitisme d'un Schönerer, d'un Karl Lueger est bien accueilli par les petits commerçants et artisans viennois. Les pogromes russes datent d'avant-hier.

Herzl assiste à Paris à la campagne antisémite de Drumont, aux attaques furieuses de *La Libre Parole* contre la prétendue influence des officiers juifs dans l'armée, à la mort du capitaine Mayer dans son duel avec le marquis de Morès. Mais c'est avant tout devant l'image d'un officier juif dégradé sous le regard de ses pairs, et le spectacle d'une foule en délire, conspuant le nom du « nouvel Iscariote », c'est dans la capitale du pays des droits de l'homme et de la Révolution émancipatrice des juifs qu'il prend conscience de la menace permanente qui pèse sur le peuple d'Israël. Les incidents qui marqueront à Paris et en province le procès d'Émile Zola le renforceront dans une appréhension angoissée de l'avenir : « L'affaire Dreyfus, écrira-t-il dans son *Journal*, constitue davantage qu'une erreur judiciaire ; elle exprime le désir de la majorité des Français de condamner un juif et de condamner tous les juifs dans la personne d'un juif. "Mort aux juifs !" hurlait la foule tandis que l'on dégradait Dreyfus... Où cela ? En France. Dans la France républicaine, moderne, civilisée, cent ans après la Déclaration des droits de l'homme. Le peuple français, ou du moins la plus grande partie du peuple français, ne veut pas étendre le bénéfice des droits de l'homme aux juifs. Le décret de la grande Révolution a été révoqué... »

La dramatisation de l'affaire Dreyfus dans l'esprit de Herzl est évidente : il est bien certain que, en dépit des outrances antisémites, la France n'a pas révoqué les initiatives généreuses de 1791, que la passion d'une partie de l'opinion est plus un réflexe de nationalisme exacerbé que le fait d'un antisémitisme profond ; mais Herzl juge la situation en France avec un radicalisme de visionnaire. Son angoisse atteint des proportions pathologiques. En 1895, et en cinq jours, il rédige les soixante-cinq feuillets qui recueillent ses conclusions sur le problème juif. Le titre de son essai est significatif : *Der Judenstaat* (*L'État des juifs*).

Herzl envisage la création d'une Société des juifs et d'une Compagnie des juifs qui assureront la liquidation des communautés nationales et s'emploieront à les refondre dans une organisation unique. La nouvelle communauté juive se donnera des institutions proches de la monarchie constitutionnelle.

Theodor Herzl part d'une constatation profondément pessimiste : l'échec, à peu près total, en cette fin du XIXᵉ siècle, de l'assimilation. « ... Nous sommes un peuple un, écrit-il, partout nous avons loyalement tenté de fusionner avec les collectivités nationales qui nous entourent, en ne sauvegardant que la foi de nos pères. Mais cela, nul ne veut l'admettre. En vain, nous sommes des patriotes fidèles, voire, dans certains pays, d'exubérants patriotes ; en vain consentons-nous aux mêmes sacrifices en argent et en sang que nos concitoyens ; en vain nous efforçons-nous de rehausser la gloire de nos patries respectives dans le domaine des arts et des sciences, et d'augmenter leurs richesses par le commerce et par l'échange. Dans ces patries-là, où nous vivons déjà depuis des siècles, nous sommes considérés comme des étrangers, et souvent par ceux-là mêmes dont les ancêtres n'y étaient pas installés, alors que les nôtres y souffraient déjà depuis long-temps... Personne, ajoute Theodor Herzl, ne saurait nier que la situation qui est faite aux juifs est désastreuse... Les peuples dans lesquels vivent les juifs sont, sans exception aucune, ouvertement ou honteusement antisémites... » Et de citer l'exemple de la Russie, de la Roumanie, de l'Allemagne et de l'Algérie.

Herzl évoque la situation des juifs de France des anciennes communautés : « ... Si maintenant, les juifs de France dans leur ensemble s'élèvent contre ce projet [l'État juif] sous prétexte qu'ils sont déjà assimilés, je leur répondrai très simplement que cela ne les concerne pas. Ils sont des Français israélites, c'est parfait !... Ils pourront poursuivre tranquillement leur assimilation puisque l'antisémitisme sera à jamais réduit au silence. Et l'on s'imaginera d'autant mieux qu'ils se sont assimilés, que le nouvel État juif, avec ses institutions toutes modernes, sera devenu une réalité vivante, tandis qu'ils s'obstineront à demeurer là où ils vivent aujourd'hui... »

Herzl avait vite compris qu'il ne pourrait guère compter sur la collaboration des juifs français de souche ancienne pour mener à bien son entreprise. La création de l'État d'Israël leur semblait un leurre et une inutilité. Malgré les excès de la campagne antisémite, les incidents violents et les insultes racistes, malgré l'affaire Dreyfus, les juifs français sont avant tout préoccupés par l'assimilation. Herzl a pris le bâton de pèlerin. Il contacte une à une les personnalités israélites les plus notables de Paris. Le 2 juin 1895, il est chez le baron Maurice de Hirsch. Celui-ci, l'un des hommes les plus fortunés du monde (il est à la tête de plusieurs milliards de francs-or), a fait don de tous ses biens à l'humanité après la mort de son fils, à l'âge de trente ans. Il est à l'origine de la Jewish Colonization Association, qui a pour but d'installer en Argentine les juifs émigrés de Russie. Il laisse peu d'espoir à Theodor Herzl sur ses chances auprès des « grands juifs » de France. « Rothschild, lui dit-il, ne vous donnera pas cinq cents francs... Les juifs riches ne donneront rien... »

Le diagnostic pessimiste du baron de Hirsch n'a pas empêché Theodor Herzl d'adresser son manifeste *L'État des juifs* à plusieurs notables israélites de Paris : aux Rothschild, au grand rabbin Zadoc Kahn, notamment. Le 18 juillet, il est reçu rue Laffitte par le baron Edmond de Rothschild. Il lui explique ses ambitions. Mais Edmond de Rothschild, qui aidera par des dons très importants à l'installation d'une communauté de juifs émigrés en Palestine, refuse d'adhérer aux conceptions de Herzl. La notion de la formation organique d'un État juif digne de ce nom est à ses yeux, comme pour ses coreligionnaires français, à quatre-vingt-dix-neuf pour cent une vue de l'esprit. Herzl écrit après cette entrevue au grand rabbin Zadoc Kahn, dont la position n'est pas éloignée de celle des Rothschild (aide matérielle et philanthropique, mais réserves sur le sionisme) : « ... Je suis un adversaire de la Maison des Rothschild ; je considère qu'elle est, pour les juifs, un malheur national. Le seul membre de la famille qui, par sa conduite passée, ait manifesté une sympathie générale est Edmond de Rothschild. Cet homme même refusera-t-il de participer à mon salut ? Nous ne lui demandons pas le plus petit sacrifice matériel, ni un centime, ni de lever un doigt, ni de se compromettre. Tout ce qui lui est demandé, c'est d'accepter les résultats, une fois qu'ils seront obtenus. S'il ne le fait pas – lui dont dépend la coopération des riches anglais et des fondations de Hirsch –, alors un cri de colère bouleversera le monde... »

Pour Edmond de Rothschild, la France, l'Angleterre, l'Autriche, l'Allemagne, tous les pays européens qui ont des minorités juives importantes verront apparaître, génération après génération, des juifs de plus en plus conscients de leur appartenance aux communautés nationales. Les difficultés, estime-t-il, se résoudront avec les années, l'assimilation n'est qu'une question de temps. Il n'existe pratiquement pas de juifs français réellement intégrés qui, en 1895-1896, ne fassent leur cette opinion.

Les journaux de la communauté française manifestent même une opposition catégorique au sionisme. Les *Archives israélites* considèrent le projet de Herzl comme une « plaisanterie ». Et elles n'hésitent pas à affirmer que « le sionisme met le judaïsme en grand péril ». Les critiques se transforment parfois en attaques. Louis Halévy prend à partie Theodor Herzl : « C'est, écrit-il dans *L'Univers israélite*, un dangereux ennemi pour ses coreligionnaires. » La question juive demande une solution urgente, reconnaît Isaïe Levaillant, mais il affirme que le sionisme est une « inutile diversion ». Joseph Reinach défend l'idéal exclusif du patriotisme d'intégration, et nie que les juifs forment une nation : « Nous sommes français, et Français nous resterons... Tous nos efforts, toute notre activité intellectuelle, tout notre amour, la dernière goutte de notre sang appartient à la France, et à elle seule... » Le premier congrès de Bâle, manifestation préliminaire de l'idée sioniste, laissera pratiquement les juifs de France sur leurs positions. Toujours peu enclin à emboîter le pas des sionistes de combat, le grand rabbin Zadoc Kahn déclarera dans une interview donnée au *Journal*, le 11 septembre 1897, et sous le titre : « Ni à Jérusalem, ni à Bâle » : « Il [le sionisme] n'a de sens que pour les juifs qui ont perdu leur identité en quittant l'Europe centrale... »

Theodor Herzl poursuit cependant son combat. Une lutte déchirante, bouleversée par l'angoisse. Le sort des juifs persécutés dont il connaît la détresse sur les chemins de l'exil le hante, et l'ampleur de la mission dont il se sent investi décuple ses forces. Certains de ses amis les plus proches le croient devenu fou. On lui conseille d'aller voir un psychiatre, Max Nordau. Nordau, né à Budapest en 1849, fils d'un rabbin et descendant d'une très ancienne famille de juifs espagnols, est un psychologue de réputation mondiale. Personnage très excentrique mais penseur très pénétrant, il est l'auteur d'une étude qui lui a valu une notoriété internationale : *Les Mensonges conventionnels de la civilisation*. La rencontre des deux hommes prend un tour inattendu : Herzl conquiert Nordau au sionisme. Recrue de très grand poids : Nordau s'imposera comme l'un des débateurs les plus éloquents et les plus convaincus des futurs congrès.

Les efforts de Herzl éclatent dans toutes les directions. Le 19 juin 1895, il écrit à Bismarck pour lui expliquer ses projets et lui demander son appui ; contacte le grand-duc de Bade avec le même objectif ; parle à Londres devant l'Anglo-Jewish Association ; s'ouvre à Vienne de ses ambitions au nonce apostolique, Mgr Agliardi. À Vienne également est fondé le Comité d'action de la société sioniste. Puis Herzl lance la revue *Die Welt*, le 4 juin 1897, qui propage sa doctrine. Au mois d'août 1897, le premier congrès de Bâle réunit deux cents sionistes venus de Russie, d'Allemagne, d'Autriche-Hongrie, Roumanie, Bulgarie, Algérie, Belgique, Pays-Bas, Angleterre, Suède, États-Unis. La France envoie trois délégués : Jacques Behar, Max Nordau, Bernard Lazare. « Le sionisme, proclament les congressistes, c'est le peuple juif en marche vers sa patrie... » Et Theodor Herzl déclare le 29 août au cours de la séance inaugurale : « Nous sommes en train de poser la première pierre de la nation qui doit devenir le refuge de la nation juive... »

L'idée sioniste est en marche et rien ne l'arrêtera plus. Elle surgit du plus profond des masses juives de la dispersion. Comme toutes les idées généreuses, elle est prise en charge par les petits et par les humbles. Mieux vaut pour sa pérennité qu'elle ne reçoive pas le baptême dans les conseils d'administration des banques et les tripots affairistes. Les millions qui affluent dans les caisses du mouvement sioniste proviennent beaucoup plus de l'effort volontaire de milliers de petits juifs d'Europe, touchés et convaincus par l'appel de Herzl, que de la mansuétude des magnats de la finance. Theodor Herzl le constate d'un trait d'une ironie mordante : « C'est la première fois, dit-il, que je vois mettre en doute l'aptitude des juifs à créer des banques... » Et Jacques Madaule observera : « ... On ne répétera jamais assez que l'État d'Israël est sorti des efforts de tous ces déracinés, ceux de Pologne, ceux de Russie, ceux d'Allemagne, de France et d'Angleterre. La distinction désormais la plus apparente chez les juifs n'est plus celle qui oppose les ashkénazes et les séfarades, mais les riches et les pauvres, les assimilés et ceux qui ne le sont pas... Sans que Herzl l'ait précisément voulu, l'idée sioniste a été d'abord une idée de pauvres[1]... »

Les folies de Panama

Déclenché en mai 1891, exploité sur le plan politique, le scandale de Panama relance la campagne antisémite. Fort de son succès à Suez – mais un succès acquis à haut prix –, Ferdinand de Lesseps, alors âgé de soixante-quinze ans, décide, en 1879, de créer une société destinée à assurer le percement d'un canal qui reliera l'Atlantique au Pacifique, à l'endroit le plus étroit entre les deux Amériques.

Entreprise gigantesque pour l'époque que de réaliser cette percée à travers un massif d'origine volcanique. La première erreur de Lesseps est de mal étudier la nature du terrain auquel il va s'attaquer : l'argile qui constitue la majeure partie du massif se diluera, sous l'effet des pluies des tropiques, en une boue où s'engluront les machines. L'endroit est couvert de marécages et de lacs infestés de moustiques porteurs de fièvres qui décimeront les ouvriers de la future entreprise.

Il n'empêche que le projet du créateur du canal de Suez, visionnaire hardi mais follement imprudent, juvénile (à soixante-cinq

---

1. Dans *Les juifs dans le monde actuel*, Flammarion, 1963.

ans, il a épousé une Mauricienne de dix-huit ans à qui il donne dix enfants), mais irréaliste, ce projet rencontre l'adhésion du public et l'intérêt des milieux financiers.

Pour le temps, la technique de financement est révolutionnaire : la Compagnie universelle du canal interocéanique mettra en circulation six cent mille actions auprès du public par l'intermédiaire d'un groupe de grandes banques qui réaliseront dans l'opération, et au rythme des différentes émissions, des bénéfices très importants. Cet appel aux clients des banques de dépôt – organismes de crédit d'un style nouveau – est largement entendu ; la première émission a parfaitement réussi, qui encourage tous les espoirs pour l'avenir.

Seulement, le ver de la corruption s'installe dans le fruit dès le début : pour appâter la clientèle, la Compagnie inonde les journaux d'informations mensongères sur les perspectives de l'entreprise... et rémunère cette publicité rédactionnelle de subventions. Des fonds secrets versés aux journalistes transformés en commissionnaires affairistes, on passera vite au monde politique en rémunérant grassement ministres et parlementaires dont l'appui est indispensable. De fil en aiguille et de chèques en pots-de-vin, la Compagnie, exposée sur le terrain à des difficultés de plus en plus insurmontables, retranchée dans ses travaux, et par là obligée d'engager des frais toujours plus grands, devient une vaste officine de pression financière.

Pressée par les besoins d'argent frais, elle projette de lancer un « emprunt à lots » pour lequel l'accord du gouvernement est nécessaire. Elle reçoit plusieurs réponses négatives, mais le 8 juin 1888 une loi autorise cette émission. L'épargne réagit mal, l'opération est un échec. La même année, la Compagnie dépose son bilan. Quatre-vingt-cinq mille souscripteurs – dont la plupart sont fort modestes – sont ruinés. Ce n'est qu'en mai 1891 que le procureur général Quesnay de Beaurepaire fait ouvrir une instruction contre les administrateurs de Panama. La réalité est que le gouvernement présidé par Loubet a tout fait pour étouffer le scandale que le journal d'Édouard Drumont dévoile, avec les arrière-pensées politiques que l'on devine, à coups de révélations fracassantes. Pour le journaliste qui signe sous le pseudonyme de « Micros », la « finance juive » est tapie dans l'ombre de Panama.

C'est inexact. La banque Rothschild, par exemple, estimant le projet de Panama démesuré, s'est maintenue prudemment en dehors alors que des établissements comme la Société générale, le Crédit lyonnais et le Crédit industriel et commercial ont réalisé, en émettant obligations et actions, des bénéfices considérables. Mais la place tenue par trois compères – Jacques de Reinach, Cornélius Herz, Arton –, tous trois israélites, dans les trafics et les corruptions sert d'argument pour convaincre le public et les épargnants spoliés par la faillite que ce sont, une fois de plus, les juifs les coupables. On remet sur pied la mise en scène de l'Union générale...

« Chéquards » : ce beau sobriquet inventé pour la circonstance recouvre une faune politique dont les agissements éclipsent toutes les compromissions malhonnêtes de notre histoire. Les travaux de la commission habilitée à enquêter sur le scandale révèlent que le ministre des Travaux publics Baïhaut s'est laissé acheter, sous la promesse d'un million de l'épargne, pour appuyer l'« emprunt à lots » au gouvernement, que l'on a monnayé les votes et le silence de plus de cent députés, dont on redoutait les interpellations à la Chambre. Au milieu de ce bourbier, Reinach, Herz, Arton trônent. Les deux premiers surtout, chevaliers d'industrie qui se sont hissés par les intrigues louches au niveau des hommes politiques les mieux placés, et qui servent d'intermédiaires entre les administrateurs de Panama, acheteurs de consciences, et les parlementaires, amateurs de prébendes. « Au Palais-Bourbon, le vol, tant qu'il n'y a pas scandale, écrit Maurice Barrès dans *Leurs Figures*, chronique du scandale de Panama, n'est qu'une faute contre le goût : quelque chose qui coupe l'estime sans délier les intérêts. Dans aucun parti on ne fait difficulté d'admettre un voleur, s'il a du gosier et de l'estomac, c'est-à-dire de l'aplomb et de la métaphore... »

Et Barrès de tomber de l'antiparlementarisme à l'antisémitisme militant[1]. « ... Juif allemand, écrit-il de Reinach, baron italien, naturalisé français... Juif de graisse déliquescente... Le baron Jacques de Reinach rappelle ces gros rats qui, ayant gobé la boulette, s'en vont mourir derrière une boiserie d'où leur cadavre irrité empoisonne les empoisonneurs... »

Jetée par le prestigieux Barrès, la boulette de l'antisémitisme, reprise de main en main par de talentueux « empoisonneurs », fera son chemin... Juif et corrupteur, Reinach ? Assurément. Hélas, dans le lot des corruptibles, il y avait un Georges Clemenceau[2].

---

1. Membre de la Ligue antisémite de Jules Guérin, Barrès cautionne de son nom prestigieux plusieurs manifestations antijuives des amis de Drumont.

2. Qui avait reçu des sommes importantes de Cornélius Herz. Clemenceau était alors directeur de *La Justice*. Léon Daudet, qui collaborait à la *Revue des Deux Mondes*, avait émargé aux « frais de publicité » de la Compagnie de Panama pour dix mille francs ; Papuchon, administrateur du journal *Parti ouvrier* (socialiste), pour soixante mille francs, etc.

QUATRIÈME PARTIE

L'entre-deux-guerres.
La menace se précise

1.

Un manque de lucidité
presque général

L'orage de l'affaire Dreyfus s'est apaisé mais l'Europe accumule les motifs de discorde. En 1914 tout s'embrase et les juifs de France, comme les autres, sont emportés dans la tourmente.

Il y avait, au moment de la déclaration de guerre en 1914, environ cent trente mille juifs en métropole pour soixante mille en Algérie. Plus de trente mille seront mobilisés, des milliers ne reviendront pas. Sur les trente et un rabbins qui furent « rappelés », sept furent tués au front. Parmi ceux qui n'étaient pas encore naturalisés, soit une quarantaine de mille, dix mille, comme Joseph Kessel, d'origine russe, s'engageront dans la Légion étrangère. Une statistique établie selon les annuaires des grandes écoles, des anciens élèves du lycée Chaptal, les archives des associations de mutilés, aboutit à cette conclusion que les juifs ont payé, proportionnellement, un plus lourd tribut que les autres à la Première Guerre mondiale : à Polytechnique, un pour sept contre un pour douze. À Centrale, mêmes proportions ; mais aux Mines, un sur quatorze pour un sur quinze ; à Normale supérieure, un pour sept contre un sur huit. On ne peut donc que ratifier cette observation de la revue L'Arche, dans un numéro spécial consacré à l'Histoire des juifs de France : « ... Le judaïsme français fut terriblement éprouvé par la Première Guerre mondiale qui le privera d'une génération presque entière... » Constatation valable pour tous les Français. L'identité était totale.

Voici maintenant un autre phénomène très important : la transformation profonde de la physionomie des communautés juives de France entre les deux guerres par suite de l'immigration.

Au début du XIXᵉ siècle, la France est, avec ses vingt-huit

millions d'habitants, le pays le plus peuplé d'Europe si l'on excepte la Russie (trente-neuf millions pour sa partie occidentale). Les pays de langue allemande viennent en troisième position : vingt-quatre millions ; puis l'Italie : dix-sept, la Grande-Bretagne avec seulement dix millions. En 1910, la France a déjà largement perdu son avance démographique. Alors qu'elle n'a gagné que onze millions (soit trente-neuf millions), l'Allemagne et l'Autriche ont presque triplé (soixante-cinq millions), l'Italie a vu sa population doubler (trente-six). L'Angleterre bat tous les records d'expansion : quarante-deux millions en 1910, soit quatre fois en un peu plus d'un siècle.

Le déséquilibre ne fait que s'accentuer après la Première Guerre mondiale entre les besoins en main-d'œuvre et le volume démographique. L'erreur courante a été de croire qu'une limitation des naissances était souhaitable ; ce raisonnement malthusien a des conséquences profondes. Saignée par la guerre – un million et demi de morts –, atteinte dans ses forces les plus vives, privée des éléments les plus dynamiques de sa population, des plus jeunes, producteurs... et reproducteurs, la France s'engage sur la voie d'une dénatalité dangereuse alors que ses grands voisins, Allemagne, Italie, connaissent un développement démographique constant. En 1851, le premier recensement de la population étrangère en France donne le chiffre de près de trois cent quatre-vingt mille, soit un et demi pour cent de la population totale. En 1931, on aboutit à plus de trois millions, soit sept et demi pour cent.

Trop peu peuplée, la France attire, par un phénomène automatique, un nombre croissant d'étrangers dont l'immigration est encouragée par sa politique traditionnelle d'hospitalité. Il en résulte une recrudescence du racisme...

Les juifs représentent dix pour cent des cinq cent mille Polonais qui se sont installés en France en 1931. Les familles polonaises sont très nombreuses : de cinq à dix enfants. Quarante mille de ces juifs – qui viennent de l'ancienne Pologne russe, principalement de la région de Varsovie – s'installent à Paris. Si l'on ajoute quelques milliers de Roumains, de Hongrois, d'Allemands (en faible quantité), on constate que soixante-dix mille juifs (de langue et de tradition yiddish) d'origine orientale prennent souche dans la région parisienne entre 1920 et 1939.

En ajoutant l'immigration qui s'est développée depuis les pogromes de la fin et du début du siècle en Russie et en Pologne russe – en 1903, une explosion antisémite a violemment secoué la ville de Kichinev ; à Jitomir, à Bialystok, les massacres poussent les juifs à s'expatrier –, on relève que de 1880 à 1939, cent dix mille juifs étrangers ont pris souche à Paris et dans son agglomération. Cinquante pour cent sont d'origine polonaise, dix pour cent russe, dix pour cent de Roumains et de Hongrois, le reste Allemands et Autrichiens. Ils se concentrent dans les XIᵉ, IIIᵉ, Xᵉ et XVIIIᵉ arrondissements, essentiellement dans le quartier de la place de la République, à Belleville et à Montmartre. Dans le XIᵉ arrondissement, ils représentent quinze pour cent de la population totale. À la veille de la Seconde Guerre mondiale, on dénombre deux cent mille juifs à Paris et dans son agglomération, soit sept pour cent de la population totale. Cette immigration est la plus importante après celle de la main-d'œuvre italienne.

Double conséquence : la formation d'une communauté nouvelle à côté de la communauté juive traditionnelle issue du Sud-Ouest, du Comtat Venaissin et de l'Est de la France ; une renaissance agressive de l'antisémitisme.

C'est bien une communauté juive différente qui est en train de se constituer ; nous en avions décelé la naissance en évoquant les événements antisémites de Russie et de Pologne qui, dans les années 1880, poussaient des vagues d'immigrants vers l'Europe de l'Ouest et les États-Unis.

Ces juifs de l'Est ne vont pas seulement se distinguer des juifs français par leur langue, mais par leurs traditions, leurs pratiques religieuses (ils fréquentent des synagogues séparées), leurs associations, leurs professions, leur milieu social. Alors que les Français israélites, complètement assimilés, ont franchi avec succès les barrières économiques, accédant aux professions libérales, au commerce, grand et moyen, à la banque, formant une bourgeoisie fière de sa réussite, les immigrés constituent une classe modeste assez proche de la pauvreté.

Alsaciens, Comtadins et marranes du Sud-Ouest, submergés par le nombre, tiennent le haut du pavé. Les premiers surtout qui, entre les deux guerres, sont encore vingt-cinq mille. C'est relativement peu sur la masse des deux cent mille juifs de Paris, mais par les positions tenues, quelle puissance... Ils habitent alors dans le XVIᵉ arrondissement, ou dans le XVIIᵉ, ou encore à Neuilly. Rien que dans la banque, ils représentent à eux seuls vingt pour cent des activités de la capitale, dix pour cent des avocats parisiens. Ils sont très nombreux dans la médecine, le journalisme, l'enseignement, mais également dans les tissus, la confection, la couture, la fourrure. On les trouve antiquaires, représentants. On chercherait en vain un ouvrier juif alsacien à Paris...

Sur le plan religieux, les Alsaciens de Paris se partagent entre les temples de la rue Cadet et de la rue Montevideo de rite ashkénase traditionnel – qui rassemblent la majorité des pratiquants – et le temple de l'Union libérale israélite, plus moderniste, rue Copernic. Les juifs Alsaciens sont à l'origine de toutes les grandes organisations juives, que ce soit l'Alliance israélite universelle, le Comité de bienfaisance, la Fondation Rothschild avec son hôpital, son orphelinat, son hospice ; la *Revue des études juives*, les *Archives israélites*, etc.

La migration des juifs d'Alsace vers Paris a entraîné de profonds changements dans les mentalités et les comportements. Non seulement dans la pratique religieuse, mais dans les conversions et dans les mariages avec les chrétiens. Quasiment nulles en Alsace même – quarante-huit de 1806 à 1871 –, les conversions deviennent beaucoup plus fréquentes à Paris. Les mariages mixtes tendent à se multiplier également, et la consanguinité à diminuer ; celle-ci s'explique pendant longtemps par l'habitude, le réflexe de groupe, mais aussi par l'antisémitisme environnant. Sur cent mariages israélites en Alsace, pour la période de 1870 à 1876, vingt-trois étaient consommés entre des personnes de même famille.

Quant aux options politiques des juifs alsaciens, elles sont très éloignées des clichés entretenus par les professionnels de l'antisémitisme et les libellistes d'extrême droite qui répètent à tue-tête, entre les deux guerres, que les israélites français sont les fourriers de la gauche extrémiste et de la franc-maçonnerie. Ces bourgeois alsaciens confits dans leur réussite sont d'authentiques conservateurs. Anciens combattants, ils ne se différencient pas des autres disciples du culte de la patrie qu'ils ont servie sur la Marne ou à Verdun. Les juifs alsaciens sont rares chez les socialistes, inexistants chez les communistes. Les plus « droitiers » d'entre eux ont rallié, en 1934, l'Union patriotique des Français israélites. Pour la plupart, ils accueillirent très mal le Front populaire. Les Alsaciens n'ont jamais nié et semblent s'être enorgueillis d'avoir formé une sorte d'aristocratie, fière de ses particularismes. Juifs parfaitement intégrés, très patriotes, Français d'abord, juifs ensuite. Ils avaient en définitive perdu presque totalement leur identité de juifs dans la mesure où ils considéraient qu'elle pouvait être un obstacle à leur intégration totale ; ils considéraient comme essentiel de rayer de leur passé, de leurs origines, tout ce qui pouvait être un obstacle à cette assimilation, tout ce qui pouvait exposer aux reproches de l'antisémitisme.

Les marranes du Sud-Ouest, les Avignonnais sont assimilables à cette analyse. Très évolués, bien installés, généralement fortunés, ils ne sont pas plus de quelques milliers. Ils disparaissent dans la masse des communautés juives de France. Les Bordelais et les Bayonnais représentant, avant la Seconde Guerre mondiale, tout au plus un pour cent des juifs français, les Avignonnais : 0,5 pour cent.

Le prolétariat est du côté des Russes, Polonais, Roumains, mais également renforcé d'éléments d'Afrique du Nord, des Balkans et de l'empire ottoman.

La population juive d'origines nord-africaine et « levantine » – de tradition séfarade – est forte de quarante mille âmes à Paris. Chez les juifs turcs, bulgares, yougoslaves, une minorité de commerçants – tissus, tapis – pour une majorité de manœuvres. Nombreux chez les ouvriers, les juifs maghrébins forment également une minorité socialement plus évoluée de commerçants et de fonctionnaires.

À côté, la masse des immigrés d'Europe de l'Est – cent dix mille avant 1939 – représente quatre-vingt mille personnes, prolétaires pour la plupart, mais installant de solides bastions dans l'habillement (chapeliers, tailleurs, couture, bonneterie...) et les peaux (maroquiniers, fourreurs...). Leur vie communautaire est intense, leurs orientations politiques tournées vers la gauche et le sionisme. Associations nombreuses d'artisans, groupuscules politiques qui ont survécu à la transplantation de Pologne ou de Lituanie, socialistes, communistes, bundistes[1], militants sionistes publient une littérature pléthorique. Michel Roblin évaluait à une centaine les journaux publiés depuis 1880 jusqu'à 1939 uniquement à Paris. Quatre d'entre eux représentent les grandes tendances politiques des milieux immigrés : le *Morgenstern*, bundiste, *Die Presse*, communiste, *Parizer Zeitung*, socialiste, *Parizer Haynt*, sioniste.

Boycotté dès l'origine par les dirigeants du judaïsme français, limité à une aide philanthropique généreuse mais dégagée de toute ambition politique lorsqu'il est assumé par des hommes comme Edmond de Rothschild, le projet sioniste est pris en charge par les

---

1. Le Bund, parti politique fondé en 1897, regroupait les juifs de tendance socialiste dans les provinces occidentales de la Russie.

immigrés. Le Keren Kayemeth Leisrael rassemble des fonds pour soutenir une immigration très minoritaire. Les militants sionistes les plus engagés seront au premier rang dans les combats de la Résistance. La lutte des maquis contre le nazisme se fondait dans un idéal commun avec le grand projet de retour qui avait cheminé par des voies difficiles avant la guerre.

Le sionisme est la seule issue d'une minorité isolée dans la nation, étrangère dans tous les sens du terme. « Métèques des métèques », écrit Maurras des juifs de France. Le « métèque », c'est d'abord, pour la droite et les héritiers de Drumont, l'immigré de Pologne ou de Russie, manœuvre ou fabricant de casquettes dans une cour sombre de Belleville. Il y aura une logique entre l'anathème raciste des ultras de l'entre-deux-guerres, les lois d'exception de Vichy et les arrestations par la police française des « youdis » de l'Europe de l'Est. Maurras restera logique avec lui-même en écrivant dans *L'Action française* en 1941, après la publication du statut des juifs dû à Xavier Vallat : « Il ne s'agit nullement de persécution ; il s'agit d'un équilibre à réaliser entre le nomade et le citoyen, le Français et l'Étranger... »

Assoupi pendant la Grande Guerre, l'antisémitisme français reprend corps, en effet, dans les années difficiles qui vont conduire l'Europe à un nouveau massacre. Décidément, on ne peut s'empêcher de voir en lui le corollaire des crises politiques et des bouleversements sociaux. Raciste chez les uns, il est pour les autres principes politiques. L'immigration des juifs allemands, qui a d'ailleurs été très exagérée (elle ne porte entre les deux guerres que sur quelque cinq mille individus, chiffre très faible si on le compare à l'immigration des Russes et des Polonais), est brandie comme un spectre pour étayer une argumentation qui avait fait les délices des adversaires de Dreyfus : « ... Ils apporteront aux armées hitlériennes envahissantes, écrivait Léon Daudet dans *L'Action française* en 1938, dans l'espoir de rentrer en grâce, tout leur concours... »

Les juifs, cela est bien connu depuis l'affaire Dreyfus, sont les agents les plus zélés de l'Allemagne...

Maurras et Daudet ont pris certaines distances à l'égard de l'antisémitisme pathologique de Drumont. Les coups réservés à Léon Blum vont autant au socialiste de la SFIO, au leader de la gauche, qu'au juif d'Alsace. Maurras et Daudet n'excluent pas que l'on puisse distinguer entre les « bons et les mauvais juifs », que l'on hésite à assimiler aux « métèques » étrangers et gibiers de trahison les « juifs de race, mais français de cœur... » On voit poindre – sept ans avant la défaite et l'occupation allemande – l'oreille des inquisiteurs et des ségrégationnistes qui feront le jeu de l'Allemagne... Bons juifs, mauvais juifs ; juifs marxistes et juifs modérés ; juifs assimilés, juifs étrangers ; anciens combattants de 14-18 et anarchistes à la solde de l'Internationale de la subversion... Retenons cette proclamation de Maurras, dans *L'Action française*, en 1933 ; elle est prophétique des persécutions de 1940 : il faut, écrit-il, « construire pour les fils errants de l'éternelle Judée, une Cité spéciale, un droit second, comme un statut de leur province, où ils trouveraient protection, ordre et défense, défense parfois contre eux-mêmes, contre leur double faculté d'illusion et d'usurpation ». Mieux : « Cette communauté de juifs français dépourvue de territoire pourrait avoir ses municipes, ses magistrats, ses répondants représentants auprès des pouvoirs publics... »

Et Léon Daudet, la même année 1933 dans la même *Action française* : « ... Occupons-nous donc d'un statut des juifs, pour la métropole comme pour les colonies. Il s'agit de différencier et de ne pas encombrer les postes d'État et les grades militaires de gens qui n'ont rien de commun avec nous et qui ont monté, voici quarante ans, chez nous et contre nous, cette formidable mystification : l'innocence du traître Dreyfus. » En 1938 – c'est la veille de la guerre –, Daudet écrit : « Il n'est pas niable que, sur le plan organique, le juif est un type à part, profondément différencié. Il peut, ce type, plaire ou déplaire, mais il est indéniablement AUTRE comme peut l'être un Jaune ou un Noir... »

De Céline à Marcel Jouhandeau... et bien d'autres, l'antisémitisme franchit tous les registres. Dans les années 30, on ne compte pas moins d'une quinzaine de revues, journaux quotidiens ou hebdomadaires qui n'en fassent régulièrement leur pâture : *L'Action française*, bien sûr, mais aussi *Je suis partout* (directeur Pierre Gaxotte), qui publiera sur le sujet un numéro spécial qui mériterait d'être reproduit en entier, *Gringoire*, d'Horace de Carbuccia où officie André Suarès, juif lui-même, *Le Franciste*, du fasciste intégral Marcel Bucard, et un foisonnement de feuilles de moindre importance : *La France enchaînée* de Darquier de Pellepoix qui prendra la succession de Xavier Vallat au commissariat général aux Questions juives de Vichy, *La France réelle*, *Le Défi*, *Le Porc-épic*, *Le Réveil du peuple*, *Le Grand Occident*, la *Revue internationale des sociétés secrètes*, etc.

En 1928 éclate le scandale de la *Gazette du franc et des nations*

– escroquerie montée par Marthe Hanau, Lazare Bloch et Jérôme Lévy, juifs tous trois, répétition en petit de l'affaire de Panama, qui porte sur quelques centaines de millions. *L'Action française* découvre la première le pot-aux-roses et s'empare de ce brûlot pour raviver l'antisémitisme et jeter la perturbation dans les milieux politiques où, de Briand à Poincaré, la dame Hanau bénéficiait d'intelligences.

Au vrai, les choix politiques des juifs de France sont très variables entre les deux guerres, et leurs réactions devant la résurrection de l'antisémitisme mitigées. Les Alsaciens se défendent mal d'un racisme à rebours à l'égard des nouveaux venus de l'Est qui, avec leurs faciès particuliers, leurs coutumes bizarres et leur accent qui évoque l'allemand de ghetto, sont des témoins gênants d'un judaïsme où ils ne reconnaissent rien d'eux-mêmes. Gêneurs, ces émigrés qui, par-dessus le marché, ont des faiblesses pour la gauche extrémiste, ont importé de leurs Russie et Pologne natales leurs sectes « anarchistes ». Gêneur, ce Shalom Schwartzbard qui, le 26 mai 1926, en plein Paris, abat l'atman Petlioura, responsable du massacre de milliers de juifs en Ukraine. Gêneur, ce Grynszpan qui, à Paris également, règle son compte au secrétaire d'ambassade allemand pour venger les juifs persécutés sous le IIIᵉ Reich. Schwartzbard, Grynszpan, deux juifs émigrés, deux « étrangers », témoins et justiciers de leurs frères décimés par les pogromes, pour les uns. Faiseurs de troubles, pour les autres : les juifs de France se passeraient de ces petits cousins compromettants pour la tranquillité de la communauté.

Appelons quelques témoignages... Dans une lettre en date du 13 janvier 1939, publiée par le journal sioniste *Affirmation*, un juif émigré s'adresse aux juifs français de vieille souche :

> « ... Les juifs heureux, les juifs des pays hospitaliers, ceux qui se sont installés dans un confort souvent fragile (c'est le cas même, répétons-le, des Allemands, des Autrichiens, des Italiens, des Hongrois d'hier), ceux qui souvent ont des attaches sérieuses dans leur patrie d'aujourd'hui, sont surtout gênés par les cris inconvenants de leurs frères massacrés.
>
> Quand on a mis de l'ordre dans son installation, quand la cuisine est consciencieusement astiquée et que les casseroles resplendissent dans un alignement méticuleux, on ne veut pas de relations gênantes.
>
> Pour ceux-là, les cousins persécutés, les turbulentes victimes de

tous les "ismes" deviennent des trouble-fête, des trouble-digestion, des trublions tout court – à tout dire presque des fauteurs de désordre.

De quoi cela a-t-il l'air, je vous le demande, quand en pleine dégustation d'une vie confortable, autour d'une table élégante, où même l'antisémite se croit obligé de vous sourire de toutes ses dents de carnivore civilisé, un des vôtres, un pouilleux barbouillé de sang, fait irruption en râlant : "Au secours, on tue le juif !"

Fi, comme c'est maladroit, compromettant ! Cela crée franchement le malaise. Demandez-le à M. Maurois et à de nombreux juifs ou israélites qui, sans mordre il est vrai eux-mêmes à la chair fraîche, croient nécessaire de s'asseoir à la table des judéophages. Probablement pour mieux marquer leur détachement, et par là leur attachement... »

En pleine Occupation, Jacqueline Mesnil-Amar s'écriera : « ... Nous sommes tous responsables... C'est parce que, jadis, pour un pogrome exécuté par les Cosaques polonais dans le ghetto de Minsk, le juif allemand a dit : "Ce ne sont que des Polaks", que l'hitlérisme n'a trouvé ni crainte prophétique, ni assez de résistance à l'horreur. C'est parce qu'en 1933 les juifs français bien tranquilles dans leur patrie, leurs maisons, leur Chambre des députés, sont restés aveugles et sourds aux souffrances de ces juifs allemands, en disant : "Chez nous, en France, cela n'aura jamais lieu", que les silencieux ont laissé faire la cinquième colonne et ses ravages, c'est parce qu'en 1940 ou en 1941, après les premiers statuts de Vichy, nous juifs français, nous comptions fiévreusement nos archives, nos siècles et nos générations, nos médailles et nos morts dans les guerres, en disant : "Les mesures sont surtout contre les étrangers", que nous avons été jetés dans les mêmes camps, aussi seuls, aussi nus, aussi abandonnés que le plus pauvre, le plus minable des Polonais [1]... »

Nouvelle confirmation dans la bouche d'une juive alsacienne, française depuis plusieurs générations : « Nous ne voulions pas être mis dans le même sac que les juifs polonais et russes d'immigration récente ; nous considérions que leur présence alimentait en partie l'antisémitisme. Nous donnions volontiers pour des œuvres de charité, mais nous gardions des distances prudentes, par crainte d'être débordés par les nombreux immigrants... Le mariage d'une des nôtres avec un juif de l'Est, par exemple, eût été considéré comme une catastrophe... »

---

1. *Ceux qui ne dormaient pas*, Éditions de Minuit, 1957.

Le père, la mère et la sœur de cette héritière d'une vieille famille juive d'Alsace seront déportés pendant l'Occupation ; ils mourront à Auschwitz...

Mais cette inconscience devant les périls – qui n'est pas le seul fait des juifs de France, Jacqueline Mesnil-Amar l'a rappelé – est-elle extraordinaire dans un pays qui applaudit les accords de Munich ?

Malgré cette tendance à une forme d'indifférence – qui n'exclut pas des gestes de charité en faveur des immigrés les plus déshérités –, des juifs français ont commencé à réagir, non seulement par un effort d'entraide important, mais en se regroupant dans des organisations de lutte et d'autodéfense. Les immigrés, de leur côté, ont rassemblé, dès 1923, leurs associations dans une Fédération des sociétés juives de France que nous retrouverons très active pendant l'Occupation.

Bernard Lecache crée, en 1928, la Ligue internationale contre l'antisémitisme. Pour la première fois depuis l'affaire Dreyfus, les juifs de France se donnent une arme de combat, un groupement dont la mission sera de dénoncer toutes les formes d'agression raciale. Vaste est l'entreprise... À peine la LICA est-elle créée que les sarcasmes de la droite extrémiste se lèvent. L'intérêt... très particulier que les Allemands porteront à la Ligue, dès les premiers jours de l'Occupation, attestera de l'influence qu'elle avait prise avant la guerre. D'autre part, le Comité français pour le Congrès juif mondial, l'Association des anciens combattants volontaires juifs, le Comité de défense des juifs persécutés en Allemagne dirigent leurs activités vers l'autodéfense et l'entraide ; elles se joignent en 1933 à la LICA pour constituer un organisme qui secourra les immigrés en difficulté et publiera des informations sur les persécutions nazies contre les juifs allemands. Une importante documentation est ainsi constituée, qui sert à alimenter un bulletin hebdomadaire, l'*Agence Coral*. *Coral* est une des premières à révéler les atrocités nazies.

Tandis que les anciens combattants juifs créent un Comité d'entente, quarante intellectuels (vingt-trois membres de l'Institut et de l'Académie française, plusieurs professeurs à la Sorbonne) se réunissent pour publier, sous le titre *Races et racisme* des études, des articles d'information. Plusieurs milliers de travaux furent ainsi diffusés avant la guerre. La Gestapo, qui était évidemment très au courant de l'existence de cet immense travail, essaya, en juin 1940, de récupérer les archives. Il fallut... un camion de cinq tonnes pour les transporter à Bordeaux, d'où on les transféra à Casablanca. Là, elles furent prises en charge par l'Office of War Information, après le débarquement américain au Maroc, puis remises au commissariat de l'Information du Comité français de Libération nationale.

L'opinion française, les juifs de France furent-ils vraiment touchés par cet effort d'information sur les dangers du racisme et de l'antisémitisme, sur la politique de persécution nazie ? On peut en douter, si l'on excepte une minorité qui avait une claire conscience du péril, à en juger par la léthargie de nombreux juifs au moment de l'occupation nazie, et par cette sorte d'indifférence du public, l'absence de réactions lors de la publication des ordonnances allemandes et des lois de Vichy. Le traumatisme de la défaite, cette culpabilisation collective qui avait gangrené l'opinion s'inscrivaient dans une longue série de renoncements : après tout, depuis la remilitarisation de la Rhénanie jusqu'à Munich en passant par l'Anschluss, Hitler avait imposé une politique du « fait accompli », habitué la France à une escalade dans l'agression qui n'éveillait pas d'inquiétudes profondes. Les persécutions raciales du IIIᵉ Reich étaient enveloppées de la même indifférence. Le témoignage de Jacqueline Mesnil-Amar sur la mentalité des juifs français les plus traditionalistes est là encore d'un très grand prix : « ... Nous n'avons pas prévu cette montée de haine et d'horreur à l'horizon, ni senti déjà la trahison glacée, peureuse, fardée de politesse, d'une grande partie de la bourgeoisie ! Trop tard nous avons tremblé pour les juifs allemands, pour l'Espagne socialiste, aidé les réfugiés de partout qui arrivaient en foule... Trop tard nous avons compris... »

Assurément, la phalange des juifs engagés dans les combats de la gauche a une conscience plus vraie des périls qui montent... Ces juifs, que touchent les campagnes de la LICA, qui savent mieux que d'autres ce que le nazisme recèle de menaces pour les libertés et l'Europe, qui sont-ils ?

Les juifs dans l'affrontement politique

Ces juifs français de gauche, on pourrait être tenté de les considérer comme les dépositaires du messianisme d'Israël, comme les

« transfuges » d'un peuple religieux, réalisant dans le positif de l'action quotidienne, mais en puisant dans le vieux fonds du mysticisme hébreu, le triomphe d'idéaux à l'échelle d'une humanité privée de Dieu. Marx n'a-t-il pas transféré sur le prolétariat la mission impartie au peuple d'Israël ?

Ce trait de messianisme n'a pas échappé aux bons observateurs de la pensée politique de Léon Blum, le plus célèbre, le plus vénéré et le plus haï des hommes politiques juifs de la France contemporaine. Cette passion de la justice qu'il avait reçue de son éducation, recueillie dès son enfance, n'était-elle pas la protestation d'un des descendants des juifs d'Alsace, libéré de la discrimination, mais plus apte que beaucoup d'autres à ressentir l'affront des inégalités, le scandale de l'oppression économique et sociale ? De ses origines, ne tirait-il pas cette intelligence abstraite, cet esprit subtil et tourmenté ?

Blum avait une claire et haute conscience de son appartenance au peuple juif. Il ne se voulait pas moins totalement assimilé. À l'image de nombreux juifs d'Alsace, il portait à la Révolution française une vénération qui n'était pas étrangère aux mesures généreuses dont elle les avait fait bénéficier : « J'ai le droit de me considérer comme nettement assimilé, disait-il, je sens nettement qu'aucun élément de l'esprit français ne m'est étranger, ni de l'honneur français, ni de la culture française, aussi raffinée soit-elle. Eh bien, je n'en ai pas moins le sentiment d'être juif. Et jamais je n'ai remarqué, entre ces deux phases de ma conscience, la moindre contradiction, la moindre opposition[1]. »

Le critique littéraire de *La Revue blanche*, l'auditeur au Conseil d'État, le juriste distingué s'engagea à quarante-sept ans dans la vie politique militante. Mais dès lors que l'admirateur de Jaurès fit son choix – en 1919, il devenait député de Paris –, la vie d'homme public l'emporta sur toutes les sollicitations. Blum tenta de réaliser la synthèse entre le marxisme et le socialisme humaniste : ce fut l'une des difficultés majeures de sa carrière politique. On le vit bien lorsque, confronté à la réalité du pouvoir en 1936, rencontrant les grèves les plus considérables qui se soient jamais produites en France, sollicité par ses amis les plus engagés de hâter la prise du pouvoir par le prolétariat, il pencha pour le légalisme et s'engagea dans la voie de l'arbitrage entre syndicalistes et délégués patronaux.

---

1. André Blumel, *Léon Blum, juif et sioniste*, La Terre retrouvée, 1951.

Les accords Matignon donnèrent au salariat sa première grande victoire sociale ; il ne fallut pas moins de quatre années de guerre, et d'immenses bouleversements, pour la compléter. Jamais, peut-être, gouvernement français ne rencontra autant de difficultés sous ses pas que le gouvernement de Front populaire de 1936. La guerre d'Espagne succéda aux conflits sociaux ; Blum se trouva placé devant une nouvelle alternative qui fut un nouveau déchirement : ou soutenir carrément le gouvernement socialiste frère menacé par le putsch militaire, et par là s'exposer à de graves difficultés intérieures et internationales, ou refuser l'engagement, par crainte de soulever la tempête, renier son idéal socialiste et provoquer une surenchère sur sa gauche. Il choisit le moyen terme qui laissa la gauche insatisfaite et provoqua les clameurs de la droite. Mais c'est sans doute à ce prix, que, comme en juin 1936, Blum évita à la France la guerre civile.

La bourgeoisie française et la droite, si promptes à le haïr, les partisans de l'ordre, si prompts à lui imputer les plus lourdes responsabilités dans l'anarchie de la vie politique de l'entre-deux-guerres, seraient bien inspirés de réviser, a posteriori, leurs jugements. Les historiens les moins objectifs devraient désormais reconnaître – à condition d'être bien informés – qu'au moment où les ouvriers occupaient massivement les usines, campaient dans les bureaux des patrons, qu'à l'heure où Trotski écrivait : « La révolution française a commencé ! », Léon Blum, en ouvrant la soupape de sécurité des accords Matignon, débloqua une situation angoissante, porteuse des menaces d'une guerre civile. En 1936, Blum a peut-être sauvé, sans le vouloir, le régime capitaliste. La classe privilégiée, dans son aveuglement et son inconscience, ne lui en a été nullement reconnaissante et les possédants des « beaux quartiers » qui conduisaient leurs enfants à la campagne alors que les vagues populaires frappaient à leur porte, furent les premiers, le péril de la « chienlit rouge » écarté, à lui jeter la pierre. Quant aux hommes de gauche sensés, ou aux vibrions intellectuels qui n'ont à gauche que la parole, qui lui reprochèrent d'avoir « lâché » l'Espagne républicaine, ils ont sciemment négligé, ou fait semblant d'ignorer, les risques considérables qu'aurait fait courir à la paix un engagement plus poussé. L'opinion française, coupée en deux par la guerre d'Espagne, agitée par les ligues, travaillée par les activistes clandestins, d'un autre côté par les gauchistes à tout crin, la France qui émergeait d'un vaste conflit social, aurait-elle supporté le choc d'une intervention massive ? Le risque d'un affrontement direct avec les Italiens et les Allemands, sur le terrain de la guerre civile espagnole, n'était-il pas réel, et indéniable la volonté d'abstention de l'Angleterre qui ne ménagea aucun effort pour dissuader Blum de s'engager plus avant ?

La double qualité de juif et de socialiste attira à Léon Blum les rancunes les plus tenaces, les injures les plus outrancières. Plus tard, Pierre Mendès France sera la cible d'attaques dont la manière rappellera l'avant-guerre.

« Je veux, disait Léon Blum aux pires moments de la bourrasque, garder le calme du couvreur sur son toit. » Il est vrai que ce juif d'Alsace savait montrer une sérénité exemplaire sous les lazzis et que cet homme frêle avait beaucoup de courage physique. Il s'abstenait volontairement de lire les pamphlets de ses détracteurs ; la récapitulation de leurs épithètes formerait un lexique de l'injure politique associée à la passion antisémite. Les maîtres d'Action française, héritiers intellectuels de Drumont, excellaient dans cet art périmé : le temps passant et la chose politique devenant plus sérieuse, l'invective politique au niveau de l'injure a passé de mode.

« Hébreu plein de haine », « gentleyoutre », « bizarre, louche et équivoque », « métèque Blum », la « danseuse parfumée du Quai de Bourbon[1] », tout y passe... « C'est un fait, écrit Jean-Pierre Maxence dans *Je suis partout*, M. Léon Blum, par toutes ses fibres, représente l'étranger. Au sens physiologique du mot, il est étranger à la France. Cet esthète, ce dilettante frénétique, cette femme énervée pense, vit, aime, hait, hésite, s'exalte, s'affaisse en étranger. Léon Blum n'est pas étranger parce qu'il est juif. Il n'est pas étranger parce que socialiste. Il est étranger parce que Blum. Cœur, esprit, chair, sang, tout est étranger. Il appartient à cette tradition de talmudistes qui commentent à l'infini un texte qui n'est pas pour eux source de vie. Il relève de cette lignée de la social-démocratie juive qui discute les motions quand la ville est en flammes, quand meurent les hommes. Nul n'est moins peuple que Léon Blum. Il a le corps et l'âme d'un aristocrate dégénéré... »

« L'ennemi public n° 1 » ; l'expression vient de Jean Renaud, de Solidarité française[2]. Le journal du parfumeur Coty publie sous une photo du leader socialiste le commentaire suivant : « Il faut

---

1. Où habitait Léon Blum.
2. Mouvement de droite, très antisémite, fondé par le parfumeur Coty en 1933. Coty est également propriétaire du *Figaro* et de *L'Ami du peuple*.

que chacun se pénètre bien des traits et du visage de cet homme néfaste dont la vie n'est qu'un constant complot contre la patrie... » Suivent les menaces, qui ne sont pas paroles en l'air : non seulement Léon Blum est injurié, mais il sera agressé, frappé ; les dirigeants de la Cagoule l'ont mis en tête des « hommes à abattre », le jour du grand chambardement. Dans ce texte de Jean Renaud, il y a une préfiguration des mesures d'exception du gouvernement de Vichy : « Si jamais nous prenons le pouvoir, voilà ce qui se passera : à six heures, suppression de la presse socialiste ; à sept heures, la Franc-Maçonnerie est interdite ; à huit heures, on fusille Léon Blum. Le Léon Blum dont la peur est comique depuis qu'il s'est aperçu que les arbres de Vincennes poussaient en forme de gibet ou de poteau d'exécution, reste et restera pour nous l'ennemi public, dont la France sera, qu'il le veuille ou non, débarrassée comme on le fait d'un tas d'immondices ou d'un paquet de pourriture... »

Et Maurras dans *L'Action française* : « Ce juif allemand naturalisé ou fils de naturalisé, qui disait aux Français, en pleine Chambre, qu'il les haïssait, n'est pas à traiter comme une personne naturelle. C'est un monstre. C'est un hircocerf de la dialectique heimatlos. Détritus humain à traiter comme tel. L'heure est assez tragique pour comporter la réunion d'une Cour martiale. La peine de mort contre les espions est-elle imméritée des traîtres ? Vous me direz qu'un traître doit être de notre pays ; M. Blum en est-il ? Il suffit qu'il ait usurpé notre nationalité pour la décomposer. Cet acte de volonté, pire qu'un acte de naissance, aggrave son cas. C'est un homme à fusiller, mais dans le dos. »

Voilà qui est fait... Le 13 février 1936, Léon Blum est agressé, frappé, blessé par ses adversaires. Ce jour-là ont lieu à Paris les obsèques de l'historien d'Action française Jacques Bainville. La malchance veut que la voiture où a pris place Léon Blum, et que conduit le député socialiste de Soissons Georges Monnet, arrive à la hauteur du boulevard Saint-Germain au moment où débouche le cortège funèbre. Blum est reconnu par des militants d'Action française qui bloquent la voiture. Les vitres sont brisées, Blum est frappé au visage, au-dessus de l'oreille gauche. Bien que saignant abondamment, il réussit à s'échapper et est recueilli au siège de la Ligue féminine d'Action catholique, 98 rue de l'Université. Des ouvriers qui travaillent à la réfection des locaux allongent le blessé sur un tapis, en attendant l'arrivée d'un médecin.

Blum frappé et blessé... Les interpellations des pamphlétaires extrémistes portent leurs fruits, « l'ennemi public n° 1 », le juif, le socialiste a commencé à « payer »... Sur son lit d'hôpital où on le voit, photographié la tête entourée de bandages, ne songe-t-il pas alors à cet autre juif, le capitaine Dreyfus, dégradé à l'École militaire, conspué quand il embarque pour l'île du Diable ?

Le soir même de l'agression contre le chef socialiste, le président du Conseil, Albert Sarraut, signe un décret qui dissout les organisations d'Action française ; Maurras est inculpé de provocation au meurtre, la police perquisitionne au siège de la Ligue monarchiste. Le 16, des milliers de personnes, rassemblées à l'appel des organisations du Front populaire pour flétrir l'attentat, défilent du Panthéon à la Nation. C'est la marée humaine, hérissée de poings tendus, de banderoles et de drapeaux rouges. On conspue les fascistes, on demande contre eux des sanctions exemplaires, on crie, ce n'est pas nouveau : « Unité populaire ! » Les élections sont proches, d'où la gauche sortira victorieuse, mais quelle fragile victoire...

Maurras fulmine. Les poursuites engagées contre lui, l'interdiction de son mouvement le font plus déterminé que jamais. C'est une nouvelle occasion de s'en prendre aux « métèques » et aux juifs. Qui sont-ils, ces milliers de manifestants ? « ... Une part empruntée aux derniers bas-fonds, les délinquants et criminels de droit commun... Véritable écume, lie des faubourgs ; sa force ne dépend que de l'absence ou de la présence de la maréchaussée. Une autre fraction, celle-là immense, composée d'étrangers et de quasi-étrangers, naturalisés de la veille, venus de tous les points de l'Europe, principalement de l'Allemagne, de la Russie et du Levant, presque sauvages, dans laquelle l'élément juif métèque a très peu de peine à dominer... »

Étrangers, métèques – on dirait aujourd'hui, du côté des héritiers : « l'immigration sauvage »... –, ces mots reviennent sans cesse sous la plume des partisans. Blum, l'homme à abattre, est le premier étranger de France.

Après le succès du Front populaire en avril et mai 1936 – une majorité de quarante sièges à la Chambre, due à un faible déplacement de voix –, Léon Blum a été désigné par le président de la République, l'ineffable Albert Lebrun, polytechnicien, homme de devoir à la larme facile, paralysé dans sa panoplie de « président soliveau », pour former le nouveau gouvernement. La droite et les antisémites, ceux qui l'avouent et les autres, les discoureurs de

salons qui disent entre deux petits fours : « Je ne suis pas antisémite, ma chère, mais... », la droite et les antisémites de toutes les
nuances sont accablés. Pendant le débat d'investiture, Xavier Vallat lance, sous les protestations véhémentes de la gauche, la phrase
célèbre : « Pour la première fois, Messieurs, ce vieux pays gallo-
romain sera gouverné par un juif ! »

Henri Béraud s'escrime, dans *Gringoire*, à comptabiliser les
collaborateurs juifs de Léon Blum : « ... Ce qui nous fâche, écrit-
il, n'est pas qu'il y ait un juif ou même plusieurs au gouvernement.
Mais, comme le dit le Talmud, la plus mauvaise roue du char est
celle qui fait le plus de bruit. On admet que, sous un régime élec-
tif, la présence d'un ou de plusieurs ministres juifs n'a rien d'illé-
gitime. Disons mieux : cela n'a rien de bien inquiétant. C'est une
question de contrôle. On voudrait simplement savoir si, depuis
l'arrivée de M. Blum − et de ce qu'il faut bien appeler sa tribu −,
ce contrôle est encore possible. Allons-y, mes amis, suivez le guide ; ouvrez bien les yeux. Voilà l'état du personnel : Présidence
du Conseil. Cabinet : MM. Blumel, juif ; Jules Moch, juif ; Heilbronner, juif ; Grunebaum, juif ; Hug, juif ; Mmes Picard-Moch,
juive ; Madeleine Osmin, juive. Sous-secrétariat d'État. Cabinet :
MM. Mumber, juif. Ministère d'État. Cabinet : MM. Weil, juif ;
Pierre Rodriguez, juif. Ministère de l'Intérieur. Cabinet :
MM. Bechoff, juif ; Salomon, juif ; Cahen-Salvador, juif. Ministère des Finances. Cabinet : M. Weil-Raynal, juif. Ministère de
l'Éducation nationale : MM. Abraham, juif ; Moerer, juif ; Well-
hof, juif ; Mmes Adrienne Weil, juive ; Chaskin, juive. Économie
nationale. Cabinet : M. Cahen-Salvador, juif. Marine marchande.
Cabinet : M. Gregh, juif. Agriculture. Cabinet : M. Lyon, juif ;
Kief, juif ; Veil, juif. Travail. Cabinet : Dreyfus, juif. PTT. Cabinet : MM. Didkowsky, juif ; Grimm, juif. Santé publique. Cabinet : MM. Hazemann, juif ; Rozier, juif, Wusler, juif. Éducation
physique : M. Endlitz, juif. »

On peut espérer n'être pas suspecté d'antisémitisme si l'on
constate que, dans un réflexe de solidarité, en raison de profondes
affinités, les juifs aiment à se trouver unis dans les mêmes entreprises, rassemblés dans les moments difficiles... Mais, dans le cas
du gouvernement de 1936, ne se rencontrent-ils pas nombreux
autour de Léon Blum, beaucoup plus par des choix politiques
convergents que par on ne sait quels accords secrets de frères
de race pratiquant entre eux la courte échelle ? Imagine-t-on si
facilement des juifs de droite, bien qu'il y en ait eu, les anciens

persécutés ralliant avec une joie morose le clan des persécuteurs ou des adversaires de toujours ? N'y a-t-il pas un mouvement naturel dans le choix des héritiers des juifs de ghetto, marqués de la rouelle, exclus des professions, lapidés ou moqués, vers les partis ou écoles de pensée, défenseurs des idéaux de liberté ? La démarche de nombreux juifs vers la franc-maçonnerie, la Ligue des droits de l'homme, n'a-t-elle pas les mêmes motivations ? Est-ce un hasard si Victor Basch fut le président de la Ligue, si Émile Kahn lui succéda ?

« Gouvernement du youpin-cher », « Cabinet crétin-Talmud », brocardent les Daudet et les Maurras ; il est vrai que, pour la première fois, la France aura un chef du gouvernement – sinon un ministre – juif ; mais lorsque, le jeudi 4 juin 1936, la Confédération générale du patronat français, inquiète, débordée par les occupations d'usines dont elle redoute le pire, se réunit en grand secret pour solliciter l'arbitrage du chef du gouvernement « crétin-Talmud », à qui s'adresse-t-elle ? À Grünebaum-Ballin, membre du Conseil d'État, juif lui aussi, ami commun de Léon Blum et de Lambert-Ribot, secrétaire général du très capitaliste et très puissant Comité des forges. Pour sortir de l'ornière, la grosse industrie française se moque comme de son dernier boulon d'avoir affaire à des interlocuteurs juifs, et des sarcasmes des antisémites de plume, des slogans des ligues tapageuses.

En 1937, Darquier de Pellepoix, conseiller municipal du quartier des Ternes à Paris, futur commissaire aux Questions juives de Vichy, fonde le Rassemblement antijuif et tient des meetings délirants au cours desquels il voue le « peuple hébreu » au massacre. C'est un avocat, Jean-Charles Legrand, qui, dans *Le Défi* du 3 avril 1938, constate en se lamentant : « Subtil comme un talmudiste, perfide comme un scorpion, haineux comme une vipère, faux comme un communiqué de Vincent Auriol, rancunier comme un eunuque et tenace comme un morpion, Blum s'incruste à la tête de la France... » Le 13 avril suivant, *Je suis partout* consacre un numéro spécial à la « question juive ». L'ouvrage de Céline, monument d'antisémitisme, *L'École des cadavres*, venant après *Bagatelles pour un massacre*, fait figure de best-seller de l'époque : « Si vous voulez vraiment vous débarrasser des juifs, écrit Céline, alors, pas trente-six mille grimaces, pas trente-six mille moyens : le racisme. Les juifs n'ont peur que du racisme. L'antisémitisme, ils s'en foutent. Racisme, et pas qu'un petit peu, du bout des lèvres, mais intégralement, absolument, inexorablement, comme la stérilisation Pasteur parfaite... »

Dans *Gringoire*, le 29 mars 1938, Béraud prétend que le véritable nom de Léon Blum est Karfulkenstein et qu'il est né d'un père bulgare, à Vidine. La « plaisanterie » fit son chemin, à tel point que les éditions Larousse se firent l'écho de cette « information » sans en contrôler la réalité. L'édition de 1960 du *Petit Larousse illustré* – tirée à trois cent mille exemplaires – portait encore à la page 1210, au nom de Blum, la notice suivante : « Blum (Léon Karfulkenstein dit Léon), homme politique français, né à Paris (1872-1950), chef du parti socialiste SFIO ; il a constitué un gouvernement dit de Front Populaire (1936). Déporté en Allemagne (1943) ; chef du gouvernement en 1946. »

En septembre 1959, Robert Blum, fils de Léon Blum, et l'Association des amis de Léon Blum avaient cité devant la première chambre du tribunal de grande instance de la Seine les éditions Larousse, demandant la suppression des mots litigieux « dans tous les exemplaires de livres vendus ou non vendus sous astreinte de cent francs par infraction constatée », cent mille francs de dommages et intérêts, et la publication du jugement dans dix journaux français ou étrangers. En même temps, Robert Blum introduisait une instance en référé afin d'obtenir la mise sous séquestre des exemplaires contenant l'allégation contestée et le remplacement de la page 1210 par un autre feuillet rectifié. Satisfaction lui était donnée : deux cent trente-quatre mille exemplaires – sur les trois cent mille – étaient saisis en librairie. Le responsable de l'« erreur » était un rédacteur d'extrême droite, ancien collaborateur de journaux de cette tendance avant guerre.

Le 21 avril 1939, le gouvernement Daladier publiait un décret-loi signé du ministre de la Justice Marchandeau qui prévoyait des sanctions pénales à l'encontre des auteurs et des publications qui se rendraient responsables d'attaques raciales. Cette mesure, demandée par les organisations juives, devait mettre un frein au débordement des apôtres de l'antisémitisme quotidien. L'un des premiers textes législatifs du gouvernement de Vichy fut pour annuler les dispositions du décret.

La guerre approchait. Avant le drame de l'Occupation, les juifs de France pouvaient s'enorgueillir d'une « promotion sociale » qui touchait tous les domaines. Leur présence, très importante, dans certaines activités professionnelles, facilitait cette conclusion d'un accaparement, d'une tutelle sur la vie économique nationale qui sera montée en épingle par la propagande allemande. Représentant moins de un pour cent de la population totale (y compris les émigrés récents), ils sont vingt pour cent des banquiers et assureurs (Rothschild, Lazard, Worms [1]), quinze pour cent des fabricants et des marchands de meubles (pour ne citer que Lévitan), autant dans le commerce, l'industrie (Citroën, Rosengart). Douze pour cent des journalistes. Dix pour cent des avocats. Après Durkheim et Proust, Bergson et André Maurois illustrent la philosophie et les lettres françaises. Dans le théâtre et la chanson, auteurs et acteurs : Henry Bernstein, Tristan Bernard, Fernand Nozière, Alfred Savoir, Georges de Porto-Riche, Henri Duvernois, Georges Berr, Roger Alexandre, Roger Monteux, Véra Korène, Mme Simone, Mireille, Aimée Mortimer. Chez les metteurs en scène : Abel Gance, Pabst. Parmi les maîtres de la peinture, Pissarro, Modigliani, Soutine, Chagall. Les producteurs de cinéma à Pathé-Nathan, Gaumont, Paramount.

Le « thème juif » est source d'inspiration... et de profits dans la littérature. Jacques de Lacretelle a publié *Silbermann* et *Retour de Silbermann* ; l'appel de la Terre promise, les exploits des premiers colons fournissent – déjà – la matière d'ouvrages qui mêlent le romancé au documentaire : Joseph Kessel obtient le grand prix du roman pour *Terre d'Amour*, Pierre Benoit trace une fresque exaltante dans *Le Puits de Jacob* et son éditeur ne se trompe pas sur les chances de succès lorsqu'il annonce dans sa publicité : « Roman juif ». Dans *L'Épopée de Menaché-Foigel*, André Billy évoque la vie juive dans les ghettos tsaristes, les frères Tharaud publient notamment *Quand Israël est roi* (histoire de la dictature de Béla Kun à Budapest), *Petite histoire des juifs*, *À l'ombre de la Croix*, *L'An prochain à Jérusalem*.

Recrudescence de l'antisémitisme en Algérie

Les progrès de la communauté juive algérienne ont été fulgurants depuis l'occupation française et la promulgation du décret Crémieux. L'essor est aussi bien d'ordre démographique qu'économique, l'influence politique marche de pair avec l'obtention des droits civiques. De vingt et un mille en 1851, la population israé-

---

1. La banque Worms proprement dite fut fondée en 1929 par Hypolite Worms.

lite sous administration française passe en 1872 à plus de trente-quatre mille. En 1906 elle a dépassé le cap des cinquante-sept mille ; en 1921, elle atteint les soixante-quatorze mille, en 1931 les cent dix mille. Jusqu'en 1941, année du recensement ordonné par le gouvernement de Vichy, elle se maintient près de ce chiffre. La répartition géographique de la population juive d'Algérie se caractérise par une forte concentration dans les villes et plus spécialement dans le département d'Oran ; la ville d'Oran elle-même occupe la première place avec un peu plus de vingt-sept mille israélites. Alger vient après avec vingt-cinq mille.

Longtemps, les juifs algériens s'étaient maintenus dans le commerce et l'artisanat ; ils étaient également volontiers les banquiers des musulmans, et nous avons vu qu'en 1898 un Jaurès leur en adressait le reproche, dénonçant, avec d'autres, les abus de l'« usure juive ». Le fait a été couramment mis en lumière en Occident, et l'explication en est apparue facilement quand on a pris le soin d'aborder le problème en dehors de tout esprit partisan : le juif – indésirable dans la plupart des professions, banni des corporations – s'est réfugié dans une activité économique où la place lui était laissée vacante par les interdictions des conciles. Ne pouvant accéder à la propriété immobilière, il conservait ses avoirs en numéraire et les faisait fructifier par des prêts à intérêt ; voyant planer sur lui et sur les siens la menace permanente de l'expulsion, quel meilleur moyen avait-il de réaliser immédiatement sa fortune, d'avoir sous la main le viatique de ses migrations d'infortune ?

André Chouraqui avance une explication très intéressante à propos du rôle des juifs du Maghreb dans le prêt à intérêt[1] : rejetés dans une condition inférieure, les juifs retiennent l'argent parce qu'ils savent que la richesse est à peu près la seule voie par laquelle ils peuvent se révéler nécessaires. De surcroît, « l'imprévoyance de ce dernier [le musulman] et les risques encourus dans l'incertitude du lendemain favorisent les taux usuraires les plus exorbitants. Les conséquences de ces pratiques fatales sont désastreuses pour les deux parties : le musulman s'asservit à l'être qu'il méprise et dont il ne peut absolument pas refuser les services ; le juif risque la ruine à chaque opération en se mettant à la merci des plus scabreuses vengeances... »

Que les portes de la liberté économique lui soient ouvertes, et

---

1. Dans *La Saga des juifs en Afrique du Nord*, Hachette, 1972.

on le voit partir à la conquête des débouchés qui lui ont été de temps immémoriaux refusés. Il y montre une ardeur – déjà relevée dans nos provinces métropolitaines – proportionnelle à une longue abstention. Tenu dans la cité musulmane à l'écart de la terre, il redevient agriculteur ; il garde, certes, un atavisme pour ses activités traditionnelles (commerçant, artisan, spécialiste du vêtement, de la couture, des cuirs et peaux, etc.), mais il se hâte vers les professions libérales (médecine, barreau), l'enseignement, l'administration. Poussé par un désir passionné d'intégration, d'assimilation rapide d'une civilisation nouvelle, dussent les traditions et l'acquis du passé en souffrir, il entre à l'école, au lycée, à l'université. En 1941, les juifs représenteront trente-sept pour cent des effectifs de la faculté de médecine d'Alger, vingt-six pour cent de la faculté de droit, dix-sept pour cent en pharmacie, autant en sciences, dix pour cent en lettres. Or, à la même époque, les juifs algériens forment environ deux pour cent de la population totale des trois départements ; dans le chiffre de la population non musulmane, ils ne représentent que le huitième.

Les juifs algériens seront donc particulièrement touchés par la politique de ségrégation du gouvernement de Vichy dans l'enseignement (élèves et professeurs) et les professions libérales. L'antisémitisme réapparaît entre les deux guerres, mélange de racisme et de protestation contre une émancipation économique et sociale jugée trop spectaculaire ; le phénomène n'est pas inédit. Le niveau d'enrichissement des juifs d'Algérie reste pourtant d'une très modeste moyenne ; aux élections du printemps 1936 ils ont apporté, en majorité, leurs voix aux candidats du Front populaire.

Du 3 au 5 août 1934, des émeutes sanglantes ont renouvelé celles des dernières années du XIXᵉ siècle. La foule arabe, dont il n'est pas besoin d'attiser les réflexes antisémites pour la lancer sus aux juifs, mais qui est poussée par des agitateurs européens, se livre, à Constantine, au meurtre et au pillage. Entre vingt et trente juifs de la ville (les femmes et les enfants ne sont pas épargnés) sont assassinés, atrocement égorgés, des magasins saccagés ou pillés. Les Européens ne sont pas les derniers à se montrer agressifs. On ne les voit pas des coutelas à la main, mais s'intégrer aux partis et aux ligues filiales de la métropole, et afficher des sentiments plus hostiles aux juifs qu'en France même. Henry Coston, responsable du Parti populaire français de Jacques Doriot, dont la permanence est installée rue d'Isly, dirige la *Révolution antijuive*. L'abbé Lambert, maire d'Oran, déclare vouloir réaliser la « mobilisation générale contre les juifs et le Front populaire ». Le *Tam-Tam*, *La Libre Parole* nouvelle version, *Le Tricolore*, etc., entretiennent une agitation antijuive permanente. « À bas les juifs ! à bas les juifs ! il faut, sans attendre, les pendre ! » scande la foule pendant les manifestations du Rassemblement national, qui regroupe les mouvements de droite en Algérie.

Des juifs algériens réagissent ; ainsi le Dr Henri Aboulker, qui appartient à une très ancienne famille de juifs maghrébins, grand mutilé de la guerre 14-18, fonde le Comité juif algérien d'études sociales. Ses amis et lui essaient de créer un contre-courant à l'offensive des antisémites ; la tâche n'est pas aisée. L'administration elle-même est contaminée : lors des émeutes de Constantine, la police s'est dispensée d'intervenir.

Aussi les mesures qui frapperont les juifs d'Algérie dès 1940 ne seront-elles que l'aboutissement d'une politique qui avait eu ses prémisses. Soutenu par les antisémites triomphants, le gouvernement de Vichy mettra bientôt en place son régime de ségrégation.

2.

Il suffisait pourtant de regarder l'Allemagne

Le régime hitlérien avait laissé prévoir sa politique dans une Europe qui serait soumise à son hégémonie. Il fallut donc beaucoup d'ignorance, d'aveuglement ou d'insouciance pour ne pas apercevoir le danger que faisait courir aux pays occupés la victoire de ses armes.

Dès 1933, année de leur accession au pouvoir, les nazis s'attaquent au problème juif. Les persécutions commencent. C'est d'ailleurs tout un secteur de l'opinion allemande qui est visé, qui subit les persécutions des nouveaux maîtres du Reich. En même temps que les israélites, les communistes, nombre de libéraux, de catholiques rejoignent le camp des réprouvés et des maudits. Bientôt, au mois de juin 1934, un sanglant règlement de comptes opposera les nationaux-socialistes entre eux. Roehm et son état-major qui commandent à plus de deux millions de militants (les fameux SA) vont, au cours d'une nuit et d'une journée célèbres, faire les frais d'une purge ordonnée par Hitler, suggérée par Göring, Himmler et d'autres.

Les actes précèdent les textes. Le 1er avril 1933, c'est-à-dire un peu plus de deux mois après qu'Hitler eut été nommé chancelier, le boycott des magasins juifs est décrété. Les persécutions et les vexations des SA et des SS contre la population israélite sont permanentes. Pillages, violences physiques, expulsion des cafés des consommateurs juifs sont le lot quotidien. Constamment, on ameute le « bon peuple » contre les *Juden*, on le pousse aux représailles, on multiplie les expéditions punitives... Les SA chantent :

Hissez les Hohenzollern au lampadaire !
Laissez ces chiens se balancer jusqu'à ce qu'ils tombent !
Pendez un cochon noir dans la synagogue !
Et lancez des grenades dans les églises !

Certaines municipalités du Reich adoptent des mesures discriminatoires particulières, allant jusqu'à refuser aux citoyens d'origine juive les moyens de s'alimenter. Des commerçants affichent « Interdit aux juifs » à la porte de leurs boutiques, refusent de leur vendre le pain, le lait et la viande ; les pharmaciens les médicaments, même de première urgence, les hôteliers de les héberger, etc. Mais l'Allemagne nazie des persécutions sait, lorsqu'il le faut, prendre le visage de la respectabilité. Lors des Jeux olympiques qui se dérouleront à Berlin, en août 1936, ordre est donné à tous les commerçants, hôteliers, etc., de retirer – cette mesure touche également les lieux publics – les pancartes *Juden Unerwünscht* (« Juifs indésirables »), alors très répandues.

La loi du 7 avril 1933 permet d'exclure, entre autres, les juifs des fonctions publiques. Les lois dites de Nuremberg, édictées le 15 novembre 1935, constituent en quelque sorte la « charte » antijuive du nazisme, elles équivalent à priver les juifs allemands de leurs droits civiques. Deux catégories de citoyens sont reconnues : les « citoyens du Reich de sang allemand ou apparenté » et les « sujets de l'État », juifs ou métis, les serfs corvéables à merci. Les mariages entre « aryens » et israélites sont interdits, ainsi que toutes relations sexuelles entre eux. La législation nouvelle aboutit à des distinguos aberrants : on peut être reconnu soit pour un quart de juif, et alors on peut épouser une femme « aryenne » librement, soit pour un demi-juif, et l'on doit obtenir une autorisation. Quant au demi-juif qui épouse une juive, il devient juif automatiquement. Un juif à cent pour cent par la race dont les quatre grands-parents sont baptisés cesse d'être juif devant la loi, on en fait un pur « aryen ». Cela est vrai si les grands-parents ont été baptisés dès leur naissance. Par contre, un juif devenu chrétien, et dont les parents étaient chrétiens, mais qui n'aura pas eu des grands-parents chrétiens à la naissance, celui-là sera rejeté de la communauté aryenne, il restera un citoyen de seconde zone pour le reste de ses jours. Toutes ces finasseries juridiques méritent d'être retenues parce que nous les retrouverons dans les textes qui seront mis en application contre les juifs français en 1940, et nous verrons que le régime de Vichy s'inspirera d'un esprit voisin.

Les écrivains et les musiciens, les artistes allemands d'origine juive sont victimes de l'ostracisme qui frappe tout ce qui s'éloigne de la ligne culturelle définie par le régime, et sur laquelle veille le Dr Goebbels, ministre de la Propagande. La production, la représentation des œuvres des musiciens juifs sont proscrites : celles de Mendelssohn, de Paul Hindemith. Tous les acteurs et producteurs de théâtre juifs empêchés d'exercer leur métier, tel Max Reinhardt, quittent l'Allemagne nazie. Bien entendu, la presse, la presse la première, n'échappe pas aux mesures de rigueur. Une loi a, dès le mois d'octobre 1933, réglementé la profession de journaliste. Non seulement la nationalité allemande est exigée mais des prescriptions bizarres, échevelées, ridicules, authentiquement racistes s'y ajoutent, comme l'obligation d'être de descendance aryenne (qui pourrait le prouver sans contestation, et qui peut être assuré de n'avoir pas reçu un jour ou l'autre, au gré des mariages et de la succession des générations, du sang « non aryen » dans les veines), l'obligation d'être de descendance aryenne et de n'avoir pas épousé une femme juive.

Tout ce qui est juif est frappé d'interdit, éliminé, dans la presse allemande des années 30. Il est très important de ne pas l'oublier, il faut bien se rendre compte que les persécutions, qui éprouveront si douloureusement les juifs pendant l'Occupation, et les juifs de France comme les autres, avaient commencé des années auparavant, pendant la période de la paix, que par conséquent les nazis maîtres de l'Europe ne feront que poursuivre la politique ébauchée avant leurs victoires militaires. En avril 1934, le plus grand journal allemand, et l'un des plus anciens, puisqu'il avait été fondé en 1704 – il avait recueilli les signatures les plus prestigieuses –, le *Vossiche Zeitung*, cessa de paraître pour l'unique raison qu'il était la propriété de la société juive Ullstein. De même, en 1933, Hans Lachmann-Messe, d'origine juive, doit-il céder les parts qu'il détient dans le *Berliner Tageblatt* qui a également acquis une audience mondiale. Le *Berliner Tageblatt* disparaîtra en 1937. Quant au *Frankfurter Zeitung*, il ne survivra qu'après s'être débarrassé de son propriétaire et des journalistes juifs qui y collaboraient. En frappant ces divers journaux, les dirigeants nazis visaient les organes d'expression des idées libérales qui représentaient une opposition dangereuse pour le national-socialisme. La conjonction entre l'origine juive de ces propriétaires de presse, de ces journalistes, et des idées « de gauche » qu'ils défendaient, n'était pas le fruit du hasard ; les intellectuels juifs allemands, les propriétaires juifs de la presse allemande, les hommes politiques allemands de race juive sont en très grande majorité des hommes de gauche. Le phénomène est identique pour la France.

D'autre part – et bien entendu – les juifs sont rejetés de l'enseignement dans l'Allemagne de Hitler. Dirigé, truqué, transformé en une énorme machine de « bourrage de crâne », l'enseignement allemand, dont la direction a été confiée à un instituteur sans emploi et névropathe – le « Dr » Rust –, apprend aux jeunes Allemands que les juifs sont la calamité du monde, qu'ils portent la responsabilité de la plupart des malheurs des peuples. Tout ce qui n'est pas purement allemand est exclu, de même toutes les sciences doivent-elles être conçues, enseignées selon une optique allemande. Rudolph Tomaschek, qui dirige l'institut de physique de Dresde, n'hésite pas, par exemple, à écrire que « la physique moderne est un instrument de la juiverie internationale, instrument acharné à la destruction de la science aryenne... » C'est le grand physicien allemand Philipp Lenard, prix Nobel en 1905, qui affirme sans rire dans son ouvrage *Deutsche Physik* que « le juif manque de compréhension de la vérité », alors que le savant aryen, allemand, lui qui est un modèle de sérieux, est animé du souci exclusif de la vérité scientifique... Einstein n'est qu'un juif égaré dans la fumée de ses spéculations imaginatives, pur fantoche, marchand de fausses théories, ou, au choix, un chercheur pervers, un agent du sionisme acharné au triomphe mondial de ses coreligionnaires. Aussi des savants comme Einstein, persécutés par le nazisme, allèrent-ils porter à l'étranger leur savoir, contribuèrent-ils à orienter la science vers des voies nouvelles, révolutionnaires, en travaillant en pleine liberté. Le 10 mai de cette même année 1933, vingt mille volumes ont été brûlés par la foule en délire sur la place de l'Université, à Berlin, à l'issue d'une gigantesque retraite aux flambeaux ; vingt mille ouvrages d'auteurs « juifs » ou « marxistes ».

« Partout planait l'ombre menaçante de la Gestapo et la peur du camp de concentration pour ceux qui s'écartaient du droit chemin, ou qui avaient été communistes ou socialistes, ou trop libéraux ou trop pacifistes, ou pour ceux qui étaient juifs [1] », écrit William Shirer. À cette époque – à la fin de l'été 1934 –, Shirer vient comme correspondant de presse de s'installer à Berlin. « Il y avait largement de quoi impressionner, intriguer et troubler un observateur étranger dans cette Allemagne nouvelle », écrit-il encore.

---

1. *Le Troisième Reich*, t. I, Stock, 1961, rééd. 1990.

La Gestapo, les camps de concentration et de mort, le nouveau régime les porta dans ses entrailles à sa naissance. Les peuples d'Europe encore libres n'ont pas grand effort à faire pour imaginer ce que sera leur sort si le nazisme, débordant ses frontières, s'étend alentour. Beaucoup d'Européens libres ne veulent pas voir la vérité en face, trop de Français ignorent ou veulent ignorer ce qui se passe de l'autre côté du Rhin, et combien de ceux qui emboîtent le pas des régimes totalitaires, s'enrôlent dans les ligues, appellent de leurs vœux un « régime fort » et s'extasient du redressement de l'Allemagne sous la férule de Hitler, combien d'entre eux comprennent ce que le nazisme triomphant recèle de « trésors » de barbarie ? Les juifs français eux-mêmes mesurent-ils exactement le danger ? Tout ce qui se trame et se réalise contre la liberté dans l'Allemagne aveugle de force des années 30, tout cela c'est pour la France, la Hollande, la Belgique des années 40, c'est pour l'Autriche et la Tchécoslovaquie, deux années auparavant, le sort commun qui approche.

Dans l'Allemagne nazie, la justice n'existe plus. La loi est soumise à la raison d'État. Celle du 28 février 1933 a tiré un trait sur les textes de la Constitution républicaine qui garantissait aux citoyens l'exercice de leurs libertés. Göring, alors premier ministre de Prusse, déclare au mois de juillet 1934 devant les procureurs de sa région : « La loi et la volonté du Führer ne font qu'un » ; et le Dr Frank, commissaire à la Justice du Reich, en 1936, devant un congrès de juristes : « L'indépendance de la loi n'existe pas en face du national-socialisme... » Voilà qui est clair... Non seulement les israélites sont exclus de la profession judiciaire, en tant que tels, mais une loi – celle du 26 janvier 1936 – prévoit que les fonctionnaires, donc les magistrats, dont les opinions politiques sont peu sûres peuvent être liquidés purement et simplement. Le *Reichsgericht*, la Cour suprême d'Allemagne, se voit enlever l'une de ses compétences essentielles, qui est de juger des affaires de trahison, au profit du *Volksgerichtshof*, le Tribunal du peuple, entièrement inféodé aux maîtres du régime.

La Gestapo (abrégé de *Geheime Staatspolizei*, ou police secrète d'État) est, selon la loi du 10 février 1936, au-dessus de la loi elle-même. Elle peut menacer, arrêter pour des motifs divers, mettre un citoyen en « surveillance et détention protectrices », le jeter dans un camp de concentration, l'enlever sans explication, l'assassiner sans autre forme de procès, quitte à camoufler ces assassinats en accidents ; elle peut tout se permettre dans l'impunité. Son champ d'action est déjà large dans l'Allemagne d'avant-guerre ; grâce à la victoire des armes, il s'étendra aux dimensions de l'Europe.

D'abord créée par Göring en avril 1933 pour se substituer à la police prussienne, elle a bientôt « vocation nationale », elle devient l'instrument d'exécution du RSHA, l'Office central de sûreté du Reich qui, par ailleurs, englobe tous les services d'enquêtes, de recherches, de documentation en matière criminelle et politique. Le *Sicherheitsdienst*, ou service de Sécurité, SD, est avec la Gestapo la pièce maîtresse du RSHA. Reinhard Heydrich, un ancien officier de renseignements de la Marine, le Heydrich qui acquerra une sinistre notoriété, est à sa tête. C'est une énorme machine à renseignements que le SD, l'une des plus perfectionnées du monde. On y travaille avec des méthodes ultra-modernes pour l'époque. Il dispose de plus de cinq cent mille fiches, d'un réseau d'informateurs qui couvre toute l'Allemagne, une centaine de milliers travaillent à « mi-temps » et cinq mille environ à « temps complet ». De la sorte, peu de citoyens allemands sont à l'abri de ses investigations. C'est au service des fiches du SD qu'entre en 1934 un jeune nazi de vingt-sept ans nommé Adolf Eichmann. Gros travailleur, très organisé et apprécié, il ne tardera pas à faire parler de lui en se spécialisant dans la lutte contre les juifs.

« Une vaste chambre de torture... »

« L'Allemagne, déclarera au procès de Nuremberg le procureur général américain Robert Jackson, devint alors une vaste chambre de torture... » Après l'épuration viennent, par les soins du SD et de la Gestapo, les arrestations et les internements qui concernent des dizaines de milliers de citoyens. Dès la fin de l'année 1933, il y a déjà une cinquantaine de camps de concentration sur le territoire allemand. En 1934, Hitler en confie la gestion et la responsabilité aux SS. Un corps d'élite est constitué, les Totenkopf Verboende, régiments « tête de mort », qui en assurent la surveillance. Les premiers camps qui avaient été créés sont transformés, ils sont rendus plus aptes à accueillir l'afflux grandissant des prisonniers politiques. Dachau (dès 1933) près de Munich, Buchenwald près de Weimar, Ravensbrück, près de Fürstenberg, sont ouverts avant la guerre. Les prisonniers politiques sont soumis au travail forcé et à un règlement draconien qui prévoit une gamme étendue de sanctions, depuis le cachot et les coups de fouet, pour les plus bénignes, jusqu'à l'exécution immédiate ou la pendaison. Les mesures extrêmes visent les « agitateurs » ou les protestataires. Quiconque élève la voix pour se plaindre, ou incite les codétenus à le faire, aura tenu des propos politiques, tenté de provoquer des rassemblements, communiqué à l'extérieur des renseignements sur la vie des camps, quiconque aura délibérément désobéi aux ordres des gardes, les aura frappés ou menacés, encourra les peines les plus graves, s'exposera à la mort.

Que représentait, numériquement, l'élément juif dans la population globale de l'Allemagne lors de l'accession des nazis au pouvoir, en 1933 ? À peine un pour cent, ce qui était bien peu. Ou, si l'on veut chiffrer, environ cinq cent mille sur soixante-huit millions d'habitants. Mais la population juive elle-même était fixée sur des secteurs très précis de l'activité économique.

Il n'est pas inexact d'affirmer que la répartition si l'on peut dire professionnelle des juifs d'Allemagne, de France, etc., ait pu avoir une incidence sur le comportement d'une fraction de la population, même si cette répartition n'excuse pas, de quelque manière que ce soit, l'abjection des bourreaux... Pour cent Allemands, en 1933, il est à peine un juif. Par contre, pour cent banquiers allemands, il y a près de trente-cinq juifs. On voit d'ici l'argument qui surgit, et qui devient d'autant plus exploité qu'il s'adresse à des esprits simplistes : toute la banque allemande est aux mains des juifs, et débarrassons la banque allemande, libérons-la des juifs, c'est un devoir national élémentaire. De même, par exemple, dans la presse, la proportion de juifs est-elle de beaucoup plus élevée que dans les autres professions. S'il est à peine un juif pour cent Allemands, il y a plus de cinq pour cent de journalistes et d'écrivains juifs. Donc, débarrassons, libérons la presse et la littérature allemandes des juifs. Ils manœuvrent nos finances, ils dirigent nos journaux, ils empoisonnent notre littérature. Ils sont omniprésents dans les professions libérales, dans les professions les plus influentes en dehors de la banque et de la presse : seize et demi pour cent des avocats et des avoués sont juifs, onze pour cent médecins... Où sont dans tout cela les producteurs au sens vrai du terme ? Où sont les ouvriers ? Où sont les travailleurs de la terre ? Établissez des statistiques, et vous découvrirez des résultats inverses, vous vous apercevrez rapidement que s'il y a moins d'un juif pour un Allemand, le pourcentage est inférieur quand il s'agit des « producteurs », ouvriers et paysans...

Ce sont des arguments de ce genre qui ont été utilisés avant la guerre par l'antisémitisme allemand et européen. Car il y a un fonds commun de l'antisémitisme européen, où viennent puiser les nationalistes des divers pays, malgré l'étanchéité des frontières, en dépit de leurs oppositions, de leurs conflits virtuels, des querelles qu'ils se cherchent et des guerres qu'ils se préparent. Quand un monarchiste français, devenu ministre sous le régime de Vichy, soutiendra en 1940-1941 la politique antisémite de son gouvernement, appliquera le numerus clausus limitant le nombre de juifs dans certaines professions, quand ce monarchiste devenu ministre appliquera cette politique, qu'il le veuille ou non, et bien qu'il ait été très anti-allemand avant 1939, dans la tradition d'Action française, il puisera dans le fonds commun que Hitler, Goebbels et consorts avaient alimenté de leurs fantasmes.

Avec l'annexion de l'Autriche à l'Allemagne, les persécutions contre les juifs européens prennent de nouvelles dimensions.

Le lundi 14 mars 1938, à dix-sept heures, Adolf Hitler, chancelier du Reich, arrive sur la Heldenplatz à Vienne... Pour saluer son entrée dans la capitale autrichienne, les cloches sonnent à toute volée. Dans les rues flottent des milliers de drapeaux à croix gammée. Deux cent mille personnes environ acclament le Führer. Le 12 mars dans l'après-midi, précédé d'une importante colonne militaire, il avait franchi la frontière austro-allemande au pont de Simbach. Hitler, en ces journées de mars 1938, réalise l'un des projets primordiaux de sa politique, celui qui figure à la première page de *Mein Kampf* : l'Anschluss, l'annexion de l'Autriche à l'Allemagne. Dans la soirée de ce 12 mars, à Linz, son entourage le verra pleurer d'émotion.

Le nouveau maître de l'Allemagne s'est approché étape après étape du but poursuivi. Vingt ans auparavant, en 1918, le traité de Saint-Germain-en-Laye consacrait le démantèlement de l'empire des Habsbourg associés à l'Allemagne pendant la guerre et condamnés à partager sa défaite. De cet éclatement d'un empire naissait notamment l'Autriche indépendante. Durant quinze années, tant que l'Allemagne conservera le régime républicain, les rapports entre les deux pays ne connaîtront guère de problèmes, mais tout se complique et se gâte lorsque, le 30 janvier 1933, Hitler arrive au pouvoir. Ses ambitions deviennent très vite évidentes : par tous les moyens, il veut rassembler autour du Reich les communautés allemandes de race et de langue qui pour l'heure sont fondues dans d'autres entités nationales, et en premier lieu l'Autriche.

Hitler ne va pas tarder à exercer sur sa voisine pression et chantage, à lui arracher concession sur concession, en vue d'une annexion définitive. Il entretient par l'intermédiaire du parti nazi autrichien une agitation constante, cultive auprès des masses le mythe, très vivant, du pangermanisme. Les pangermanistes, cheval de Troie à l'œuvre dans la fragile Autriche, ne se privent pas d'insister sur les inconvénients d'une séparation économique d'avec l'Allemagne et souhaitent un rapprochement en vue de faciliter les échanges commerciaux qu'entravent les barrières douanières.

Le 25 juillet 1934, le chancelier qui plus que tout autre incarnera l'Autriche indépendante, Engelbert Dollfuss, est assassiné par les nazis complices de Berlin. Sa mort signifie la fin de l'indépendance autrichienne. Kurt von Schuschnigg qui lui succède essaie de poursuivre son œuvre, mais, isolé, peu convaincu de l'intérêt que la France et la Grande-Bretagne portent à la cause de l'indépendance autrichienne, il court de négociation en négociation et de capitulation en capitulation.

À force d'être répétées, les démissions de la France et de la Grande-Bretagne face aux ambitions de Hitler finissent par devenir des lapalissades historiques. Quand Schuschnigg négocie avec les nazis le 11 juillet 1936, il ne saurait oublier que les deux pays alliés ont accepté sans réagir au mois de mars précédent la réoccupation militaire de la Rhénanie. L'entrevue de Berchtesgaden, le 12 février 1938, n'arrange rien et compromet tout. Dans la nuit du 10 au 11 mars, l'état-major de Berlin, qui est assuré d'importantes complicités autrichiennes, met des troupes en mouvement à la frontière.

Pour la première fois, des populations étrangères vont expérimenter la terreur nazie. Rodée en Allemagne, où elle est très bien tolérée par l'immense majorité de la population acquise au régime, mal comprise dans les pays démocratiques où les quelques voix qui la dénoncent prêchent dans le désert, approuvée par des pays totalitaires plus ou moins complices de Hitler, la machine de la répression se met en marche, broyant tous les opposants sur son passage. Et les juifs, parce que tels. Elle continuera son œuvre jusqu'à la fin de la guerre, dans tous les pays occupés par les troupes de l'Allemagne.

L'Autriche est donc le premier pays étranger à éprouver les méthodes d'occupation hitlériennes.

« Une incroyable chasse à l'homme est déclenchée, témoignait il y a quelques années l'ancien vice-chancelier Fritz Bock, elle frappe non seulement les militants du Front patriotique[1], les sociaux-démocrates, les communistes, mais aussi de simples secrétaires, des sténotypistes, des chauffeurs et des hommes de maison dont le seul crime reconnu est d'avoir eu des relations avec eux. »

Parmi les nombreuses personnalités autrichiennes arrêtées par la Gestapo, le prince Karl-Emil Fürstenberg. Mme Dollfuss lui échappe de peu, en particulier grâce à l'aide de Pierre de Leusse, alors attaché à l'ambassade de France à Vienne. Pierre de Leusse emmène Mme Dollfuss et ses deux enfants, Rudi et Eva, jusqu'à la frontière tchécoslovaque. De nombreux Autrichiens – beaucoup d'entre eux sont juifs – attendent au poste de douane de pouvoir gagner Bratislava.

Mais nombreux sont également les Autrichiens qui, soutiens fidèles du régime du chancelier Schuschnigg, socialistes, communistes, juifs, n'auront pas la chance d'échapper à la répression en franchissant la frontière : « Nous nous rencontrâmes dans les prisons, affirmait l'ex-vice-chancelier Bock, dans des conditions telles que, même avertis que nous étions des méthodes nazies, nous n'aurions jamais pu imaginer. Mon premier contact avec l'"ordre nouveau" se solda par dix jours d'arrêt au noir et de gîte dur... »

Le chancelier Schuschnigg est transféré après son arrestation à l'hôtel Métropole, quartier général de la Gestapo viennoise. Les nazis ne lui épargneront aucune humiliation, le forçant par exemple à nettoyer leurs latrines et à vider leurs seaux hygiéniques.

Les juifs sont aussi parmi les premières victimes ; les nazis s'attaquent à eux avec d'autant plus de virulence qu'ils représentent une partie exceptionnellement importante de la population. Il y a, en 1938, en Autriche trois cent mille juifs pour six millions d'habitants, cinq fois plus qu'en Allemagne. Rien qu'à Vienne, ils sont plus de deux cent mille. Leur concentration est plus forte encore dans le commerce, la banque, la presse que dans le Reich. Hellmut

---

1. C'est la seule formation politique légale en Autriche depuis que la Constitution de 1934 a créé un État corporatif chrétien. Dollfuss et le Front s'inspirent de l'exemple fasciste italien. Jusqu'au rapprochement entre Rome et Berlin, Mussolini est l'un des plus sûrs garants de l'indépendance autrichienne.

Andics écrit que « sur les cent soixante-quatorze rédacteurs des journaux de Vienne, cent vingt-trois étaient juifs [1] ». D'autre part, les juifs de la capitale autrichienne ont conservé dans leur mode de vie et d'habitat des habitudes, des coutumes qui les différencient, plus que partout ailleurs en Europe, du reste de la population. De ce fait, ils sont plus vulnérables, ils s'exposent davantage aux persécutions.

« ... Pendant les premières semaines, note William Shirer, la conduite des nazis viennois fut pire que tout ce que j'avais vu en Allemagne. On assista à une véritable orgie de sadisme... » Ce témoignage recoupe, s'il en était besoin, celui que livra l'ancien vice-chancelier d'Autriche, Bock. Shirer s'attarde aux mesures dont sont victimes les juifs de Vienne et se souvient de les avoir vus, par groupes, « hommes et femmes, gratter le nom de Schuschnigg inscrit sur les trottoirs et nettoyer les ruisseaux. Tandis qu'ils travaillaient à genoux par terre, surveillés de près par les SS ricanants, la foule, poursuit Shirer, s'assemblait pour se moquer d'eux... » On les rassemble, au hasard des rues, en les identifiant comme on peut, puis on les contraint à nettoyer les toilettes publiques, ou, comme le chancelier Schuschnigg, à s'occuper de la propreté des lieux d'aisance des SS. Au cours des premiers jours de l'Anschluss, dix mille israélites sont arrêtés dans l'ensemble de l'Autriche ; leurs biens sont confisqués, pillés. « Par les fenêtres de notre appartement de la Plosslgasse [à Vienne], témoigne encore Shirer, je voyais les escouades de SS emportant dans des camions argenterie, tapisseries, peintures, tout un butin pillé dans le palais Rothschild, à côté de chez nous... »

C'est alors qu'Adolf Eichmann – exactement l'*Obersturmführer* SS Adolf Eichmann – est appelé à donner la pleine mesure de ses moyens... C'est en effet à Vienne et en Autriche, la Vienne, l'Autriche de l'Anschluss, que le « bourreau des juifs » commence en vrai sa carrière. Il a trente-deux ans à cette époque et a déjà donné, comme nous l'avons vu, l'exemple de son savoir-faire, de ses compétences professionnelles au service des Renseignements du Reich, sous la houlette de Heydrich.

Eichmann a d'autres atouts dans son jeu pour mériter une « promotion » à la faveur de l'Anschluss et des responsabilités dans les persécutions contre les juifs. Il est d'origine autrichienne, il a passé à Linz, la ville natale de Hitler, son enfance et la plus grande

---

1. Dans *Histoire de l'antisémitisme*, Albin Michel, 1967.

partie de sa jeunesse. Son père est, dans ce cadre important de l'industrie et du commerce, directeur d'une usine d'électricité. Adolf marche d'abord sur ses traces, se spécialise dans cette technique, mais il éprouve, comme Hitler plusieurs années auparavant, chômeur à la dérive dans les rues de Vienne, le contre-coup de la crise économique. Il rejoint les rangs squelettiques du parti nazi autrichien. En 1933, lorsque son compatriote – l'autre Adolf – devient chancelier du Reich, il quitte à son tour le pays de Dollfuss pour l'Allemagne, en attendant le jour et l'heure du rattachement de la petite Autriche à sa grande voisine. Eichmann milite parmi les nationaux-socialistes réfugiés en Allemagne. Puis, en 1934, il entre, à Berlin, aux Renseignements.

Aux Renseignements de Berlin, Eichmann se spécialise dans les problèmes juifs et de la franc-maçonnerie. Cette spécialisation le sert beaucoup aux yeux de son supérieur, Heydrich. Aussi, quand celui-ci débarque à Vienne du premier avion qui amène sur place les fonctionnaires nazis, est-il accompagné de son acolyte. Durant l'été de 1938, Eichmann est à la tête du Bureau de l'émigration juive en Autriche, un bureau qui sera transformé – les années aidant – en entreprise d'extermination à l'échelle de l'Europe.

Terrorisés par l'occupation nazie, les juifs, très nombreux en Autriche, nous l'avons vu, cherchent à fuir. Ils sont non seulement terrorisés, mais pillés, rançonnés par les SS avides de butin. Il s'agit donc de rationaliser, d'organiser leur émigration, d'empêcher les abus individuels des SS, de faire bénéficier en priorité l'administration nazie des biens israélites ; également de monnayer les départs des juifs autrichiens pour l'étranger. Le Bureau d'Eichmann est seul habilité à traiter ces transactions. Les juifs de Vienne obtiennent l'autorisation d'émigrer contre l'abandon de leurs fortunes aux mains de l'administration SS. En quelques mois, cinquante mille d'entre eux quittent l'Autriche dans ces conditions. Eichmann et ses fonctionnaires ont donc pleinement « réussi » dans la tâche qui leur avait été confiée : ils sont parvenus à déclencher une émigration juive importante, au profit des finances du Reich et d'un certain nombre de particuliers, d'Allemands bon teint, d'hommes d'affaires et de « financiers » qui rachètent à vil prix les biens abandonnés par les israélites.

En même temps, les internements dans les camps de concentration s'accélèrent. Les juifs, les hommes politiques autrichiens qui avaient été arrêtés par la Gestapo sitôt après l'Anschluss sont regroupés et d'abord conduits à Dachau, près de Munich.

« À neuf heures, le 30 mars au soir, confiait le docteur Bock, nous prenions place dans une longue file de voitures de police. Lorsque le convoi se mit en marche nous commençâmes à nous interroger sur la destination qui lui était réservée. Cette incertitude fut de courte durée. Lorsque le convoi emprunta la grande artère de Vienne qui conduit à la gare de l'ouest, l'un des prisonniers laissa tomber le mot de Dachau. Ce seul mot nous glaça de frayeur, car nous avions déjà entendu parler de Dachau sans pour autant connaître l'étendue des incroyables cruautés qui ont rendu tristement fameux, plus tard, les camps de concentration... »

Le chancelier Schuschnigg est également transféré à Dachau, mais Himmler et Heydrich réalisent rapidement que le transport en Allemagne des personnes arrêtées à Vienne et dans d'autres villes autrichiennes posera de plus en plus de problèmes. Aussi décident-ils d'installer sur place, à Mauthausen, un camp qui sera occupé par des Autrichiens, avant d'y rassembler des déportés venus de toute l'Europe.

Tous ces événements, toutes ces décisions dans l'Autriche rattachée à l'Allemagne ne devraient-ils pas avertir les autres pays encore libres de la menace contenue dans le régime nazi ?

En Allemagne même, au mois de novembre 1938, se déchaînent de violentes persécutions antijuives. La marée de l'antisémitisme gagne de plus en plus de terrain en Europe...

Cette explosion de haine raciale, les nazis la provoquent sous le prétexte de l'attentat commis à Paris, le 7 novembre, par un jeune israélite, Herschel Grynszpan, contre le troisième secrétaire de l'ambassade d'Allemagne.

Herschel Grynszpan est un beau garçon de dix-sept ans. Bien que sa famille ait longtemps vécu en Allemagne, il a gardé la nationalité polonaise. À Paris où il a récemment émigré, il loge, depuis plusieurs semaines, chez un de ses parents.

Le 7 novembre 1938, donc, il se présente à l'ambassade d'Allemagne et demande à être reçu par l'ambassadeur lui-même, Johann von Welczek. L'huissier le prie de patienter et informe les collaborateurs de l'ambassadeur de sa démarche. Le troisième secrétaire, Ernst vom Rath, se déplace : lorsqu'il arrive, Grynszpan, qui a sans doute cru qu'il avait affaire à l'ambassadeur, sort un revolver de sa poche et tire dans sa direction. Vom Rath est sérieusement blessé mais il est encore en vie lorsque plusieurs de ses collègues, alertés par la détonation, accourent. Il mourra le lendemain.

Herschel Grynszpan s'est laissé désarmer sans résister. L'ambassade d'Allemagne le remet aux autorités françaises, qui l'arrêtent, mais ne mettent aucun empressement à commencer son procès. Retrouvé par la Gestapo, pendant l'Occupation, il disparaîtra sans qu'on ait été fixé sur son sort. Il est vraisemblable qu'il fut déporté, ou sommairement exécuté par la police allemande.

En abattant en plein Paris un secrétaire d'ambassade du Reich, le jeune israélite avait voulu attirer l'attention de l'opinion française et mondiale sur le sort de ses coreligionnaires. Le problème juif reprenait toute son actualité. Les événements s'enchaînent en effet très vite. Quelques jours plus tard – et plus précisément dans la nuit du 9 au 10 novembre –, les nazis allemands tombent à bras raccourcis sur les juifs.

La nuit du 9 au 10 novembre 1938

La nuit du pogrome, curieusement baptisée la Nuit de cristal (en souvenir des carreaux cassés, mais c'est un nom bien poétique pour une bien mauvaise affaire), a été préparée par le tam-tam assourdissant de la propagande allemande. Les journaux de Goebbels hurlent à la mort, appellent à la vengeance de vom Rath, dénoncent le complot juif international, les assassins sionistes qui ont guidé à Paris la main de Grynszpan. Goebbels et les journaux à sa dévotion, la presse allemande épurée des « traîtres », la presse « nationale » qui s'est débarrassée des libéraux, des opposants et des juifs, expliqueront à grand renfort de mauvaise foi que la population, écœurée par le meurtre du diplomate, a spontanément laissé exploser sa légitime colère. Les documents produits lors du procès de Nuremberg ont apporté la preuve de la préméditation et mis en évidence les responsabilités des dirigeants nazis. Les ordres viennent directement du « grand patron » du service de Sécurité et de la Gestapo, Reinhard Heydrich, épaulé par son adjoint Heinrich Müller. Celui-ci adresse, le 9 novembre à 23 h 55, à « tous les commissariats et bureaux de police d'État, aux chefs ou à leur adjoint » le télégramme suivant :

> « Il sera entrepris dans un très bref délai et dans toute l'Allemagne des actions contre les juifs, particulièrement contre les synagogues. Il

ne faudra pas s'opposer à ces actions. Toutefois il faudra prendre des mesures de police et d'ordre pour réprimer les pillages et tous autres excès de ce genre.

Si une synagogue contient des archives importantes, prendre des mesures immédiates pour les mettre en sûreté.

Il faut préparer l'arrestation d'environ vingt à trente mille juifs dans l'ensemble du Reich. Choisir surtout les juifs fortunés. De plus amples détails suivront cette nuit.

Si au cours de ces actions on découvrait des armes chez les juifs, prendre les mesures les plus sévères. Des troupes auxiliaires SS et des SS ordinaires pourront participer à ces actions d'ensemble. S'assurer que la police d'État prenne toutes les mesures pour assumer la direction des opérations.

Gestapo II Müller.
Ce télégramme est secret. »

Heydrich lui-même précisait dans le paragraphe 5 de ses instructions : « ... On devra arrêter autant de juifs, surtout les riches, que peuvent en contenir les prisons actuellement existantes... Dès leur arrestation, il conviendra de se mettre immédiatement en rapport avec les camps de concentration appropriés, afin de les interner le plus tôt possible. »

On s'efforcera de préserver les apparences de la spontanéité, comme en témoigne ce message, destiné à « tous les groupes de SA du Palatinat, Mannheim », et dont l'auteur est le führer de la brigade 50, Starkenburg : « ... Sur ordre du Führer du groupe, mettre immédiatement le feu ou faire sauter toutes synagogues juives dans le secteur de la brigade 50. Les maisons voisines habitées par la population aryenne ne doivent pas en souffrir. Cette opération doit être menée *en civil*. Interdire les émeutes et les pillages. Se présenter à 8 h 30 au chef de brigade ou au bureau de service... »

Le résultat, c'est un des pogromes les plus spectaculaires des temps modernes. En cette nuit du 9 au 10 novembre 1938 – moins d'une année avant la déclaration de guerre –, les synagogues, les maisons, les magasins juifs brûlent par milliers, sur tout le territoire du Reich. Des juifs, par dizaines, hommes, femmes et enfants, sont abattus à coups de revolver. Malgré les instructions, des scènes de pillage se produisent. Plusieurs femmes juives sont violées. Les auteurs des meurtres, des vols et des viols (en vertu des lois raciales de Nuremberg qui interdisent les rapports sexuels entre aryens et femmes israélites) seront en général arrêtés et comparaîtront devant les tribunaux, mais ils seront acquittés ou condamnés à des peines insignifiantes.

Le bilan de la Nuit de cristal était d'une centaine de morts juifs, de sept mille cinq cents magasins et boutiques appartenant à des israélites détruits ; près de deux cents synagogues avaient été soit incendiées, soit très gravement endommagées. Les instructions de Heydrich et de Müller furent suivies à la lettre : vingt mille juifs furent arrêtés et transférés dans les camps de concentration, principalement à Buchenwald, qui avait été « inauguré » en 1937.

Les nazis complètent la Nuit de cristal par des mesures de rétorsion économiques. Le 12 novembre 1938, le gouvernement allemand réuni sous la présidence de Göring décide que les indemnités des assurances prévues pour les victimes du pogrome seront versées dans les caisses de l'État ; que, d'autre part, les juifs vivant dans le Reich seront condamnés à une contribution globale de un milliard de marks « en châtiment de leurs crimes et de leur scélératesse ». Une discussion s'engage ensuite sur une suggestion de Goebbels, le ministre de la Propagande, qui voudrait que l'accès de tous les lieux publics soit interdit aux israélites. D'autres ministres préféreraient que toute la population juive d'Allemagne soit rassemblée dans des ghettos. Le choix est laissé en suspens. Tous reconnaissent cependant que les buts majeurs à atteindre, quels que soient les moyens employés, sont d'éliminer définitivement les juifs de la vie économique et de les contraindre à émigrer en masse, quand ils n'ont pas été arrêtés. En attendant, il est convenu que les biens confisqués seront distribués à des Allemands de pure race.

Voilà où en est la question juive en Allemagne fin 1938. La nuit du 9 au 10 novembre marque un moment très important non seulement dans l'histoire des persécutions nazies contre les juifs – persécutions qui se propageront dans toute l'Europe occupée –, mais aussi dans l'histoire du national-socialisme. À ceux qui en doutaient, qui n'avaient pas encore évalué les vraies dimensions de la monstruosité nazie, et à moins qu'il ne s'agît de complices tacites ou déclarés, en Allemagne et en Europe, novembre 1938 agissait à la manière d'un révélateur. Il n'y avait plus d'illusions possibles à propos du régime de Hitler. Des hommes comme Daladier et Chamberlain qui, deux mois auparavant, avaient cru sauver la paix en signant les accords de Munich, le comprendraient trop tard. Les événements qui allaient se succéder hors d'Allemagne même, les reniements successifs de Hitler à ses engagements, l'absorption définitive de la Tchécoslovaquie, puis l'affaire polonaise achèveraient de les convaincre.

Le pogrome de la Nuit de cristal et la série des mesures antisémites qui s'y ajoutèrent sonnèrent l'alarme dans le monde entier. Le conflit idéologique était cette fois franchement engagé entre le nazisme et les démocraties. Certains signes ne trompaient pas : le 14 novembre, quarante-huit heures après la réunion du cabinet allemand qui s'engageait sur la voie de la Solution finale, le 14 novembre 1938, le président Roosevelt appelait auprès de lui, pour consultation, l'ambassadeur des États-Unis à Berlin, Hugh Wilson. L'ambassadeur américain ne regagna pas son poste.

Annexes

ANNEXE 1

Louis XVI autorise un juif d'Alsace à se marier

Aujourd'hui, septième du mois d'août 1785, le roi étant à Versailles, Sa Majesté, sur la très humble supplication du nommé... juif de... lui a permis et lui permet de se marier avec la nommée... fille de la même religion, l'excepte à cet effet des défenses portées par l'article 6 du règlement du 10 juillet 1784 concernant les juifs d'Alsace.

Autorise en conséquence tout rabbin de la province à procéder à la célébration de leur mariage dans le cas où il n'y aurait d'autre empêchement que celui résultant des défenses par ledit règlement. Et pour assurance de ce qui est en cela la volonté de Sa Majesté, elle m'a recommandé d'expédier le présent brevet qu'elle a signé de sa main et fait contresigner par moi, son conseiller secrétaire d'État et de ses commandements et finances.

(En bas : la signature du maréchal de Ségur)

Léopold, duc de Lorraine, prescrit aux juifs
de ses États d'habiter dans des quartiers séparés

(Décret du 11 juin 1726)

... Sur ce qui a été présenté à S.A.R. qu'il résulte plusieurs inconvénients considérables des mélanges, fréquentations, habitations et demeures ordinaires des juifs domiciliés dans ses États avec ses autres sujets, et voulant y remédier :

S.A.R. a ordonné et ordonne à tous les juifs résidants dans ses États, banquiers, marchands et trafiquants en quelque commerce que ce soit, sans exception, ayant privilège ou non, qui tiennent des maisons à titre de propriété ou de location dans l'intérieur des villes, bourgs et villages de ses États, et qui se trouvent mêlées avec celles de ses sujets catholiques, de s'en défaire par vente ou autrement, en résider et sortir dans le mois, à peine contre les propriétaires juifs de confiscation de leurs dites maisons, et contre ceux qui ne sont que locataires de deux mille livres d'amende...

... Veut S.A.R. que lesdits juifs établis et qui ont droit de résider dans ses États, s'adressent dans les villes aux officiers de police, et dans les villages aux maires et agents de justice, pour leur être par eux marqués et désignés à l'écart, dans les endroits les plus reculés et moins fréquentez de chacune desdites villes, bourgs et villages, lesquels terrains de maisons seront rassemblés et attenant l'un de l'autre, sans qu'il puisse en avoir d'intermédiaire appartenant à nos sujets catholiques...

Louis XVI accorde aux juifs Hayem et Cerf-Worms des droits égaux à ceux de ses sujets

(par lettres patentes « données à Versailles au mois de juillet 1787 »)

Louis, par la grâce de Dieu, roi de France et de Navarre, à tous présents et à venir salut...

« Nos bien aimés, les Sieurs Hayem et Cerf-Worms, juifs, nous ont fait exposer que leur famille, domiciliée à Sarre-Louis depuis 1682, époque de la fondation de cette ville, est du nombre de celles dont l'établissement est autorisé dans la Généralité de Metz, qu'ils y font un commerce très considérable qu'ils ont étendu à l'étranger, et dont la ville de Sarre-Louis tire les plus grands avantages, que, chargés pendant la dernière guerre d'Allemagne, de faire des fournitures en pain, viande, chevaux, fourrages et équipages, ils se sont acquittés de ces différentes parties de service de la manière la plus satisfaisante ; qu'ils sont encore actuellement chargés d'approvisionnements pour notre compte, et que leur exactitude, ainsi que leur honnêteté, leur ont mérité les témoignages les plus avantageux de la part, soit des personnes préposées pour les surveiller, soit des chefs des corps ; que des certificats du Commandant, du Commissaire des Guerres et du Lieutenant-Général du bailliage de Sarre-Louis, attestent que la disette s'étant fait sentir, en 1770 et 1771, dans la partie de la frontière où est située cette ville, les exposans, à la sollicitation des officiers municipaux, firent venir de l'étranger des denrées de toute espèce, qu'ils vendirent à un *prix très inférieur*[1] à celui des achats, et que par ce moyen ils mirent leurs concitoyens à l'abri de la famine qui les menaçait ; enfin, que la bonne conduite des exposans, et la manière distinguée avec laquelle ils trafiquent, leur ont acquis la confiance et la bienveillance du public ainsi que des chefs de la ville ; qu'ils se flattaient donc que nous les jugerions susceptibles de la même faveur que les sieurs Calmer, Cerf-Beer, Hombert, Lallemant, Jacob de Perpignan et Lévy, particuliers de leur religion, auxquels il a été accordé des Lettres-Patentes qui leur assurent en France tous les privilèges dont y jouissent les Régnicoles. À ces causes, et autres bonnes considérations à ce nous mouvant, de l'avis de notre Conseil qui a vu les certificats ci-dessus mentionnés, et de notre grâce spéciale, pleine puissance et autorité royale. Nous avons accordé, et par ces présentes, signées de notre

---

1. Les passages en italique sont mis en relief dans le texte royal.

main, nous accordons aux exposans, à leurs femmes et à leurs enfans, nés et à naître *en légitime mariage, tous les droits, facultés, exemptions, libertés, avantages, privilèges et prérogatives* dont jouissent nos sujets naturels ou naturalisés. Voulons, en conséquence, qu'ils puissent *acquérir dans notre royaume, par achat,* donation, legs, concessions ou autrement, tous biens meubles et immeubles, de quelque nature qu'ils puissent être, les y tenir et posséder, enfin en disposer par donation, vente, testament, ordonnance de dernière volonté, ou de toute autre manière, en faveur de telles personnes qu'ils jugeront à propos, pourvu qu'elles soient Régnicoles ; sans que, sous prétexte des dispositions portées par les ordonnances et règlements de notre royaume, il leur soit suscité *aucun trouble ou empêchement,* qu'ils puissent être recherchés, *en façon quelconque, pour raison de leurs usages,* ni que Nous ou nos Successeurs, *puissions pour quelque cause que ce soit,* nous emparer desdits biens ; à l'effet de quoi Nous les avons déclarés exempts de tous droits de marque, aubaine, représailles et confiscations. Voulons qu'après leur décès, leurs enfans nés et à naître en légitime mariage, et, à leur défaut, leurs autres héritiers naturels et légitimes puissent leur succéder, même *ab intestat*[1] ; et que ceux de la qualité ci-dessus marquée, en faveur desquels ils pourraient avoir disposé desdits biens par donation entre vifs, testament, ordonnance de dernière volonté, ou autrement, puissent les *recueillir et les posséder.* Exceptons, à l'effet de tout ce que dessus, les exposans et leurs femmes, ensemble leurs enfans et héritiers, de tous édits, déclarations, ordonnances, arrêts et règlemens qui pourraient être à ce contraire...

---

1. Héritier d'une personne qui n'a pas fait de testament.

ANNEXE 4

Les juifs de France « sous la sauvegarde de la loi »

Proclamation du Roy.

Sur un décret de l'Assemblée nationale concernant les juifs.

Vu le décret dont la teneur suit :

Décret de l'Assemblée nationale du 16 avril 1790.

L'Assemblée nationale met de nouveau les juifs d'Alsace et des autres provinces du Roy sous la sauvegarde de la Loi ; défend à toutes personnes d'attenter à leur sûreté ; ordonne aux Municipalités et aux Gardes nationaux de protéger, de tout leur pouvoir, leurs personnes et leurs propriétés.

Le Roy a sanctionné et sanctionne ledit décret ; en conséquence mande et ordonne aux Municipalités et aux Gardes nationaux de s'y conformer et de le faire exécuter et observer.

ANNEXE 5

Les juifs citoyens français

(Louis XVI entérine la décision de l'Assemblée nationale du 27 septembre 1791)

Loi relative aux juifs

Donnée à Paris le 13 novembre 1791.

Louis, par la grâce de Dieu et par la loi constitutionnelle de l'État, Roi des Français, à tous présents et à venir ; salut.

L'Assemblée nationale a décrété et Nous voulons et ordonnons ce qui suit :

Décret de l'Assemblée nationale du 27 septembre 1791.

L'Assemblée nationale considérant que les conditions nécessaires pour être citoyen français et pour devenir citoyen actif sont fixées par la Constitution, et que tout homme qui réunit les dites conditions, prête le serment civique et s'engage à remplir tous les devoirs que la Constitution impose, a droit à tous les avantages qu'elle assure ;

Révoque tous ajournements, réserves et exceptions insérés dans les précédents décrets relativement aux individus juifs qui prêteront le serment civique, qui sera regardé comme une renonciation à tous les privilèges et exceptions introduits précédemment en leur faveur.

Mandons et ordonnons à tous les corps administratifs et tribunaux, que les présentes, ils fussent consignés dans leurs registres, lire, publier et afficher dans leurs départements et ressorts respectifs, et exécuter comme Loi du Royaume.

Napoléon décide de convoquer
une assemblée des juifs de France

(Décret signé le 30 mai 1806 à Saint-Cloud)

Article 1. Il est sursis pendant un an, à compter de la date du présent décret, à toutes exécutions de jugements ou contrats, autrement que par simples actes conservatoires, contre des cultivateurs non négociants des départements de la Sarre, de la Roer, du Mont-Tonnerre, des Haut et Bas-Rhin, de Rhin-et-Moselle, de la Moselle, et des Vosges, lorsque les titres contre les cultivateurs auront été consentis par eux en faveur des juifs.

Article 2. Il sera formé au 15 juillet prochain, dans notre bonne ville de Paris, une assemblée d'individus professant la religion juive et habitant le territoire français.

Article 3. Les membres de cette assemblée seront, au nombre porté au tableau porté ci-joint[1], pris dans les départements y dénommés, et désignés par les préfets parmi les rabbins, les propriétaires et autres juifs les plus distingués par leur probité et leurs lumières.

Article 4. Dans les autres départements de notre Empire non portés au dit tableau, et où existeront des individus professant la religion juive au nombre de cent, et de moins de cinq cents, le préfet pourra désigner un député ; pour cinq cents et au-dessus jusqu'à mille, il pourra désigner deux députés ; et ainsi de suite.

Article 5. Les députés désignés seront rendus à Paris avant le 10 juillet, et feront connaître leur arrivée et leur demeure au secrétariat de notre ministre de l'intérieur, qui leur fera savoir le lieu, le jour et l'heure où l'assemblée s'ouvrira.

---

1. Soit quinze représentants pour le Bas-Rhin, douze pour le Haut-Rhin, neuf pour le Mont-Tonnerre, sept pour la Meurthe et autant pour les Vosges, six pour la Seine, cinq pour la Moselle, quatre pour le Rhin-et-Moselle, deux pour la Gironde, autant pour les Basses-Pyrénées et le Vaucluse, un pour la Côte-d'Or, autant pour la « Roer » et la Sarre.

Les douze questions posées par Napoléon aux députés des juifs de France

1° Est-il licite aux Juifs d'épouser plusieurs femmes ?

2° Le divorce est-il permis par la religion juive ?

3° Une Juive peut-elle se marier avec un Chrétien et une Chrétienne avec un juif ?

4° Aux yeux des Juifs, les Français sont-ils leurs frères ou sont-ils des étrangers ?

5° Dans l'un et l'autre cas, quels sont les rapports que leur loi leur prescrit avec les Français qui ne sont pas de leur religion ?

6° Les Juifs nés en France et traités par la loi comme citoyens français regardent-ils la France comme leur patrie ? Ont-ils l'obligation de la défendre ? Sont-ils obligés d'obéir aux lois et de suivre les dispositions du Code civil ?

7° Qui nomme les rabbins ?

8° Quelle juridiction de police exercent les rabbins parmi les Juifs ? Quelle police judiciaire ?

9° Ces formes d'élection, cette juridiction de police judiciaire sont-elles voulues par leurs lois ou simplement consacrées par l'usage ?

10° Est-il des professions que la loi leur défende ?

11° La loi des Juifs leur défend-elle de faire l'usure à leurs frères ?

12° Leur défend-elle ou leur permet-elle de faire l'usure aux étrangers ?

ANNEXE 8

Changement de nom d'un juif de France

(en vertu du décret impérial du 20 juillet 1808)

Aujourd'hui sont comparus devant Me Louis Auguste MARCHOUX et son collègue, notaires Impériaux à Paris, soussignés :

MM. Clément, Victor BOURSIER et Pierre-Marie HOART, demeurant à Paris, rue St-Marc n° 23 ....

....

Lesquels ont, par ses présentes, déclaré et attesté pour notoriété connaître parfaitement M. Olry WORMS de ROMILLY, banquier, demeurant à Paris, rue de Bondy n° 44 savoir qu'il portait anciennement les noms de Olry HAYEM WORMS et que ce n'est qu'en vertu et par suite d'un décret impérial du vingt juillet mil huit cent huit ....

....

qu'il a changé les noms d'Olry HAYEM WORMS en ceux de Olry WORMS de ROMILLY, sous lesquels il est connu aujourd'hui.

Dont acte requis et octroyé.

Fait à Paris, en l'étude ....

l'an mil huit cent dix, le treize juillet, et ont signé avec les notaires après lecture...

Hoart
Boursier
Delacroix   Marchoux

Nous...

Président de la quatrième chambre du Tribunal de première instance du Département de la Seine, certifions que les signatures des autres parts sont celles de MM. DELACROIX et MARCHOUX, notaires à Paris, que foi doit y être ajoutée, en foi de quoi Nous avons fait apposer le Sceau du Tribunal.

Paris, ce quatorze juillet mil huit cent dix.

ANNEXE 9

Les juifs d'Algérie citoyens français

(Décision du gouvernement de la Défense nationale)

Les israélites indigènes des départements de l'Algérie sont déclarés citoyens français ; en conséquence leur statut réel et leur statut personnel seront, à compter de la promulgation du présent décret, réglés par la loi française ; tous droits acquis jusqu'à ce jour restent inviolables.

Toute disposition législative, décret, règlement ou ordonnances contraires sont abolis.

Fait à Tours, le 24 octobre 1870.

Signé : A. Crémieux, L. Gambetta, A. Glais-Bizoin, L. Fourichon.

Sources

PREMIÈRE PARTIE :
AUX TEMPS DES ROIS ET DES PRINCES

ANCHEL, Robert, *Les juifs de France.*
BERMAN, Léon, *Histoire des juifs de France, des origines à nos jours.*
BLUMENKRANZ, Bernard, sous la direction de, *Histoire des juifs en France*, pp. 13-261 : B. Blumenkranz, « Les origines et le Moyen Âge » ; Gilbert Cahen, « L'Alsace » ; Hugues-Jean de Dianoux, « Le Sud-Est » ; Élie Szapiro, « Le Sud-Ouest ».
KAHN, Léon, *Les juifs à Paris depuis le VIᵉ siècle.*
LEVY, Alfred, *Les israélites du duché de Lorraine.*
MALVEZIN, Théodore, *Histoire des juifs de Bordeaux.*
MOSSE, Armand, *Histoire des juifs d'Avignon et du Comtat Venaissin.*
PRADO-GAILLARD, Henri, *La condition des juifs dans l'ancienne France.*
SAIGE, Gustave, *Les juifs du Languedoc antérieurement au XIVᵉ siècle.*
SCHEID, Élie, *Histoire des juifs d'Alsace.*

DEUXIÈME PARTIE :
LA CONQUÊTE DES DROITS ET DES LIBERTÉS

ANCHEL, Robert, *Napoléon et les juifs.*
ANSKY, Michel, *Les juifs d'Algérie. Du décret Crémieux à la Libération*, Éd. du Centre, 1960.
BECKER, Jean-Jacques et WIEVIORKA, Annette (dir.), *Les juifs de France, de la Révolution française à nos jours*, Liana Levi, 1998.
BOUVIER, Jean, *Les Rothschild*, Club français du Livre, 1960.
Centenaire (Un), 1848-1948, Worms & Cie, exemplaire nᵒ 2269.
CHOURAQUI, André, *La saga des juifs en Afrique du Nord*, Hachette, 1972.

- *Histoire des juifs en Afrique du Nord*, Hachette, 1987.
FRANCHILLE, Paul, *La Question juive en France sous le Premier Empire*.
KAHN, Léon, *Les juifs de Paris pendant la Révolution*.
Moniteur universel (Le), particulièrement les débats de l'Assemblée constituante, 1er et 3 août 1789, 2 février 1790 ; années 1806 et 1808.
MORTON, Frederic, *Les Rothschild*, trad. Gallimard, 1962.
NECHELES, Ruth F., *The Abbé Grégoire, 1787-1831. The Odyssey of Egalitarian*, Westport, Greenwood, 1971.
RABI (nom de plume de Wladimir Rabinowitch), *Anatomie du judaïsme français*, Éd. de Minuit, 1962.
La Révolution française et l'émancipation des juifs. L'Assemblée nationale constituante, motions, discours, rapports, Éditions d'histoire sociale.
Témoignages et documents d'archives remis à l'auteur du présent ouvrage, émanant de personnalités juives d'origines alsacienne et lorraine.

TROISIÈME PARTIE :
L'AFFAIRE DREYFUS. NAISSANCE DE L'ANTISÉMITISME MODERNE

Un choix s'est imposé dans la volumineuse bibliographie consacrée à l'Affaire, témoignages et ouvrages d'histoire ; le centième anniversaire de l'inculpation du capitaine Dreyfus, en particulier, a donné lieu à de nouvelles études et à des rééditions.

I. Principales publications

BARRÈS, Maurice, *Mes Cahiers*, t. I : *1896-1898*.
BENDA, Julien, *Jeunesse d'un clerc*, Gallimard, 1936.
BLUM, Léon, *Souvenirs sur l'Affaire*, Gallimard, 1935 ; témoignage plus que tous les autres indispensable. Repris dans :
- *Œuvre de Léon Blum*, Albin Michel, 1965, t. IV, 2.
DREYFUS, Alfred, *Cinq années de ma vie*, Fasquelle, 1901, rééd. La Découverte, préface de Pierre Vidal-Naquet, postface de Jean-Louis Lévy (descendant du capitaine Dreyfus).
- *Lettres d'un innocent*, Stock, 1898.
Dreyfusards, ouvrage collectif présenté par Robert Gauthier, avec des textes inédits de Mathieu Dreyfus, Julliard, 1965.
HALÉVY, Daniel, *Regards sur l'affaire Dreyfus*, rééd. Éd. de Fallois, 1994.
HERZL, Theodor, *Journal 1895-1904*, Calmann-Lévy, 1990.
JAURÈS, Jean, *Les Preuves*, rééd. La Découverte, 1998, à l'occasion du centième anniversaire de leur publication.

MEYER, Arthur, *Ce que mes yeux ont vu*, Plon, 1911.

PALÉOLOGUE, Maurice, *Journal de l'affaire Dreyfus*, Plon, 1955. M. Paléologue avait suivi les événements alors qu'il était secrétaire général du Quai d'Orsay.

PÉGUY, Charles, *Notre Jeunesse*, NRF, 1913.

ZOLA, Émile, *L'Affaire Dreyfus, La vérité en marche*, Garnier-Flammarion, 1969, rassemble les articles publiés dans *Le Figaro*. 25 novembre 1897 : « M. Scheurer-Kestner » ; 1er décembre 1897 : « Le Syndicat » ; 5 décembre 1897 : « Procès-verbal ». « Lettre à la France », brochure, 6 janvier 1898. « Lettre à M. Félix Faure, président de la République », *L'Aurore*, 13 janvier 1898.

Presse
– antidreyfusarde :

La Croix et ses nombreuses éditions de province
L'Écho de Paris
Le Gaulois
La Libre Parole
La Patrie
Le Petit Journal, quotidien de fort tirage, est le plus riche en informations, en particulier sur les mouvements de foule en province au moment du procès Zola (février 1898).

– dreyfusarde :

L'Aurore, 1er numéro : 17 octobre 1897.
Le Figaro avait publié les trois premiers articles en faveur de Dreyfus mais n'avait pas donné suite, en raison des désabonnements d'une partie de sa clientèle. *L'Aurore* avait pris son relais.
La Petite République, journal de Jean Jaurès, à partir d'août 1898.
Le Radical
Le Siècle
Le Temps

II. Autres publications

Ouvrages sur les événements, acteurs et témoins majeurs de l'Affaire :

BAUMONT, Maurice, *Aux sources de l'Affaire*, Les Productions de Paris, 1959.

BOUSSEL, Patrice, *L'Affaire Dreyfus et la presse*, Armand Colin, 1950.

CHOURAQUI, André, *Theodor Herzl inventeur de l'État d'Israël*, Le Seuil, 1959.

HALASZ, Nicolas, *Captain Dreyfus, The Story of a Mass Hysteria*, New York, Simon and Schuster, 1955.

LAZARE, Bernard, *Une erreur judiciaire. La vérité sur l'affaire Dreyfus*, Stock, rééd. 1896, 1897, 1898.

MADAULE, Jacques, *Les juifs dans le monde actuel*, Flammarion, 1963.

MARRUS, Michael, *The Politic of Assimilation. A Study of the French Jewish Community at the Time of Dreyfus Affair*, Oxford University Press, 1971.

MIQUEL, Pierre, *L'Affaire Dreyfus*, PUF, 1966.

PIERRARD, Pierre, *Juifs et catholiques français*, Fayard, 1970.

REINACH, Joseph, *Histoire de l'affaire Dreyfus*, Éd. de la Revue blanche, 1901-1909, 7 vol.

SORLIN, Pierre, *La Croix et les juifs*, Grasset, 1967.

WEILL, Julien, *Zadoc Kahn*, 1912.

WILSON, Nelly, *Bernard-Lazare, L'antisémitisme, l'affaire Dreyfus et la recherche de l'identité juive*, Albin Michel, 1986, coll. « Présence du judaïsme ».

Publications antisémites et sur l'antisémitisme :

DRUMONT, Édouard, *La France juive*, Marpon et Flammarion, 1886.

– *La France juive devant l'opinion*, 1887.

– *La Fin d'un monde*, 1889.

– *Testament d'un antisémite*, 1891.

LAZARE, Bernard, *L'Antisémitisme, son histoire et ses causes*, Chailley, 1894.

LOVSKY, François, *Antisémitisme et mystère d'Israël*, Albin Michel, 1955.

MICHELET, Jules, *Bible de l'humanité*, 1864.

RABI, *Histoire des juifs en France, op. cit.* ; s'appuyant sur François Lovsky, *op. cit.*, Rabi montre la naissance d'un courant antisémite que l'on pourrait qualifier de gauche, et plus précisément d'inspiration socialiste, dont les premiers indices apparaissent dans la *Revue indépendante*. Cet antisémitisme de type économique se cristallise autour de la toute-puissance prêtée aux Rothschild.

RENAN, Ernest, *Histoire des langues sémitiques*, 1855.

TOUSSENEL, Alphonse, *Les juifs, rois de l'époque. Histoire d'une féodalité financière*, 1847.

WINOCK, Michel, *Édouard Drumont et Cie*, Le Seuil, 1982.

QUATRIÈME PARTIE :
L'ENTRE-DEUX-GUERRES. LA MENACE SE PRÉCISE

Ouvrages généraux

RABI, *Histoire des juifs en France, op. cit.*, bonne synthèse dans « De l'affaire Dreyfus à la Première Guerre mondiale 1906-1918 », et « Entre les deux guerres 1919-1939 ».

TREBITSCH, Michel, « Écrivains juifs français de l'affaire Dreyfus à la Seconde Guerre mondiale », *in* Jean-Jacques Becker et Annette Wieviorka (dir.), *Les juifs de France, de la Révolution française à nos jours, op. cit.*

WEIL, Patrick, « De l'affaire Dreyfus à l'Occupation », *in* Jean-Jacques Becker et Annette Wieviorka (dir.), *Les juifs de France, de la Révolution française à nos jours, op. cit.*

1. Un manque de lucidité presque général

L'Arche, Histoire des juifs de France, numéro spécial, septembre-octobre 1970.

AUDRY, Colette, *Léon Blum ou la politique du juste, 1936 et le Front populaire*, Julliard, 1955, rééd. Denoël, 1970.

BLUM, Léon, *Œuvre, op. cit.*, t. V : *Du 6 février au Front populaire ; Les lois sociales de 1936 ; La guerre d'Espagne*, et t. VI : *La Fin du Rassemblement populaire ; De Munich à la guerre, Souvenirs sur l'Affaire, 1937-1940*.

BLUMEL, André, *Léon Blum, juif et sioniste*, La Terre retrouvée, 1951.

DEBRÉ, Robert, *L'Honneur de vivre, témoignage*, Stock, 1974. Le professeur Debré avait ouvert à l'auteur du présent ouvrage une partie de ses archives.

LACOUTURE, Jean, *Léon Blum*, Le Seuil, 1977.

MANDEL, Arnold, *Les Temps incertains*, Calmann-Lévy, 1951.

MESNIL-AMAR, Jacqueline, *Ceux qui ne dormaient pas*, Éd. de Minuit, 1957.

ROBLIN, Michel, *Les juifs de Paris, Démographie, économie, culture*, thèse, 1952.

L'auteur du présent ouvrage avait par ailleurs recueilli les témoignages de Robert Blum et d'André Blumel.

2. Il suffisait pourtant de regarder l'Allemagne

ANDICS, Hellmut, *Histoire de l'antisémitisme*, Albin Michel, 1967.

SHIRER, William, *Le Troisième Reich*, t. I, Stock, 1961, rééd. 1990. À ses qualités d'historien, W. Shirer ajoute l'avantage d'avoir vécu, comme reporter, le déchaînement des violences nazies, non seulement en Allemagne même, mais en Autriche au moment de l'Anschluss.

THALMANN, Rita, et FEINERMANN, Emmanuel, *La Nuit de cristal, 9-10 novembre 1938*, Robert Laffont, 1972 (épuisé).

Les témoignages du Dr Fritz Bock, vice-chancelier d'Autriche, et de Pierre de Leusse, à l'époque troisième secrétaire à l'ambassade de France à Vienne, avaient été recueillis par l'auteur à l'occasion du trentième « anniversaire » de l'annexion de l'Autriche. Gabriel Puaux nous avait également aidé à compléter nos informations.

Index

Table

TABLE 453

DU MÊME AUTEUR

Nous avons fait Adolf Hitler, Ramsay, 1983.

Le Mur de l'argent. Les gouvernements de gauche face au capital, Denoël, 1985.

La Cagoule. Histoire d'une société secrète du Front populaire à la Vᵉ République, quatrième édition complétée, Albin Michel, 1992.

La Dernière Chance de l'Algérie française. Du gouvernement socialiste au retour de De Gaulle, 1956-1958, Albin Michel, 1996.

L'Épuration sauvage, 1944-1945, nouvelle édition, Perrin, 2002.

Le Livre noir de la guerre d'Algérie. Français et Algériens, 1945-1962, Plon, 2003.

Composition Nord Compo
et impression Bussière Camedan Imprimeries
en décembre 2003.

N° d'édition : 22111. – N° d'impression : 035905/4.
Dépôt légal : janvier 2004.
Imprimé en France.